Siegrid Westphal/Joachim Arendt

UNCLE SAM und die DEUTSCHEN

Siegrid Westphal/Joachim Arendt

UNCLE SAM und die DEUTSCHEN

50 Jahre deutsch-amerikanische Partnerschaft in Politik, Wirtschaft und Alltagsleben

AKTUELL

Die Deutsche Bibliothek - CIP-Einheitsaufnahme

Arenth, Joachim:
Uncle Sam und die Deutschen: 50 Jahre deutsch-amerikanische Partnerschaft in Politik, Wirtschaft und Alltagsleben / Joachim Arenth ; Siegrid Westphal. - München ; Landsberg am Lech : Aktuell, 1995
ISBN 3-87959-497-X
NE: Westphal, Siegrid:

Bildnachweis:
Presse- und Informationsamt der Bundesregierung, Bundesbildstelle

Verlag Bonn Aktuell
Juli 1995
ISBN 3-87959-497-X

Umschlagentwurf: Gruber & König, Augsburg
Druck- und Bindearbeiten: Presse-Druck Augsburg

Printed in Germany

Inhalt

I. Einleitung 9

II. Die Vereinigten Staaten von Amerika und Deutschland, 1943-1949: „Partner wider Willen?" 19

1. Die amerikanische Nachkriegsplanung, 1943-1946 19

2. Nachkriegsplanung auf deutscher Seite 44

3. Die amerikanische Politik, 1946-1 949 53

III. Die USA und die „alte" Bundesrepublik, 1949-1969: vom „Mündel Washingtons" über den „neuen Bund" zum emanzipierten Partner 73

1. Hin zur Partnerschaft Washington-Bonn in der Ära Adenauer, 1949-1957 73

1.1 Weichenstellung: von der Besatzung zur Partnerschaft, Herbst 1949 bis Frühjahr 1952 73

1.2 Sirenenrufe aus dem Kreml 85

1.3 Der Kreis schließt sich: die „ideale" Partnerschaft der Jahre 1953-1958 90

2. Partnerschaft auf dem Prüfstand: die zweite Berlin-Krise, 1958-196 107

3. Zu Politik, Kultur und Wirtschaft in den 50er und 60er Jahren 133

3.1 Präsidentenbesuche in der Bundesrepublik 133

3.1.1 Der Besuch Eisenhowers in der Bundesrepublik im August 1959 133

3.1.2 Kennedys unerwarteter Triumph vom 1963 135

3.2 Wirtschaftliche Aspekte: die amerikanische Herausforderung 140

3.3. Kulturelle Aspekte: „Denn sie wissen nicht, was sie tun" 150

4 *Der „neue Bund“ zwischen Erhard und Johnson, November 1963 bis Oktober 1966* 155
5 *Johnson, Vietnam und die „Große Koalition der Klagen“* 168

IV. Eingespielte Partnerschaft, 1969-1989 183
1 *Partnerschaft im Wandel, 1969-1974* 183
1.1 Veränderte Rahmenbedingungen und neue Konzepte 183
1.2 Die Lastenteilung wird schwieriger 189
1.3 Westpolitik im Zeichen der Ostpolitik 191
1.4 „1973“ - Jahr Europas oder Krisenjahr? 194
2. *Die Bundesrepublik als selbstbewußter Juniorpartner Amerikas, 1974-1982* 199
2.1 Helmut Schmidts Freundschaft mit Gerald Ford 199
2.2. Schmidt und Carter - eine schwierige Partnerschaft 205
2.3. Schmidt und Reagan, 1981/82 215
3. *Eine „reife Partnerschaft“: Kohl und Reagan, 1982-1988* 223
3.1 Deutsch-amerikanische Beziehungen im Schatten der „Nachrüstung“ 223
3.2 Hin zur umfassenden Abrüstung 236
3.3 Zwei Wirtschaftsriesen? 243
3.4 Deutsch-amerikanische Kulturbeziehungen, 1969-1989 248

V. Partner in der Führung? 1989-1995: Die Weltmacht Amerika und das wiedervereinigte Deutschland in der neuen Weltordnung 259
1. *Die USA und die Wiedervereinigung* 259
1.1 Botschafterwechsel am Vorabend der „friedlichen Revolution“ 259
1.2 Exkurs: Die Vereinigten Staaten und die DDR 269
1.3 Die „2+4“-Gespräche 273

2. *Deutsch-amerikanische Beziehungen seit der Wiedervereinigung* 277
2.1 Der (sicherheits-)politische Bereich 278
2.2 Deutsch-amerikanische Wirtschafts- und Kulturbeziehungen seit 1989/90 289

VI. Anmerkungen 305

VII. Register 347

I. EINLEITUNG

Besiegt - Befreit - Befreundet

Der 8. Mai 1995 ist für Deutsche wie für Amerikaner ein denkwürdiger Tag. Vor fünfzig Jahren endete der Krieg in Europa. Gleichzeitig begann damit ein neues Kapitel des deutsch-amerikanischen Verhältnisses. Innerhalb kürzester Zeit bauten die USA und der westliche Teil Deutschlands - unter den Rahmenbedingungen des „Kalten Krieges“ - eine enge Beziehung auf, wurden erbitterte Feinde zu Verbündeten. Der Preis für diese Westbindung jedoch war die Spaltung der deutschen Nation. Jene Konstellation dauerte mehr als vier Jahrzehnte an. In dieser Zeitspanne wurden die beiden deutschen (Teil-) Staaten immer stärker in die verschiedenen Blöcke integriert - hier von „Uncle Sam“, dort von sowjetischen Führern. Eine echte Wahlmöglichkeit hat es dabei wohl nie gegeben.

Andererseits steht die Geschichte nicht still. Der 8. Mai 1995 findet bereits unter völlig anderen Bedingungen statt als der 8. Mai 1985. Der Zusammenbruch der Sowjetunion und des Warschauer Paktes, das weitgehende Ende von Sozialismus marxistisch-leninistischer Prägung und Planwirtschaft, die Wiedervereinigung Deutschlands und das Zusammenwachsen Europas waren vor zehn Jahren nicht vorherzusehen.

Allzusehr hatte man sich an die Strukturen der Nachkriegszeit gewöhnt, an die Rivalität, ja Feindschaft zwischen Ost und West sowie an die Teilung Berlins, Deutschlands und Europas. Aber die überwiegende Mehrheit der Bundesdeutschen hat auch die grundsätzliche Westorientierung ihres Landes und die Freundschaft zu den USA befürwortet.

Doch mit der Wiedervereinigung tauchte die Frage nach der „Westbindung“ der Bundesrepublik Deutschland und der wahren Qualität der deutsch-amerikanischen Freundschaft auf.[1] Was sind denn eigentlich die gemeinsamen Werte und Interessen des Westens? Lebte die Freundschaft zwischen Bonn und Washington nur unter dem Eindruck der sowjetischen Bedrohung? Oder gibt es nicht vielmehr eine enge Verflechtung beider Staaten, Nationen und Kulturen und eine

Freundschaft, die sich von innen heraus definiert und über eine eigene Substanz verfügt?

Noch sind diese Fragen nicht endgültig zu beantworten. Aber zwei Entwicklungen zeichnen sich bereits ab: zum einen scheint die jüngere Politikergeneration der Verankerung ihres Landes im Westen eine weit geringere Bedeutung beizumessen als die ältere. Zum anderen setzt die Diskussion um den fundamentalen Kurs deutscher Politik ein „zwischen den Anhängern einer westlich-atlantischen politischen Kultur und ihren Gegnern." 1989/90 kam es eben nicht nur zu einer Erweiterung der „alten" Bundesrepublik um fünf neue Länder. Vielmehr verwandelte sich „die Bundesrepublik" in „Deutschland", das sich sogleich mit ungewohnten außenpolitischen Anforderungen konfrontiert sah. Gleichzeitig scheint sich die jahrzehntelange Anbindung an den Westen zu lockern. Schwinden die Kräfte der „westernization" wirklich, ist gar die „Westlichkeit" des Landes im Abnehmen begriffen? Ein kritischer Beobachter kann sich des Eindrucks nicht erwehren, „der Rheingraben werde zunehmend tiefer, der Atlantik immer breiter."[2]

Zugegeben - auch zwischen 1949 und 1989 fehlte es nicht an Stimmen, die den Abschied Amerikas von Deutschland und Europa teils herbeisehnten, teils bedauernd und voller Sorge prognostizierten.[3] In einem größeren historischen Kontext gesehen, stellt die enge deutsch-amerikanische Freundschaft nach dem Zweiten Weltkrieg jedoch gewiß einen Höhepunkt dar.

Die Auswanderer und der Mythos Amerika

Schließlich sind die wechselvollen Beziehungen zwischen Deutschen und Amerikanern Jahrhunderte alt. Bereits 1683 brachen dreizehn Familien aus Krefeld auf, um ihr Glück im gelobten Land zu suchen. 1694 meinte der Tübinger Magister Johannes Kelpius, das Haupt einer Rosenkreuzlersekte, in Amerika könne man „Bauer, Gelehrter, Priester und Edelmann in einem" sein.[4] Ein knappes Jahrhundert später organisierte der in Magdeburg geborene deutsch-amerikanische General Friedrich Wilhelm von Steuben, ein preußischer Offizier, als Generalinspekteur bereits die Armee George Washingtons im amerikanischen Unabhängigkeitskrieg. Und Tausende hessischer Söldner, für hohe Beträge „ausgeliehen", kämpften in früheren Jahrhunderten auf amerikanischem Boden.

Aber Amerika war stets auch Zufluchtsland vor deutschen Sorgen und Nöten. Nach den Revolutionen von 1830 und vor allem von 1848 überquerten Intellektuelle aus deutschen Ländern den Atlantik, um in den Vereinigten Staaten von Amerika jene geistige Freiheit zu suchen, die ihnen in ihrer Heimat verwehrt wurde. Ihre Zahl jedoch dürfte wenige hundert kaum überschritten haben.

Ausschlaggebend und prägend waren vielmehr die Auswanderermassen, die im 19. Jahrhundert Europa verließen und in das „Land der unbegrenzten Möglichkeiten" zogen. Die Informationen von dort waren zwar selektiv, oft verzerrt und vielfach unwahr. Und doch strahlte der Glanz des Mythos Amerika Jahrzehnt um Jahrzehnt nach Europa und in den Rest der Welt - obwohl bereits der Franzose Alexis de Tocqueville in seinem Werk über die Demokratie in Amerika von 1835/1840 vor Trugschlüssen gewarnt hatte.[5] „Aber selbst in späteren Jahren machten sich auch einigermaßen gebildete Leute noch eigentümliche Vorstellungen von der Neuen Welt."[6]

Seit 1815 wanderten fast 50 Millionen Menschen in die USA ein, sei es aus religiösen, kulturellen und politischen oder häufig auch aus ökonomischen Motiven. Einerseits zwangen im 19. Jahrhundert der enorme Bevölkerungszuwachs und mancherorts Hungersnöte[7] in Europa als „Druckfaktor" ganze Gruppen zur Auswanderung. Andererseits wirkten starke „Zugkräfte" wie die hohen Löhne der unter chronischem Arbeitskräftemangel leidenden, expandierenden US-Wirtschaft. Die Anziehungskraft des Magneten Amerika nahm noch zu, als die Preise für Schiffspassagen über den Atlantik aus den Überseehäfen Hamburg und Bremen stetig sanken. Der Ruf etwa des Sozialistenführers Liebknecht, doch nicht auszuwandern, sondern zuhause zu bleiben und in Deutschland das neue, noch schönere Amerika aufzubauen, verhallte meist ungehört.[8]

Einfach war es für keinen der Neuankömmlinge, die ihre Klagen über die Einsamkeit in der neuen Welt und den Materialismus ihrer neuen Nachbarn in Briefen wie diesem festhielten: „Bruder, diese Amerikaner sind himmelstinkende Krämerseelen. Tot für alles geistige Leben, maustot. ... Der Amerikaner hat keinen Wein, keine Nachtigall! Mag er bei einem Glase Cider seine Spottdrossel behorchen, mit seinen Dollars in der Tasche, ich setze mich lieber zum Deutschen und höre bei seinem Wein die liebe Nachtigall, wenn auch die Tasche ärmer ist."[9] Und doch: sechs von sieben deutschen Auswanderern blieben in Amerika.

Zwischen 1820 und 1970 emigrierten insgesamt rund sieben Millionen Deutsche nach Amerika, im Spitzenjahr 1882 allein eine viertel Million. Sie standen in dem Ruf, sich gut in das neue Staats- und Sozialgefüge einzupassen und mit ihren bäuerlichen, handwerklichen und akademischen Fähigkeiten Amerika zu bereichern. Ihr Arbeitsethos und ihr Organisationstalent wurden gerühmt, ebenso ihre „Gemütlichkeit", die sich in den Gesangs- und Turnvereinen widerspiegelte. Von Ellis Island aus, der klassischen Anlaufstation in der neuen Welt, gingen sie vor allem in den Mittleren Westen und an die Atlantikküste.[10] Aber man kennt auch „Germantown" bei Philadelphia, findet ein „Fredericksburg" und ein „New Braunfels" in Texas oder ein „Berlin" in New Hampshire. Heute berufen sich über 50 der 250 Millionen US-Bürger auf deutsche Vorfahren.[11]

Insgesamt verlief die Assimilierung der Deutschen in den USA erstaunlich reibungslos. Die beiden Kulturen und Mentalitäten verschmolzen, wobei sich die englische Sprache ebenso früh wie nachhaltig durchsetzte. Es fand ein reger Austausch von Wissen statt. Allein zwischen 1830 und 1870 gingen 12.000 junge Amerikaner nach Deutschland, um dort ihren Doktor zu machen. Das Humboldt'sche Bildungsideal und das deutsche Universitätssystem formten die amerikanische Hochschullandschaft. 1876 wurde, als erste amerikanische Universität nach deutschem Vorbild, die Johns Hopkins University in Baltimore gegründet. Später übernahmen Harvard und Princeton dieses System. Die 1911 gegründete „Kaiser-Wilhelm-Gesellschaft zur Förderung der Wissenschaften" (die Vorgängerin der „Max-Planck-Gesellschaft") avancierte zum Vorbild des Institute for Advanced Studies in Princeton. Amerikaner studierten die Freud'sche Psychoanalyse und die deutschen Dichter und Denker von Schiller und Goethe bis Hegel und Kant.[12]

Die Weltkriege

Doch der Erste Weltkrieg markierte sowohl für die deutschen Einwanderer und ihre Nachfahren als auch für die deutsche Kultur und den deutschen Geist in den USA die schärfste Zäsur. Obwohl 1914 keineswegs klar war, ob, wann und auf welcher Seite die USA in den Krieg eintreten würden, änderte sich alles schlagartig, als - nach der Versenkung der Lusitania, dem „Zimmermann-Telegramm" und der Analyse der strukturellen Daten - die Entscheidung im Epochenjahr 1917 gefallen war.[13] Im Kriegstaumel von 1917/18 wurden in den USA sogar die „deutschen" „Frankfurter Würstchen" in „Liberty Sausages" umbenannt, Deutsch an Schulen und Hochschulen aus den Lehrplänen gestrichen, deutsche Straßennamen geändert und der Kaiser als „The Beast of Berlin" zur Unperson erklärt.[14]

Nach dem Sieg der Westmächte im Weltkrieg reichten die USA der schwachen Weimarer Republik durchaus die Hand. Washington wollte niemals den Diktatfrieden von Versailles. Statt dessen half es mit großzügigen Gesten und Taten den Besiegten. Die „goldenen Zwanziger" wären in Deutschland ohne die USA nicht denkbar gewesen. Selbst in der Weltwirtschaftskrise kamen die USA der Weimarer Republik entgegen, als Präsident Herbert Hoover sein Schulden-Moratorium bekanntgab. Und trotz einer unübersehbaren deutsch-amerikanischen Annäherung und der ersten „Westernization" Deutschlands zwischen 1919 und 1932 blieb die Kooperation nur ein Intermezzo. Obwohl es durchaus die Tendenz einer „Amerikanisierung" im Sinne einer Modernisierung Weimar-Deutschlands gab, waren andere Kräfte stärker.[15]

In den Augen der Amerikaner fiel Deutschland von 1933 bis 1945 in die Barbarei zurück. Dem bis zum Exzeß übersteigerten Nationalismus, den Welteroberungsplänen der Nationalsozialisten, vor allem aber ihrer menschenverachtenden und -vernichtenden Ideologie mußten die USA den Kampf ansagen. In den dreißiger Jahren nahmen die USA (allerdings ohne die Einwandererquoten deshalb zu verändern) eine große Zahl jüdischer Flüchtlinge und Emigranten aus Deutschland und Österreich auf, darunter eine Vielzahl bekannter Künstler und Wissenschaftler wie Albert Einstein oder, für die internationale Politik, Hans Joachim Morgenthau[16] und John H. Herz.[17] Viele Literaten gingen, wie Thomas Mann, ins amerikanische Exil. Nicht alle kehrten nach 1945 nach Deutschland zurück.

Der Zweite Weltkrieg kann nicht mit den Maßstäben bisheriger Kriege gemessen werden: zu sehr lastete die systematische Vernichtung von Millionen Menschen auf dem Namen der Deutschen. So verwundert nicht, daß viele Amerikaner, während sie alle Anstrengungen auf den Sieg konzentrierten, Hitler mit Deutschland nahezu gleichsetzten. Nur vor diesem Hintergrund ist etwa der „Morgenthau-Plan“ zu verstehen. Und wer 50 Jahre nach Kriegsende die Bilder sieht, die sich jenen amerikanischen Soldaten darboten, welche die Konzentrationslager öffneten und die wenigen Überlebenden befreiten, könnte diesen Männern eine Verteufelung der Deutschen kaum verübeln. Doch es kam anders. Schneller als erwartet, wurden Amerikaner und Deutsche Partner - genauer: „Partner wider Willen“.

Die deutsch-amerikanische Partnerschaft nach dem Krieg

Selbstverständlich würde kaum ein Zeitgenosse die Geburt dieser Partnerschaft auf den 8. Mai 1945 datieren - für die Deutschen ein Tag der Niederlage und der Befreiung zugleich. Aber rückblickend war dies ein Wendepunkt. Und schon kurz darauf, 1946, setzte der amerikanische Außenminister Byrnes in seiner Stuttgarter Rede neue Akzente. Die Zusammenarbeit der Deutschen mit den Amerikanern und die Aussöhnung mit den Franzosen nahm, vor der Kulisse des „Kalten Krieges“,[18] bald konkrete Formen an. „Partnerschaftlich ging man ans Werk,“ formulierte Bundespräsident Richard von Weizsäcker in seiner historischen Rede vom 8. Mai 1985 - vierzig Jahre nach Kriegsende.[19]

In Riesenschritten bewegten sich Amerikaner und Deutsche auf eine internationale Partnerschaft zu, schon vor Gründung der Bundesrepublik Deutschland. Der Marshall-Plan und die amerikanische Haltung während der Blockade Berlins 1948/49 markierten dabei die wichtigsten Meilensteine der sich anbahnenden deutsch-amerikanischen Freundschaft. Insofern ist die Metapher der Partnerschaft (mit Einschränkungen) auch bereits für die Jahre der Besatzung anwendbar.[20]

Partnerschaftliche Beziehungen zwischen Staaten bedeuten dabei niemals ein spannungs- oder störungsfreies Verhältnis. So spricht ein Kenner der Materie 1984 von „Sorgen unter Partnern“, für einen anderen ist die USA „der fremde Freund“.[21] Es gab Streit in der Familie im letzten halben Jahrhundert, und es wird ihn in Zukunft geben. Periodisch treten in Deutschland „anti-amerikanische“ Strömungen[22] auf, zum Beispiel während des Vietnam-Krieges oder bei der Stationierung der Mittelstreckenwaffen. Andererseits brechen in den USA immer wieder antideutsche Vorurteile auf. In den späten 80er Jahren etwa kam mit „The Closing of the American Mind" die gewagte These von der Unterwanderung des amerikanischen Geisteslebens durch Nietzsche und andere Deutsche auf. All dies zeigt, daß die Partnerschaft der Bundesrepublik mit den USA nicht als eine Selbstverständlichkeit zu verstehen ist. Vielmehr muß die viele Facetten umfassende Freundschaft stets gelebt und mit Inhalten gefüllt werden.

In erster Linie prägten die politischen, insbesondere sicherheitspolitischen Aspekte die deutsch-amerikanischen Beziehungen zwischen 1945 und 1995. Daher liegt auch der inhaltliche Schwerpunkt auf diesem Feld. Die Wirtschaft bildet einen weiteren Bereich. Wenig erforscht und beschrieben sind bisher die kulturellen Wechselbeziehungen. Kultur ist dabei im weitesten Sinne des Wortes zu verstehen, als „popular culture". Die USA sind dabei nicht nur Sinnbild des „American way of life", sondern auch der Moderne. Vielfach prägt der amerikanische Einfluß den Alltag vor allem der Jugend, insbesondere deren Sprache. Die Trends in der Musik, im Film und im Sport kommen häufig aus den USA.

Die Darstellung setzt ein mit der Besatzungszeit[23] und legt besonderes Gewicht auf die Startphase der deutsch-amerikanischen Beziehungen unter Konrad Adenauer und die erste Bewährungsprobe, die Berlin-Krise von 1958-1962. Danach werden, ausgerichtet an den Bundeskanzlern, die verschiedenen Stationen des deutsch-amerikanischen Verhältnisses beleuchtet.[24]

Der Gründungskanzler, Konrad Adenauer, legte dabei ein solides Fundament, auf dem seine beiden Nachfolger aus den Reihen der Union, Ludwig Erhard und Kurt Georg Kiesinger, aufbauen konnten. Die Ostpolitik des ersten sozialdemokratischen Bundeskanzlers, Willy Brandt, wäre ohne die feste Verankerung der Bundesrepublik im Westen gar nicht denkbar gewesen. Bundeskanzler Helmut Schmidt (SPD) schließlich konnte in den 70er Jahren bereits mit dem Pfund der ökonomischen Stärke seines Landes wuchern.

Generell erlangte die selbstbewußter werdende Bundesrepublik innerhalb der deutsch-amerikanischen Partnerschaft zusehends ein größeres Gewicht. Sie emanzipierte sich. Die USA verloren, relativ gesehen, in der westlichen Welt allmählich an Stärke.[25] Und doch investierte Kanzler Helmut Kohl (CDU) von 1982 an viel in die Freundschaft mit den Vereinigten Staaten, denn bei allen Unterschieden und Problemen zwischen Bonn und Washington bewährte sich die Partnerschaft. Kohl erntete die Früchte seiner Bemühungen, als er die amerikanische Unterstützung bei der Wiedervereinigung erfuhr. Vor diesem Hintergrund kann dieses Buch bis 1989/90 nur das Verhältnis der Bundesrepublik Deutschland mit den USA beschreiben, zumal es zwischen der DDR und den USA bis Ende der 80er Jahre kaum nennenswerte Beziehungen gab.[26]

Andererseits hat die deutsch-amerikanische Partnerschaft nicht für beide Seiten die gleiche Bedeutung. Zu unterschiedlich ist das Profil beider Mächte. Die USA sind - ungeachtet der Diskussionen um ihren „Niedergang - spätestens seit 1945 eine politische, militärische und wirtschaftliche Weltmacht und verfügen über eine Kultur von hoher Prägekraft. Die Bundesrepublik hat als Mittelmacht eher europäische oder transatlantische als globale Interessen. Während Washington seinen Blick vor allem in Richtung Moskau und Peking lenkte und seiner Politik sowohl eine atlantische als auch eine pazifische Dimension verlieh, betrieb Bonn bis 1969 primär Deutschland- und Westpolitik. Aus amerikanischer Sicht hatte die transatlantische Politik zwei Komponenten: es galt, die Einheit des Bündnisses mit den Westeuropäern zu sichern, um die Freiheit des halben Kontinents vor den Sowjets zu gewährleisten. Dabei setzten die Vereinigten Staaten zumeist auf die größeren Nationalstaaten - Großbritannien, Frankreich und die Bundesrepublik - als ihre Hauptalliierten. Doch die marode britische Volkswirtschaft und der Gaullismus gestalteten diese Beziehungen nicht immer einfach. Und da die Wiedervereinigung neben der Westintegration von 1949 bis 1989 ein Hauptanliegen der Bundesrepublik blieb, übersetzte man in Washington die „Deutsche Frage" oft mit „The German Problem".

Nun, da dieses „Problem" gelöst ist, werden vor allem die politischen Beziehungen zwischen Washington und Bonn bzw. Berlin eine neue Ausrichtung erhalten und neue Aufgaben zu lösen sein. Da jedoch das gleichzeitige Nebeneinander verschiedener Ebenen, so der (sicherheits-)politischen, der ökonomischen und der kulturellen, ein Hauptcharakteristikum der deutsch-amerikanischen Beziehungen ist, liegt in der Vielfalt die Chance für die Zukunft.

Innerhalb des bilateralen Verhältnisses werden anstelle der sicherheitspolitischen wohl die wirtschaftlichen Fragen in den Vordergrund rücken. Auch ist zu vermuten, daß die Informations- und Mediengesellschaft die vielfältigen kulturellen Verflechtungen zwischen den USA und Deutschland stärker wahrnimmt. Alles in allem gibt es keinen Grund, warum die in 50 Jahren gewachsene und in Krisen bewährte Freundschaft beider Länder nicht eine solide Basis für die Gestaltung der Zukunft darstellen sollte. In dem Maße, in dem das Szenario eines Dritten Weltkrieges in Europa verblaßt, verkleinern sich auch die Probleme innerhalb der Allianz. Gleichzeitig zeichnen sich überdeutlich neue Risiken und Aufgaben ab, von der Stabilisierung Ost- und Mitteleuropas über die zahlreichen regionalen Konfliktherde bis hin zur Bekämpfung globaler Probleme wie der weltweiten Migration oder dem Umweltschutz.[27] Daher sollten sich Amerikaner und Deutsche künftig als Partner diesen Herausforderungen stellen.

Gewidmet ist dieses Buch einem Professor der Ludwig-Maximilians-Universität, München, der mit den schottisch-bayerischen eine ganz spezielle Variante der anglo-amerikanisch-deutschen Beziehungen erforscht: Ludwig Hammermayer.

München/Jena, im Mai 1995

Joachim Arenth
Siegrid Westphal

II. DIE VEREINIGTEN STAATEN VON AMERIKA UND DEUTSCHLAND, 1943-1949: „PARTNER WIDER WILLEN?"

1. Die amerikanische Nachkriegsplanung, 1943-1946[1]

„Am Anfang war die internationale Politik," schreiben führende Wissenschaftler, welche die Bundesrepublik Deutschland gar als „ein Kind der internationalen Politik" bezeichnen. Ist die Bonner Republik gar als ein „Produkt amerikanischer Politik" zu sehen?[2] Der erste Eindruck legt nahe, diesen demokratischen Staat auf deutschem Boden als ein Objekt vorwiegend der amerikanischen Nachkriegsplanung zu verstehen. Doch die Betrachtung der von vielen Westdeutschen wie Amerikanern als sehr fruchtbar empfundenen folgenden Jahrzehnte darf nicht den Blick auf die Bandbreite der Optionen verstellen, die sich etwa in den Jahren 1943 bis 1947 abzeichnete. Denn zwischen dem in seiner Bedeutung oft überschätzten „Morgenthau-Plan"[3] und den noch in der Sprache der Kriegspropaganda gehaltenen Parolen wie „Sterilisation aller Deutschen" auf der einen und „Care-Pakete" und „Marshall-Plan" auf der anderen Seite gab es eine Fülle denkbarer Alternativen.[4]

Allein in der Retrospektive erscheint der in nur wenigen Jahren vollzogene Wandel von Kriegsgegnern zu Partnern sehr stringent. Doch ein Blick zurück auf die Wurzeln dieser Entwicklung stimmt nachdenklich. Anfang 1943, als sich die militärische Wende im Zweiten Weltkrieg abzeichnete, kristallisierten sich auf der Basis der „unconditional surrender"-Formel von Casablanca allmählich die ersten grundlegenden Einstellungen zur Neuordnung Deutschlands und Mitteleuropas heraus. Doch die Koalition der Kriegsalliierten wurde vor allem durch den Willen zusammengehalten, Hitler-Deutschland militärisch zu schlagen. Alle anderen Überlegungen hatten gegenüber diesem erstrangigen Ziel zunächst zurückzustehen. Generell war die amerikanische Führung sehr bemüht, den Sieg über das „Dritte Reich" zwar unter Aufbringung aller volkswirtschaftlichen Anstrengungen, aber eben bei möglichst geringen eigenen Verlusten an Menschenleben zu erringen. Zudem befanden sich die USA weiterhin im Krieg gegen Japan, das im Pazifik bis zum Sommer 1945 erbitterten Widerstand leistete und beim Abwurf der beiden Atombomben auf Hiroshima und Nagasaki noch große Landgebiete in Asien unter seiner Kontrolle hatte.[5]

Des weiteren ist die zunächst widersprüchliche und verwirrende Nachkriegsplanung der USA nur nachzuvollziehen, wenn man sich die amerikanische Art der Entscheidungsfindung vor Augen führt. Bereits am 12. Februar 1942 gründete Roosevelt das „Advisory Committee on Post War Foreign Policy", das sich mit den denkbaren Friedensordnungen zu beschäftigen hatte und sich dabei intensiv mit dem Deutschlandproblem auseinandersetzte.[6] Doch für eine Weltmacht ist es nicht ungewöhnlich, wenn zur selben Zeit mehrere Entscheidungszentren inhaltlich stark voneinander abweichende Pläne entwerfen und deren Architekten dann um die Gunst des Präsidenten buhlen. Daneben gab es in Washington auch gewichtige Stimmen, die besagten, die Vereinigten Staaten sollen Frankreich, und nicht Deutschland, ihre volle Aufmerksamkeit widmen. Und: selbst die mächtigen USA mußten sich mit ihren Alliierten abstimmen. Wie schwierig sich die Verhandlungen mit Sowjets, Briten und Franzosen gestalteten, zeigen nicht nur die Protokolle der Kriegskonferenzen von Teheran (Dezember 1943) und Jalta (Februar 1945). Es herrschte lediglich Konsens darüber, den deutschen Militarismus, und Nazismus zu vernichten und die Garantie dafür zu schaffen, daß Deutschland nie wieder den Weltfrieden brechen könne. Nur am Rande debattierte man kurz über die Frage der Aufteilung Deutschlands, vor allem, wie der britische Premierminister in Teheran ausführte, um „Preußen, den bösen Kern des deutschen Militarismus" zu zerschlagen. Doch die „großen Drei" - Roosevelt, Stalin und Churchill - konzentrierten sich stark auf die Koordination militärischer Operationen und mußten aus praktischen Gründen Überlegungen zu Deutschland hintanstellen. Auf der Krim wiederholte der schwerkranke amerikanische Präsident seine Auffassung, daß er „persönlich", wie er schon in Teheran festgestellt habe, eine Aufteilung Deutschlands in fünf oder sieben Staaten für einen guten Gedanken halte. Churchill indes konterte, daß man immerhin das Schicksal eines Achtzig-Millionen-Volkes bespreche und dies „mehr als achtzig Minuten Überlegung" erfordere.[7]

Zur tiefergehenden Behandlung dieses Komplexes hatten die USA bereits 1943/44 diverse Komitees eingerichtet. Schon die Empfehlungen des „Advisory Committee on Post War Foreign Policy" hatte in seiner Denkschrift zur Behandlung Nachkriegsdeutschlands vom 23. September 1943 vor der stärksten Verbitterung gewarnt, die eine erzwungene Teilung beim deutschen Volk bewirken würde. Diese Bitterkeit, so sah man richtig voraus, würde eine ernste Gefahr für die künftige Weltordnung darstellen. Des weiteren gab sich das Komitee keinerlei Illusionen über die Schwierigkeiten hin, „in Deutschland eine lebensfähige Demokratie aufzubauen". Die amerikanischen Planer hatten aus den Fehlern von Versailles 1919/20 gelernt. Nur bei kaum anfechtbaren Friedensbestimmungen, einem angemessenen Lebensstandard, bei auf ein verträgliches Maß begrenzten Sicherheitskontrollen und einer weitgehenden politischen Übereinstimmung zwischen den alliierten Siegermächten sah man eine Aussicht auf Erfolg. Abschließend riet man, das Hauptgewicht bei der politischen Neugestaltung Deutschlands auf den demokratischen Staatsaufbau zu legen. Das neue Deutschland müsse dabei sowohl den Sirenen des „Pangermanismus" als auch des Nationalsozialismus widerstehen können. Ausschlaggebend seien „die politischen Aussichten für das deutsche Volk und seine gewählten Führer."[8]

Anfang 1944 wurde die „European Advisory Commission" (EAC) eingerichtet, deren Überlegungen ebenfalls abhängig waren vom Kriegsverlauf, vor allem von der Geschwindigkeit des Vormarsches gegen Deutschland aus Ost und West. Zu Recht bemerken Kritiker, daß auf amerikanischer Seite militärische Strategie und politische Planung der Nachkriegszeit in der entscheidenden Phase des Zweiten Weltkrieges weitgehend unkoordiniert nebeneinander herliefen. Diese Konstellation mag einige Schwächen der amerikanischen Nachkriegsplanung erklären, die von 1943 bis etwa 1946/47 von dem Wunsch getragen war, die „endgültige" Entscheidung in bezug auf Deutschland zu vertagen („policy of postponement") oder mehrere miteinander konkurrierende Kurse zu verfolgen („policy of ambivalence").[9] Aber vielleicht verkennt diese sehr akademische Sicht etwas die Fülle der damals von der US-Spitze zu Hause und weltweit zu bewältigenden Probleme, den enormen Zeitdruck, unter dem die Entscheidungen gefällt werden mußten, den Pragmatismus, der der amerikanischen Außen- und Sicherheitspolitik oft zugrunde liegt und den für Gelehrte mitunter etwas chaotisch anmutenden Entscheidungsfindungsprozeß der westlichen Führungsmacht.[10]

1939-1945: Deutschland und die USA im Zweiten Weltkrieg

01.09.1939	Mit dem deutschen Angriff auf Polen beginnt der Zweite Weltkrieg
14.08.1941	Der britische Premierminister Winston S. Churchill und der amerikanische Präsident Franklin Delano Roosevelt verkünden die „Atlantik-Charta"
07.12.1941	Japanischer Überfall auf Pearl Harbor
11.12.1941	Aufgrund seines Bündnisses mit Japan erklärt das Deutsche Reich den USA den Krieg
07.11.1942	Landung der Amerikaner in Nordafrika unter General Eisenhower, als das vom Deutschen Reich besetzte Gebiet seine größte Ausdehnung erreicht
14.-26.01.1943	Konferenz von Casablanca. Forderung nach bedingungsloser Kapitulation
02.02.1943	Kapitulation der deutschen Streitkräfte in Stalingrad
07.05.1943	Kapitulation des deutschen Afrikakorps in Tunis
18.-19.-30.10.1943	Moskauer Außenministerkonferenz
28.11.-01.12.1943	Konferenz von Teheran
1943/44	Massives Bombardement deutscher Städte durch die Alliierten
06.06.1944	Erfolgreiche Landung der Alliierten in der Normandie („D-Day")
11.-16.09.1944	Konferenz von Québec („Morgenthau-Plan")
17.09.1944	Fehlgeschlagene Luftlandeoperation der Alliierten in Arnheim
21.10.1944	Aachen kapituliert nach dreiwöchigen Kämpfen
16.12.1944	Beginn der sog. „Ardennenoffensive". Deutschland erzielt vorübergehend Geländegewinne
04.-12.02.1945	Konferenz von Jalta
07.03.1945	Die Alliierten überschreiten den Rhein bei Remagen
02.04.1945	Schließung des „Ruhrkessels". Kapitulation am 17.04.
05.04.1945	US-Truppen erreichen Thüringen
25.04.1945	Sowjetische und amerikanische Truppen treffen in Torgau an der Elbe aufeinander
08.05.1945	Bedingungslose Kapitulation Deutschlands

Vor diesem Hintergrund sollen nun die drei wichtigsten Denkschulen und ihre Vertreter vorgestellt werden. Erstens gab es die vom Prinzip der Bestrafung ausgehende harte Linie einer äußerst heterogenen Gruppe bestehend aus „zu Recht verbitterten Juden, alten Deutschhassern aus der Zeit des Ersten Weltkrieges und jenem Industriellenkonsortium, das Deutschland ein für allemal als Konkurrenten auf dem Weltmarkt" (Jost Hermand) sowie als Militärmacht ausschalten wollte. Zu dieser Schule, die einen „Karthago-Frieden" anstrebte, zählten allen voran der Finanzminister Henry Morgenthau, Jr., der Finanzmagnat Bernard Baruch, der Stellvertretende Außenminister Sumner Welles, sowie zeitweise James F. Byrnes und auch Vizepräsident Henry A. Wallace. Nach zwei Weltkriegen binnen eines Vierteljahrhunderts von der Aggressivität des deutschen Nationalcharakters überzeugt, forderten sie die Zerschlagung der Macht in der Mitte Europas: Deutschland sollte Gebiete abtreten, der Rest aufgeteilt werden, die Schwerindustrie sei zu internationalisieren oder zu zerstören und der „preußische" Generalstab - in ihrer Sicht die Quelle allen Übels - für alle Zeiten aufzulösen. Ihre Vorschläge reichten von der Demontage der Industrieanlagen bis zur Aussiedlung, biologischen Umzüchtung oder Zwangssterilisation aller Deutschen. Die Millionen von Toten, Verwundeten, Vermißten und Vertriebenen, die der deutsche Diktator zu verantworten hatte, das bis dahin nicht gekannte Ausmaß an materieller Zerstörung in weiten Teilen Europas und die allmählich konkreter werdenden Berichte über Konzentrationslager und die systematisch betriebene Vernichtung der deutschen und europäischen Juden erklären Stimmung und Motivation dieser Denkschule. Dabei verwundert nicht, daß sie den 1943/44 bereits schwerkranken Präsidenten zeitweise von ihrer Sicht überzeugen konnten, hielt er die Deutschen doch für „a monstrous nation". Roosevelt lag alles daran, den Verursacher des Zweiten Weltkrieges endgültig niederzuringen. Um alle Kräfte für dieses Ziel zu mobilisieren, vermied er im Wahljahr 1944 zumindest nach außen eine differenzierte Betrachtung Deutschlands. Für ihn gab es damals, wie Hermand ausführt, „kein 'anderes Deutschland', kein Deutschland der Widerstandskämpfer und der Inneren Emigration, sondern nur ein Deutschland, nämlich Nazi-Deutschland." Daher stimmte er vorübergehend jenen zu, die ihm, wie Morgenthau, die vermeintlich erfolgversprechendsten Maßnahmen zur Verhinderung eines Dritten Weltkrieges durch Deutschland offerierten.[11]

Der am 4. September 1944 während der Zweiten Konferenz von Québec von Roosevelt und Churchill vorgelegte Morgenthau-Plan sah dann auch die „vollständige Entmilitarisierung Deutschlands in kürzest möglicher Zeit nach der Kapitulation" vor. Die deutsche Wehrmacht sollte vollständig entwaffnet, das Kriegsmaterial abtransportiert oder, wie andere für die Rüstung grundlegende Schlüsselindustrien, total zerstört werden. Gemäß seinem Plan fiele Ostpreußen an Rußland und Polen, das noch den Südteil Schlesiens erhielte. Frankreich sollte um die Saar und die angrenzenden Gebiete vergrößert werden. Das Ruhrgebiet, „das Herz der deutschen industriellen Macht" und gleichsam die materielle Basis der deutschen Rüstung, verlöre seine Industrie und würde internationalisiert. Der Rest Deutschlands sollte in zwei autonome, unabhängige Staaten, einen Nord- und einen Südstaat, zerfallen. Zahlreiche Einzelmaßnahmen konkretisierten die Zerstörung der industriellen, militärischen und letztlich wirtschaftlichen Grundlage Deutschlands. Doch über rein destruktive Elemente kam der Plan nicht hinaus: Alle Schulen und Universitäten seien zu schließen, alle deutschen Sender und Zeitungen etc. einzustellen, alle leitenden Beamten der Reichsregierung zu entlassen.

In den 30er und 40er Jahren hatten die Massenmedien Rundfunk und Film (Wochenschau) ihren Siegeszug angetreten. Im totalitären Deutschland waren sie in hohem Maße von der Propagandamaschinerie Goebbels instrumentalisiert worden. Wie überaus stark die nationalsozialistische Kriegspropaganda nachwirkte und wie tief sich beispielsweise die Uniformierung des deutschen Alltags oder die Bombardements des „Blitzkrieges" in der Vorstellung dieser Amerikaner verankert hatten, machen folgende Ausführungen deutlich: keinem Deutschen sollte es erlaubt sein, irgendeine militärische Uniform oder die Uniform einer halbmilitärischen Organisation zu tragen. Ebensowenig sei es für Deutsche statthaft, zu fliegen. Zur Ökonomie dagegen heißt es lapidar: „Die Verantwortung für die Erhaltung der deutschen Wirtschaft und des deutschen Volkes liegt bei den Deutschen selbst." Schließlich war der Morgenthau-Plan fest in der amerikanischen Tradition des bis dahin in Friedenszeiten vorherrschenden politisch-militärischen Isolationismus verwurzelt, denn die Hauptverantwortung für die Aufsicht über Deutschland sollte durch die Streitkräfte der kontinentalen Nachbarn Deutschlands übernommen werden.

Nach diesem Programm hätten die amerikanischen Truppen in relativ kurzer Zeit abgezogen werden können.[12]

So spektakulär und populär der Gedanke an einen „Karthago-Frieden“ für einige Wochen und Monate auch gewesen sein mag, richtungsweisend konnte er nicht wirken. Als weitblickender erwiesen sich die ausgewogeneren Überlegungen einer anderen Gruppe, die sehr wohl noch Elemente der Bestrafung kannte, mittel- und langfristig jedoch nach der Devise „hart, aber gerecht“ eine Umerziehung („Reeducation“) und die Demokratisierung Deutschlands nach den Idealen des amerikanischen Philosophen John Dewey favorisierte.[13] Es entbehrt nicht einer gewissen Ironie, wenn ausgerechnet der Kriegsminister, Henry Stimson, als ihr Hauptvertreter genannt werden muß. Seine Sicht, die auf die großartigen Leistungen der Deutschen auf vielen Gebieten und die jahrhundertealte Kulturnation hinwies, hatte eine größere politische Strahlkraft als die Morgenthau'sche These von einer Kollektivschuld der Deutschen. Wie der spätere Hohe Kommissar John J. McCloy und der langjährige Außenminister Cordell Hull (1933-1944) zählten dessen Nachfolger der Jahre 1944/45, Edward R. Stettinius, der damalige Vorsitzende des „Post War Programs Committee“, sowie James P. Warbourg vom „Office of War Information“ dazu. Sie schätzten Deutschland als hochentwickelte Industrienation ein, dessen Bevölkerung man nicht zu Kleinbauern degradieren dürfe. Im Gegensatz zu Stalins in der Sowjetischen Besatzungszone (SBZ) angewandtem Konzept wollte diese Fraktion einen Wiederaufbau „von unten nach oben“, und sie steuerte die spätere Wiederaufnahme Deutschlands in die Familie der freien Völker an. In der Endphase des 1944er Wahlkampfes fand diese Schule bei Präsident Roosevelt stärker Gehör.

Nach dessen Tod am 12. April 1945 und stärker noch nach dem republikanischen Sieg in den 1946er Kongreßwahlen deutete sich das langfristige Durchsetzen des dritten, strikt antikommunistischen Kurses an, dessen Generalrichtung der möglichst rasche Wiederaufbau (West-) Deutschlands als politische, ökonomische und später auch militärische Bastion gegen den Kommunismus war. Als wichtigste Vertreter dieser Linie galten der neue Präsident Harry S. Truman (1945-1953), seine Außenminister Byrnes (1945-1947), Marshall (1947-1949) und Acheson (1949-1953), sowie der spätere Secretary of State John Foster Dulles (1953-1959) und Senator Vandenberg. Verfechter dieser Richtung waren aber auch die extrem antikommunistischen Generäle McArthur und Patton, der in der Endphase des Krieges gegen die „gottverdammten Bolschewisten" („goddamn bolshies") weiterkämpfen und gleich bis zum Ural marschieren wollte ... Des weiteren forderten der zum „Kommunistenjäger Nummer 1" avancierende Joseph McCarthy und der junge Kongreßabgeordnete und spätere Präsident Richard Milhous Nixon ein antikommunistisches Bollwerk.[14]

In der Realität setzte sich schließlich eine Politik durch, die Elemente aller drei Kurse enthielt, wobei sich ab 1946/1947 verstärkt eine Mischung aus zweitem und drittem Kurs abzeichnete. Bis zu einem gewissen Grad können die Gründung von Bizone, Trizone und auch der Bundesrepublik als die Produkte dieser amerikanischen Nachkriegsplanung gesehen werden, deren Entstehung durch das Auseinanderbrechen der Anti-Hitler-Koalition im sich immer stärker abzeichnenden Kalten Krieg noch beschleunigt wurde. Doch in dem am 26. April 1945 verabschiedeten und am 10. Mai 1945 in Kraft getretenen Dokument „JCS 1067",[15] wie die „Direktive des Generalstabes der Streitkräfte der Vereinigten Staaten an den Oberbefehlshaber der Besatzungstruppen der Vereinigten Staaten hinsichtlich der Militärregierung für Deutschland" oft genannt wird, zeigt sich passagenweise noch deutlich die Handschrift Morgenthaus. „Deutschland wird nicht besetzt zum Zwecke seiner Befreiung, sondern als besiegter Feindstaat," hieß es darin unmißverständlich.[16]

Das Hauptziel lautete, Deutschland daran zu hindern, je wieder eine Bedrohung des Weltfriedens zu werden. Daher galt es, „Nazismus und den Militarismus in jeder Form" auszuschalten. Kriegsverbrecher seien zu verhaften, man müsse zudem die industrielle Abrüstung und Entmilitarisierung Deutschlands gewährleisten. Weiterhin war das alliierte Reparations- und Rückerstattungsprogramm, die Nothilfe für die durch den Naziangriff verwüsteten Länder und die Betreuung und Rückführung der Kriegsgefangenen und Verschleppten der Mitgliedstaaten der Vereinten Nationen durchzuführen. Es durften keine Schritte zur wirtschaftlichen Wiederaufrichtung, Stärkung oder Erhaltung Deutschlands unternommen werden. Um die Besitzrechte und Kontrollverhältnisse der deutschen Industrie neu ordnen zu können, hatte General Eisenhower seiner Regierung „eine Aufstellung aller Konzerne, Interessengemeinschaften, Zusammenschlüsse,

Holdinggesellschaften und der Verflechtung der leitenden Stellen" samt eigenen Empfehlungen zu übermitteln.

Doch wie die weiteren Ausführungen zeigen, hieß der amerikanische Kurs eher Katharsis als Kathargo. Ein Ziel der Umerziehung war es, der deutschen Bevölkerung klarzumachen, daß nicht die Besatzer, sondern die „rücksichtslose Kriegsführung und der fanatische Widerstand der Nazis" die deutsche Volkswirtschaft zerstört und Leiden und Chaos gebracht haben. Niemand könne nun der Verantwortung für seine Taten entgehen. Doch seien Vorbereitungen zu einem späteren Wiederausbau des deutschen politischen Lebens auf demokratischer Grundlage zu treffen. So detailliert die Direktive auch gewesen sein mag: JCS 1067 kannte Widersprüche und ließ den Befehlshabern vor Ort - nach altem amerikanischen Demokratieverständis - mitunter erheblichen Ermessensspielraum. Der Tenor der Order für den Kommandierenden General der US-Besatzungstruppen in Deutschland lautete, „gerecht, aber zugleich fest und unnahbar" zu sein. Insbesondere „die Verbrüderung mit deutschen Beamten und der Bevölkerung" sei streng zu unterbinden. Allerdings besagte sie an anderer Stelle, es seien alle notwendigen Maßnahmen zu treffen, „um Hungersnot oder Krankheiten und Unruhen, die eine Gefährdung (unserer) Streitkräfte darstellen würden, vorzubeugen." Diese sogenannte „unrest and disease-formula" ließ demnach ausreichend Freiraum für Interpretationen, was zum Vorteil der Menschen in der amerikanischen Zone auch weidlich ausgenutzt wurde und sogar zu einem heftigen inneramerikanischen Disput führte. Alle Freiheiten, selbst Rede-, Presse- und Religionsfreiheit, waren jedoch nur insofern zu gewähren, als sie die Sicherheit der alliierten Truppen und die militärischen Interessen der Sieger nicht beeinträchtigten. Vor Ort beklagte Clays Finanzberater Lewis Douglas bereits im April 1945 die realitätsfernen Washingtoner Überlegungen: „Es hat doch keinen Sinn, die geschicktesten Arbeiter Europas davon abzuhalten, soviel wie möglich zu produzieren für einen Kontinent, auf dem es an allem und jedem fehlt."[17]

Zu diesem Zeitpunkt indes verfügte niemand über ein klares Bild der Lage. Noch hallten die Propagandafetzen aus den letzten Kriegstagen nach, als fanatische Naziführer noch den Einsatz biologischer Waffen angedroht und den jahrelangen Kampf aus der uneinnehmbaren „Alpenfestung" prophezeit hatten, als manch ein G.I. noch an

Werwölfe denken mochte, und sich die Sieger noch nicht über das Ausmaß der materiellen Zerstörung Deutschlands und psychischen Ermattung der Deutschen klar geworden waren. Insofern mußte JCS 1067 derart ambivalent gestaltet sein und Rückfallpositionen für einen Guerilla ebenso berücksichtigen wie die Möglichkeit eines Aufbaus der Besatzungszone nach amerikanischem Vorbild. Aus diesem Grund konnte die Direktive nur eine Richtlinie für die in der ersten Zeit nach der Niederlage Deutschlands einzuschlagende Politik und ausdrücklich keine endgültige Festlegung der amerikanischen Politik bezüglich der Behandlung Deutschlands in der Nachkriegswelt darstellen. Aber sie zeigte mit aller Deutlichkeit auf, wo die Probleme 1945/46 lagen.

Die in den USA erstellten Konzepte, wie das ehrgeizige Programm der Entnazifizierung und der „Reeducation", bildeten eine Seite der amerikanischen Deutschlandpolitik. Andererseits mußte vieles ad hoc entschieden und vor Ort improvisiert werden. So setzten die Vereinigten Staaten in ihrer Zone alles daran, um so schnell wie möglich lokale oder regionale deutsche Verwaltungseinheiten aufzubauen. In Bayern, das von der Pfalz getrennt wurde, wurde bereits drei Wochen nach der Kapitulation ein neuer Ministerpräsident eingesetzt. Der Amtsinhaber der ersten Monate, Fritz Schäffer, zeigte sich nicht nur über die an den Tag gelegte Geschwindigkeit, sondern auch über die Art und Weise der Ernennung und der einzuschlagenden Regierungsführung verwundert. Auf seine Nachfrage teilten ihm die Amerikaner mit, vieles sei nicht so streng gemeint, wie es dem Text der Dokumente zufolge wohl den Anschein habe. (Später wurde der Mitbegründer der CSU dann mit einem Verbot politischer Tätigkeit bis 1948 belegt, ehe er als Mitglied des Deutschen Bundestages zunächst acht Jahre Bundesfinanzminister und von 1957-1961 Bundesjustizminister wurde.)[18]

Schäffer und sein Nachfolger Hoegner (1945-1946) von der SPD konnten auf keine bayerische Landesverwaltung zurückgreifen. Den vier zentralen Ministerien standen weder Beamte noch Räumlichkeiten, weder Inventar noch Akten zur Verfügung. Allerdings, so bemerkte auch James Pollock nach einer Inspektionsreise, sei Bayern das einzige Land, das aufgrund seines integrierten Territoriums und der eingespielten lokalen Verwaltung nahtlos an seine politischen Traditionen von vor 1933 anknüpfen konnte.[19] Der politische Aufbau und die wirtschaftliche Gesundung gingen relativ schnell voran.[20] Bereits am 22. August 1945 wurden die Gewerkschaften in der amerikanischen Zone wieder zugelassen und die Proklamation Nr. 2 der amerikanischen Militärregierung vom 19. September 1945 initiierte dann die Bildung der Länder Großhessen, Württemberg-Baden und Bayern in der amerikanischen Zone. Ministerpräsident Ehard (1946-1954 und 1960-1962) von der CSU konnte sich bereits auf eine recht gut funktionierende Verwaltung stützen.[21]

Nicht minder schwierig als der politische Neuaufbau gestaltete sich die Bestrafung der Schuldigen, die in zwei Stufen erfolgen sollte, erstens der Verurteilung der Nazi-Führer und zweitens der Entnazifizierung des deutschen Volkes. Doch weder der vom 20. Oktober 1945 bis zum 21. November 1946 tagende Internationale Militärgerichtshof in Nürnberg noch die Entnazifizierung des öffentlichen Dienstes und später anderer Berufsgruppen konnte alle hochgesteckten Ziele erfüllen. Anfangs regelte in der amerikanischen Zone JCS 1067 die Entnazifizierung: alle Mitglieder der NSDAP mußten aus leitenden Positionen entfernt werden. Doch der darin verwandte Begriff „Nazi" reichte als Rechts- und Arbeitsgrundlage nicht aus. Die Revision folgte auf dem Fuß. Fortan unterschied man zwischen aktiven Nazi, Sympathisanten und nominellen Parteimitgliedern. Das „Befreiungsgesetz" vom 5. März 1946 definierte schließlich fünf Kategorien:

1. Hauptschuldige,
2. Belastete (im Sinne von Aktivisten, Militaristen und Nutznießern),
3. Minderbelastete (die sog. Bewährungsgruppe),
4. Mitläufer und
5. Entlastete.[22]

Allerdings verursachte dieses idealistisch konzipierte, aber in seiner Anwendung auch sehr komplizierte Gesetz einen kaum mehr handhabbaren Arbeitsaufwand in Form einer schier nicht zu bewältigenden Papierflut. Allein bis zum 30.11.1946 liefen in Bayern über 6 (von insgesamt 13) Millionen Meldebogen ein, die mit erheblichem Personalaufwand zu bearbeiten waren. Die Kritik gegenüber dem angestrebten „Perfektionismus" ließ nicht lange auf sich warten. Wenngleich es durchaus zum Phänomen der „Mitläuferfabrik" kam,[23] konnte immerhin gegen mehr als 210.000 Personen eine Klage ausgearbeitet werden. Insgesamt zeichnete diese „Revolution auf dem Papier" verantwortlich für 13 Millionen Fragebogen mit jeweils 131 Fragen, die von 545 Spruchkammern mit über 22.000 Bediensteten bearbeitet wurden. Nach zwei Amnestien, die rund drei Millionen Menschen „entlasteten", wurden knapp eine Million Verfahren durchgeführt, „600.000 Personen bestraft, davon 500.000 mit einer Geldstrafe. Hauptschuldige der Gruppe I gab es 1.549, Belastete der Gruppe II 21.600."[24]

Aufgrund des anfänglichen Verbots der politischen Betätigung und des Fraternisierungsverbotes lehnte die US-Militärregierung, die in ihrer Zone mit einem harten Entnazifizierungskurs begonnen hatte, die enge Kooperation mit NS-Gegnern ab, was eine effektivere Arbeit behinderte. Später bemängelte Walter Dorn in einem Brief an General Clay, daß beispielsweise das Beschäftigungsverbot in der Privatwirtschaft niemals durchgehalten worden sei. „Wenn wir heute (1949) zurückblicken, erkennen wir, daß die Aufspürung der aktiven Nazis die gigantische Aufgabe, alle Mitläufer einem Verfahren zu unterziehen, kaum wert war," schrieb Dorn. Seines Erachtens hätte man besser daran getan, sich auf die 100.000 schwersten Fälle zu konzentrieren.[25]

Mit ihrem ambitionierten Konzept der „Reeducation" wollten die Amerikaner in ihrer Zone nicht nur die Erziehung im klassischen Sinne modifizieren. Vielmehr strebten sie eine Umwertung der geistig-kulturellen Normen der deutschen Bevölkerung an. Entnazifizierung und „Reeducation" sollten die moralische Basis für die Wiedereingliederung Deutschlands in die Familie der zivilisierten Völker legen.

Nach zwölf Jahren massivster Propagandaberieselung entstand mit dem raschen und vollständigen Zusammenbruch der Nazi-Diktatur 1945 ein Phänomen, das man als „kulturelles Vakuum" bezeichnen könnte. Ehe sich eine eigene, post-nationalsozialistische deutsche Kultur herausbilden konnte, strömten bereits vorhandene Richtungen in die westlichen Besatzungszonen. Drei Grundströmungen waren es vor allem, die den kulturellen Neubeginn der Jahre 1945-1948/49 aus deutscher Sicht kennzeichneten:

- die rigorose Ablehnung des „Dritten Reiches" und seines jede künstlerische Freiheit abtötenden, totalitären Anspruches;

- die Wiederentdeckung des 'alten', vom Nationalsozialismus nicht zerstörten, quasi rein gebliebenen deutschen Geistes der Klassik und des Exils sowie
- die frohe, fast unbeschwerte Hinwendung zur modernen, westlichen, in erster Linie amerikanischen Kultur.[26]

Glaser weist zwar darauf hin, daß die deutsche Exilliteratur sowohl in Quantität (ca. 2.500 Titel) als auch in Qualität Hervorragendes geleistet hatte und von der Kritik, etwa den Kulturredaktionen der Zeitungen, in höchsten Tönen gewürdigt wurde. Doch in Deutschland fehlte es nach 1945 nicht nur am Rohstoff Papier, um diesem Oeuvre Geltung zu verschaffen: vor allem bewegte sich der Publikumsgeschmack in Richtung der modernen, westlichen, „leichteren" Literatur. Hier herrschte nach mehr als einem Jahrzehnt der Isolation ein erheblicher Nachholbedarf, ein immenser Kulturhunger, und die attraktive, konsumorientierte und lebensbejahende US-Massenkultur trat als erste an, ihn zu stillen. Auf breiter Front hielt die „Amerikanisierung" Einzug in den deutschen Alltag. Zum anderen besann man sich, wie nach den Umwälzungen von 1989/90, wieder auf die Klassik, die geistigen Wurzeln und literarischen oder musikalischen Höhepunkte der eigenen Nation. Coca-Cola und Goethe waren „in". Und nach ihrer Isolation und Verblendung fand die Kulturnation im Herzen Europas endlich wieder Anschluß an die moderne, zum Teil avantgardistische Kunst, die während des totalitären (und auch künstlerisch provinziellen, innovationsfeindlichen) Dritten Reiches ja als „entartet" gegolten hatte. Während viele Deutsche an ihrem pyramidalen Kulturbegriff und einem wie auch immer definierten Qualitätsanspruch festhielten, öffneten sich andere, vor allem die Jugend, für den alle Bereiche des Lebens umfassenden „American way of life" mit seinen nicht immer tiefgründigen Annehmlichkeiten. Und doch vermittelten die schon im Dritten Reich heimlich gehörten Musiker-Stars wie Glenn Miller oder Benny Goodman nach zwölf, fünfzehn Jahren wieder ein diesseitiges Lebensgefühl. Überhaupt bildete die Jugendarbeit einen Schwerpunkt der amerikanischen Kulturpolitik. Einen Großteil der bis Herbst 1950 eingesetzten rund 60 Millionen DM investierte man in die Heime der „German Youth Activities" (GYA). Auf diese Art unterstützte Washington die deutsch-amerikanische Partnerschaft der nächsten Generation höchst wirkungsvoll. Über die in den größeren westdeutschen Städten gegründeten Amerika-Häuser wurden breitere Schichten der Bevölkerung erreicht und der dringend notwendige Dialog zwischen Siegern und Besiegten geführt.

Denn beide Seiten, Deutsche wie Amerikaner, erlitten 1945 und danach wohl einen „Kulturschock“. Zu kraß waren die im Krieg verstärkten und perpetuierten Vor- und Fehlurteile, zu gravierend der Kulturunterschied zwischen Theorie und Praxis. Viele Deutsche fürchteten während des amerikanischen Vormarsches 1945 ein Massaker an der Zivilbevölkerung und Vergewaltigungen: „Wenn die Amerikaner kommen, dann schießen sie in die Kellerlöcher - dann ist alles aus,“ resümierte eine Frau noch Jahrzehnte später ihre Eindrücke vom Frühjahr 1945.[27] Selbst ihr einziger Zufluchtsort wäre ihr dann genommen, so die Verzweifelte.

Frankfurt/ Main 1945: Römerberg und Paulskirche ein Trümmerhaufen.

Fast ein halbes Jahrhundert später knüpft der kanadische Autor Bacques in seinem Bestseller über „die vermißte Million" („Der geplante Tod") wieder an solche Topoi an, wenn er dem alliierten Oberkommandierenden, General Dwight D. Eisenhower, unterstellt, er habe fast eine Million deutscher Kriegsgefangener in den Lagern durch willentliche Unterlassung von Hilfsleistungen und Vorenthaltung bereitstehender Nahrungsmittel systematisch in den Hungertod getrieben. Belege kann der Autor jedoch kaum erbringen, und seine Zahlen scheinen um Dimensionen zu hoch ausgefallen zu sein. Bacques spekulative Thesen entbehren - aus Sicht der seriösen Wissenschaft - jeglicher Grundlage.[28]

Überhaupt ist es sehr schwierig, für die Trümmerzeit exakte empirische Daten zu erhalten. Großteile der Aktenbestände waren verbrannt, verschollen oder versteckt, und kaum eines der in einer funktionierenden Industriegesellschaft üblichen Instrumente zur Meinungserforschung griff in den Jahren nach 1945. Ebenso hilfreich wie eindrucksvoll dagegen sind die Erinnerungen der Zeitzeugen. Eine damals gerade Neunjährige berichtet noch Dekaden später fesselnd vom Einzug der Amerikaner nach Ludwigshafen am Rhein im März 1945: „Viele Häuser brannten oder waren schon zerstört. Der Vater war im Krieg, in Rußland, und die Mutter war mit uns sechs Kindern allein zu Hause. Alle waren wir hungrig und müde - aber gleichzeitig waren die Nerven zum Zerreißen gespannt. Wir hatten vom fanatischen Widerstand eines SS-Offiziers gehört, der sich am Ortseingang mit gezogener Pistole hinter sechzehn junge Männer gestellt hatte, halbe Kinder noch, die eine provisorische Barrikade errichtet hatten. Die Rheinbrücke müsse gehalten werden, brüllte der Offizier. Dann kamen die Amerikaner. Ein Panzer feuerte kurz. Alle starben. Ein Bagger räumte die Sperre in ein paar Minuten zur Seite. Jeder Widerstand war gebrochen." An anderer Stelle heißt es: „Kurz darauf sah ich die Amerikaner. Endlich waren sie da! Die nächtelangen Bombardierungen würden nun aufhören, wußten wir. Erleichterung und Angst stiegen in mir hoch ... . Sie saßen in offenen Autos. Zum ersten Mal in meinem Leben sah ich einen Mohren. Er stoppte, und reichte mir lächelnd ein Stück Schokolade. Meine Großmutter hatte mich gelehrt, daß alles vergiftet sei. Aber ich hatte solchen Hunger - es schmeckte wunderbar."[29]

Rainer Gries, dessen Dissertation u.a. die Versorgungslage nach dem Krieg zum Gegenstand hat, hebt die „Kinderfreundlichkeit der Schwarzen“ als Topos seiner Oral History Interviews hervor: „Plötzlich sind die Deutschen abgezogen, die Bevölkerung hißt die Bettücher, und die Sieger kommen, chic und lässig auf ihren Jeeps und Panzern, und sie verteilen Südfrüchte und Süßigkeiten an die Kinder.“ Anstelle des rächenden Strafgerichtes und der befürchteten Vergewaltigungen der deutschen Frauen traten solche Gesten, deren Symbolkraft und Nachhaltigkeit nicht überschätzt werden kann. „Der Befreier-Status wird mit Schokolade statt mit Gewalt beglaubigt.“ Die amerikanischen Genußmittel verorteten nicht nur die schenkenden Sieger ganz menschlich in „ihrem“ Teil Deutschlands, so Gries, sondern offerierten umgekehrt den besiegten Beschenkten zugleich einen „neuen und verheißungsvollen weltpolitischen Standort: den Westen“.[30]

Wesentlich trugen die US-Presse- und Kulturoffiziere dazu bei, die Fundamente dieser neuen Partnerschaft zu stärken. Eine lange deutsch-amerikanische Symbiose habe vielfach deren Bildungsgang geprägt, so Glaser: „Oft handelte es sich um Leute, die, wie etwa Shephard Stone, Deutschlands Geistesleben in der Weimarer Republik kennengelernt hatten. Sie waren mit Kompetenz und Engagement bemüht, die Mauern, in denen Deutschland eingeschlossen gewesen war, abzubauen.“[31] Über all dem thronte das Gerüst der Demokratisierung, auch der Kultur. Daneben trat aber immer stärker der Sachzwang, aus Personalnot heraus Aufgaben an die Deutschen zu delegieren und auch Kompetenzen zu verlagern. Bisweilen ging zwar selbst den alles in allem moderaten Amerikanern die Liberalität zu weit. Als die Zeitschrift „Der Ruf“ sie allzu offen kritisierte, reagierten sie durchaus heftig. Andererseits jedoch zeigten die westlichen Aliierten bei der Lizenzvergabe etwa im Falle des jungen Augstein („Der Spiegel“) doch eine gehörige Portion Mut.

Generell bildeten Presse und Rundfunk zentrale Bausteine in der Kultur der Nachkriegszeit. Schon am 24. Januar 1945 erschienen im befreiten Gebiet die „Aachener Nachrichten“, eine alliierte Armeegruppenzeitung in deutscher Sprache. Und bereits am 27. Juni 1945, gerade sechs Wochen nach der Kapitulation, wurde diesem Blatt eine Lizenz erteilt. Ein Deutscher konnte somit Herausgeber werden. Am 1. August 1945 folgte die Frankfurter Rundschau. Insgesamt erhielten in der Besatzungszeit über 150 neue Tageszeitungen von den westlichen Alliierten eine Lizenz, davon 61 von den Amerikanern. Nicht minder formte eine Fülle innovativer Zeitschriften die politische Kultur in Trizonesien. Doch für viele Publikationen dieses labilen Marktes bildete die Währungsreform von 1948 eine fast unüberwindliche Hürde.

Als nachhaltiger und sehr einflußreich erwies sich die Reorganisation des im Dritten Reich pervertierten und manipulierten Rundfunks. Ein Experte schreibt dazu: „Die Stunde Null war, kulturell gesehen, vor allem eine Stunde des Radios. Die Theater und Kinos waren vielfach zerstört oder für die Sieger beschlagnahmt; die Sperrstunde hielt die Menschen zu Hause fest. Da waren die Rundfunksendungen eine willkommene Abwechslung."[32] Wie im Pressewesen, so reüssierten die Amerikaner auch bei dessen Umbau bzw. Neuaufbau. Die Umerziehungserfolge auf diesem Feld waren evident. Diese Arbeit machte die Rundfunkanstalten zu Vorreitern „der Demokratisierung und republikanischer Identität."[33] AFN (American Forces Network) und RIAS (Rundfunk im Amerikanischen Sektor) setzten Trends, ebenso wie etwa der Südwestfunk in Baden-Baden. Neben den lockeren „Swing" trat in jenen Jahren die sogenannte „ernste Musik". In Musik und Literatur besann man sich wieder auf die Klassik.

1949 wurde zum Goethe-Jahr. Der 200. Geburtstag des Genies bot die Gelegenheit, das wahre, „reine" Deutschland vorzustellen. Auch das Theater erlebte in der Nachkriegszeit ungeahnten Zuspruch. Allein in Berlin fanden von Juni bis Dezember 1945 über 120 Premieren statt! Überall wurden die Menschen von einem wahren „Theaterrausch" erfaßt. Und endlich verfügte man über die Freiheit, bis dahin verpönte und verbotene Stücke aus dem Ausland aufzuführen. Rund 50 amerikanische Dramen kamen auf deutsche Bühnen. Nicht immer konnte sich dabei die Kultur aus dem Sog der (Sicherheits-)Politik befreien. Während die amerikanische Militärregierung die Aufführung „amerikakritischer" bzw. „anti-amerikanischer Stücke" von US-Autoren (!) zu verhindern suchte, fochten amerikanische Kultur-Offiziere gegen eine solche Zensur. Das Amerikabild der Deutschen würde dadurch verzerrt und in zu idealistischen Tönen gemalt, befürchteten sie. Bemerkenswert ist, daß Carl Zuckmayers „Des Teufels General" in der Besatzungszeit die größte Popularität erreichte.

Neben Theater und Rundfunk erlebte vor allem das Kabarett einen Boom, wenngleich die als Anti-Amerikanismus aufgefaßte Kritik an den Zuständen der Besatzungsjahre einigen US-Verantwortlichen bald ein Dorn im Auge war. Im Kino, insbesondere in der Wochenschau („Die Welt im Film"), fanden die Besatzungsmächte jedoch ein geeignetes Medium für Information und Entertainment. Der erste Film, der - mit amerikanischer Lizenz - uraufgeführt wurde, war der im Westen Berlins produzierte Streifen „Und über uns der Himmel!" mit Hans Albers in der Hauptrolle.

Nach dem fast völligen Zusammenbruch 1944/45 stieg die Zahl der Kinos in Deutschland wieder kontinuierlich:

Jahr	Anzahl der Kinos
1944	6484
1945	1150
1946	2125
1947	2850
1948	2950
1949	3360

Ebenso wie der Markt für Kinos mußte auch der Buchmarkt erst an der Talsohle angelangen, ehe er sich - ökonomisch und inhaltlich auf eigenen Beinen stehend und nicht mehr am Gängelband der Diktatur hängend - regenerieren konnte. Anfangs herrschte eine solche Papierknappheit, daß das Schlagwort vom Buch als der „Mangelware Nummer 1" die Runde machte. Nur sechs Prozent des Papiers standen für Zeitschriften und Bücher zur Verfügung. Sie wurden vom Publication Branch der Information Control Division (ICD) verteilt. Hier nur ein Beispiel: in Bayern etwa standen im 1. Quartal 1947 für Bücher gerade knapp 200, für Zeitschriften 185 Tonnen Papier zur Verfügung. Als dann wenige Jahre später, nach der Durchführung der Währungsreform, der Engpaß überwunden war, verhalfen Publikumsgeschmack und Marktgesetze nicht der elitären Exilliteratur oder Klassik, sondern vorwiegend der zeitgenössischen Massenliteratur zum Durchbruch. „Kultur" (im Sinne von 'Hochkultur') war seitdem ein „Ladenhüter", so Glaser.

Die mit der Währungsreform einhergehende Umstrukturierung begriffen viele als „Krise der Kultur". Doch sie zeigte auch, daß vieles von dem, was man in den Trümmerjahren als großartige geistige Besinnung und moralischen Aufbau hatte begreifen wollen, doch „nur eine Kompensationserscheinung zum versagten Materialismus“ gewesen sei.[34]

Ein weiterer Schwerpunkt der Reeducation lag auf den Schulen und Universitäten, die bereits im Herbst 1945 wieder ihre Pforten öffneten. Doch wie der bayerische Ministerpräsident Hoegner in seinem Rechenschaftsbericht Ende 1946 anführt, mußte von den 18.000 Volksschullehrern mehr als die Hälfte entlassen werden. An Professoren und Dozenten der Hochschulen wurden dabei besonders hohe Maßstäbe angelegt. Ausbildungsstätten und Lehrkörper hatten unter den Auswirkungen der Diktatur und des Zweiten Weltkrieges schwer gelitten. Um so größer war nun die Freude über die Freiheit der Lehre, etwa über die Wiedereinführung des Religionsunterrichtes. Und die Möglichkeit, sich wieder bar jeder NS-Zensur Bildung und Wissenschaft widmen zu können, führte zu einem unvergleichlich hohen Maß an Enthusiasmus beim Lernen und Lehren, wenngleich die Aufarbeitung der vergangenen zwölf Jahre zu wünschen übrig ließ.[35]

Viele Menschen konnten und wollten sich in der unmittelbaren Nachkriegszeit nicht zwischen Selbstkasteiung und nostalgisierendem Erinnern entscheiden, und richteten ihren Blick stärker auf die drängenden Probleme der Gegenwart und die Aufgaben der Zukunft. Der Rat der Evangelischen Kirche Deutschland jedoch brach mit dieser Haltung. Er sprach im sogenannten „Stuttgarter Schuldbekenntnis“ nicht nur von einer großen Gemeinsamkeit im Leid, sondern auch von einer „Solidarität der Schuld“ in den Jahren 1933-1945. „Durch uns ist unendliches Leid über viele Völker und Länder gebracht worden,“ hieß es darin. Einerseits habe man zwar durchaus gegen den Geist der NS-Zeit gekämpft, „aber wir klagen uns an, daß wir nicht mutiger bekannt, nicht treuer gebetet, nicht fröhlicher geglaubt und nicht brennender geliebt haben.“ Pastor Niemöller räumte kurz danach ein, es habe „eine fürchterliche Debatte“ um das Stuttgarter Schuldbekenntnis gegeben, zumal der erste Hirtenbrief der katholischen Bischöfe vom 23. August 1945 seiner Freude darüber Ausdruck verlieh, daß sich das katholische Volk „in so weitem Ausmaße von dem Götzendienst der brutalen Macht freigehalten“ habe.[36]

Obwohl es keine allgemein verbindliche Anleitung dafür geben konnte, wie das Unrecht individuell oder im gesamtgesellschaftlichen

Rahmen aufzuarbeiten sei, zwang die unmittelbare Not zu konkreten Maßnahmen. Ausschlaggebend war, in welcher Zeit und in welchem Maß eine vernünftige Zusammenarbeit mit der jeweiligen Besatzungsmacht zu erreichen war. Dabei galt: je mehr sich die ehemaligen Kriegsalliierten nach dem Mai 1945 voneinander wegbewegten, um so unmittelbarer wurde das Abhängigkeitsverhältnis zur Besatzungsmacht der jeweiligen Zone.

Anfang August 1945 in Potsdam hatten Truman, Stalin und der neugewählte britische Premierminister Clement R. Attlee erklärt, es sei nicht die Absicht der Alliierten, „das deutsche Volk zu vernichten oder zu versklaven." Man wollte sogar eine „eventuelle friedliche Mitarbeit Deutschlands am internationalen Leben" vorbereiten. Doch bis auf weiteres werde keine zentrale deutsche Regierung errichtet und das deutsche Wirtschaftsleben sei in kürzest möglicher Zeit zu dezentralisieren. Auch bei den Reparationen kam man überein, daß dem deutschen Volk genügend Mittel belassen werden sollten, um ohne Hilfe von außen existieren zu können.[37]

Doch auch der in Potsdam ausgearbeitete Kompromiß konnte den Riß zwischen den Alliierten nur eine Zeitlang bedecken. Churchill hatte Truman ja bereits am 12. Mai 1945 vor einem „Eisernen Vorhang" in Mitteleuropa gewarnt und gefragt, wie die Lage wohl in ein, zwei Jahren aussehen möge, „wenn die britischen und amerikanischen Armeen dahingeschmolzen sind" und die französische Armee noch nicht in größerem Umfang gebildet worden ist, wenn der Westen dann nicht einmal eine Handvoll Divisionen habe, Rußland dagegen möglicherweise zwei- oder dreihundert im aktiven Dienst behalte? Doch Truman hatte es - nicht zuletzt mit Blick auf den pazifischen Kriegsschauplatz - versäumt, mit den Sowjets im Sommer 1945 aus einer „Position der Stärke" heraus die neue Nachkriegsordnung festzuschreiben, wie etwa Acheson es gefordert hatte, und sich aus den genannten Gründen für eine „Politik der Vertagung" („policy of postponement") entschieden. Später mußte er in der Tat dem innenpolitischen Druck nachgeben, der eine regelrechte „Bring the boys home"-Bewegung entfachte und die US-Position in Mitteleuropa gegenüber Stalin schwächte. Damit wurde ein Zurückgreifen auf deutsche - sprich antikommunistische - Ressourcen opportun.[38]

Für die Deutschen in der US-Zone wirkte sich diese Entwicklung im Ost-West-Verhältnis 1945/46 als eine gegenüber der Planung deutlich spürbare Milderung aus. Doch eine recht humane Behandlung anstelle des „Vae victis“ ist eine Sache, eine aufkeimende Partnerschaft und Wiedereinbindung in die Familie der Demokratien indes eine andere. Wieder an das Gedankengut der „Atlantik-Charta“[39] vom 14. August 1941 anknüpfend, in der Amerika noch vor Kriegseintritt zwar „die endgültige Zerstörung der Nazityrannei“ verkündet, aber die Zeit nach Kriegsende „allen Staaten, groß oder klein, Siegern und Besiegten, fördern zu helfen“ versprochen hatte, überwanden die USA mit der Grundsatzrede von Außenminister Byrnes in Stuttgart am 6. September 1946 das Denken in den Kategorien Henry Morgenthaus. Realistisch und zukunftsweisend wurde hier nicht nur die enge Verflechtung der deutschen und der europäischen (wirtschaftlichen) Not klar herausgestellt. Nolens volens erkannten die Amerikaner, daß ihr Gewicht und ihr Einfluß zu groß geworden waren, um sich weiterhin von der restlichen Welt politisch und militärisch zu isolieren. Die Byrnes-Rede markierte einen Wendepunkt in der amerikanischen Außenpolitik vom Isolationismus zum Universalismus und weg vom Idealismus hin zum Realismus.[40] Im krassen Gegensatz zum Morgenthau-Plan lautete der Kurs nur zwei Jahre später: „Wir sind entschlossen, uns weiter für die Angelegenheiten Europas und der Welt zu interessieren.“ Amerikanische Sicherungskräfte würden unglücklicherweise wahrscheinlich noch lange Zeit in Deutschland bleiben müssen, meinte Byrnes. Fest entschlossen fügte er mit Blick nach Osten hinzu: „Wir ziehen uns nicht zurück.“[41]

Seine Ausführungen zum wirtschaftlichen Wiederaufbau Deutschlands waren nicht minder bedeutungsvoll. Obwohl es nur recht und billig sei, wenn Deutschland nunmehr seinen Teil dazu beitrage, die Verwüstungen wieder gutzumachen, so solle ihm doch nicht die Möglichkeit genommen werden, „sein Los im Lauf der Jahre durch harte Arbeit“ zu verbessern. Eine „industrielle Entwicklung und industrieller Fortschritt“ würden ihm nicht verweigert. Das Zerrbild von Deutschland auf dem Niveau von Kleinbauern verblaßte. Byrnes bekräftigte den Willen der US-Regierung, künftig den freien Austausch von Waren, Personen und Ideen innerhalb Deutschlands zuzulassen. Es dürfe nicht mehr gelten, daß die Schranken innerhalb Deutschlands weit schwieriger zu überwinden seien als die zwischen normalen souveränen Staaten. Der Außenminister prangerte auch Versäumnisse der Alliierten an. So werde Deutschland derzeit in vielen lebenswichtigen Fragen weder vom Kontrollrat regiert, noch gestatte ihm dieser, sich selbst zu regieren. Für einen erfolgreichen Wiederaufbau Deutschlands sei jedoch eine gemeinsame Finanzpolitik wesentlich. Verkehrs-, Nachrichten- und Postwesen müßten wieder eingeführt werden. Und: „Deutschland benötigt die gesamten Nahrungsmittel, die es erzeugen kann." Ebenso sah er die Schaffung einer zentralen deutschen Verwaltungsstelle für Industrie und Außenhandel als dringend notwendig an. Niemals sei es die Absicht der amerikanischen Regierung gewesen, „dem deutschen Volk das Recht zu versagen, seine eigenen inneren Angelegenheiten wahrzunehmen." Natürlich müsse es erst in der Lage sein, dies auf demokratische Art und unter aufrichtiger Achtung der Menschenrechte und grundsätzlichen Freiheiten zu tun, fügte Byrnes eineinhalb Jahre nach Kriegsende noch warnend hinzu. Die Alliierten sollten lediglich Hilfe zur Selbsthilfe geben und die Richtlinien festlegen, nach denen sich die deutsche Demokratie dann selbst regieren könne.

Wörtlich führte Byrnes in dieser wohl wichtigsten Nachkriegsrede aus: „Die Vereinigten Staaten können Deutschland die Leiden nicht abnehmen, die ihm der von seinen Führern angefangene Krieg zugefügt hat. Aber die Vereinigten Staaten haben nicht den Wunsch, diese Leiden zu vermehren oder dem deutschen Volk die Gelegenheit zu verweigern, sich aus den Nöten herauszuarbeiten, solange es menschliche Freiheit achtet und vom Wege des Friedens nicht abweicht." In Stuttgart sprach Byrnes auch erstmals von einem „militärischen Machtkampf" zwischen Ost und West. Deutschland dürfe darin keine Schachfigur der einen oder anderen Seite werden, führte der Außenminister aus, allerdings auch kein Partner. Für die amerikanische Regierung war es wohl noch zu früh, solche Hoffnungen zu wecken. Sie ging lieber Schritt für Schritt vor, beginnend mit der graduellen Übertragung der politischen Gewalt.

Gemäß JCS 1067 hatte seit April/Mai 1945 der amerikanische Militärgouverneur in der US-Zone die höchste gesetzgebende, vollziehende und richterliche Gewalt. Nun meinte Byrnes, das amerikanische Volk wolle dem deutschen Volk helfen, seinen Weg zurückzufinden zu einem ehrenvollen Platz unter den freien und friedliebenden Nationen der Welt. Wörtlich hieß es: „Das amerikanische Volk wünscht, dem deutschen Volk die Regierung Deutschlands zurückzugeben."[42]

ZEITTAFEL

Oktober 1944	Amerikanische Truppen erreichen bei Aachen erstmals deutschen Boden
1945	
07.03.	Einnahme Kölns
März	Den Amerikanern gelingen mehrere Rheinübergänge
20.03.	Frankfurt/Main und Mannheim ergeben sich
April	Das Ruhrgebiet, Zentrum der deutschen Rüstungsindustrie, wird von den Amerikanern besetzt
12.04.	Tod Franklin D. Roosevelts. Neuer Präsident der USA wird Harry S. Truman
20.04.	Eroberung Nürnbergs durch US-Truppen
29.04.	Einnahme Münchens
07.05.	Konrad Adenauer wird wieder Oberbürgermeister von Köln
11.05.	Präsident Truman billigt die Direktive „JCS 1067"
12.05.	Churchill warnt vor einem „Eisernen Vorhang"
23.05.	Die Regierung Dönitz wird verhaftet
05.06.	Berlin-Erklärungen der Alliierten
26.06.	In San Fransisco wird die „Charta der Vereinten Nationen" verabschiedet
01.-04.07.	Sowjetische Truppen besetzen die von den Amerikanern geräumten Gebiete von Sachsen und Thüringen sowie die von den Briten geräumte Küste Mecklenburgs gemäß den vereinbarten Zonen. Im Gegenzug übernehmen die Westalliierten ihre Sektoren in Berlin.
17.07.-02.08.	Potsdamer Konferenz
30.07.	Erste Sitzung des Alliierten Kontrollrats
06.08.	Die USA werfen über Hiroshima die erste Atombombe ab
13.08.	In der amerikanischen Zone wird die Gründung von Parteien erlaubt
19.09.	Die amerikanische Militärregierung bildet die Länder Bayern, Württemberg-Baden und Groß-Hessen
17.10.	Erste Sitzung des Länderrates in der US-Zone

Oktober	Etwa 1,75 Millionen deutsche Kriegsgefangene werden von den Amerikanern zur Arbeit nach Frankreich geschickt
20.11.	In Nürnberg beginnen die Verhandlungen des internationalen Militärgerichtshofes. General McNarney löst General Eisenhower als US-Militärgouverneur ab

1946

20./27.01.	Kommunalwahlen in der US-Zone
05.03.	In der US-Zone wird das „Gesetz zur Befreiung von Nationalsozialismus und Militarismus" verkündet
26.03.	Erster alliierter Industrieplan für Deutschland
26.05.	Die Reparationszahlungen aus der US-Zone werden eingestellt
30.06.	Wahlen zu den Verfassungsgebenden Versammlungen in der US-Zone
06.09.	Grundsatzrede des amerikanischen Außenministers Byrnes in Stuttgart
29.10.	Allgemeine Volkszählung in den vier Besatzungszonen
24.11.	Landtagswahlen in der US-Zone

1947

01.01.	Zusammenlegung der britischen und amerikanischen Zonen zur „Bizone"
23.01.	Bremen wird ein Land der US-Zone
11.03.	Kongreßbotschaft des amerikanischen Präsidenten zur Eindämmung („containment") des kommunistischen Machtbereichs, sog. „Truman-Doktrin"
15.03.	General Clay löst General McNarney als US-Militärgouverneur ab
05.06.	In Harvard schlägt der amerikanische Außenminister Marshall ein „European Recovery Program" (ERP, oder „Marshall-Plan") vor
06./07.06.	Ministerpräsidentenkonferenz in München
25.06.	Erste Sitzung des Wirtschaftsrates in Frankfurt am Main
17.07.	Die neue Richtlinie für die amerikanische Deutschlandpolitik („JCS 1779") löst „JCS 1067" ab
09.08.	Der Industrieplan für die Bizone wird revidiert

07.10.	Vorlage der alliierten Demontageliste für Deutschland

1948

23.02.-02.06.	Londoner Sechsmächtekonferenz (mit einer Unterbrechung im März)
02.03.	Ludwig Erhard wird Direktor der Wirtschaftsverwaltung der Bizone
17.03.	Brüsseler Pakt unterzeichnet
20.03.	Letzte Sitzung des Alliierten Kontrollrates
16.04.	Gründung der OEEC
19./23.06.	Getrennte Währungsreformen in den Westzonen und in der Ostzone
23.06.	Die Blockade Berlins zu Lande und zu Wasser beginnt. Die Amerikaner und Briten versorgen die Stadt ab dem 26.06. monatelang aus der Luft („Berlin Air-Lift")
01.07.	Überreichung der „Frankfurter Dokumente"
21.07.	Ministerpräsidentenkonferenz der Westzonen für Gründung eines westdeutschen „Provisoriums"
11.-23.08.	Verfassungskonvent in Herrenchiemsee
01.09.	Der Parlamentarische Rat nimmt in Bonn seine Arbeit auf

1949

01.02.	In den Westzonen gibt es mehr als eine Million Arbeitslose
20.03.	In den Westsektoren Berlins führt man die DM als einziges gesetzliches Zahlungsmittel ein
01.04.	Die französische Zone verschmilzt mit der „Bizone" zur „Trizone"
04.04.	Gründung der NATO
06.-08.04	Konferenz der westlichen Außenminister in Washington, D.C., Abkommen über den Zusammenschluß der drei Westzonen
10.04.	Besatzungsstatut der drei Westalliierten
05.05.	Gründung des Europarates
08.05.	Der Parlamentarische Rat verabschiedet das Grundgesetz
12.05.	Die Berliner Blockade endet. Die westlichen Militärgouverneure billigen das Grundgesetz

18.05.	John J. McCloy wird zum amerikanischen Hohen Kommissar ernannt
23.05.	Das Grundgesetz der Bundesrepublik Deutschland wird verkündet

2. Nachkriegsplanung auf deutscher Seite

Ohne Frage bestand nach 1945 eine Hauptaufgabe deutscher Politik darin, auf dem Gebiet des scheinbar „untergegangenen" Deutschen Reiches einen oder mehrere aktionsfähige Nationalstaaten zu formieren, nicht zuletzt, um wieder einen Platz in der internationalen Politik einzunehmen. Nicht nur die späteren Sieger erörterten in der kurzen Zeitspanne zwischen den alliierten Kriegskonferenzen und dem Ausbruch des Kalten Krieges das gesamte Spektrum von Optionen. Auch die Nationalsozialisten, die Denker des Widerstandes und später die Vorsitzenden der Parteien entwarfen ihre Konzepte.[43]

Schon ein Auszug aus zwei Dokumenten genügt, um die „Zukunftsplanung" aus Sicht der NS-Führung zu verdeutlichen. NS-Rüstungsminister Speer analysierte in seiner Denkschrift vom 15. März 1945 die verheerende Lage des untergehenden Deutschen Reiches und schlug Hitler eine Handlungsweise vor, die zumindest den minimalen Lebensstandard für die Zeit nach der unweigerlichen Niederlage gewährleisten helfen würde. Ein wörtliches Zitat: „Die Verwüstungen dieses Krieges in den deutschen Städten sind nur mit denen des Dreißigjährigen Krieges vergleichbar." Speer mahnte, den sich immer rascher vollziehenden „wirtschaftlichen" Zusammenbruch deutlich vor Augen, die NS-Führung müsse nun alles tun, um dem deutschen Volk, „wenn vielleicht auch in primitivster Form," bis zuletzt seine Lebensbasis zu erhalten. Eindringlich warnte er mehrfach davor, die Brükken auf dem Gebiet des Reiches willkürlich selbst zu sprengen, um den Vormarsch des Gegners aufzuhalten. Mit einer Sprengung der Verbindungen im vorgesehenen Ausmaß würden die Verkehrsanlagen nachhaltiger zerstört, als dies die Fliegerangriffe der letzten Jahre vermochten, so Speer. „Ihre Zerstörung bedeutet die Beseitigung jeder weiteren Lebensmöglichkeit des deutschen Volkes." Bei den beschränkten Mitteln der Nachkriegszeit werde man Jahre benötigen, um dieses Verkehrsnetz wieder aufzubauen. Die Mischung aus patriarchalischer Verantwortung und Überheblichkeit, aus nüchterner ökonomischer Analyse, die zusammenfällt mit der kalten Sprache eines Technokraten im Dienste eines Fanatikers, das organisatorische Genie des NS-Managers und die seelenlose Anordnung lebenswichtiger Maßnahmen für die Zeit nach Hitler lassen den Leser noch ein halbes Jahrhundert später erschaudern. Hitler dagegen, der nur das Denken in der Kategorie von Sieg oder Untergang kannte, gab nur vier Tage später einen totalen, umfassenden Zerstörungsbefehl der militärischen, Verkehrs-, Nachrichten-, Industrie- und Versorgungsanlagen sowie der Sachwerte innerhalb des Reichsgebietes. Seine Umsetzung hätte die ohnehin katastrophale Ausgangssituation für die politischen und wirtschaftlichen Führungspersönlichkeiten der Nachkriegszeit noch erheblich verschlimmert.[44]

Vielen politisch interessierten Deutschen wurde in den letzten Kriegsjahren unter Hitler in zunehmendem Maße deutlich, daß das nationalsozialistische „Dritte Reich" keinen Bestand haben werde. Und so lief deren „Nachkriegsplanung" zeitlich und zum Teil inhaltlich parallel zu jener der Siegermächte. Je nach Herkunft und Intention wichen die Pläne eines von Stauffenberg, Adenauer, Schumacher, Ulbricht oder Honecker zwar inhaltlich in höchstem Maße voneinander ab. Gemeinsam war ihnen jedoch auf einer abstrakten Ebene, daß Deutschland wieder als Akteur in die Familie der Völker zurückkehren müsse.

Beispielsweise enthielten die programmatischen Richtlinien der „Association of Free Germans" (einer Gruppe deutscher Sozialdemokraten im US-Exil) vom Oktober 1942 in Anlehnung an amerikanische Ideale die Ziele einer freien Republik mit Redefreiheit, Glaubensfreiheit, der Freiheit von Furcht und der Freiheit von Not. Die Naziherrschaft müsse mit Stumpf und Stiel ausgerottet, die Träger des alldeutschen Militarismus und Imperialimus müßten politisch unschädlich gemacht werden. Der Kreisauer Kreis (1942-1944) um Graf von Moltke andererseits sah für die Zeit nach Hitler im Christentum die moralische Basis für die sittliche und politische Erneuerung, hielt jedoch am „Reich" als oberster Führungsmacht des deutschen Volkes fest. Das „Buchenwalder Manifest" befreiter KZ-Insassen wiederum forderte den Aufbau einer sozialistischen Volksrepublik, wetterte wider die „Raubtiernatur der kapitalistischen Wirtschaft" und plädierte für einen neuen Geist, verkörpert durch den „neuen Typ des deutschen

Europäers". In diesem Aufruf vom 13. April 1945 findet man, stellvertretend für den Geist dieser Zeit, die Sätze: „Wir wissen, daß unsere innere Lage furchtbar ist. Unsere äußere Lage ist jedoch noch verzweifelter." Diese wenigen Auszüge verdeutlichen, wie breit das inhaltliche Spektrum des Widerstandes war, das von restaurativ-konservativen Kreisen bis hin zu sozialistisch-kommunistischen Gruppierungen reichte. Zudem waren die Denker des Widerstandes geographisch weit verstreut. Sie verfügten über keinerlei Schaltzentrale oder Vernetzung. Zudem hatten die Terrormaßnahmen als „Vergeltung" für das fehlgeschlagene Attentat vom 20. Juli 1944 nochmals Tausende von Opfern aus ihren Reihen gefordert.[45]

Wer also konnte 1945 oder 1946 für „das deutsche Volk" sprechen? Wer repräsentierte seine Interessen, wer artikulierte seinen politischen Willen? Byrnes trat in Stuttgart achtzehn Monate nach der Verhaftung der Geschäftsführenden Deutschen Reichsregierung unter Großadmiral Dönitz (23. Mai 1945) „für die baldige Bildung einer vorläufigen deutschen Regierung" ein. Nach der bedingungslosen Kapitulation des Deutschen Reiches vom 8. Mai 1945 und den knapp einen Monat später, am 5. Juni 1945, erfolgten Berliner Erklärungen, in der die Alliierten die oberste Regierungsgewalt in Deutschland übernommen und in eine amerikanische, britische, französische und sowjetische Besatzungszone und das Gebiet von Groß-Berlin aufgeteilt hatten, gab es - abgesehen von den durch Alliierte eingesetzten Ministerpräsidenten - keine deutsche Regierung mehr. Damit hatten die Alliierten bei der Gestaltung Deutschlands völlig freie Hand.[46]

Doch als Reaktion auf die am 10. Juni 1945 gewährte Zulassung politischer Parteien in der SBZ durch die sowjetische Militäradministration (SMAD) sahen sich die Westalliierten gezwungen, ihr ursprüngliches Konzept eines Parteienverbotes im Spätsommer 1945 zu revidieren. Anstelle der politischen Zentralgewalt können im Falle des außenpolitisch völlig ohnmächtigen Deutschland der Jahre 1945-1949 somit allenfalls die Führungspersönlichkeiten der beiden Volksparteien als Repräsentanten bezeichnet werden. Hier sind in erster Linie Kurt Schumacher auf seiten der noch kurz vor Kriegsende in Hannover wiedergegründeten SPD und Jakob Kaiser sowie Konrad Adenauer auf seiten der neugegründeten CDU zu nennen.[47]

Ein Auszug aus der „Weißen Liste" (unbelasteter Führungspersönlichkeiten) des Alliierten Oberkommandos von Anfang 1945 macht die anfangs gravierenden Informationsdefizite deutlich. Unter Konrad Adenauer stand: „Ehemaliger Bürgermeister von Honnef. Kann zur Zusammenarbeit mit den Alliierten herangezogen werden". Lediglich in Klammern war hinzugefügt, er sei „möglicherweise" identisch mit dem Oberbürgermeister von Köln der Jahre 1919-1933.[48] Unter Theodor Heuss war zu lesen, er sei ein „kompromißloser Demokrat", von dem nicht sicher sei, ob er mit den US-Kräften zusammenarbeiten werde. „Man sollte es aber versuchen." Und zu Kurt Schumacher: „Seit 1933 im Konzentrationslager, ließ 1941 von sich hören." Viel war dies nicht.[49]

Golo Mann hat Kurt Schumacher einmal „die Inkarnation des deutschen Leidens" genannt. Als Kriegsfreiwilliger des Ersten Weltkrieges verlor der schwerverletzte Schumacher den rechten Arm. Sein erbitterter Widerstand gegen die NSDAP, die in seiner berühmten Reichstagsrede vom Februar 1932 gipfelte, in der er den Nazi „die restlose Mobilisierung der menschlichen Dummheit" attestiert hatte, brachte ihn sofort nach der „Machtergreifung" Hitlers für zehn Jahre in die Konzentrationslager von Dachau und Neuengamme. Als Folge der langen KZ-Haft mußte ihm ein Bein amputiert werden. Doch er gab nie auf. Seine starke Persönlichkeit und seine moralische Integrität führten ihn 1945/46 rasch an die Spitze der SPD, jener Partei, die stolz darauf war, nach Hitler ihren Namen nicht ändern zu müssen.[50]

So hoch der Leidensweg Schumachers und vieler Sozialdemokraten auch anzusetzen war: nach 1945 galt es, Deutschland wieder aufzubauen und zu integrieren. Dabei reichte es nicht aus, die Sozialdemokratie als die „natürliche" Regierungspartei des neuen deutschen Staates anzusehen. Nach der jahrelangen Isolation im KZ geriet Schumachers politisches Auftreten zu einem Kampf gegen tatsächliche und vermeintliche Feinde. Das Werben für eine zukunftsweisende, positiv besetzte Idee - für Schumacher ein sozialistisches Deutschland in einem sozialistischen (West-)Europa in enger Anlehnung an französische und italienische Linke, vor allem aber an die britische Labour-Party - kam dabei zu kurz. Seine Kritiker warfen ihm vor, gegenüber der in der unmittelbaren Nachkriegszeit politisch noch abwartenden Bevölkerung zu dogmatisch, zu rigoros und gegenüber den gesellschaftlich relevanten Gruppen und den Besatzungsmächten persönlich zu schroff und politisch zu aggressiv aufzutreten, ohne über eine für diese Attitüde ausreichende Machtbasis zu verfügen.

Schumacher zog 1945/46 einen klaren Trennungsstrich zwischen der SPD der drei Westzonen und der SPD der sowjetisch besetzten Zone Otto Grotewohls und bekämpfte die aus der Zwangsvereinigung mit der KPD entstandene SED ab 1946 mit ätzender Rhetorik. Damit blieb ihm als Rückhalt einzig die „Arbeiterklasse" im Westen, deren Zahl er als zu hoch angesetzt haben mag. Er versäumte es, mit der Zeit zu gehen und sich ein wenig zur politischen Mitte hin zu öffnen. War es wirklich notwendig, den konservativen und bürgerlichen Kreisen Versagen gegenüber den Nazis vorzuwerfen, Kapital und Kartelle in Bausch und Bogen zu verunglimpfen, die Katholische Kirche als „fünfte Besatzungsmacht" zu bezeichnen, die Alternative „Russe oder Sozialdemokrat" aufzuzeigen und auch die Westalliierten anmaßend vor den Kopf zu stoßen, mochte sich manch ein unentschlossener Wähler fragen.

Schumacher stand in der Tradition der führenden deutschen Sozialdemokraten, für welche die USA selbst in der ersten Hälfte des 20. Jahrhunderts terra incognita blieben. Daß man aufgrund eines anachronistischen eurozentrischen Weltbildes bis 1945 über eine „Halbwahrnehmung" der neuen Weltmacht USA nie hinausgekommen war, mag die kompromißlose Haltung erklären, die Schumacher gegenüber den Siegern zweier Weltkriege an den Tag legte:[51] „Die Länder des Sieges müssen jetzt an die Probleme heran. Und eines möchte ich gleich den Siegern sagen: Glaubt nicht, daß alles das, was sich in euren Ländern bewährt hat und in der Welt vorbildlich erscheint, auch für Deutschland in allen Formen notwendig und nützlich ist."[52] Die Unkenntnis der USA mag führenden Persönlichkeiten wie Dean Acheson wie Anti-Amerikanismus vorgekommen sein. Und obwohl der charismatische Schumacher härter gegenüber den Kommunisten argumentierte als jeder andere deutsche Politiker der Nachkriegszeit, zerbrach er in der prägenden Anfangsphase sehr viel Porzellan. Die deutsche Sozialdemokratie jedenfalls brauchte danach 15 bis 20 Jahre, um in den Augen der Amerikaner als eine pro-amerikanische Kraft angesehen zu werden.[53]

Wollte Schumacher in Verkennung der tatsächlichen Machtverhältnisse noch die USA davon überzeugen, daß Europa eben sozialistisch werden müsse, so trat Jakob Kaiser, einer der beiden führenden Christdemokraten nach 1945, für seine Vision ein, Deutschland als „Brücke zwischen West und Ost" zu etablieren. Doch während Kaiser an die Tradition des ehrlichen Maklers anknüpfen wollte und Bismarck sowie Gustav Stresemann als außenpolitische Vorbilder vor Augen hatte, befürchteten die Alliierten eine Schaukelpolitik Deutschlands zwischen West und Ost. Jakob Kaiser versuchte, das Beste aus beiden Welten für Deutschland zu erreichen, die westliche Idee der Menschenrechte und die östliche der sozialen Gerechtigkeit. Entweder verschmolzen in seinem Denken die Widersprüche - so zwischen Katholiken und Protestanten, zwischen Individuum und Gemeinschaft. Oder er suchte, wo dies nicht möglich war, den Ausgleich, so zwischen westlicher Demokratie und Marktwirtschaft einerseits und sozialistischer Planwirtschaft und Diktatur andererseits. Deutschland würde seine geographische Mittellage dahingehend nutzen, als Diplomat zwischen den anderen Mächten zu vermitteln. Ost wie West befürchteten indes, es würde dann ein Wanderer zwischen den Welten.[54]

War der Mitbegründer der CDU Deutschlands bereits im Dezember 1945 zum Vorsitzenden der CDUD in Berlin und der SBZ aufgestiegen und 1946 sicherlich eine der prägenden Figuren Nachkriegsdeutschlands, so fehlte ihm ab 1947 sowohl innen- wie außenpolitisch die Basis, als Sowjets wie Westalliierte sein Brückenkonzept ablehnten und sich Konrad Adenauer in der CDU durchsetzte. Kaisers Utopie eines von Ost und West geschätzten ungeteilten Deutschen Reiches in den Grenzen von 1937 mit der Hauptstadt Berlin bildete in den folgenden Jahrzehnten allenfalls den Kern mancher Legende um die Einheit oder die Bedeutung Deutschlands. Aber wer Kaisers Ideen nach 1989/90 wieder stärker betont, bestreitet die begrenzten Möglichkeiten der Deutschen in der Nachkriegszeit.[55]

Auch seine innen- und wirtschaftspolitische Strahlkraft fand nur in Entwürfen Niederschlag, die sich letztlich nicht durchsetzten. Weder wurde sein zeitweise populärer „christlicher Sozialismus" realisiert noch wurde aus der CDU eine antikapitalistische, auf planvolle Wirtschaftslenkung setzende Partei. Und so trägt das Ahlener Wirtschaftsprogramm der CDU vom 3.2.1947 seine Handschrift, das die „Vergesellschaftung der Bergwerke" beinhaltete, ohne daß es langfristig von Bedeutung gewesen wäre. Wie akademisch diese deutschen Diskussionen letztlich waren, zeigt sich daran, daß die „Sozialisierung" auf amerikanische Intervention hin unterblieb.[56]

Kaisers Wunsch nach Ausgleich, Kooperation und Harmonie wurde nach der Katastrophe von 1945 zwar von vielen Deutschen geteilt. Doch deren Einfluß auf die internationale Politik war marginal, und das sich zusehends verschlechternde Verhältnis zwischen Ost und West förderte jene, die sich wie Konrad Adenauer aus den Optionen der Nachkriegszeit früh für die Orientierung nach Westen entschieden hatten.

Der 1876 geborene Konrad Adenauer konnte 1945 auf eine Dekaden umfassende politische Aktivität und eine enorme kommunalpolitische Erfahrung zurückblicken. Während des Ersten Weltkrieges war er zum Oberbürgermeister Kölns aufgestiegen. Danach wurde er unter anderem Mitglied und Präsident des preußischen Staatsrates, ehe ihn die Nationalsozialisten 1933 aller Ämter enthoben. Seinem hohen Alter und der Hybris der von einem „tausendjährigen Reich" träumenden Nationalsozialisten verdankte er eine, verglichen mit Schumacher, milde Behandlung während der Diktatur. Adenauer verbrachte nur wenige Tage in Gefangenschaft.[57] Fast 70 Jahre alt, wurde er nach der Einnahme Kölns durch die Amerikaner im Frühjahr 1945 für kurze Zeit wieder Oberbürgermeister der Domstadt. Anders als nach dem Ersten Weltkrieg, stand er 1945 vor völligem Chaos. „Der Anblick von Köln erschütterte mich zutiefst." Die Stadt, die vor dem Krieg über eine dreiviertel Million Einwohner gezählt hatte, verfügte in ihrem linksrheinischen Gebiet nur noch über 32.000 Einwohner. „Nur 300 Häuser waren unzerstört geblieben," schrieb er später in seinen auf jedes Pathos verzichtenden „Erinnerungen". Die unmittelbaren Folgen des Krieges und der Knappheit mit aller Kraft anzugehen, so lautete das erste Gebot aller Politiker vor Ort.[58]

Darüber hinaus sorgte sich Adenauer um die internationale Stellung Deutschlands. Im Gegensatz zu Kaiser, der Deutschland als „Brükke" sah und zu Schumacher, welcher der nationalen Einheit politische Priorität einzuräumen gedachte, zog Adenauer aus der Konstellation von 1945/46 den Schluß: „Die Russen schienen von Anfang an eine klare Politik in bezug auf Deutschland zu betreiben. Ihr Ziel war es, ganz Deutschland in ihren Machtbereich einzubeziehen." Schon Lenin habe ausgerufen, 'Wer Deutschland hat, der hat Europa!' und davon hänge der Sieg in der Weltrevolution ab. Die Westmächte indes seien - bis auf Churchill - der russischen Schläue nicht ganz gewachsen. Vor allem klagte Adenauer die fehlende Einigkeit ihrer Deutschlandpolitik an. Da die westlichen Alliierten der nach Westen drängenden Sowjetunion einen sehr großen Teil des ehemaligen Deutschen Reiches überlassen haben und dazu die Möglichkeit, in einem großen Teil Osteuropas moskauhörige Regierungen einzusetzen, sah Adenauer nur eine Möglichkeit: „Wir befanden uns durch unsere geographische Lage zwischen zwei Machtblöcken, die völlig gegensätzliche Lebensideale verfochten. Wir mußten entweder zur einen oder zur anderen Seite, wenn wir nicht zerrieben werden wollten. Eine neutrale Haltung zwischen den beiden Mächtegruppen hielt ich für unser Volk für unrealistisch. Früher oder später würde die eine oder andere Seite in jedem Fall versuchen, das deutsche Potential auf ihre Seite zu bekommen." Die Sowjetunion zeige zudem, daß sie erstens das ihr überlassene Gebiet nicht wieder herzugeben gedenke und zweitens versuche, auch den anderen Teil Deutschlands allmählich an sich zu ziehen. „Es gab für uns nur einen Weg, unsere politische Freiheit, unsere persönliche Freiheit, unsere Sicherheit, unsere in vielen Jahrhunderten entwickelte Lebensform, die die christlich-humanistische Weltanschauung zur Grundlage hat, zu retten: fester Anschluß an die Völker und Länder, die in ihrem Wesen die gleichen Ansichten über Staat, Person, Freiheit und Eigentum hatten wie wir. Wir mußten hart und entschlossen Widerstand leisten gegenüber jedem weiteren Druck vom Osten her." Eine Hauptaufgabe sah er darin, das Mißtrauen, das überall in den westlichen Ländern gegen die Deutschen bestand, zu zerstreuen. Man mußte versuchen, Schritt für Schritt das Vertrauen zu den Deutschen wieder zu wecken. Grundvoraussetzung hierfür war seines Erachtens ein klares Bekenntnis zum Westen, „stetig und ohne Schwanken. Unsere außenpolitische Haltung mußte klar, folgerichtig und offen sein."[59]

Neigten Schumacher wie Kaiser zu Visionen, so konzentrierte sich Adenauer auf die Frage, was ein Deutscher angesichts der bestehenden Machtstrukturen und der gegenüber den Alliierten kaum existierenden Handlungsspielräume realistisch bewirken könne. Da es weder eine deutsche Zentralgewalt wie eine Regierung gab und damit auch kein Auswärtiges Amt, noch ein außenpolitisches Gerüst, galt es, die Militärregierung als Schaltstelle der Macht anzuerkennen und dort seinen ohnehin geringen, nur mittelbaren Einfluß geltend zu machen. Hierbei kam es nicht darauf an, Utopien zu entwickeln. Adenauers Fernziel der Jahre 1945-1947 hätte allenfalls vage mit den

„Vereinigten Staaten von Europa" umschrieben werden können, innerhalb derer eine enge deutsch-französische Partnerschaft unverzichtbar wäre.[60] Wichtiger waren im Innern die - bei Adenauer in Jahrzehnten herangereifte - Ablehnung des Preußischen, die Benennung des Christentums als geistig-moralischer Basis und der Wunsch nach Demokratisierung. Nach außen schlugen - neben der strikt antikommunistischen Haltung, die ab Anfang 1947 Früchte trug - die durchgängige prowestliche Grundströmung Adenauers positiv zu Buche, sowie seine undogmatische Art im Umgang mit den Alliierten. Obwohl das frühere Zentrumsmitglied in den Jahren 1945-50 auf eine erstaunliche politische Karriere blicken kann, blieb Adenauer von Rückschlägen nicht verschont. Zu nennen ist hier etwa seine als sehr schmerzlich empfundene Absetzung als Oberbürgermeister durch die Briten 1945. Und doch stieg er bereits 1946 zum Vorsitzenden der CDU in der britischen Zone auf, bevor er Landtagsabgeordneter im bevölkerungsreichen Nordrhein-Westfalen wurde.[61]

Bei aller Aufrichtigkeit, mit der sich ein Kurt Schumacher strikt gegen die Umarmung durch die Kommunisten erwehrte und bei aller Überzeugung, die ein Jakob Kaiser bei seinem Brückenkonzept ausstrahlte, waren nach 1945 im Westen Deutschlands neben dem unbedingten Antikommunismus dieser Tage Flexibilität im Umgang mit den westlichen Alliierten und politischer Realismus gefragt. Dabei stellte es sich als unschätzbarer Vorteil heraus, daß die von Adenauer formulierten deutschen Interessen und die der Westalliierten in vielen entscheidenden Punkten deckungsgleich waren.

Nach den ersten Turbulenzen im Umgang mit den Briten etablierte er sich allmählich als der erste und wichtigste Ansprechpartner der Alliierten. Angesichts der in puncto Deutschlandplanung eher konfusen denn stringenten alliierten Kriegskonferenzen, des perspektivlosen ersten Nachkriegsjahres und der von alliierten Interessen dominierten Wiederaufbauphase der drei Westsektoren von 1946 an galt es, aus der Not eine Tugend zu machen. Niemand sah dies klarer als Konrad Adenauer selbst. Seine frühe Erkenntnis: „Es lag im Interesse der Vereinigten Staaten, daß Deutschland wieder stark würde" führte zu dem Schluß, daß die auferlegten Diskriminierungen wie das Ruhrstatut nur von vorübergehender Natur sein würden. (Im Jahre 1948 wurde eine 15köpfige Kommission eingesetzt, die die gesamte Kohlen-, Eisen- und Stahlproduktion sowie die Preise regeln konnte.) Die stufenweise

Erlangung von mehr Freiheit und einem höheren Maß an Gleichberechtigung für die Deutschen erreichte er aufgrund der weitgehenden Interessenkongruenz mit den westlichen Alliierten. Eine gute, partnerschaftliche Beziehung jedoch fußt auf gegenseitigem Vertrauen und Respekt. Adenauer selbst betrachtete dieses Konzept der Partnerschaft und sein Vorgehen als Mittelweg zwischen den extremen Alternativen „sklavischer Unterwürfigkeit" und vermeintlicher deutscher „Unentbehrlichkeit."[62]

3. Die amerikanische Politik, 1946-1949

Wann zerbrach die amerikanisch-sowjetische Allianz, wann kam es zu einer engeren deutsch-amerikanischen Kooperation? Bei der Beantwortung dieser Fragen stößt man zwar auf einschneidende Ereignisse, Konferenzen und Reden, die Hinweise für eine Datierung auf das Jahr 1947 liefern. Allerdings sollte man den Prozeßcharakter dieser Entwicklung nicht verkennen. Ein früher Hinweis auf den Paradigmenwechsel ist beispielsweise dem Bericht General Clays an seinen Generalstabschef Eisenhower vom 26. Juni 1946 zu entnehmen. Darin plädiert Clay für die genaue Definition der in Potsdam beschlossenen Entindustrialisierung, Reparationspolitik und vor allem der Behandlung Deutschlands als einheitlichem Wirtschaftsgebiet. Er erkennt, daß zentrale Verwaltungsstellen unerläßlich sind. „Nach einem Jahr Besatzung bilden die Zonen hermetisch abgeschlossene Gebiete mit fast keinerlei freiem Austausch an Gütern, Personen und Ideen. Deutschland besteht heute aus vier kleinen Wirtschaftseinheiten," analysiert er. Ähnlich wurde es dann, wie gesehen, in der Byrnes-Rede formuliert. In seinem Memorandum fordert Clay sowohl den freien Handel innerhalb Deutschlands als auch eine gemeinsame Außenhandelspolitik. Rheinland und Ruhrgebiet müßten unbedingt im deutschen politischen und ökonomischen Gefüge verbleiben; einzig das Saarland sei eine quantité négligeable. Er wies darauf hin, daß die US-Zone keine Rohstoffe habe und allein nicht existenzfähig sei. Alles laufe also auf eine dauernde finanzielle Belastung der USA auf Jahre hinaus, so Clay, wohl wissend, daß eine Wiederholung der Fehler von 1919/20 (Versailles) eine langfristige Friedensordnung gefährden mußte und daß die USA unter der Ägide von Präsident Truman und Senator Vandenberg eine Führungsrolle in der neuen Weltordnung übernehmen würden.[63]

Um nicht nochmals, wie nach dem gewonnenen Ersten Weltkrieg, für die Kriegskosten der Verlierer direkt oder indirekt aufkommen zu müssen, gingen die USA 1946/47 mutig neue Wege. Man befolgte Clays frühen Vorschlag, die Demontage aus der eigenen Zone einzustellen und eine anglo-amerikanische Bizone ins Leben zu rufen. (Ohnehin wurden in der SBZ fast drei Viertel der gewerblichen Produktion entnommen, während die USA das Zehnfache ihrer Demontagen in die deutsche Produktion investierten.) Später sollte Deutschland in der Tat, wie von Clay bereits 1946 vorgeschlagen, ein Bundesstaat mit neun bis 15 Ländern und einer demokratischen Verfassung werden.[64]

Nachdem sich die Sowjetunion geweigert hatte, die wirtschaftliche Einheit Deutschlands wiederherzustellen, drängte nicht nur Clay auf eine Modifikation der amerikanischen Deutschlandpolitik. Eine ganze Reihe ähnlicher Vorstöße läutete die neue Phase der amerikanischen Besatzungspolitik ein, deren Ziele die Stärkung der Wirtschaft in der US-Zone, die Erweiterung zur Bizone und die Lockerung des deutschen Außenhandels waren.[65]

Der neue US-Militärgouverneur, General McNarney, erklärte am 20. Juli 1946 vor dem Alliierten Kontrollrat, keine Zone sei in der Lage, sich selbst zu erhalten. Und obwohl die USA Viermächtegespräche vorziehen würden, seien sie auch bereit, zunächst - aus praktischen Gründen - mit einem Vertreter intensiver zusammenzuarbeiten. Die Briten, mit denen die Amerikaner bereits seit Ende 1945 eine Art „informelle Bizone“ (Gunther Mai) unterhielten, stimmten zu. Die Franzosen lehnten seinen Vorschlag einer einheitlichen Wirtschaftspolitik in allen Zonen ab. Die Sowjets gingen erst gar nicht darauf ein. Danach schufen Amerikaner und Briten Tatsachen. McNarney versicherte am 20.7.1946: „Die Vereinigten Staaten beabsichtigen nicht, durch diesen Vorschlag Deutschland zu teilen,“ wurde hier wie an vielen anderen Stellen versichert. Überhaupt trugen die Westmächte immer Sorge dafür, daß ihre Seite keinen Bruch zwischen West- und Ostdeutschland provozierte. „Wenn ein solcher Bruch eintreten sollte, dann muß die Verantwortung dafür eindeutig bei den Russen und nicht bei uns liegen,“ waren sich Briten und Amerikaner stets einig. Erst wolle man einen Schuppen bauen, der mit dem eigentlichen Hausbau noch nichts zu tun habe, um eine vielverwendete Metapher dieser Zeit zu gebrauchen. Vielen Schritten haftete das Odium des Provisorischen an, doch sie waren unumgänglich.[66]

Denn die strikte Aufteilung in „vier luftdicht abgeschlossene" Sektoren hatte in der Tat die Lähmung der Wirtschaft zur Folge, was weder Amerikaner noch die finanzschwachen Briten, die 1946 zu Lasten ihrer Devisenbestände Nahrungsmittel in ihre Zone einführen mußten, länger hinnehmen wollten. Einen gewissen Prozentsatz dieser Kosten trugen die Amerikaner. Teils aus solch praktischen Überlegungen heraus, teils aufgrund ihrer Überzeugung, daß Demokratie in Hunger und Elend einen schlechten Nährboden findet, beschlossen die beiden Länderchefs am 4. Oktober 1946 gemeinsame Verwaltungen für Wirtschaft, Ernährung und Landwirtschaft, Finanzen und Verkehrswesen sowie Post- und Fernmeldewesen, um auf diese Weise Synergieeffekte zu nutzen. Am 2. Dezember 1946 kam es - nach britisch-amerikanischer Auffassung in Übereinstimmung mit dem Potsdamer Abkommen vom 2.8.1945, was die Sowjets heftig bestritten - zum Abkommen über die Bizone zum 1. Januar 1947. Die Ziele waren, einen gemeinsamen Lebensstandard herzustellen und bis etwa 1949 die wirtschaftliche Selbständigkeit des Gebietes zu erreichen, sowie die Lockerung der Handelsschranken, eine Reform der Finanzen sowie die Wiederherstellung technischer und geschäftlicher Verbindungen zwischen Deutschland und dem Ausland.[67]

An Versuchen, mit der Sowjetunion gemeinsam zu einer für alle Parteien befriedigenden Lösung zu kommen, fehlte es in den Jahren 1945 und 1946 nicht. Immerhin schuf man im Herbst 1946 ein Handelsvertragssystem zwischen den vier Zonen, das, wenn es auch nur ein Ersatz für die vermißte wirtschaftliche Einheit sein konnte, doch immerhin schnell zu einem signifikanten Anstieg des Handelsvolumens führte. Und auch die Gründung der Bizone bedeutete alleine gesehen nicht den Bruch zwischen den Sowjets und dem Westen. Aber spätestens mit der gescheiterten Moskauer Außenministerkonferenz von März und April 1947 erstarb die Hoffnung auf eine an Kriegszeiten erinnernde enge Kooperation der USA mit der UdSSR. Für die westlichen Zonen indes bedeutete das Auseinanderbrechen der Anti-Hitler-Koalition, daß von nun an Besatzung und Planung als ein zusammenhängendes Problem gesehen und dementsprechend koordiniert wurden. Das Konzept der Bizone wurde fortan mit Leben gefüllt, denn, wie George Marshall in seiner Rundfunkrede an die amerikanische Nation vom 29. April 1947 ausführte, war ein „kleiner Fortschritt auf dem Wege zu einer deutschen Wirtschaftseinheit ... gewiß besser als gar keiner."[68]

Die dramatische Verschlechterung des Ost-West-Verhältnisses ist an der militärischen Interpretation des ursprünglich politisch-ökonomischen „Containment-Konzepts" von George F. Kennan[69] ebenso abzulesen wie an der sogenannten „Truman-Doktrin" vom 11. März 1947. Der amerikanische Präsident unterstrich zwei Jahre nach seiner Amtseinführung eindrucksvoll seinen Willen, die außenpolitischen Interessen der USA und der freien Welt unter seiner Führung zu formulieren und durchzusetzen. In der gemeinsamen Sitzung des Repräsentantenhauses und des Senates erklärte er, die USA werden Griechenland und der Türkei Hilfe zukommen lassen. „Wir sind das einzige Land, das diese Hilfe geben kann," sagte er mit Blick auf Großbritannien. Und gegenüber den Sowjets bemerkte er, es sei eines der vordringlichsten Ziele der USA, die Grundlagen für ein Leben frei von Zwang zu schaffen. „Dies war der Grundgedanke im Krieg mit Deutschland und Japan." Über die weitreichenden Folgen seiner Anordnungen war er sich im klaren. „Ich bin der Ansicht, daß wir den freien Völkern beistehen müssen, ihr eigenes Geschick auf ihre Weise zu bestimmen," erklärte Truman im März 1947 feierlich.[70]

Zeitgleich scheiterte in Moskau die Konferenz der Außenminister. Vorausgesetzt, daß keine der beiden Weltmächte ihren Kurs mehr änderte, bedeutete dies das Umschwenken der Amerikaner und Sowjets in Richtung auf den „Kalten Krieg". Die Vereinigten Staaten, die nach 1945 die Sowjetisierung Osteuropas noch hingenommen hatten, gingen ihrerseits nun 1947 daran, ihren Einflußbereich abzustecken.

Doch seit Mai 1945 hatten sich die Gewichte in Mitteleuropa verschoben. In Torgau an der Elbe und anderen Orten war im Frühjahr 1945 noch die auf Quantität setzende Rote Armee mit dem hochtechnisierten U.S. Expeditionskorps zusammengetroffen. Wenige Monate später nahm Stalin die Zündung der ersten amerikanischen Atombombe äußerlich gelassen hin, um die geheimen Anstrengungen der Sowjetunion auf diesem Sektor nur um so fieberhafter voranzutreiben. Die neue Waffe schien zunächst ein fragiles Machtgleichgewicht in Europa zu schaffen. Doch rasch zeigte sich, in welch hohem Maße nukleare Waffen politisch sind und fast einzig der Abschreckung dienen. Die sowjetische Hegemonie in Ost-, Südost- und Ostmitteleuropa jedoch konnten sie nicht verhindern. Der rasche und rapide Truppenabzug der USA unmittelbar nach Kriegsende indes schwächte, wie Churchill im Mai 1945 vorhergesagt hatte, die amerikanische Position zusehends. Wollten die Vereinigten Staaten wieder ein Gleichgewicht schaffen, so lag es nahe, künftig das Gros des deutschen Industriepotentials im Westen einzubinden. Ost wie West schätzten langfristig eine primär auf Italien und Frankreich gestützte konventionelle Abschreckungskapazität Westeuropas, also völlig ohne deutsche Beteiligung, als nicht glaubwürdig ein. Und so setzten sich allmählich jene Kräfte durch, die den Aufbau eines „antikommunistischen Bollwerks" ohne Rücksicht auf die Einheit Deutschlands und notfalls auch auf Kosten einer Teilung auf nicht absehbare Zeit forderten.

Antikommunismus, marktwirtschaftlich orientiertes Denken, der Wunsch nach Demokratie und humanitäres Handeln als Motive gingen demnach Hand in Hand, als der amerikanische Außenminister George C. Marshall mit seiner Rede zur amerikanischen Hilfeleistung für die europäischen Länder vom 5. Juni 1947 einen weiteren Meilenstein hin zur deutsch-amerikanischen Partnerschaft aufstellte. Hier umriß er das „European Recovery Program" (kurz: ERP) der USA, das ihm zu Ehren auch als „Marshall-Plan" Eingang in die Geschichtsbücher gefunden hat.[71]

Marshall wies in Harvard wie viele Redner dieser Zeit auf die großen Verluste an Menschenleben hin, auf die „sichtbare Zerstörung" der Städte, Fabriken, Bergwerke und Eisenbahnen. Darüber hinaus jedoch stellte er die „unsichtbaren" Verluste und Kosten in den Mittelpunkt seiner Ausführungen. Seiner Meinung nach war „das gesamte europäische Wirtschaftssystem aus den Angeln gehoben" worden. Über ein Jahrzehnt lang haben höchst anormale Zustände geherrscht, wozu er sowohl die fieberhaften Kriegsvorbereitungen als auch die noch absurder anmutende Aufrechterhaltung der Kriegsanstrengung in den letzten Jahren der Nazi-Diktatur zählte. Alle Gebiete der Volkswirtschaft seien so stark in Mitleidenschaft gezogen worden. Der Maschinenbestand sei nun verfallen oder veraltet. Und „unter der willkürlichen und zerstörungswütigen Naziherrschaft wurde praktisch jeder geeignete Betrieb in die deutsche Kriegsmaschine eingespannt." Dadurch seien alte Handelsverbindungen abgebrochen und die für eine florierende Wirtschaft lebenswichtigen privaten Einrichtungen wie

Banken, Versicherungen und freie Unternehmen aller Art ein Opfer von Kapitalverlust, Verstaatlichung oder gar physischer Vernichtung geworden. Daher sei in vielen Ländern Europas und der Welt das Vertrauen in die Währung stark erschüttert. Da das Geschäftsleben in Europa während des Krieges einen vollkommenen Zusammenbruch erlitten hatte, trat im erwarteten Erholungsprozeß der Nachkriegszeit eine schwerwiegende Verzögerung ein. Schließlich warnte Marshall eindringlich vor einem zivilisatorischen und arbeitstechnischen Rückschritt, sah er doch das moderne System der Arbeitsteilung, auf das sich der Warenaustausch gründet, vor dem Zusammenbruch. „Die Lösung liegt in einer Durchbrechung des circulus vitiosus und in der Wiederherstellung des Vertrauens bei den europäischen Völkern auf die wirtschaftliche Zukunft ihrer Länder und ganz Europas."

Das von Marshall in seiner historischen Rede geschilderte Bemühen galt der Wiederherstellung gesunder wirtschaftlicher Verhältnisse, in denen die Vereinigten Staaten die Basis für politische Stabilität und gesicherten Frieden sehen. Folgerichtig fuhr er fort: „Unsere Politik richtet sich nicht gegen irgendein Land oder irgendeine Doktrin, sondern gegen Hunger, Armut, Verzweiflung und Chaos." Wichtig war ihm auch das Verständnis des intendierten Programmes als eine Heilungskur und nicht nur als ein Linderungsmittel. Folgenschwer sind folgende Passagen: „Jeder Regierung, die bereit ist, beim Wiederaufbau zu helfen, wird die volle Unterstützung der Regierung der Vereinigten Staaten gewährt werden", denn damit galt dieses Angebot auch für die Staaten Ost- und Südosteuropas. Weiterhin wurde hier wie an anderer Stelle unmißverständlich betont: als Vorbedingung für weitere Bemühungen der USA um die „alte Welt" hatten zunächst die Länder Europas untereinander zu einer Einigung zu gelangen. Ein Programm zu entwerfen, um die wirtschaftliche Wiederaufrichtung Europas durchzuführen, sei logischerweise in erster Linie Sache der Europäer selbst. „Die Initiative muß von Europa ausgehen," unterstrich Marshall. Die Rolle der Vereinigten Staaten sah er darin, den Entwurf eines europäischen Programms freundschaftlich zu unterstützen, soweit dies praktikabel war. An keiner Stelle seiner Rede suggerierte Marshall - wie ihm dies später einige Kritiker unverständlicherweise vorwarfen - uneigennütziges Vorgehen der USA. Vielmehr betonte er, daß eine wirtschaftliche und politische Gesundung sehr wohl im Interesse Amerikas liege. Wörtlich führte er aus: „Politische Leidenschaften und Vorurteile müssen ganz ausgeschaltet werden."

Das „European Recovery Program" umfaßte Einladungen an 22 Staaten. Marshall selbst sah für die erste Phase des Planes etwa 300 Millionen Dollar für den Wiederaufbau Westdeutschlands vor. (Insgesamt erhielt Westdeutschland 1,4 Milliarden Dollar, womit es an vierter Stelle der Empfängerländer lag.) So ermutigend dieses Signal war, so desillusionierend war die Tatsache, daß parallel zu diesem anlaufenden Programm noch Demontagen durchgeführt wurden, also kurzfristig zwei Kurse gleichzeitig zur Anwendung kamen.[72] Für die deutsche Seite bedeutete dies: Von diesem Zeitpunkt an, von dem die westdeutsche Wirtschaft „Faktor und Partizipant" euro-amerikanischer Wiederaufbauprogramme geworden war, konnten die Westdeutschen in Anlehnung an die nunmehr entstehenden außenwirtschaftlichen Kontakte auch ihre außenpolitischen Rehabilitationsbemühungen einleiten. Ja, seit der Vorbereitung des Marshall-Plans im Sommer 1947 waren sie gar in der Lage, „außenpolitische Wünsche und Forderungen" gegenüber dem westlichen Ausland zur Geltung zu bringen, so Manfred Knapp.[73]

Daneben darf die private humanitäre Hilfe des amerikanischen Volkes hier nicht ohne Würdigung bleiben. Die großen privaten und kirchlichen Wohltätigkeitsorganisationen, allen voran CARE und CRALOG, begannen im Frühjahr 1946, Sendungen mit Lebensmitteln und Kleidung nach Deutschland zu schicken. Adenauer berichtet, CRALOG habe in den folgenden drei Jahren Lebensmittel im Wert von 175 Millionen DM gesandt; CARE bis 1952 „Liebesgaben im Werte von fast 295 Millionen DM".[74]

Ein Care-Paket enthielt knapp neun Pfund Fleisch, knapp sechs Pfund Nährmittel und Kekse, dreieinhalb Pfund Zucker und Schokolade, fast ebensoviel Pudding und Marmelade, zwei Pfund Gemüse, ein Pfund Kakao, Kaffee und Getränkepulver, 350 Gramm Milch, 200 Gramm Butter, ebensoviel Käse - also zusammen rund 40.000 Kalorien Nährwert. Die ur-amerikanische Fähigkeit, Güter aller Art in schier unvorstellbaren Mengen günstig, schnell und in ansprechender Qualität zu produzieren und sie rasch an jeden beliebigen Ort der Welt zu transportieren, hatte die beiden Weltkriege entschieden. Nun setzten amerikanische Bürger - Einzelpersonen, Gruppen und Organisationen in den USA, aber auch die Soldaten der US-Besatzungs-

Ausgabe von Care Paketen: Die Hilfssendungen aus den USA halfen die wirtschaftliche Not nach dem 2. Weltkrieg zu lindern.

streitkräfte und ihre Angehörigen - diese Talente in den Dienst der Humanität. Sechzig Tage nach Gründung des „Deutschen Zentralausschusses für die Verteilung ausländischer Liebesgaben“ in Stuttgart (am 20. Juni 1946) zog man eine erste, eindrucksvolle Bilanz: über 30.000 Pakete waren bereits an Familien in der amerikanischen Zone ausgeliefert. Hinzu kamen fast 70.000 Anweisungen. Weitere 113.000 Pakete waren unterwegs. Man erwartete über eine halbe Million weitere Sendungen pro Monat für ganz Deutschland, über sieben Millionen pro Jahr.[75]

Das Amerikabild der besetzten Deutschen war eng an die Speiserationen geknüpft: verbesserte sich die Versorgungslage, schlug den Amerikanern eine Welle der Sympathie entgegen. Verkürzten diese ihre Lieferungen oder stellten sie sie vorübergehend gar ein, sparten die ohnmächtigen Deutschen nicht mit harschester Kritik, etwa, wenn die Küchenabfälle der Alliierten die Qualität der deutschen Nahrung übertrafen, aber nicht genutzt werden durften. Von blindem Proamerikanismus kann 1945-1947 ohnehin nicht generell gesprochen werden, denn neben die Unbilden des Alltags in der Zeit knapper Güter traten die psychologischen Nachwirkungen der massiven Bombardements von 1943 bis 1945.[76]

Für weite Teile der Bevölkerung barg die unmittelbare Nachkriegszeit kaum weniger Schrecken. Die Not, früher die Bomben, jetzt der Hunger, war ebenso unmittelbar. Und unglücklicherweise liefen die Schulspeisungen der Amerikaner erst nach denen der Russen in der SBZ an, und bisweilen stoppten die Lieferungen aus den USA gerade dann kurzfristig, wenn der Bedarf in Deutschland am höchsten war. Alles in allem jedoch reichten die Amerikaner dem besiegten Feind die Hand, wenn sie zum Beispiel Importe oder Nahrungsmittel aus Armeebeständen für Kinderspeisungen bereitstellten.

Die dringend notwendigen und auch psychologisch wichtigen Schulspeisungen rückten dabei in den Vordergrund. Eine ärztliche Untersuchung in Münchens Schulen ergab, daß zwei Drittel der Kinder ohne Frühstück zum Unterricht kamen. Über die Hälfte der 6- bis 14-jährigen war unterernährt und ein weiteres Viertel der Schulkinder litt an Hautkrankheiten, Bronchitis oder Tuberkulose. Etwa 25 Prozent der Kinder wurden von den Medizinern als „dringend speisungsbedürftig“ eingestuft. Doch ab 1947 versorgten Amerikaner und Briten in der Bizone rund dreieinhalb Millionen Kinder und

Jugendliche fünfmal die Woche mit Schulfrühstück, allein 700.000 in Bayern. Seitdem schlugen den Amerikanern Sympathiewellen entgegen, und mehr als jede andere Maßnahme verankerten die Schulspeisungen das Bild des freundlichen, hilfsbereiten und omnipotenten Amerikaners im kollektiven Gedächtnis der Westdeutschen dieser Generationen.[77]

Insbesondere der ehemalige US-Präsident Herbert Hoover („Onkel Hoover") machte sich um die Versorgung der Deutschen mit Nahrungsmitteln verdient. 1946 von Truman gebeten, ein Gutachten über die Ernährungslage in Europa zu erstellen, legte Hoover im Frühjahr 1947 seinen Report vor. Wie sahen demnach die Amerikaner die Lage im Nachkriegsdeutschland?

1945 hatten sich im Unterschied zu 1918 die politischen, ökonomischen und kulturellen Instanzen nicht über die militärische Niederlage hinwegretten können. Vor allem die Zentren der Großstädte, die Verkehrsknotenpunkte und große Teile der Industrie waren zerstört. Aufnahmen von Berlin, Hamburg, Nürnberg oder Köln geben Zeugnis vom Ausmaß der Zerstörungen. Die Innenstädte glichen

Der ehemalige US-Präsident Herbert Hoover machte sich vor Ort ein Bild über die Ernährungslage in Europa - v.l.n.r Hoover, General Mc Narney, Botschafter Robert D. Murphy, General Lucius D. Clay.

Trümmerhaufen. Nicht die Konstellationen der internationalen Politik, sondern die unmittelbaren Probleme des Alltags, ja des Überlebens standen für die Menschen im Mittelpunkt. Die Nahrungsmittelrationen sanken ab. Lebten US-Amerikaner damals von 3.300 kal täglich, so mußten Europäer mit nur 1.000 kal auskommen, viele Deutsche gar nur mit 800. Damit stieg die Gefahr von Krankheiten und Seuchen auf dem alten Kontinent. Als Millionen von Soldaten von der Front oder den Kriegsgefangenenlagern zurückkehrten, hatten sie den durch Bombenangriffe erheblich reduzierten Wohnungsbestand mit den Flüchtlingen und Vertriebenen aus den früheren Ostgebieten zu teilen. Als dritte große Gruppe strömten die während der Bombardements Evakuierten vom Land in die Stadt zurück. Daraus mußte die völlige Überlastung des Wohnungssektors resultieren. Nicht besser sieht es 1945-1947 bei der Produktion aus. Rohstoffe sind ebenso Mangelware wie Nahrungsmittel. In den Haushalten fehlt die Kohle; Krankheiten kommen hinzu.[78] Die Vorräte aus Wehrmachtsbeständen sind aufgebraucht, noch bevor die Landwirtschaft die Ernährung wieder sichern kann. Zu groß ist der Bedarf, insbesondere im strengen Winter 1946/47, als das im Krieg schwer getroffene Transportsystem zusammenbricht. Der Sommer 1947 schließlich bringt Hitze und Dürre, „wie es sie in Mitteleuropa seit Menschengedenken nicht gegeben hatte." Vor diesem Hintergrund sind Seuchen und Unruhen nicht immer auszuschließen. Örtlich kommt es zu Plünderungen und zu „Ruinenkriminalität". Ohne Zeichen der wirtschaftlichen Neubelebung drohte der Verfall sittlicher wie materieller Werte. Truman schreibt, daß im ersten Nachkriegsjahr mehr Menschen vor der Gefahr des Hungertodes standen als in all den Kriegsjahren zusammen. Glücklicherweise brachte Amerika eine Weizenrekordernte ein.[79]

Ohne die Lösung des Ernährungsproblems konnte es keinen Neuanfang in Deutschland geben. Die „Futtersuche" nahm zuviel Zeit und Energie der Bevölkerung in Anspruch. Auf amerikanischer Seite erkennt Herbert Hoover die Problematik. Er nennt dem Präsidenten Ursache und Wirkung, schlägt Gegenmaßnahmen vor. Seiner Analyse nach wirkte sich nach dem schlimmen Winter 1946/47 die Gründung der Bizone nicht schnell genug aus, um die Wirtschaft wieder anzukurbeln. Den Ernährungsstand der deutschen Bevölkerung bezeichnete er als „besorgniserregend". Deutschland hatte durch Gebietsverluste im Vergleich zu 1936 (bei gleichzeitigem Anstieg seiner Bevölkerung in den vier Sektoren) ein Fünftel seiner Konsumgüter-, ein Viertel seiner Nahrungsmittel- und ein Drittel seiner Kohleproduktion eingebüßt. In Anspielung auf den Morgenthau-Plan nannte Hoover es eine „Illusion", Deutschland zu einem Agrarstaat „zurückentwickeln" zu wollen, es sei denn, man vernichte 25 Millionen Deutsche oder sorge für deren Aussiedlung. Ohne Deutschland werde sich auch das restliche Europa nicht erholen. Daher gebe es zwei Möglichkeiten: das Festhalten an der restriktiven Politik der unmittelbaren Nachkriegszeit, das zu einem „Europa in Lumpen" führe, einem ständigen Herd von Krankheiten, Arbeitslosigkeit und Unruhe. Oder man helfe, Deutschland und Europa wieder wirtschaftlich aufzubauen, um so die Voraussetzung für dauerhaften Frieden zu schaffen. Hoovers Bericht vom 18. März 1947 ist exemplarisch für die Mischung aus Humanismus und dem Einstehen für langfristige amerikanische Interessen. Er trug wesentlich zur Entscheidung des zuständigen Komitees bei, die 725 Millionen-Dollarhilfe für Saatgut- und Nahrungsmittellieferungen an Deutschland, Japan und Korea zu bewilligen und war Teil des allgemeinen Umschwunges dieser Monate.[80]

Zudem wurde JCS 1067 am 17. Juli 1947 von dem sehr viel moderateren JCS 1779 abgelöst. Hierin wies die amerikanische Regierung den Militärgouverneur, General Clay, an, alles zu tun, um eine wirtschaftliche Einheit mit den anderen Zonen zu erzielen. Er habe weiterhin die Entwicklung einer demokratischen Selbstverwaltung in Deutschland und die Übernahme der direkten Verantwortlichkeit durch deutsche Regierungsstellen zu fördern und diesen die legislative, exekutive und richterliche Gewalt zuzusichern. Es sollten bald deutsche Bundesstaaten und eine zentrale deutsche Regierung gebildet werden, wobei alle Warnungen aus früherer Zeit wiederholt wurden. Entscheidend war, daß nunmehr keine dauerhafte Beschränkung der deutschen Industriekapazität mehr, sondern vielmehr eine sich selbst erhaltende deutsche Wirtschaft angestrebt wurde. Clay hatte die Beseitigung bestehender Handelsbeschränkungen zu unterstützen und dabei zu helfen, daß der Außenhandel wieder in seine normalen Bahnen gelenkt würde.[81]

Diese modifizierte Haltung der USA - wie auch der anderen Besatzungsmächte - schlug sich auch im revidierten Industrieplan vom 26.8.1947 nieder, dem nach Gunther Mai „spektakulärsten Erfolg" des Kontrollrats.[82] Die neue Version beinhaltete, daß weder die vereinigten Westzonen noch das gesamte Deutschland auf der Grundlage des im März 1946 erarbeiteten Planes ihre wirtschaftliche Gesundung wiedererlangen könnten. Jener hatte in Übereinstimmung mit dem Berliner Protokoll neben der Ausschaltung des deutschen Kriegspotentials, der Zahlung von Reparationen sowie der Entwicklung der Landwirtschaft und der Friedensindustrie noch einen Lebensstandard beinhaltet, der nicht höher liegen dürfe als der durchschnittliche in den anderen europäischen Ländern. Ihm lag die Annahme zugrunde, das allgemeine Industrieniveau auf 50-55 % des Vorkriegsstandes von 1938 herabzusetzen. Adenauer kommentierte rückblickend, daß dessen Folgen den von Morgenthau verfochtenen Zielen sehr nahe gekommen seien. Der neue Plan jedoch lief darauf hinaus, im Zweizonengebiet eine ausreichende Kapazität zu erhalten, die etwa dem Stand der deutschen Industrie von 1936 entsprechen sollte.[83]

Davon war Deutschland 1947 noch weit entfernt. Eine Analyse der Neuen Zürcher Zeitung vom 5. August dieses Jahres kommt zu dem Schluß, daß nur etwa ein Viertel der vorhandenen Industriekapazität ausgenutzt werde, ohne die Kohleproduktion gar nur ein Sechstel. Als Gründe führt das Blatt nicht nur die unmittelbaren Kriegsschäden mit 25 Prozent sowie die Demontagen an. Als ebenso produktionshemmend wirkten sich die Folgen der Unterernährung und die unverhältnismäßig hohen Steuern aus. Folge war eine Flucht in den „grauen" bzw. „schwarzen Markt".[84]

Publizisten wie Marion Gräfin Dönhoff (Die Zeit) vergessen auch nicht, auf den aufgeblähten Verwaltungsapparat der Besatzungsmächte hinzuweisen. Obwohl man den Produktionsstand von 1936 noch gar nicht wieder erreicht hatte, wirkte die errichtete Sperre psychologisch sehr hemmend. Schätzungen gingen zudem davon aus, daß dieses Niveau weder den deutschen Bedarf decken werde noch einen ausreichenden Export erlaube. Vielmehr benötigte Deutschland unternehmerische Freiheit und Investitionen zur Modernisierung seiner Produktionsanlagen. Die vor allem von Speer in den letzten Kriegsjahren durchgeführten Verbesserungen der Produktionsmethoden nach fordianischem Prinzip hatten durch die Beschränkung auf wenige, standardisierte Typen mit vereinfachter Ausführung und die Mechanisierung, Automatisierung und andere Rationalisierungsmaßnahmen zwar größere Mengen zu produzieren vermocht. Doch die Qualität der zum Export vorgesehenen Güter erreichte nach 1945 zunächst kein Weltmarktniveau. „Das einzige Kapital, über das Deutschland noch verfügt, ist seine Arbeitskraft,“ resümiert Gräfin Dönhoff.[85]

Vor diesem Hintergrund forderte US-Außenminister Marshall am 19. Dezember 1947 die Beseitigung der künstlichen Zonengrenzen, einen umfassenden Aus- und Einfuhrplan und, ebenfalls für ganz Deutschland, eine Währungsreform unter Einführung einer neuen und festen Währung.[86]

Auf der Sechsmächte-Konferenz vom Juni 1948, zu der die Sowjetunion nicht eingeladen worden war, kamen die USA, Großbritannien und Frankreich sowie die Benelux-Staaten überein, daß die enge Zusammenarbeit zwischen den Westmächten und den Besatzungsbehörden unerläßlich sei, wenn Deutschland seinen vollen Beitrag zur Erholung Europas leisten solle. Auf der Londoner Konferenz beriet man daher die weitere Behandlung Westdeutschlands und schuf die vertraglichen Voraussetzungen für die amerikanische Wirtschaftshilfe nach dem Marshall-Plan. Die Sechsmächte-Konferenz stand für das endgültige Auseinanderbrechen der Kriegsalliierten, denn die Sowjetunion verließ daraufhin den Kontrollrat. Am 16. April kam es zum Abkommen über die Organisation für die europäische wirtschaftliche Zusammenarbeit (OEEC), bei dem die Oberbefehlshaber der drei Westsektoren teilnahmen.[87]

So wichtig die politischen Konzepte auf allen Seiten auch waren: ohne ein gesundes wirtschaftliches Fundament würden sie den Tag nicht überleben. Dabei diskutierte man - parallel zu den dargestellten politischen Konzeptionen - auch im Bereich der Volkswirtschaft die gesamte Palette von Vergesellschaftung der Produktionsgüter bis hin zum Manchester-Kapitalismus.

Einige Deutsche setzten sich für einen „Sozialismus aus christlicher Verantwortung“ ein. Andere, wie die IHK Frankfurt/Main und Stuttgart, rieten dem Verfassungsgeber zur größten Behutsamkeit bezüglich der Wirtschaft. Denn „der deutsche Wirtschaftskörper liegt tief darnieder“ und bei der Behandlung von Schwerkranken sei es müßig, sich über seine spätere Lebensweise zu unterhalten. „Zunächst muß er gesund gemacht werden.“ Ludwig Erhard fand schließlich mit dem Konzept der „sozialen Marktwirtschaft“, jenem von Alfred Müller-Armack geprägten Begriff, das Ei des Columbus.[88] Letzterer riet im Herbst 1945 dazu, alle wirtschaftlichen Sofortmaßnahmen auf das Ziel der Produktionsankurbelung auszurichten. Und es müsse das Ziel eines ökonomischen Sofortprogramms sein, „wenigstens innerhalb gewisser Grenzen eine Annäherung an die Marktwirtschaft wieder zu vollziehen“, wolle man die Phase der mißglückten Wirtschaftslenkung überwinden, die Produktionskräfte wirkungsvoll vereinigen, die Vollbeschäftigung erreichen und eine Strukturangleichung an die englisch-amerikanische Marktverfassung vollziehen.[89]

Auf deutscher Seite setzte sich schließlich nach den obligatorischen Richtungskämpfen der Nationalökonom Ludwig Erhard durch, der bereits 1943/44 in seiner Denkschrift über Kriegsfinanzierung und Schuldenkonsolidierung einige theoretische Grundlagen für die Soziale Marktwirtschaft und den Lastenausgleich erarbeitet hatte.[90] Als erster parteiloser Wirtschaftsminister Bayerns von Oktober 1945 bis Dezember 1946 und ab 1947 als Leiter der „Sonderstelle Geld und Kredit“ sammelte der Franke erste praktische Erfahrungen, ehe er 1948 - von der FDP gefördert - als Direktor der bizonalen Verwaltung und Wirtschaft die wichtigste Entscheidungsposition innehatte. Während andere Modelle einer gelenkten Wirtschaft erstellten, erarbeitete er als Vorsitzender des amtlichen deutschen Expertenstabes zur Vorbereitung der Währungsreform ein wirtschaftspolitisches Reformkonzept, das die Wiedereinführung der Marktwirtschaft mit der Förderung der Konsumgüterproduktion koppelte. In einer Artikelserie in der „Neuen Zeitung“ stellte er es der breiteren Öffentlichkeit vor. Für besonders wichtig hielt er den psychologischen Faktor: immer wieder betonte er, die Wirtschaft brauche eine Perspektive und müsse ermuntert werden.[91]

Von durchschlagender Wirkung war die Währungsreform im Westen. In den westlichen Besatzungszonen hatte sich, von Subsistenz- und Naturalwirtschaft abgesehen, der US-Dollar als gängige Zweitwährung neben der immer mehr an Wert verlierenden Reichsmark etabliert. Vom 21. Juni 1948 an galt mit dem „Gesetz zur Neuordnung des deutschen Geldwesens“ die Deutsche Mark als alleinige Währung. Jeder Einwohner des „Währungsgebietes“, also der westlichen Zonen (ohne Berlin und ohne das Saarland) erhielt einen Kopfbetrag von 60 DM, wovon 40 DM sofort ausgezahlt wurden.

Kritiker hatten vor einem „unverantwortlichen Experiment“ gewarnt und zur langsamen, stufenweisen Einführung der Marktwirtschaft geraten. Doch die psychologische Wirkung der DM-Einführung übertraf jede Erwartung. Der „Sprung ins kalte Wasser“ wurde zu einer Initialzündung des später vielgerühmten „Wirtschaftswunders". Endlich standen dem Kunden jene Verbrauchsgüter zur Verfügung, die er solange hatte entbehren müssen. Mit der Preisfreigabe für fast alle Produkte, also der Einführung „echter" Preisrelationen, brachen grauer und schwarzer Markt augenblicklich zusammen, und Hamsterkäufe wurden unnötig. Ludwig Erhard wurde zu einer populären Leitfigur der Nachkriegszeit.[92]

Schlangestehen für Brot und Butter.

Kurz darauf wurden im Rahmen der Währungsreform drei weitere grundlegende Gesetze erlassen. Das „Emissionsgesetz" berechtigte die im Frühjahr 1948 gegründete „Bank deutscher Länder" zur Notenausgabe für zehn Milliarden DM. Spürbarer war das „Umstellungsgesetz". Alle Guthaben wurden im Verhältnis 10:1 abgewertet, wovon vor allem Sparer und Schuldner betroffen waren. Regelmäßige Leistungen jedoch, also Gehälter, Löhne, Pensionen und Renten, wurden ebenso wie Mietzahlungen und Aktien im Verhältnis 1:1 umgetauscht. Ein Teil der Guthaben in DM wurde sofort verfügbar. Das „Festkontengesetz" schließlich wertete das Guthaben der Altsparer nochmals ab, auf 100:6,5. Trotz dieser drastischen Einschnitte, die vor allem die Sparer hart trafen, verfügten die Konsumenten nun wieder über ein richtiges Zahlungsmittel. Der deutliche Produktionsanstieg von 1948 hatte sich anfangs nicht am Markt ausgewirkt. Erst am Tag nach der DM-Einführung wurden die Schaufenster schlagartig mit zuvor „gehorteten“ Artikeln gefüllt.[93]

Im Gesetz über die Leitsätze für die Bewirtschaftung und Preispolitik hieß es, nach dem Zusammenbruch der Kriegswirtschaft habe sich ein Zustand ergeben, der die wirtschaftlichen Energien lähmt. Sie würden in eine dem Gemeinwohl schädliche Richtung gelenkt und hätten zu großen sozialen Ungerechtigkeiten geführt. Und in den von Erhard geprägten Düsseldorfer Leitsätzen der CDU von 1949 ist zu lesen, das wirtschaftliche und soziale Leben des deutschen Volkes sei nach dem Krieg einem Zustand völliger Auflösung entgegengedriftet. Doch „der 20. Juni 1948 brachte den Umschwung.“ Während das System der Planwirtschaft den schaffenden Menschen seiner wirtschaftlichen Selbstbestimmung und letztlich seiner Freiheit beraube, bringe das Konzept der „sozialen Marktwirtschaft“ wirtschaftspolitische Anreize: menschliche Arbeit erhalte wieder ihren Sinn.[94]

Dies galt freilich nicht für alle Deutschen. Sechzehn Millionen Menschen in der SBZ konnten nach dem 21. Juni 1948 nicht am Aufstieg teilhaben. Und in den Westsektoren Berlins wurde kurzfristig gar die „Bärenmark“ eingeführt, die DM mit dem Aufdruck „B“. Ebensowenig, wie auf einem Gebiet zwei Währungen für längere Zeit schadlos nebeneinander bestehen können, sind zwei völlig inkompatible Wirtschafts- und Währungssysteme in angrenzenden Gebieten möglich, ohne daß sie die Spaltung vertiefen würden. War also die Währungsunion ein Schritt in die Teilung? Jedenfalls konnte der Westen kaum hoffen, ohne Disput mit den Sowjets in eigener Verantwortung einen so nachhaltigen Einschnitt vollziehen zu können.[95]

In der Tat ließ die Reaktion Moskaus nicht lange auf sich warten. Sie setzte an einem geographisch für den Westen sehr prekären Punkt an: in Berlin. Die ehemalige Reichshauptstadt gehörte zu keiner der vier Besatzungszonen, sondern unterstand von Mai/Juni 1945 an direkt der gemeinsamen Verwaltung der vier Siegermächte in Form der Alliierten Kommandantur. Groß-Berlin war komplett von der SBZ umgeben, und wenngleich die Sowjets nichts gegen die Anwesenheit der Westalliierten in Berlin unternehmen wollten, so waren sie doch bereit, die Zufahrt zu Lande und zu Wasser zu unterbinden. Bis auf eine Ausnahme gab es keine schriftliche Fixierung des westlichen Zugangs zu Berlin, da sich das Problem des ungehinderten Zugangs zu

Lande, zu Wasser und in der Luft während des Gebietstausches im Sommer 1945 noch nicht gestellt hatte und von den Amerikanern zu diesem Zeitpunkt auch nicht vorhergesehen worden war. Damals hatten die Amerikaner unter General Eisenhower sowie die Briten jene Gebiete in Sachsen und Thüringen sowie an der mecklenburgischen Küste geräumt, die laut alliierten Absprachen nach dem Sieg von den Sowjets verwaltet werden sollten.[96]

Drei Jahre später stellte sich die Lage anders dar: die Koalition aus Kriegstagen war nicht nur auseinandergebrochen, sondern man befand sich in einem „Kalten Krieg". Ab Juni 1948 also sollte der Westen mit der Blockade an seiner empfindlichsten Stelle getroffen, Berlin gleichsam ausgehungert werden. Am Tag der Währungsreform in den Westzonen wurde von den Sowjets der Interzonenverkehr eingestellt, vier Tage später, als die DM auch in den Westsektoren Berlins eingeführt wurde, der Eisenbahn- und am 30. Juni 1948 schließlich auch der Wasserstraßenverkehr. Das Leben in West-Berlin, bisher eher an einen „antiken Stadtstaat" erinnernd, glich nunmehr dem Zustand einer „belagerten Festung".[97]

Die USA hatten bei einer ähnlichen Problematik im Frühjahr 1948 bereits für kurze Zeit eine „Baby-Luftbrücke" ins Leben gerufen.[98] Und nach Beginn der umfassenden Blockade gab es keine Möglichkeit eines „ehrenvollen Abzugs" mehr. Nun stand Washington vor der Wahl, den Sowjets die Stadt quasi auszuhändigen oder Berlin mit festem Willen und unter Aufbietung aller Kräfte bei einem im voraus nicht zu bestimmenden militärischen Risiko zu halten. Doch eines stand fest: Wollten die Amerikaner in Deutschland und Europa bleiben, mußten sie einen Weg finden, Berlin zu halten. Ohne Frage hätten sie die Hauptlast zu tragen: Frankreich kämpfte bereits einen verlustreichen Kolonialkrieg in Südostasien, Großbritanniens Kräfte waren fast erschöpft. Um so entschiedener setzte sich General Clay für das Festhalten an Berlin ein. Im Sinne einer Domino-Theorie argumentierte er: „Die Tschechoslowakei haben wir verloren, Norwegen schwebt in Gefahr. ... Wenn Berlin fällt, folgt Westdeutschland als nächstes. Wenn wir beabsichtigen, Europa gegen den Kommunismus zu halten, dürfen wir uns nicht von der Stelle rühren. Ich glaube, die Zukunft der Demokratie verlangt von uns, daß wir bleiben." Truman stimmte dem zu. Am 28. Juni 1948 entschied er: „Wir sind in Berlin, und da bleiben wir. Punktum."[99] Binnen weniger Tage wurde die

Politik der drei Westalliierten koordiniert, ihre Diplomatie harmonisiert. Parallel dazu lieferten Amerikaner und Briten eindrucksvolle Beweise ihrer logistischen Fähigkeiten. Um Berlin mit dem Minimalbedarf zu versorgen, waren 4- bis 5.000 Tonnen Güter täglich notwendig. Anfangs lieferte man gerade ein Zehntel davon. Trotz ungünstiger Rahmenbedingungen steigerten die „Rosinenbomber" die Versorgung rapide: am 30. Juli schaffte man bereits 3.000, Ende November 1948 gar 6.000 t pro Tag. Alle zwei Minuten landete ein Versorgungsflugzeug. Insgesamt lieferten die 300 Flugzeuge in den elf Monaten circa eineinhalb Millionen Tonnen, vor allem Kohle, aber auch Lebensmittel, Medikamente, Rohstoffe und Ersatzteile. In den Wintermonaten verschärften sich die Flugbedingungen. Bald trauerten die Berliner um die ersten Flugzeugbesatzungen, die bei den Unfällen ihr Leben ließen. Die volkswirtschaftlichen Kosten dürften rund zwei Milliarden Mark betragen haben. Wenngleich die Westsektoren während der Krise hart getroffen wurden, als die Industrieproduktion merklich sank und die Arbeitslosenzahlen dementsprechend auf 15 Prozent stiegen, überwogen am Ende die Erfolge.[100]

Ernst Reuter hatte in seiner ergreifenden Rede vor mehr als einer viertel Million Menschen am 9. September 1948 ausgerufen: „Völker der Welt, schaut auf Berlin!" und viel dazu beigetragen, das Bild Berlins in den Augen der Weltöffentlichkeit zu revidieren. Die Berliner hatten im Winter 1948/49 ihren eisernen Durchhaltewillen demonstriert, die Menschen in den Westzonen mit dem „Notopfer Berlin" und gewährten Krediten ihre Solidarität bewiesen. Amerikaner und Briten hatten eindrucksvoll ihre Transportkapazität, ihre Managerqualitäten und ihren politischen Willen bewiesen und weltweit einen erheblichen Prestigegewinn erzielt. Die Sowjets hingegen sahen im Frühjahr 1949 keine Möglichkeit mehr, ihre Ziele zu erreichen und brachen die sinnlos gewordene Machtprobe ab.[101]

Am 12. Mai 1949, als die Sowjetunion nach fast einem Jahr ihre Land- und Wasserblockade der Westsektoren einstellte, war die Anti-Hitler-Koalition irreversibel zerbrochen. Berlin, Deutschland, Europa und die Welt waren geteilt in Ost und West. Die wohl nachhaltigste Wirkung bestand in dem psychologischen Effekt. Vom Winter 1948/49 an bis zu ihrem Abzug aus Berlin im Spätsommer 1994 stellte die US-Truppenpräsenz in West-Berlin eine tragende Säule der enger werdenden deutsch-amerikanischen Partnerschaft dar.[102]

Nach der bestandenen Krise um Berlin gab es keinen Grund mehr, weiterhin mit der Gründung eines westdeutschen Teilstaates zu warten. Doch im Frühjahr 1949 half nach Hans-Peter Schwarz nur eine vom Volk gewählte Legislative und eine von Deutschen ausgearbeitete Verfassung dem neuen System, das „Odium des Kolonialismus“ zu vermeiden. Ein Protektoratsregime auf längere Zeit hingegen hielt er für unvermeidlich. Denn zum einen bedurfte der deutsche Kernstaat während seiner Gründungs- und Aufbauphase des Schutzes der Westmächte; zum anderen erforderte auch deren Sicherheitsbedürfnis eine zumindest vorläufige Kontrolle dieses Staates. Ungeachtet aller zu erwartenden Probleme und des zu zahlenden Preises schien es für die Führungspersönlichkeiten Westdeutschlands vordringlich, ihren (Teil-)Staat Schritt für Schritt als Partner in die Gemeinschaft der westlichen Völker und Länder (zurück) zu führen. Ruhrstatut, Abtrennung des Saargebietes, Demontagen und Besatzungsstatut waren ihnen dieses Ziel wert. Bonn war sogar bereit, die vorübergehende Teilung Deutschlands zu akzeptieren und sich gemeinsam mit den Westalliierten auf den bei der Pariser Konferenz ausgehandelten Kurs zu begeben: die Politik der Stärke in Verbindung mit der auf der wirtschaftlichen Prosperität beruhenden Magnetwirkung würde die Deutschlandfrage durch den Beitritt der SBZ/DDR zum Bundesgebiet lösen. „Das schien der ideale Ausweg aus dem Dilemma zu sein, in das die Westdeutschen hineingeraten waren. Man erstrebte zur gleichen Zeit Westintegration und Wiedervereinigung, Marshall-Plan und nationale Einheit. „Dabei galt es zwar, nach und nach die Differenzen beizulegen, die sich aus der Westintegration bloß des Kernstaates ergaben, die neue Allianz militärisch zu sichern und nicht zuletzt, die Freiheit Berlins zu gewährleisten. Doch im Jahre 1949 schien es gar nicht einmal so unsinnig, dieses Maximalprogramm anzustreben,“ schließt Schwarz seine Ausführungen im Jahre 1966. In weniger als einer Dekade, von 1946 bis 1955, setzte sich das Konzept einer deutsch-amerikanischen Partnerschaft durch. Letztlich funktionierte auch die Magnettheorie. Aber niemand konnte vorhersehen, daß es bis zur Wiedervereinigung weitere 35 Jahre dauern würde.[103]

III. Die USA und die „alte" Bundesrepublik, 1949-1969: vom „Mündel Washingtons" über den „neuen Bund" zum emanzipierten Partner

1. Hin zur Partnerschaft Washington-Bonn in der Ära Adenauer, 1949-1957

1.1 Weichenstellung: von der Besatzung zur Partnerschaft, Herbst 1949 bis Frühjahr 1952

Mit der Vandenberg-Resolution vom 19. Mai 1948 und der Unterzeichnung des Nordatlantik-Paktes am 4. April 1949[1] ließen die Vereinigten Staaten von Amerika die sicherheitspolitische Phase des Isolationismus, die seit ihrer Gründung gekoppelt war mit der zeitlich befristeten Entsendung militärischer Expeditionskorps, auf nicht absehbare Zeit hinter sich. Die USA verwarfen nun die Warnungen ihres Gründungspräsidenten George Washington vor „entangling alliances" mit anderen Mächten. In der modernen, interdependenten Welt zur Mitte des 20. Jahrhunderts war es ein Gebot politischer Vernunft und Weitsicht, regionale und kollektive Vereinbarungen zum eigenen Schutz zu treffen. Wurde Nordamerika jahrhundertelang von zwei Weltmeeren geschützt, so baute es nunmehr mit dem Rio-Pakt von 1947 in der eigenen Hemisphäre, vor allem aber an seinen Gegenküsten, in Ostasien und Westeuropa, strategische Allianzen mit befreundeten und zum Teil abhängigen Nationen auf. Mit den ebenfalls schutzsuchenden Staaten ging es bereits in Friedenszeiten defensive militärische Beistandspakte ein. Auf diese Art sollten die Sowjetunion und später der sogenannte „sino-sowjetische Block" eingedämmt werden.[2] Die Bundesrepublik Deutschland wurde innerhalb dieses Konzeptes in den Jahren von 1949 bis 1955 gleichsam zum „besetzten Verbündeten".[3]

So gut dieses Konzept in Europa auch jahrzehntelang funktionieren mochte: in Asien fehlten ihm spätestens nach dem Sieg der Kommunisten Maos im chinesischen Bürgerkrieg (1949) die Voraussetzungen. Den von der Luftwaffe her und auch maritim weit überlegenen USA gelang es in der Folge zwar, im pazifischen Raum die Freiheit aller wichtigen Inselgruppen von Japan über Taiwan bis zu den Philippinen zu gewährleisten. Doch auf dem asiatischen Festland herrschten gänzlich andere Verhältnisse. Bereits im Juni 1950 brach erneut ein Krieg aus, als Nordkorea den mit den USA befreundeten Süden des Landes überfiel. Nur unter größten Anstrengungen und nach schmerzlichen Rückschlägen gelang es den unter UN-Ägide operierenden US-Truppen, die Verhältnisse auf der koreanischen Halbinsel allmählich wieder zu stabilisieren und in der ersten Jahreshälfte 1953 einen „status quo ante" zu erreichen.

Der „Korea-Schock" erreichte auch die USA und Westeuropa und löste hier nachhaltige Veränderungen aus. Im Winter 1950 durch den massiven Einsatz chinesischer Truppen an den Rand einer Niederlage gedrängt, wurde in den Vereinigten Staaten der nationale Notstand ausgerufen. Es kam nach dem sogenannten „Verlust Chinas" („Loss of China") zu fundamentalen Diskussionen über den generellen außenpolitischen Kurs zwischen Isolationsimus und Internationalismus und im Rahmen des McCarthyismus zu heute gespenstisch anmutenden Debatten über die rechte staatspolitische Gesinnung. Selbst das Primat der Politik über das Militär wurde zeitweise in Frage gestellt.[4]

Im freien Teil Europas verblaßte die Erinnerung an die von Deutschen begangenen Schrecken in dem Maße, in dem die Angst vor einer sowjetischen Invasion zunahm. Jedenfalls schien der Korea-Krieg die schlimmsten Befürchtungen zu bestätigen. Jene Stimmen, die schon früh pragmatisch eine westdeutsche Beteiligung an den Verteidigungsanstrengungen der freien Welt gefordert hatten, erhielten nun Auftrieb.[5] Nur vier Jahre nach Kriegsende hatte sich zwar bereits eine einflußreiche Gruppe amerikanischer Militärs und Senatoren dafür ausgesprochen, doch war Konrad Adenauer im Dezember 1949 in der Bundesrepublik noch auf heftige Kritik gestoßen, als er sich in dem notorischen Interview mit dem „Cleveland Plain Dealer" für ein deutsches Kontingent in einer europäischen Streitmacht stark gemacht hatte.[6]

Auch die Nachbarn der gerade gegründeten Bundesrepublik horchten damals auf. Frankreichs Kräfte waren in Indochina gebunden, und es entbehrte nicht einer gewissen Ironie, daß in den unmittelbar darauffolgenden Jahren ausgerechnet die neutrale Schweiz die größte europäische Armee westlich des Eisernen Vorhangs unterhielt. Doch bundesdeutsche Träume von einer Unterdrückung, Bedrohung oder gar Eroberung der Nachbarn hat es nie gegeben. Die Menschen in den

Besatzungszonen und den beiden jungen deutschen Staaten sehnten nichts mehr herbei als dauerhaften Frieden. Ein hervorstechendes Beispiel dieser Gesinnung ist die Haltung der Millionen Vertriebenen, die sich ebenso früh wie nachhaltig zum Prinzip des Gewaltverzichts bekannten. Sowohl die Mehrzahl der Bevölkerung als auch die politische und wirtschaftliche Führung Westdeutschlands strebte die Integration der Bundesrepublik in die Familie der westlichen Völker an, sei es westeuropäisch oder transatlantisch. Und obwohl man - von den Auswirkungen des Krieges ja selbst schwer betroffen - alle Gedanken an eine neu zu formierende Sicherheitspolitik am liebsten von sich gewiesen hätte, zwangen die Umstände zum Nachdenken und zum Handeln.[7]

Der Korea-Krieg ließ ab 1950 viele Kritiker einer „Wiederbewaffnung" verstummen. Nur vor diesem Hintergrund konnte dieser Themenkomplex relativ schnell angegangen werden.[8] Ein Wissenschaftler geht sogar so weit, den Ausbruch des Korea-Krieges und den damit verbundenen Schock als „Sternstunde für Adenauer" zu bezeichnen, der es in diesen Monaten meisterhaft verstanden habe, das Eisen zu schmieden, solange es noch heiß war.[9] Bereits im Oktober 1950 begannen im Auftrag des Kanzlers in einem Eifelkloster ehemals hohe deutsche Militärs mit der Ausarbeitung der sogenannten „Himmeroder Denkschrift", dem Konzept einer neu zu schaffenden, zwölf Divisionen umfassenden „Bundeswehr". Kurz darauf gründete Adenauer die „Dienststelle Blank", den Nucleus des späteren Bundesministeriums für Verteidigung.[10]

Anfang 1952, noch unter dem Eindruck des asiatischen Krieges, beschloß der NATO-Rat in Lissabon die Aufstellung von nahezu 100 westlichen Divisionen - eine Quantität, die ohne deutsche Beteiligung nicht realisierbar wäre. Nicht zuletzt unter sicherheitspolitischen Gesichtspunkten stellte sich danach mittelfristig die Frage, ob die Bundesrepublik in einer westeuropäischen oder einer transatlantischen Lösung integriert werden sollte. Zunächst wurde am 27. Mai 1952 der Vertrag über eine „Europäische Verteidigungsgemeinschaft" (EVG) unterzeichnet, später aber von der französischen Nationalversammlung nicht ratifiziert.[11] Zu lebendig war im ersten Nachkriegsjahrzehnt noch die Verbitterung und das Mißtrauen zwischen Deutschen und Franzosen. Doch spätestens, als General Dwight D. Eisenhower im November 1952 die amerikanischen Präsidentschaftswahlen gewann, begann sich eine für die deutsch-amerikanischen Beziehungen sehr positive Entwicklung abzuzeichnen: der Korea-Krieg endete binnen Monaten, die USA lenkten ihr Augenmerk wieder stärker auf Europa, und sie bauten ihre beginnende Freundschaft mit Bonn zusehends aus.[12]

Zu diesem Zeitpunkt konnte die Bundesrepublik bereits auf eine erfolgreiche Startphase zurückblicken. Alle drei entscheidenden Entwicklungsstränge, hin zu

- einer westlichen Demokratie,
- einer integrierten Sicherheitspolitik und
- einer florierenden Binnen- und Außenwirtschaft,

wiesen in eine positive Richtung, die nur wenige Visionäre in dieser Form und Geschwindigkeit erwartet hatten.[13]

Jahrhundertelange Kleinstaaterei, das in einer militärischen Katastrophe untergehende Kaiserreich, die nach nur vierzehn Jahren gescheiterte, erste deutsche Demokratie von Weimar und schließlich die zwölf Jahre der NS-Diktatur, so die Pessimisten, verhießen nichts Gutes. Nicht wenige erlagen der von der Kriegspropaganda erzeugten und durch nimmermüde Wiederholung verstärkten Vorstellung, Deutschland sei mit dem Nationalsozialismus gleichzusetzen. Es habe keine Geschichte, sondern nur ein „Vorstrafenregister", hieß es bisweilen zynisch. Bedenkt man jedoch, daß auch das Alte Reich über die Jahrhunderte einen gewissen Zusammenhalt geboten haben muß, Kaiser Wilhelms Vorliebe für Uniformen und Paraden wohl schwerlich die alleinige Ursache des Ersten Weltkrieges gewesen sein kann[14] und die unvergleichlichen Greuel der Nazizeit eben nicht die Gesamtheit der deutschen Geschichte widerspiegeln, so mag man auch zu anderen Einschätzungen kommen. Die Gründung und Festigung der Bundesrepublik ist demnach ein gelungenes Experiment, das sich auf den „positiven" Strang der deutschen Geschichte beruft und das unter günstigen Rahmenbedingungen, mit einem guten Maß an ausländischer Hilfe, aber auch unter Aufsicht der Westmächte und Nachbarn gelang.[15]

Bereits mit den „Frankfurter Dokumenten" vom 1. Juli 1948 über die zu treffenden verfassungsrechtlichen Bestimmungen, die Länderneugliederung und die Grundzüge eines Besatzungsstatuts legte man den Grundstein für die zweite deutsche Demokratie.[16] Nach den Beratungen der deutschen Parteioberen und Ministerpräsidenten untereinander und mit den Westmächten setzten der Verfassungskonvent von Herrenchiemsee und der Parlamentarische Rat in Bonn die Arbeit am Grundgesetz fort. Nach monatelangen Beratungen und erneuter Rücksprache mit den Alliierten konnte das Grundgesetz am 23. Mai 1949 feierlich verkündet werden. Im Spätsommer desselben Jahres fanden die Wahlen zum ersten Deutschen Bundestag statt. Mit knapper Mehrheit wählten die Abgeordneten Konrad Adenauer zum ersten Bundeskanzler. Drei Tage zuvor war der Liberale Theodor Heuss zum ersten Bundespräsidenten gewählt worden. Nach monatelangen Debatten einigte man sich schließlich auf Bonn als (zunächst vorläufigen) Regierungssitz. Bereits am 21. Oktober 1949 verkündete Adenauer den „Alleinvertretungsanspruch" der Bundesrepublik.[17]

Parallel zur Aufbauarbeit der bundesdeutschen Demokratie verfolgten die Westalliierten den Kurs, sich ihre Rechte zu verbriefen und von dieser unanfechtbaren Position heraus den Deutschen, die sie intensiv und anfangs mißtrauisch beobachteten, unter Vorbehalten peu à peu entgegenzukommen, wenn es die Gelegenheit erlaubte. Die Deutschen andererseits taten gut daran, das angesichts ihrer NS-Vergangenheit nicht sonderlich enge Korsett zu akzeptieren und sich die Freiheit Schritt für Schritt zu verdienen. Im Herbst 1949 traten das Besatzungsstatut und das Petersberger Abkommen in Kraft. Im ersteren bezeugen die Westalliierten zunächst ihren Willen, daß das deutsche Volk „das mit der Besetzung zu vereinbarende größtmögliche Maß an Selbstregierung" genießen solle. Den Bereich der Abrüstung und Entmilitarisierung sowie der damit einhergehenden Beschränkungen der Wissenschaft, Industrie und Luftfahrt nahm man dabei ebenso aus wie die Kontrolle der Ruhr, die Frage der Reparationen und der Kartelle. Insbesondere wachten Washington, London und Paris mit Argusaugen weiterhin über „auswärtige Angelegenheiten, einschließlich internationaler Abkommen, die von Deutschland oder für Deutschland abgeschlossen werden."[18] Getragen von dem Wunsch, die Beziehungen „auf der Grundlage gegenseitigen Vertrauens fortschreitend zu entwickeln" und der Entschlossenheit, „die Bundesrepublik Deutschland als friedliebendes Mitglied in die europäische Gemeinschaft einzugliedern," enthielt das Petersberger Abkommen vom 22. November 1949 folgende Elemente: Einmal würden die Vereinigten Staaten von Amerika mit der Bundesrepublik bald ein zweiseitiges Abkommen über die Marshallplanhilfe schließen. Von entscheidender Bedeutung jedoch war, daß die Bundesrepublik internationalen Körperschaften beitreten und fortan schrittweise Handels- und Konsularbeziehungen aufbauen durfte. Auch wurden mehrere Werke von der Reparationsliste gestrichen und die Demontage ihrer Einrichtungen eingestellt. Der hartnäckige Unterhändler Adenauer hatte hier „den Ring gesprengt", als seine Argumentation weg von der reinen Industriepolitik ging und hin zu einer Anerkennung der alliierten Sicherheitsbedürfnisse. Immerhin erkannte die Bundesrepublik die Ruhrbehörde an und entsandte fortan Vertreter. Konrad Adenauer darf sich diesen Erfolg fast alleine zugute schreiben. Weder das Kabinett noch das Parlament oder die Parteien wirkten mit, als erstmals eine deutsch-alliierte Vereinbarung auf beinahe gleicher Basis frei ausgehandelt und nicht länger aufgezwungen wurde.[19]

Damit hatte Konrad Adenauer zwei Ziele erreicht: innerhalb der Bundesrepublik hatte er es nach seinem Aufstieg in der CDU Nordrhein-Westfalens und der knappen Wahl zum ersten Bundeskanzler im September 1949 meisterhaft verstanden, seine Machtposition durch Ämterhäufung zu festigen.[20] Auf dem Gründungsparteitag der Bundes-CDU im Oktober 1950 übernahm er zudem das Amt des Parteivorsitzenden. Am 1. April 1950 wurde im Bundeskanzleramt eine „Dienststelle für auswärtige Angelegenheiten" eingerichtet, ehe dann am 15. März des folgenden Jahres das Auswärtige Amt wieder entstand. Bundeskanzler Konrad Adenauer behielt die Fäden weiterhin in der Hand, indem er zugleich auch das Amt des Außenministers ausübte.[21]

Binnen 18 Monaten vereinigte er somit in Personalunion die drei nicht nur für die Gestaltung der Auswärtigen Beziehungen zentralen Positionen. Damit blieb Adenauer von 1949 bis 1959 unangefochten der dominante bundesdeutsche Akteur. Zweitens behielt er sich anfangs den alleinigen Kontakt zu den alliierten Hohen Kommissaren persönlich vor. Baring schreibt, damit befand sich Adenauer „in einer dem Hohepriester der alten Juden" vergleichbaren Rolle."[22] Von dieser innenpolitisch starken Stellung aus gelang es ihm, seine Verhandlungsposition gegenüber den drei Westmächten nach und nach zu seinen Gunsten auszubauen. Neben Dulles konnte sich wohl einzig John J. McCloy des warmen, vertrauenvollen Verhältnisses zum deutschen Bundeskanzler rühmen. Der Hohe Kommissar meinte, Adenauer habe vor Amtsantritt internationale Beziehungen „etwas naiv" betrachtet, dann aber deren Pflege an sich gerissen und als starker Mann auch den Außenminister dominiert.[23] Zweifellos sah McCloy in Adenauer spätestens seit Mitte der fünfziger Jahre einen überragenden Staatsmann.[24] Das Petersberger Abkommen verstand der Kanzler dabei als „Wendepunkt" im Verhältnis zwischen den Westalliierten und der Bundesrepublik.[25]

Ohne jeden Zweifel nahm die Ruhrfrage in den Jahren des Wiederaufbaus sowohl für die Wirtschaft als auch für den Komplex Rüstung und Sicherheit höchste Priorität ein, wobei das unter einem Sicherheitstrauma leidende Frankreich lange auf eine restriktive Regelung des Problems drängte.[26] Zum Jahreswechsel 1948/49 hatten die Westalliierten sowie die Beneluxstaaten das Ruhrstatut erlassen. Über das zu wahrende Maß an Sicherheit und das zu gewährende Maß an Freiheit kam es zwischen den Amerikanern und Franzosen bald zum Streit. Robert Murphy, der politische Berater des US-Militärgouverneurs Lucius D. Clay, brachte dies einmal auf den Punkt: „Die Franzosen wollen überall Sicherheit einbauen; bei Kommunalwahlen, selbst bei der Produktion von Aspirin oder Schuhen, bei Ländergrenzen, Erziehung und Religion, der Rheinschiffahrt, im Bankgewerbe, bei den Gewerkschaften ... Wir dagegen wollen den schnellen Wiederaufbau Deutschlands bei allgemeinen Sicherheitsgarantien." Die USA waren überzeugt davon, daß es keinen erfolgreichen und raschen Wiederaufbau geben könne, wenn jeder Bereich deutschen Lebens mit Sicherheitsbeschränkungen belastet werde. Dies würde nach amerikanischer Lesart jegliche Initiative, Kreativität und Motivation im Keim ersticken. Clay selbst warnte davor, in der für die Deutschen zentralen Ruhrfrage über die Londoner Beschlüsse hinauszugehen. Politische Unruhe, kommunistisch beeinflußte Arbeitsniederlegungen und Streiks wären die Folge.[27] Im Ruhrstatut selbst unterstrichen die Westmächte ihre Bereitschaft, „Deutschland seinen Platz im Wirtschaftsleben Europas zukommen zu lassen." Doch dürften die Hilfsmittel der Ruhr „zukünftig nicht für Angriffszwecke, sondern allein im Interesse des Friedens verwendet werden." Die zähen Verhandlungen führten schließlich zur Gründung der Ruhrbehörde am 28. April 1949, die Kohle-, Koks- und Stahlproduktion aufzuteilen hatte in deutschen Verbrauch und Export und über Preise und Tarife wachte.[28]

Wenngleich alle Kontrollinstrumente natürlich in der Bundesrepublik auf Ablehnung stießen, ahnte etwa Konrad Adenauer, daß Ruhrstatut, Besatzungsstatut und die Bestimmungen über die Bewaffnung Westdeutschlands nur vorübergehender Natur sein konnten: „Ein Land in Fesseln ist kein guter Partner," wußte er. Anfangs beklagte Adenauer noch, wie viele Deutsche, daß gleichzeitig, aber scheinbar inhaltlich voneinander getrennt, zwei Kurse verfolgt würden: zum einen förderten die USA mit dem Marshall-Plan und dem ERP bereits den schnellen Wiederaufbau Deutschlands, während sie andererseits noch die Demontagepolitik des Industrieplans verfolgten. Der Kanzler, der die Demontage als CDU-Vorsitzender der britischen Zone noch heftigst kritisiert und auch noch gleich nach seiner Wahl mit dem „Versailler Diktat" verglichen hatte,[29] ordnete diese janusköpfige Politik der USA nun als typisches Phänomen einer Übergangszeit ein. Bald würden klarere Verhältnisse einkehren. Da es auch für die Vereinigten Staaten von Amerika lebensnotwendig sei, daß ein starkes Westeuropa wiedererstehe, und da hierfür Deutschland unentbehrlich sei, würden die Fesseln allmählich wegfallen, argumentierte er. Denn das deutsche Volk, so der Kanzler, konnte jenen westlichen Völkern und Staaten, deren Interessen den bundesdeutschen glichen, auf Dauer ohne Freiheit und ohne Gleichberechtigung kein vollkommener Partner sein.[30]

Gleichwohl galt es, niemals mit dem Pfund der Unentbehrlichkeit Deutschlands zu wuchern. Vielmehr verfolgte Adenauer in den nächsten Jahren die Politik, mit Geduld Vertrauen aufzubauen und mit Zähigkeit die deutsche Position zu verbessern. Schon im Herbst 1949 empfing der Bundeskanzler den amerikanischen Außenminister Dean Acheson,[31] den er in seinen Erinnerungen als sympathischen, klugen und weitblickenden Mann schildert. Adenauer dankte den Amerikanern für ihre großartige Hilfe und auch Acheson zeigte sich von den erzielten Fortschritten durchaus beeindruckt. Er warnte jedoch vor einer allzu heftigen Kritik der deutschen Medien und Parteien an den Besatzungsmächten, da ansonsten die öffentliche Meinung in den USA plötzlich umschlagen könne.

Hier ist wohl in erster Linie die deutliche und berechtigte deutsche Kritik an den immensen Besatzungskosten gemeint. Selbst Marion Gräfin Dönhoff waren 22 Prozent der gesamten deutschen Etatsummen von Bund und Ländern für die Besatzungskosten des Jahres 1950 zuviel. Ein Fünftel des deutschen Etats, also ein Drittel des Bundesetats, werde „ohne jede parlamentarische Kontrolle" ausgegeben. Sie echauffiert sich: „Jeder Mensch weiß, daß jede Armee dazu neigt, ökonomische Gesichtspunkte für ein bürgerliches Vorurteil zu halten, wenn aber nicht einmal eine öffentliche Überwachung stattfindet und die Gelder aus einem fremden Land stammen, dann kennt die Großzügigkeit keine Grenzen." Doch die Bundesrepublik könne es sich einfach nicht leisten, öffentliche Gelder zu verschleudern. Brauche ein französischer Kriegsdelegierter in der Tat fünf Angestellte zur persönlichen Bedienung? Müsse es in den amerikanischen Messen und Clubs allein in Bremen wirklich 300 Hilfskräfte und 1.300 weitere dienstbare Geister geben, davon 65 Prozent Hausmädchen? Sinn und Zweck der Besetzung sei es doch, Deutschland zu „demilitarisieren, zu denazifizieren, zu dekartellisieren und zu demokratisieren." Man habe also nicht mit einer Neigungsehe begonnen, eher mit einer „marriage arrangé". Nun spreche man bei deutsch-alliierten Festreden bereits von „Gleichberechtigung und Partnerschaft", während die Höhe der Besatzungskosten noch „einseitig festgesetzt und diktiert, nicht vertraglich vereinbart" sei. Die beste deutsche Journalistin stellte im August 1951 klar: „Entweder wir sind der besiegte Feind von gestern, dem nach Gutdünken Tributzahlungen auferlegt werden, oder wir sind der potentielle Partner von morgen, der sich bereit erklärt, bis zur Grenze seiner Leistungsfähigkeit an der gemeinsamen Verteidigung mitzuwirken."[32]

Die außenpolitischen Führungspersönlichkeiten wußten um die Richtigkeit dieser Argumentation und korrigierten mitunter mit Rücksicht auf die öffentliche Meinung ihren Kurs. Alles in allem brachten die Treffen zwischen den amerikanischen Außenministern Dean Acheson (und später John Foster Dulles) und dem ersten Bundeskanzler die deutsch-amerikanischen Beziehungen im ersten Jahrzehnt erheblich voran. Nicht minder wichtig waren die Treffen des deutschen Regierungschefs mit den Hohen Kommissaren auf dem Petersberg.[33]

Bereits 1951 zahlte sich der von Adenauer eingeschlagene Kurs aus, und er verzeichnete drei große Erfolge: im Januar begannen die sicherheitspolitischen Gespräche auf dem Petersberg, im März erfolgte die

Kleine Revision des Besatzungsstatuts und im Dezember wurde das Ruhrstatut beendet.[34] Wieder war die Bundesrepublik der außenpolitischen und außenwirtschaftlichen Emanzipation ein Stück nähergekommen.[35] Seit Herbst verhandelte der Kanzler beharrlich mit den Hohen Kommissaren über die Aufhebung des Besatzungsstatuts. Am 26. Mai 1952 schließlich wurde der Generalvertrag, von ihm „Deutschlandvertrag" genannt, unterzeichnet. Das Besatzungsregime endete, das Besatzungsstatut wurde aufgehoben und die Alliierte Kommission sowie die Dienststellen der Landeskommissare in der Bundesrepublik Deutschland aufgelöst. „Die Bundesrepublik Deutschland wird demgemäß die volle Macht eines souveränen Staates über ihre inneren und äußeren Angelegenheiten haben," hieß es. Die drei Mächte behielten jedoch ihre Rechte und Verantwortlichkeiten „in bezug auf Berlin und Deutschland als Ganzes einschließlich einer Wiedervereinigung Deutschlands und einer friedensvertraglichen Regelung ...", wobei die Westalliierten die Bundesrepublik hinsichtlich Berlin konsultieren würden.[36]

US-Außenminister Dean Acheson reiste zur Unterzeichnung des Vertrages ebenso nach Bonn wie sein britischer und französischer Kollege. Nur einen Tag später wurde in Paris der Vertrag über die Europäische Verteidigungsgemeinschaft unterzeichnet. Er sah ein Kontingent von knapp über 400.000 bundesdeutschen Soldaten vor: zwölf Divisionen für das Heer, 85.000 Mann taktische Luftwaffe mit ca. 1.350 Maschinen und eine 12.000 Mann starke Marine.[37] Trotz der alliierten Vorbehalte (und trotz des Widerstandes der SPD)[38] markierten „Deutschlandvertrag" und EVG weitere Meilensteine der jungen deutschen Außen- und Sicherheitspolitik.[39] Bonn, nun in Substanz und Prestige merklich aufgewertet und vom besetzten Staat fast schon zum Juniorpartner aufgestiegen, kam der angestrebten Integration im Westen immer näher.

Wesentlich für die frühen Jahre war die Wiedereingliederung Westdeutschlands in die Weltgemeinschaft. Nach dem Zweiten Weltkrieg spielten internationale Organisationen eine sehr viel bedeutendere Rolle als zuvor, und so ist die Aufnahme der Bundesrepublik als (zunächst assoziiertes) Mitglied in den Europarat (1950) und in die UNESCO (1951) als großer Erfolg zu werten. Ein Jahr später trat die Bundesrepublik der Internationalen Bank für Wiederaufbau und Entwicklung (später „Weltbank") sowie dem Internationalen Währungsfonds (IWF) bei, den beiden tragenden Säulen der Weltwirtschaftsordnung von Bretton Woods.[40] Von 1949-1952 gelang es auch, ein deutsch-amerikanisches Abkommen über die Marshallplan-Hilfe[41] abzuschließen und mit den Verhandlungen über die deutschen Auslandsschulden zu beginnen, die dann in die Londoner Schuldenkonferenz von 1952 mündeten.[42]

Zwei einschneidende Entwicklungen kamen auf ökonomischem Gebiet hinzu: zum einen der „Korea-Boom" der frühen 50er Jahre, zum anderen der „Schuman-Plan" vom 9. Mai 1950.[43] So massiv der Ausbruch des Krieges in Asien die westdeutsche Psyche auch belastet und die sicherheitspolitischen Anstrengungen auch forciert haben mag - er bewirkte nicht zuletzt einen Nachfrageboom, der die gerade wieder anlaufende deutsche Volkswirtschaft kräftig nach oben puschte. Im ersten Quartal 1950 hatte die Bundesrepublik wieder den Stand der Industrieproduktion von 1936 erreicht. Ende 1951 erreichte dieser Wert bereits das Eineinhalbfache. Die Zahl der Beschäftigten stieg 1951/52 um eineinhalb Millionen Menschen, von 13,3 (I/1950) auf 14,9 Millionen (III/1951). Die Erwerbslosigkeit sank in diesem Zeitraum von 12,2% auf zeitweise nur noch 7,7 von hundert.[44]

Parallel hierzu erfolgte der Vorschlag des französischen Außenministers Schuman, eine „Europäische Gemeinschaft für Kohle und Stahl" (EGKS) ins Leben zu rufen. Sei es, daß die restriktive französische Ruhrpolitik der unmittelbaren Nachkriegszeit nicht durchzusetzen war, sei es aus echter Einsicht in eine notwendige Modernisierung und sinnvolle Europäisierung der Schwerindustrie: jedenfalls gingen auch die Franzosen nach 1950 neue Wege, als sie sahen, daß weder die Abtrennung des Ruhrgebietes von der Bundesrepublik noch seine Internationalisierung zu erreichen war.[45]

Wirtschaftlich ging es mit der Bundesrepublik in den 50er Jahren stetig bergauf. Nach und nach überwand man die direkten Kriegsfolgen und normalisierte allmählich wieder die ökonomischen Beziehungen zum befreundeten Ausland. 1953 etwa wurde das Londoner Schuldenabkommen unterzeichnet. Drei Jahre später begannen hier die Abrüstungsgespräche. Als ausschlaggebende Entwicklung zeichnete sich die Wiedereingliederung Deutschlands in die europäische und die Weltwirtschaft ab. Insbesondere Erhard unterstrich die Abhängigkeit des exportorientierten Deutschland von der globalen, nicht nur der regionalen oder gar nationalen Wirtschaft. Die Gründung der Europäischen Zahlungsunion (1950) und der Montanunion (1951) waren erste Schritt hin auf Westeuropa, während der Beitritt zum Abkommen von Bretton Woods im August 1952 die bundesdeutsche Akzeptanz einer von den USA geprägten Weltwirtschaftsordnung signalisierte.[46] Und doch schießt die Metapher von der „Amerikanisierung der deutschen Wirtschaft" über das Ziel hinaus. Modernisierung und Globalisierung, Amerikanisierung und Europäisierung gingen in den 50er Jahren Hand in Hand. Die am 25. März 1957 unterzeichneten und am 1. Januar 1958 in Kraft getretenen Verträge zur Gründung einer Europäischen Wirtschaftsgemeinschaft (EWG) und einer Europäischen Atomgemeinschaft (EURATOM)[47] von Rom bildeten eine Grundlage für die zweite Phase des „Wirtschaftswunders" in der Nachkriegszeit.[48] Nach und nach trat die Bundesrepublik fast allen internationalen Organisationen von Rang bei.[49]

Neben der wirtschaftlichen Prosperität bildete das sicherheitspolitische Konzept die Hauptaufgabe der frühen fünfziger Jahre, wie sie im Doppelkonzept von Deutschland- und EVG-Vertrag zum Ausdruck kommt. Sicherheit allein gegen Deutschland gab es 1952 nicht mehr. Wie aber sollte man ein Land behandeln, das für einen Nachbarn allein stets zu mächtig, einer Allianz seiner Nachbarn aber niemals gewachsen war? In der Nachkriegszeit konnte nur noch zugleich Sicherheit vor und für die Bundesrepublik angesteuert werden. Wenn der Westen im Sinne eines „double containment" (Hanrieder), überspitzt formuliert, zugleich die Russen draußen und die Deutschen „unten" halten wollte, dann mußte die Bundesrepublik als (nahezu) gleichberechtigter Partner politisch, wirtschaftlich, kulturell und militärisch integriert werden.[50]

ZEITTAFEL

1949

14.08.	Wahlen zum ersten Deutschen Bundestag
12.09.	Theodor Heuss wird erster Bundespräsident (bis 1959)
15.09.	Konrad Adenauer (CDU) wird Bundeskanzler (bis 1963)
21.09.	Das Besatzungsstatut tritt in Kraft

21.10.	Adenauer verkündet den „Alleinvertretungsanspruch" der Bundesrepublik
03.11.	Bonn wird bundesdeutscher Regierungssitz
09.11.	Pariser Außenministerkonferenz
22.11.	Petersberger Abkommen
15.12.	Deutsch-amerikanisches Abkommen über die Marshallplan-Hilfe
1950	
31.03.	Der Europarat lädt die Bundesrepublik als assoziiertes Mitglied ein
01.04.	Im Bundeskanzleramt richtet man eine Dienststelle für auswärtige Angelegenheiten ein
09.05.	Der Schuman-Plan wird bekanntgegeben
25.06.	Ausbruch des Korea-Krieges
19.12.	General Eisenhower zum Obersten Alliierten Befehlshaber in Europa ernannt
1951	
09.01.	Beginn der sicherheitspolitischen Gespräche auf dem Petersberg
06.03.	Kleine Revision des Besatzungsstatuts
15.03.	Das Auswärtige Amt ersteht wieder. Bundeskanzler Adenauer zugleich Außenminister
21.06.	Bundesrepublik Mitglied der UNESCO
05.07.	Die Verhandlungen über die deutschen Auslandsschulden beginnen
10.09.	Außenministerkonferenz der Westmächte zur Deutschlandpolitik
24.09.	Adenauers Verhandlungen mit den Hohen Kommissaren über die Aufhebung des Besatzungsstatuts laufen an
21.12.	Beendigung des Ruhrstatuts

1.2 Sirenenrufe aus dem Kreml

Vor diesem Hintergrund ist es kein Zufall, wenn die sowjetischen Sirenenrufe zeitlich mit dem (scheinbaren) Gelingen dieses Konzeptes zusammenfallen. Kurz vor der anvisierten Unterzeichnung von Deutschland-Vertrag und EVG im Mai 1952 bot Moskau in der sog.

„Stalin-Note" vom 10. März 1952 plötzlich an: „Deutschland wird als einheitlicher Staat wiederhergestellt." Sämtliche Streitkräfte der Besatzungsmächte seien binnen Jahresfrist abzuziehen und man gestatte Deutschland „eigene nationale Streitkräfte" in dem Umfang, der „für die Verteidigung des Landes notwendig" sei. Jedoch müsse sich Gesamtdeutschland verpflichten, „keinerlei Koalitionen oder Militärbündnisse einzugehen, die sich gegen irgendeinen Staat richten, der mit seinen Streitkräften am Krieg gegen Deutschland teilgenommen hat." Anders formuliert: Stalin machte die Neutralisierung Deutschlands zur Bedingung für dessen Wiedervereinigung.[51]

Für die begonnene Westintegration der Bundesrepublik war diese Offerte die entscheidende Probe aufs Exempel. Niemand im Westen war so naiv, Stalin vorbehaltlos zu vertrauen. Doch eine Gruppe westdeutscher Journalisten und Politiker sprach sich - bei allen Vorbehalten - dafür aus, dieses Angebot einer möglichen Wiedervereinigung doch zunächst einmal „auszuloten",[52] das heißt, die Unterzeichnung der beiden oben genannten Verträge so lange aufzuschieben. Dies, so die Gruppe um Adenauer,[53] hätte der Bundesrepublik im Westen einen nicht wiedergutzumachenden Vertrauensverlust beschert. Da er sich ohnehin von der Moskauer Offerte nichts Konkretes versprach und eine Falle witterte, beschwor Adenauer die drei westlichen Alliierten, die „Stalin-Note" mit aller Deutlichkeit abzuwehren. Der Kanzler schlug damit einen Kurs ein, den Washington, London und Paris ohnehin gingen. Westdeutsche und westliche Interessen waren während der „Notenschlacht" des Frühjahrs 1952 deckungsgleich. Daher kommt es nicht in erster Linie darauf an, ob Adenauer die Westalliierten in seinem Sinne beeinflussen konnte, sondern darauf, inwieweit er die deutsche Öffentlichkeit von diesem Kurs zu überzeugen vermochte.[54]

Knapp eine Woche nach Eingang der ersten Note unterstrich Adenauer auf einer Tagung des Evangelischen Arbeitskreises der CDU in Siegen öffentlich seine zuvor schon intern formulierte Position. Auch und gerade in dieser heiklen Lage hielt er an seinen Grundsätzen fest. Für die Bundesrepublik Deutschland gebe es drei Möglichkeiten: den Anschluß an den Westen, den Anschluß an den Osten und schließlich die Neutralität. „Die Neutralisierung aber bedeutet für uns die Erklärung zum Niemandsland. Damit würden wir zum Objekt und wären kein Subjekt mehr." Ein Zusammengehen mit dem Osten jedoch komme wegen der „völligen Verschiedenheit der Weltanschauungen" nicht in Frage. Der Zusammenschluß mit dem Westen aber bedeute in keiner Weise Druck gegenüber dem Osten.[55]

Wenngleich Adenauer seine Rolle bei den transatlantischen Verhandlungen in mildem Licht erscheinen läßt, trug ihm seine starre Verhandlungsposition im Westen doch Respekt ein. Selbstverständlich konnte der Westen auf seine bereits im Mai 1950 formulierte und seitdem häufig wiederholte Position zurückgreifen. Damals hatten die drei westlichen Außenminister „eine aus freien Wahlen hervorgehende gesamtdeutsche Regierung" zu den Grundprinzipien für die Wiederherstellung der Einheit Deutschlands gezählt.[56] Auch während des intensiven Notenwechsels über einen möglichen Friedensschluß und eine deutsche Wiedervereinigung beharrten Washington, Paris und London (sowie als Berater und Betroffener Bonn) wie zuvor auf der Durchführung freier gesamtdeutscher Wahlen als Basis für weitere Schritte - für Moskau eine unannehmbare Bedingung. Ab Mai 1952 wurde der Notenwechsel ohnehin zur Farce, und bald versandete er gänzlich.

Ungeachtet dessen rankte sich um die Stalin-Note bald die „Legende von der verpaßten Gelegenheit" (Hermann Graml). Die Mythen um den 10. März 1952 halten sich zum Teil bis heute. Anzumerken ist jedoch, daß viele deutsche Autoren hierbei Nabelschau betreiben und vergessen, zunächst die Position der Westalliierten „auszuloten". Die Bundesrepublik konnte ja nicht einmal Adressat der Note sein. Und schon ein Blick auf die europäische Karte zeigt, welch ungleich schlechtere geostrategische Ausgangsposition die NATO ohne Westdeutschland hätte. Dean Acheson wies auf das „deutsche Menschenpotential" hin. Präsident Truman nannte die Frage einer deutschen NATO-Beteiligung den „Kardinalpunkt". Zwar sei Deutschland geteilt und besetzt. Doch es bilde nach wie vor das Herz Europas. „Nur unter Mitwirkung Deutschlands war eine Tiefenverteidigung denkbar, die einem von Osten kommenden Angriff Halt gebieten konnte."[57]

Zudem hätte die sich allmählich anbahnende EWG auf einen ihrer Motoren verzichten müssen. Und viele westliche Planer schätzten, daß ein neutrales Gesamtdeutschland rasch erheblichem Druck der Sowjetunion ausgesetzt wäre. McCloy befürchtete, der Druck des Kremls habe folgendes Ziel: „to split Adenauer off the rest of Germany,

Germany from West Europe and West Europe from US."[58] Moskau wolle die Westdeutschen zumindest verwirren, dem Westen die Schuld für die „endgültige" Teilung Deutschlands zuschieben und generell auf Zeit spielen. Welche Gründe aber hätte es für die drei Westmächte geben können, die prosperierende, 60 Millionen Einwohner zählende Bundesrepublik faktisch aufzugeben? Die USA sahen sich gezwungen, aus eigenen vitalen Interessen heraus weiterhin in Westeuropa zu verbleiben. Dazu benötigten sie die Bundesrepublik als heranwachsenden Partner. Ergo hielt Washington 1952 an seinem bisherigen - und letztlich auch erfolgreichen - Kurs fest und konfrontierte den russischen Diktator mit für ihn unannehmbaren Bedingungen. Die Politik der westlichen Integration konnte mit der faktischen Ablehnung der „Stalin-Noten" im Frühjahr 1952 einen wichtigen Sieg verzeichnen.

1952: General Eisenhower besucht Bundeskanzler Adenauer.

Die Niederschlagung des „Arbeiteraufstandes“ in der DDR vom 17. Juni 1953 markiert die zweite Zäsur.[59] Fortan war klar erkennbar, daß die Sowjets von Waffen Gebrauch machen würden, um Widerstand in „ihrem“ Herrschaftsbereich zu brechen - und daß der Westen im Atomzeitalter dazu verurteilt war, ohnmächtig zuzusehen.[60] Beide deutsche Teilstaaten waren nun eng mit der jeweiligen Hegemonialmacht verbunden - aber zu sehr verschiedenen Bedingungen.[61] Während bis zum Mauerbau Millionen von Menschen aus der DDR nach Westen flohen, vertiefte die Bundesrepublik ihre Partnerschaft mit den USA.[62]

ZEITTAFEL

1952

20.02.	Lissaboner NATO-Ratstagung
28.02.	Londoner Schuldenkonferenz beginnt (bis 8.8.1952)
10.03.	Mit der „Stalin-Note“ beginnt ein intensiver Notenwechsel in bezug auf Friedensschluß und deutsche Wiedervereinigung
26.05.	Der Generalvertrag („Deutschlandvertrag“) wird unterzeichnet
27.05.	Der EVG-Vertrag wird unterzeichnet (später aber nicht ratifiziert)
14.08.	Die Bundesrepublik tritt der Internationalen Bank für Wiederaufbau und Entwicklung sowie dem Internationalen Währungsfonds bei
20.08.	Der SPD-Vorsitzende Kurt Schumacher stirbt (am 28.9. wählt die SPD Erich Ollenhauer zum Vorsitzenden)
04.11.	Der Republikaner Dwight D. Eisenhower gewinnt die US-Präsidentschaftswahl gegen den Demokraten Adlai E. Stevenson

1953

20.01.	Eisenhower wird 34. Präsident der USA; John Foster Dulles Außenminister
27.02.	Das Londoner Schuldenabkommen wird unterzeichnet

06.04. Bundeskanzler Adenauer besucht erstmals die USA (bis 17.04.)
17.06. Volksaufstand in der DDR
06.09. Die Regierungsparteien gewinnen die Bundestagswahl

1.3 Der Kreis schließt sich: die „ideale" Partnerschaft der Jahre 1953-1958

Am 20. Januar 1953 wurde mit Dwight D. Eisenhower jener Mann als Präsident der USA inauguriert, der nur wenige Jahre zuvor als der „Befreier Europas" gefeiert worden war. Der erste Soldat seines Landes hatte nachhaltig Deutschland- und Europaerfahrung gesammelt. Außenminister wurde mit John Foster Dulles ein Mann, der den Deutschen nach dem Krieg anfangs sehr skeptisch gegenüberstand.[63] Für ihn blieb die Bundesrepublik zunächst ein potentiell gefährliches Land. So fragte er noch 1950, ob ein wiederbewaffnetes Deutschland denn „in die richtige Richtung schießen würde."[64] Einmal im Amt, suchten jedoch Eisenhower wie Dulles die möglichst enge Partnerschaft mit der jungen Bundesrepublik während des andauernden Ost-West-Konflikts. Beide Regierungen arbeiteten in den folgenden Jahren auf der Basis gemeinsamer Einschätzungen der Sowjetunion und nahezu identischer Interessen gut zusammen.[65]

Wie aber schätzte man sich gegenseitig ein? Gerade im Fall der amerikanischen Deutschlandperzeption, so Peter Merkl, sei das Adenauer-Bild vor allem in der Frühzeit, von 1949 bis etwa 1955, nur schwer vom amerikanischen Deutschlandbild insgesamt zu trennen. Vielfach wurden Regierungschefs und Nationalstaaten als Synonyme gesehen.[66]

Eisenhowers Deutschlandbild etwa war sehr viel weniger von seiner Herkunft geprägt, als dies sein Name vermuten ließe. Die Abstammung seiner vor Jahrhunderten aus linksrheinischen Gebieten ausgewanderten Familie spielte in seinem Leben keine große Rolle. So kannte der General nur ein deutsches Wort: Eisenhower. Die Deutschen lernte der damalige Oberkommandierende der Alliierten Streitkräfte in Europa erst als Kriegsgegner kennen - zunächst 1942 in Nordafrika, dann 1944 nach der Invasion in Frankreich und schließlich 1945 auf dem

Boden des Reiches. Als bestimmend für sein frühes Deutschlandbild kann das Motiv der Zerstörung angesehen werden. Eisenhowers letzter Eindruck Deutschlands, bevor er als Chief of Staff of the Army im November 1945 nach Washington zurückkehrte, war der des besiegten Feindes, der bedingungslosen Kapitulation, eines restlos erschöpften, scheinbar hoffnungslosen Volkes.[67] Ähnliches empfand sein späterer Vizepräsident Richard Nixon, der 1947 als jüngstes Mitglied einer amerikanischen Parlamentariergruppe aus Demokraten und Republikanern das zerstörte Deutschland besuchte. Er gewann die Überzeugung, die USA müssen den Deutschen helfen, um sie vor Anarchie, Revolution und schließlich Kommunismus zu bewahren.[68] Daher sprach er sich wie seine Kollegen vehement für das European Recovery Program aus. Die Äußerungen Nixons und Eisenhowers sind typisch für die Sehweise dieser Zeit. Nur vier Jahre später, bei seiner Rückkehr im Frühjahr 1951, bekannte der zum NATO-Oberkommandierenden avancierte Eisenhower, in Deutschland habe ein „völliger Wechsel“ stattgefunden.[69]

Zwar fällt Eisenhower wie alle amerikanischen Nachkriegspolitiker in die Lobeshymnen für den Marshallplan ein und er unterstreicht die „väterliche“ Rolle des Geberlandes USA.[70] Stärker als anderen imponierte ihm jedoch die deutsche Leistungsfähigkeit zunächst auf wirtschaftlichem, dann auf militärischem Gebiet. Als Soldat wie auch als Politiker sah Eisenhower in den 50er Jahren sein Ziel darin, ein gleichberechtigtes Deutschland durch die Einbindung in eine westliche Verteidigungsgemeinschaft in die Familie der freien Völker zurückzuführen. Seine damals öffentlich abgegebene Erklärung, die zwischen „deutschen Soldaten“, die ihre Ehre nicht verloren hatten, auf der einen und Hitler und seiner verbrecherischen Gruppe auf der anderen Seite unterschied, trug ihren Teil zur deutsch-amerikanischen Aussöhnung bei.[71] Doch ganz uneigennützig waren solche Äußerungen nicht. Ebenso wie die Marshallplan-Gelder halfen sie mit, den Boden für die „Wiederbewaffnung“ zu bereiten.

Die Bundesrepublik als ökonomisch starkes Mitgliedsland sollte laut amerikanischem Kalkül die Vereinigten Staaten mittelfristig innerhalb der EVG oder der NATO finanziell und militärisch spürbar entlasten. Dabei stand die Gewichtung innerhalb der Partnerschaft fest: auf Jahrzehnte hinaus blieben die USA für die Bundesrepublik wichtiger als umgekehrt. Daher konnte sich Washington mal patriarchalisch, mal gütig zeigen. Alles in allem siegte sicherlich der Gedanke einer auf gemeinsamen Interessen beruhenden Kooperation.

Ein Hauptproblem bei der Wiederbewaffnung sah Eisenhower lange in der „anormalen Position" Deutschlands,[72] da es sich technisch gesehen ja noch im Kriegszustand mit den USA befand,[73] obwohl es mit den Besatzungsmächten andererseits bereits in internationalen Organisationen kooperierte. Noch Mitte der fünfziger Jahre bemängelte der Präsident den zu langsamen und zaghaften Aufbau der deutschen Streitkräfte. Nicht nur bei der Überwindung dieser Problematik profitierten die Vereinigten Staaten vom „stout spirit" in Bonn, dem „Kanzler mit dem eisernen Willen",[74] den Eisenhower als überzeugten Anti-Nazi und weisen Staatsmann rühmte. Eisenhower schildert die Rolle des Kanzlers im deutsch-amerikanischen Verhältnis als sehr fruchtbar. Überhaupt sah er in Adenauer, wie viele Amerikaner, einen der größten Männer seiner Zeit.[75] Kritisiert Eisenhower ihn, so zitiert er in seinen Erinnerungen vornehm Dritte wie etwa Minister Anderson, um den bei Drucklegung noch amtierenden Adenauer als stur, uneinsichtig und wenig kooperativ zu schildern. Wie andere mokierte sich der Präsident darüber, daß der Kanzler wohl einzig und allein daran denke, die Amerikaner sollen keine Truppen abziehen.[76] So verwundert nicht, daß die Präsidenten Truman und Eisenhower den Umgang mit diesem ebenso wichtigen wie schwierigen Verbündeten gerne dem Hohen Kommissar oder dem Außenminister überließen.

Adenauer wiederum schätzte Eisenhower als Kenner der europäischen Szenerie und sah in ihm den Garanten für die Kontinuität der amerikanischen Europa- und speziell der Deutschland- und Berlin-Politik.[77] In seinen Augen stand auch die neugewählte republikanische Regierung für eine Bundesrepublik in Frieden und Freiheit ein. Adenauer wurde daher nicht müde, die „ungeheure Macht" und den „ungeheuren Wohlstand" der USA zu rühmen sowie das proportional hierzu gestiegene Gefühl der weltweiten Verantwortung, womit er in erster Linie die europäische meinte.[78]

Mit Außenminister John Foster Dulles, den er erstmals 1948 getroffen hatte, verbanden ihn von Anfang an nahezu identische Interessen. Wie Adenauer setzte sich dieser für eine starke, im Westen integrierte Bundesrepublik ein. Gleich während seines Antrittsbesuches in der Bundesrepublik im Februar 1953 lehnte der US-Außenminister die deutschlandpolitischen Vorstellungen von Ollenhauer,

Wehner und Schmid ab. Immer wieder bestätigten sich beide in ihren Meinungen.[79] Dulles, einer der wenigen, denen der Kanzler vertraute, schien den periodisch auftretenden Argwohn Adenauers zerstreuen zu können. Er fungierte als Sprachrohr des Kanzlers beim US-Präsidenten. Häufig flicht Adenauer in seine Memoiren ein, er sei in diesem oder jenem Punkt mit Dulles vollkommen einer Meinung gewesen. Zahlreiche Begegnungen mit Eisenhower und Dulles vertieften im Lauf der Zeit Adenauers Eindrücke.

Neben der zentralen Sicht Konrad Adenauers als dem wichtigsten Akteur sind die detaillierten Erinnerungen des bundesdeutschen Botschafters in Washington, Wilhelm Grewe, zu nennen.[80] Sein abschließendes Urteil über Eisenhower lautet, er gewinne in seinen Augen weder die Statur eines großen Feldherrn noch die eines großen Präsidenten und Staatsmannes. Gleiches gelte für Kennedy.[81] Andererseits scheut Grewe diplomatisch ein abschließendes Urteil über den „schwer zugänglichen Menschen Dulles".[82] Andere bemerkenswerte Urteile Deutscher komplettieren das politische USA-Bild der fünfziger Jahre. Der Regierende Bürgermeister Berlins, Willy Brandt, sah in den USA seit 1945 „eine quasi-europäische Macht" und legte die enge Bindung der Bundesrepublik an sie als Grundforderung deutscher Politik aus. Eisenhower[83] bedeutete für Brandt die „personifizierte Garantie der tragischen und zugleich konstruktiven Verknüpfung des amerikanischen und deutschen Geschehens."[84] Zurückblickend vertrat er die Meinung, der wenig intellektuell wirkende Amerikaner habe das Denken in den Kategorien eines Oberbefehlshabers zumindest auf dem Feld Außenpolitik erfolgreich auf den politischen Führungsstil zu übertragen vermocht. Für Brandt war 1953-1959 jedoch nicht primär der Präsident, sondern Außenminister Dulles „die offizielle Stimme Amerikas."[85] Dieser „hartgesottene Außenminister"[86] sei jedoch in Wirklichkeit wesentlich komplizierter gewesen als die vielfach zweidimensional skizzierte Symbolfigur des Kalten Krieges. Zudem stecke hinter der Fassade aus puritanischem Moralismus, missionarischer Verkrampfung und ideologischer Starrheit ein „nüchterner Realismus." Brandt konnte nach eigener Aussage zwar den „moralischen Rigorismus" von Dulles nicht teilen. Er bescheinigt dem US-Außenminister mitunter sogar eine „relativ 'weiche' Linie der taktischen Anpassung" in Krisensituationen, zollt ihm aber für sein aufopferndes Engagement Respekt.[87]

Entscheidend aber blieb Adenauer. Weder der Meinung des Regierenden Bürgermeisters von Berlin, noch der des Außen- oder Verteidigungsministers fiel das auschlaggebende Gewicht bei der deutschen Einschätzung der Eisenhower-Administration zu. Selbst Bundespräsident Heuss bemerkte noch im Juni 1958 vor seinem ersten Staatsbesuch in den USA, er als das deutsche Staatsoberhaupt müsse offenbar von Amerika erst noch „entdeckt" werden.[88]

Bereits vom ersten Bonn-Besuch des amerikanischen Außenministers im Januar/Februar 1953 an beteuerten Dulles und Adenauer ihre volle Übereinstimmung in nahezu allen Sachfragen. Der Kanzler schildert seinen Gesprächspartner, den er erstmals 1947 getroffen hatte, als „sehr ernsten, kühl überlegenden, konsequent denkenden Menschen," als klar, sachlich und leidenschaftslos. Als Missionar, Rechtsanwalt und Diplomat habe er unschätzbare Erfahrungen gesammelt. Wie der Kölner selbst , führe er Außenpolitik von der Basis „fester ethischer Grundsätze" aus und sah im Kommunismus „eine ernste Bedrohung der christlich-abendländischen Kultur." Beide vertraten gegenüber der Sowjetunion eine „Politik der Stärke".[89]

Schon im April 1953 besuchte Bundeskanzler Adenauer erstmals die USA. Diese Visite markierte einen Meilenstein in den deutsch-amerikanischen Beziehungen.[90] Er besiegelte nach Strauß gewissermaßen offiziell die Versöhnung Deutschlands mit den Vereinigten Staaten.[91] Einerseits bot sie acht Jahre nach Ende des Weltkrieges die Gelegenheit, zurückzuschauen. Vizepräsident Richard Nixon sprach bereits bei der Ankunft der deutschen Delegation davon, daß die „langjährige und traditionelle Freundschaft" der beiden Staaten auf tragische Weise unterbrochen worden sei und sich Deutsche und Amerikaner vorübergehend „entfremdet" hätten. Auch der Vorsitzende des Auswärtigen Ausschusses, der aus Wisconsin im Mittelwesten stammende Senator Wiley, wies auf die hohe Zahl deutscher Einwanderer in den USA hin. Allein in seinem Staat sei ein Viertel der Bevölkerung deutscher Abstammung. Nach den Schrecken des Weltkrieges sitzen jetzt „alle westlichen Länder, darunter auch einige unserer früheren Todfeinde," im gleichen Boot. Es gab also durchaus Ansatzpunkte für enge deutsch-amerikanische Beziehungen, wenn man entsprechend lange Zeiträume zugrunde legte - oder sich, wie Außenminister Dulles, auf die Nachkriegszeit konzentrierte und seine „Bewunderung" für die erbrachten Leistungen ausdrückte.[92]

Andererseits dankte der Kanzler sowohl der amerikanischen Führung beider Parteien bzw. Administrationen (und hier insbesondere Ex-Präsident Herbert Hoover) als auch der Öffentlichkeit mehrfach für die so großzügig gewährte Hilfe nach Kriegsende, die er als historisch einmalig pries. Er schätze nicht nur die Macht Amerikas, sondern insbesondere dessen Gefühl für die damit einhergehende Verantwortung. Bei jeder sich bietenden Gelegenheit, ob bei der Ankunft, im Weißen Haus, bei der Verleihung der Ehrendoktorwürde durch die Georgetown-Universität oder beim „National Press Club", warb Adenauer für Vertrauen gegenüber dem Juniorpartner Bundesrepublik. Er vermochte es, in Fachkreisen wie dem Außenpolitischen Ausschuß des Senats ebenso für seine Sache einzutreten wie in der Öffentlichkeit, die er mit der Niederlegung eines Kranzes auf dem Soldatenfriedhof in Arlington rührte. Auch verstand er es gegenüber Präsident Eisenhower, die deutsche Bereitschaft zur Kooperation zu unterstreichen, als er von der Entsendung eines deutschen Lazaretts mit Personal für Korea berichtete. Gleichwohl verhandelte er in der Sache hart, wenn es um deutsch-amerikanische Fragen ging. Er wünschte die Ernennung des amerikanischen Hohen Kommissars (James B. Conant) und des deutschen Vertreters in Washington zum Botschafter und trat nachhaltig für die Entlassung der Kriegsverurteilten ein. Er wies weiterhin auf die hohe Zahl von Vertriebenen und Flüchtlingen auf dem Gebiet der Bundesrepublik hin sowie auf den (vielen Amerikanern wohl kaum bekannten) Lastenausgleich.[93]

Andererseits mahnten die USA eindringlich die Bedeutung des Ost-West-Handels für die deutsch-amerikanischen Beziehungen an und unterstrichen, wie wichtig die Freiheit des Welthandels und die Konvertierbarkeit der Währungen sei. Beide Länder sprachen sich für die Herabsetzung der Zoll- und Tarifschranken sowie nichttarifärer Handelshemmnisse aus. Adenauer wiederum bat um die Rückgabe deutscher Vermögenswerte und Warenzeichen sowie deutscher Schiffe. Obwohl er nicht in die USA gereist sei, um Abkommen zu unterzeichnen, leitete er mit Dulles die Verhandlungen für einen neuen deutsch-amerikanischen Freundschafts-, Handels- und Schiffahrtsvertrag ein. Zwischenzeitlich wollte man den leicht modifizierten Freundschafts-, Handels- und Konsularvertrag von 1923 wieder in Kraft setzen. Auch einigten sich Deutsche und Amerikaner auf eine engere kulturelle Kooperation. Ein bilaterales Abkommen ermöglichte fortan den Austausch von Dozenten und Studenten sowie Lehrenden und Lernenden verschiedenster Organisationen und Institutionen.

Auf vielen Ebenen kam man sich näher. Conant schlug pragmatisch vor, wie in Japan ein gemischtes deutsch-amerikanisches „Parole Board" zur Lösung akuter Probleme zu schaffen.[94] Andere schauten weiter in die Zukunft. US-Senator Mike Mansfield etwa hoffte, daß die Bundesrepublik bald Mitglied der NATO werden könne. Generell präsentierte Adenauer sein Land als einen „loyalen und eifrigen Partner" auf dem Weg zu Freiheit und Frieden.[95] Letztlich bekannten sich die USA feierlich (und medienwirksam) dazu, sich für die Wiedervereinigung in Frieden und Freiheit einzusetzen. Im Kommuniqué kam man überein, daß dies nur durch die Teilnahme Westdeutschlands als „freier und gleichgestellter Partner" innerhalb der westlichen Gemeinschaft möglich sei. Die „Bande der Freundschaft" sollten erneuert und verstärkt werden. Das Abschlußkommuniqué schrieb Adenauers politischen Triumph fest.[96]

Auch hatte er es in Washington nicht versäumt, wie üblich die Opposition anzuprangern und für seine Politik zu werben, indem er die SPD dämonisierte und ihre Vertreter diskreditierte. Dies blieb zuhause nicht ohne Wirkung. Immerhin, so schreibt der bekannte Publizist Alfred Grosser in seiner „Deutschlandbilanz" (1972), war die wichtigste Waffe, die Bundeskanzler Adenauer in der Innenpolitik hatte, das Vertrauen, das er im Ausland, insbesondere in den Vereinigten Staaten erweckte. Wenige Monate später konnte die Union die Ernte einfahren, als sie sich bei den Wahlen zum zweiten Deutschen Bundestag von rund 30 auf 45 Prozent der Wählerstimmen steigerte.

Von dieser deutlich gestärkten Machtbasis aus agierte Adenauer in der folgenden Legislaturperiode. In diesen ereignisreichen Jahren, 1953 bis 1957, sprach man beiderseits des „Eisernen Vorhangs" eine deutliche Sprache. Anfang 1954 präsentierte der amerikanische Außenminister das Konzept der „massive retaliation", der „massiven Vergeltung". Im Kriegsfall würden die USA mit allen zur Verfügung stehenden Waffen, auch Atombomben, rasch die Quelle der Aggression ausschalten.[97]

Die Sicherheitspolitik dominierte fortan wieder. An Bewährungsproben für die Akteure mangelte es nicht. Als die französische Generalversammlung im Spätsommer 1954 den EVG-Vertrag nicht ratifizierte, galt es, das Steuer in kurzer Zeit herumzureißen. Der kontinentale, westeuropäische Weg in die sicherheitspolitische Integration war Deutschland damit versperrt. Doch weiterhin wurde intensiv über die Westintegration und den zu leistenden Wehrbeitrag der Bundesrepublik diskutiert. Die Londoner Neunmächtekonferenz markierte in diesem Prozeß den Wendepunkt: die drei Westmächte wünschten, „das Besatzungsregime sobald als möglich zu beenden", um die Bundesrepublik als voll assoziierten Partner gewinnen zu können. Die Bundesrepublik konnte demnach (weitgehend) souverän werden. Sie durfte nationale Streitkräfte aufstellen sowie der Westeuropäischen Union (WEU) und der NATO prinzipiell beitreten.[98]

Binnen Monaten gelang es Eisenhower/Dulles und Adenauer, der Bundesrepublik den Weg in die transatlantische Sicherheitsgemeinschaft zu ebnen. Dabei stellten beide Regierungschefs ihre Führungsqualitäten eindrucksvoll unter Beweis. Adenauer forderte 1954 im Ringen um die Westbindung während der Verhandlungen von London und Paris[99] nicht nur die Souveränität Deutschlands. Auf sein Drängen hin wurden am 1. Mai 1955 die deutschen diplomatischen Vertretungen in Washington, London und Paris wieder Botschaften. Am 5. Mai 1955 traten die „Pariser Verträge" mit der Hinterlegung der Ratifizierungsurkunden in Kraft. Drei Tage später, am zehnten Jahrestag der Kapitulation, wurde die Bundesrepublik Deutschland Mitglied der NATO.[100]

Um dieses Vertragspaket war in der Bundesrepublik zwar eine leidenschaftliche, grundsätzliche Fragen aufwerfende Debatte entbrannt, die tiefe Spuren in der politischen Landschaft hinterließ. Die Sozialdemokratie, die statt der Westbindung ein „System kollektiver Sicherheit" forderte, Intellektuelle und Teile der Presse hatten die Westintegration, die sie als „Festschreibung der Teilung" empfanden, zutiefst abgelehnt. Und erwartungsgemäß hatte auch Moskau ein erneutes Angebot zur Wiedervereinigung Deutschlands unterbreitet. Innen- wie außenpolitisch durchlebte Bonn 1954/55 stürmische Zeiten, zumal auch die Vier Mächte erneut über das künftige Schicksal Deutschlands berieten. Doch die Verhandlungen von Berlin 1954 blieben ebenso ergebnislos wie jene von Genf 1955. Daran konnte auch der vielbeschworene „Geist von Genf" nichts ändern. Denn immer klarer zeichneten sich in dieser Zeit die Konturen einer gemeinsamen deutsch-amerikanischen Linie ab, die sich schließlich trotz der sowjetischen Versuchungen und der französischen Sicherheitsbedenken durchsetzte.

Dulles leistete Adenauer in verschiedenen Krisen politische Hilfe, insbesondere nach dem Scheitern der EVG im französischen Parlament, als der Kanzler in Bonn zur Zielscheibe herber Kritik wurde. Der amerikanische Außenminister übte daraufhin massiven Druck auf die Franzosen aus und ließ sie durch seine Formel des „agonizing reappraisal" wissen,[101] daß er mit und gegen ihren Willen die Deutschen mit ihren zwölf Divisionen in die NATO holen werde.[102] Und Eisenhower schätzte Adenauer vor allem als den historischen Architekten eines neuen Westeuropa. Diese Hochachtung beruhte nicht zuletzt darauf, daß den amerikanischen Präsidenten mit Adenauer laut Vernon Walters eine nahezu identische Sicht in bezug auf moralisch-religiöse und politische Wertvorstellungen verband.[103] Eisenhower imponierte, daß Hand in Hand mit der Wiederbewaffnung, einer Aufgabe von größtem politischen Gewicht, der historische deutsch-französische Gegensatz überwunden wurde. Da Konrad Adenauer nicht nur das für den Frieden in Europa unabdingbare Rapprochement mit Frankreich eingeleitet hatte, sondern ein Europa jenseits des Nationalismus anstrebte, galt er in den Augen Eisenhowers als ein größerer Staatsmann als de Gaulle. Bei beiden bewunderte er die Integrität, Standfestigkeit und Resolutheit ihrer Politik.

Adenauer und Eisenhower hielten an ihrer Linie fest, wie sie unter anderem im Memorandum über die Frage der Wiedervereinigung Deutschlands festgelegt war. Diese könne nur auf Grund „freier, gleicher, geheimer und direkter Wahlen" erfolgen. Auf der Basis dieser Wahlen würde eine „gesamtdeutsche Regierung in freier und demokratischer Weise" gebildet. Sie müsse das Recht einer „freien und gleichberechtigten Nation" haben, sich zu friedlichen Zwecken mit anderen Nationen zusammenzuschließen, also Defensivbündnisse einzugehen [104] Selbstverständlich würde diese kaum verblümte deutsch-amerikanische Forderung nach einem NATO-Beitritt Gesamtdeutschlands als conditio sine qua non für die Sowjets keine Basis für deutschlandpolitische Verhandlungen bieten. Solange aber die Teilung nicht überwunden werden konnte, kristallisierte sich die Westbindung der Bundesrepublik immer stärker als die Substanz der „besonderen Beziehung" zwischen Washington und Bonn heraus.

Die Resultate dieser Politik konnten sich sehen lassen.[105] In der am 23. Oktober 1954 formulierten Neufassung des Deutschlandvertrages vom 26. Mai 1952 heißt es nun, daß die Bundesrepublik „die volle Macht eines souveränen Staates über ihre inneren und äußeren Angelegenheiten haben" wird. Die Sieger beharrten zwar auf ihrem Recht, Truppen auf deutschem Gebiet zu stationieren, räumten der deutschen Seite jedoch größere Befugnisse als bisher ein und sagten hier wie in anderen Punkten umfangreiche Konsultationen zu. Unmißverständlich hieß es: „Die Aufgabe dieser Streitkräfte wird die Verteidigung der freien Welt sein, zu der die Bundesrepublik und Berlin gehören." Weitere Einzelheiten zur Stationierung sollten in einem separaten Vertrag, dem sogenannten „Truppenvertrag", nach dem Modell des NATO-Truppenstatuts behandelt werden.[106] Das Besatzungsregime war nun, 1955, beendet. Man schrieb die Rechte und Pflichten ausländischer Streitkräfte fest und regelte den Beitritt der Bundesrepublik zur WEU sowie den Umfang deutscher Streitkräfte. Adenauer betonte vor dem Bundestag, daß die Bundesrepublik auch finanziell rasch den Status aller übrigen NATO-Staaten erhalten werde. Die volle Gleichberechtigung Deutschlands schien greifbar nah. Am 5. Mai 1955 verlieh der Kanzler seiner Freude Ausdruck: „Wir sind ein freier und unabhängiger Staat. Was sich auf der Grundlage wachsenden Vertrauens seit langem vorbereitete, ist nunmehr zur rechtsgültigen Tatsache geworden: Wir stehen als Freie unter Freien, den bisherigen Besatzungsmächten in echter Partnerschaft verbunden." Dem Präsidenten des Deutschen Bundestages teilte er mit: „Die Bundesrepublik Deutschland ist souverän!" Und vier Tage später verwies er vor dem Rat der Atlantikpakt-Staaten in Paris anläßlich der Aufnahme der Bundesrepublik Deutschland in die NATO auf das „gemeinsame Erbe der abendländischen Kultur". Deutschland, das die Neutralisierung als unannehmbar ablehnte, werde in der Gemeinschaft der freien Völker „ein fähiger und zuverlässiger Partner" sein.[107]

Die Stellung Westdeutschlands in der Welt erreichte im Mai 1955 einen Höhepunkt. Einfluß und Ansehen waren höher als jemals zuvor in den letzten zehn Jahren. Dazu hatte nicht zuletzt Adenauers Politik beigetragen, dem tiefverwurzelten Mißtrauen der anderen Staaten Tribut zu zollen. Feierlich hatte der Bundeskanzler im Rahmen der Verhandlungen erklärt, daß sich die Bundesrepublik verpflichte, keine atomaren, biologischen oder chemischen Waffen auf ihrem

Gebiet herzustellen.[108] Nachdem man den Status der Bundesrepublik als atomarer „have-not" festgeschrieben und auch das Saarproblem gelöst hatte, war der Weg frei für die Ratifizierung der Pariser Verträge.

Somit hatte der inzwischen fast 80jährige Adenauer im Mai 1955 einige seiner großen Ziele erreicht: die Bundesrepublik war ein gleichberechtigtes, beinahe souveränes Mitglied des Nordatlantischen Bündnisses. Der Kanzler selbst stand somit im Zenit seiner politischen Laufbahn. Nun schien es an der Zeit, die Ämterhäufung zu beenden. Einen Monat nach Unterzeichnung der Pariser Verträge ernannte er den bisherigen Fraktionschef der CDU/CSU, Heinrich von Brentano, zum Außenminister. Adenauer setzte jedoch alles daran, den Spielraum dieses Mannes einzuengen.[109] So konnte der zweite Bonner Außenminister kaum Akzente im deutsch-amerikanischen Verhältnis setzen.[110]

Per Einschreiben teilte Adenauer seinem Außenminister von Brentano mit, daß er „bis auf weiteres, um meine Verbindung mit Dulles immer und richtig einsetzen zu können, die Führung der europäischen Angelegenheiten, der Angelegenheiten der USA und der SU, sowie der Konferenzangelegenheiten ..." in der Hand behalte. Die Führung „so delikater Angelegenheiten" von außerordentlicher Wichtigkeit müsse er nach Jahren harter Arbeit persönlich in die Hand nehmen. „Das gilt namentlich von dem Verhältnis zu einem so eigenartigen und zunächst sehr zurückhaltenden Manne wie Dulles."[111] Adenauer blieb der starke Mann der deutschen Außenpolitik und der deutsch-amerikanischen Beziehungen.

Nach dem Sommer des Jahres 1955, der die Westbindung der Bundesrepublik spätestens mit dem deutsch-amerikanischen Abkommen über gegenseitige Verteidigungshilfe vom 30. Juni festgeschrieben hatte,[112] folgten im Herbst drei ost- und deutschlandpolitische Schritte. Im September 1955 erreichte Adenauer mit seiner spektakulären Moskaureise einen großartigen innenpolitischen Erfolg, als ihm die Sowjets die Entlassung der letzten deutschen Kriegsgefangenen zusagten. Doch in Washington mag man die diplomatische Anerkennung der Sowjetunion als nicht geringen Preis dafür empfunden haben. Mit der „Hallstein-Doktrin" unterstrich die Bundesrepublik kurz darauf ihre neue Stärke, als sie Drittstaaten mit dem Abbruch der Beziehungen für den Fall drohte, daß dieses Land die DDR anerkenne. Auf der

Genfer Außenministerkonferenz zeigte sich schließlich, daß die Vier Mächte letztlich nicht zu einer gemeinsamen Deutschlandpolitik finden würden. Damit waren die Weichen für die Vertiefung der deutsch-amerikanischen Partnerschaft gestellt.

Echte Partnerschaft aber beruht auf Vertrauen. Durchgehend blieben Mißtrauen und Vertrauen Schlüsselbegriffe deutscher Amerikaperzeption. Während Adenauer von 1953 bis 1963 den Kurs der Reisediplomatie und des permanenten Rückversicherns („reassuring") in Washington wählte, blieb nach Umfragen von 1952 bis 1958/59 das hohe Zutrauen der bundesdeutschen Bevölkerung zu den Vereinigten Staaten und „den Amerikanern" nahezu konstant: 95 Prozent der Bundesbürger glaubten, die USA seien zu einer guten Zusammenarbeit bereit, jeweils zwischen 57 und 61 von hundert waren von der unbedingten Bündnistreue der Supermacht überzeugt und lediglich 22 Prozent fürchteten eine amerikanisch-sowjetische Einigung auf Kosten Deutschlands und Europas.[113]

Empfang in Villa Hammerschmidt 1956: US-Präsident Harry S. Truman, Frau Truman, Bundeskanzler Adenauer, Bundespräsident Heuss.

Doch selbst Adenauer mußte zugeben, daß die generell raschen Wechseln unterliegende öffentliche Meinung der USA gegenüber der Bundesrepublik keineswegs einheitlich war. Auch hatten „politische und journalistische Kreise“ seine Moskaureise zum Anlaß genommen, „die Beständigkeit der deutschen Politik in Frage zu ziehen.“[114] Dieser Entwicklung suchte der Kanzler durch permanente Beteuerungen der deutschen Festigkeit entgegenzuwirken. Insbesondere vor kritischen Journalisten wie Walter Lippmann oder Cyrus Sulzberger präsentierte er sein Land deshalb als beständig und berechenbar.[115] Auch während seiner 1956er USA-Reise versuchte er, diese Befürchtungen zu zerstreuen.[116] Wiederholt versicherte er, die junge Bundesrepublik werde stets die „enge Anlehnung“ an die Vereinigten Staaten und die „feste Verknüpfung“ mit der NATO suchen. Eisenhowers zumindest mißverständliche Äußerungen über die Neutralität sowie die strittigen Sachfragen wie Stationierungskosten für die US-Truppen in der Bundesrepublik und Rückgabe des deutschen Vermögens in den USA schufen ein angespanntes Klima. Zudem war die NATO damals durchaus reformbedürftig. Auch waren viele Amerikaner der Meinung, der Aufbau der Bundeswehr gehe zu langsam voran und ihr Land trage einen zu hohen Anteil an den Verteidigungslasten der freien Welt. So sah der Kanzler die Aufgabe seines Besuches in den USA darin, zu versichern, „daß das deutsche Volk seine Verpflichtungen auf das genaueste erfüllen und ein zuverlässiger und starker Partner der westlichen Allianz sein werde.“[117]

Schon kurz darauf ließ der Plan des Vorsitzenden der Joint Chiefs of Staff, Admiral Arthur Radford, aufhorchen. Er wollte angeblich die konventionellen Truppen um mehr als eine dreiviertel Million Mann verringern und die atomare Bewaffnung forcieren. Dadurch werde bei niedrigeren Gesamtkosten eine hohe Abschreckungskraft erhalten. Die amerikanischen Medien gaben dieses Konzept als „a bigger bang for the buck“ wieder.[118] Zwar hatte sich der frühere Fünfsterne-General Dwight D. Eisenhower im Rahmen seines „Peace And Prosperity“-Programms seit Jahren für eine „effektive Verteidigung“ ausgesprochen. Doch war der Radford-Plan damit vereinbar? Würde dies nicht dazu führen, daß der Westen selbst bei relativ kleinen konventionellen Attacken bald mit atomaren Waffen antworten müßte? So übertrieben einige von Adenauers Reaktionen in den Jahren 1945-1963 ja gewesen sein mochten, als er seine Untergangsvisionen malte:[119] im Falle des Radford-Plans schien seine tiefe Besorgnis nicht völlig unberechtigt.[120] Zudem traf sie die deutsche Seite unvorbereitet, und zu einem psychologisch sehr ungünstigen Zeitpunkt. Ganz offensichtlich liefen deutsche und amerikanische bzw. NATO-Planungen unkoordiniert nebeneinander her, zum Teil waren sie diametral entgegengesetzt. Nur unter größter Mühe und nach kräftezehrenden Debatten über die fundamentalen Fragen der deutschen Außen- und Sicherheitspolitik hatten die notwendigen Grundgesetzänderungen eine Mehrheit gefunden. Nun, in der Aufbauphase der Bundeswehr, als die Union die bundesdeutsche Bevölkerung für die Aufstellung einer vier- bis fünfhunderttausend Mann umfassenden, fest in der Demokratie verankerten Armee gewinnen wollte, hieß es aus berufenem Munde, große konventionelle Streitkräfte seien antiquiert und schlicht zu teuer. Paßte Adenauer überhaupt noch zum „new look" der NATO? Oder war die Bundeswehr schon konzeptionell überholt, noch bevor die ersten Wehrpflichtigen am 1. April 1957 einberufen wurden? Adenauer und Strauß erklärten den verunsicherten Deutschen daraufhin, als „Schild" seien die konventionellen Truppen weiterhin notwendig, doch sollte fortan eine mit Atomwaffen ausgestattete („strategische") Luftflotte als das „Schwert" der Allianz die massive Vergeltung sicherstellen.[121] Darüber hinaus forderte Adenauer am 4. April 1957 die Ausstattung der Bundeswehr mit Atomwaffen und im Frühling desselben Jahres kam es zur notorischen „Atomdebatte" im Deutschen Bundestag - und auf der Straße. Die Atombewaffnung der Bundeswehr unterblieb, und viele Politiker mußten sich eingestehen, die Ängste der Menschen mißachtet oder doch unterschätzt zu haben. Adenauer hatte damit zwei herbe Rückschläge erlitten.[122]

Die militärstrategische und sicherheitspolitische Diskussion Mitte der 50er Jahre erforderte - nur zehn Jahre nach Kriegsende - sowohl ein Gefühl für die Stimmung in der eigenen Bevölkerung als auch klare operative Vorgaben auf Regierungsebene. Erst nach intensiven Dialogen konnten deutsche und amerikanische Zielvorstellungen wieder harmonisiert werden. Bald würdigten die Amerikaner den raschen Aufbau der westdeutschen Armee. Obwohl die Bundeswehr natürlich wenig Ähnlichkeit mit der Wehrmacht habe, stand für Eisenhower die „teutonische Tüchtigkeit in militärischen Dingen außer Frage."[123]

Die Diskussionen um den Aufbau der Bundeswehr, den Radford-Plan oder neutralisierte Zonen in Mitteleuropa im Sinne des „Disengagements" stellten ernsthafte Tests der deutsch-amerikanischen Partnerschaft dar, die man nur mit hohem Kraftaufwand meisterte. Dulles unterstützte den deutschen Kanzler bei der Bewältigung dieser Krise nach Kräften. „Ich schreibe als Freund an einen Freund, den ich zutiefst achte und bewundere," ließ er den Kanzler am 11. August 1956 wissen.[124]

Festzuhalten bleibt: In den Jahren 1955 bis 1958, zwischen Inkrafttreten der Pariser Verträge und dem Ausbruch der zweiten großen Berlin-Krise, „gewann der Bonner Kanzler maßgeblichen Einfluß auf die amerikanische Außenpolitik," so Besson. Es gelang ihm unter anderem in der „Berliner Erklärung" der drei Westmächte und der Bundesrepublik vom 29. Juli 1957, die USA, Großbritannien und Frankreich weiterhin formal auf das Ziel der Wiedervereinigung einzuschwören. Und nicht zuletzt aufgrund der engen Kooperation mit den USA erreichte Adenauer 1957 in den dritten Bundestagswahlen die absolute Mehrheit. Aber er riskierte dabei auch etwas. Lief er nicht Gefahr, nun als „Kanzler der Amerikaner" angesehen zu werden, obwohl er doch stets von der Souveränität der Bundesrepublik sprach? Zumindest riskierte Bonn, bei den weltweiten Verpflichtungen der Supermacht USA in die Verantwortung genommen zu werden. Und da bundesdeutsche und amerikanische Interessen nicht immer dekkungsgleich sein konnten, programmierte dieser anhängliche Kurs Probleme innerhalb der „ungleichen Partnerschaft". Wissenschaftler haben die junge Bundesrepublik der 50er Jahre als den „idealen Partner" der USA dargestellt.[125] Verglichen mit anderen bilateralen Beziehungen war das deutsch-amerikanische Verhältnis auch exzellent. Aber weder die Dämonisierung[126] noch die Idealisierung bilateraler Beziehungen in der internationalen Politik rücken ein so komplexes Geflecht ins rechte Licht. So konnte die Bundesrepublik beispielsweise die Intervention der USA im Libanon 1958 nicht gutheißen. Botschafter Wilhelm Grewe bemerkte bei Adenauer eine „sehr tiefgehende Verstimmung gegenüber Herrn Dulles,"[127] da dieser nach einem Besuch in Paris nicht anschließend nach Bonn kam. Adenauers Mißtrauen gegen seinen Intimus sei sofort erwacht.

Das zunehmende politische und ökonomische Gewicht des freien Deutschland als Verbündeter der USA im Kalten Krieg ließ Bonn nunmehr solchen Freiraum. Gegenseitige Kritik war jetzt eher möglich. Das Land des Wirtschaftswunders hatte sich bereits ein gewisses

Renommee erarbeitet. Seit Mitte der fünfziger Jahre schätzten die Amerikaner die Bundesrepublik Deutschland durchgehend als befreundete Nation ein, jedoch auch als „dependable ally." Die Stationierung von US-Truppen in Deutschland galt der Mehrzahl als „unvermeidbare Notwendigkeit."[128] Aufsehen erregte die just zur Zeit des Chruschtschow-Ultimatums im Frühjahr 1959 veröffentlichte These Walter Lippmanns, wonach Westdeutschland, Bundeskanzler Adenauer eingeschlossen, eigentlich gar keine Wiedervereinigung anstrebe und daß Wiedervereinigung und Westintegration unvereinbar seien.[129] In Krisensituationen mußte Bonn im Rahmen der „special relationship" unweigerlich die enge Anlehnung an Washington suchen und gegebenenfalls auch gute Miene zum bösen Spiel machen. Denn die Bundesrepublik blieb sicherheitspolitsch direkt abhängig und war als geteiltes, die Wiedervereinigung anstrebendes Land mehr als jeder andere europäische Staat auf die Einigkeit und Stärke des Westens angewiesen.[130] Nichts zeigte dies deutlicher als die Berlin-Krise der Jahre 1958 bis 1962. Dabei kontrastiert Brandts betont vorsichtige Kritik an der Nichteroberung Berlins durch die USA 1945 mit der typischen ex-post factum Wertung von Strauß, Berlin sei „1945 durch die Torheit des alliierten Oberbefehlshabers Eisenhower und der amerikanischen Politik in die Hände der Russen gefallen."[131]

ZEITTAFEL

1954

Jan.	Die Berliner Außenministerkonferenz der vier Siegermächte scheitert
12.01.	US-Außenminister Dulles stellt das Konzept der „massiven Vergeltung" vor
20.06.	Adenauer fordert die Souveränität
30.08.	Die französische Generalversammlung lehnt den EVG-Vertrag ab
28.09.	Beginn der Londoner Neunmächtekonferenz zur Westintegration und zum Wehrbeitrag der Bundesrepublik

1955

01.05.	Die deutschen diplomatischen Vertretungen in Washington, London und Paris werden Botschaften
05.05.	Die Pariser Verträge treten in Kraft
09.05.	Die Bundesrepublik wird NATO-Mitglied
06./07.06.	Heinrich von Brentano (CDU) wird Außenminister, Theodor Blank (CDU) Verteidigungsminister
18.-23.07.	Genfer Konferenz der Regierungschefs der Vier Mächte zur Deutschlandfrage
09.-13.09.	Bundeskanzler Adenauer mit einer Delegation in Moskau
22.09.	„Hallstein-Doktrin“ erstmals verkündet
27.10.-16.11.	Genfer Außenministerkonferenz der Vier Mächte

1956

19.03.	Die Londoner Abrüstungsgespräche beginnen (bis 5.5.)
17.07.	Der Radford-Plan wird bekannt
06.11.	Wiederwahl Präsident Eisenhowers

1957

25.03.	Die Verträge zur Gründung einer Europäischen Wirtschaftsgemeinschaft (EWG) und einer Europäischen Atomgemeinschaft (EURATOM) werden in Rom unterzeichnet
01.04.	Die ersten bundesdeutschen Wehrpflichtigen werden einberufen; General Speidel wird Befehlshaber der NATO-Landstreitkräfte Europa-Mitte
04.04.	Adenauer plädiert für Ausstattung der Bundeswehr mit Atomwaffen
10.05.	„Atomdebatte“ im Deutschen Bundestag
29.07.	„Berliner Erklärung“ der drei Westmächte und der Bundesrepublik zur Wiedervereinigung
15.09.	In der Bundestagswahl erreicht die CDU/CSU die absolute Mehrheit; Adenauer zum dritten Mal Bundeskanzler
01.10.	Die Bundesrepublik tritt der Internationalen Atomenergie-Organisation (IAEA) bei

1958

01.01.	Die EWG- und EURATOM-Verträge treten in Kraft
17.09.	Präsident de Gaulle schlägt ein amerikanisch-französisch-britisches NATO-Direktorium vor

2. Partnerschaft auf dem Prüfstand: die zweite Berlin-Krise, 1958-1962

In den folgenden Jahren standen die deutsch-amerikanischen Beziehungen fast völlig im Zeichen des gemeinsamen Krisenmanagements. Wie schon zehn Jahre zuvor, startete die Sowjetunion im Herbst 1958 einen Angriff auf die verwundbarste Stelle des nordatlantischen Bündnisses, auf Berlin. Vor der Offenlegung aller sowjetischen Akten kann man über Moskaus Motive und Ziele nur spekulieren. War es die Absicht Chruschtschows, mit dem erneuten Ultimatum Ost-Berlin endgültig dem sowjetischen Machtbereich einzuverleiben oder zielte die Attacke auf ganz Berlin? Möglicherweise versuchte die sowjetische Führung, die Westmächte fast eineinhalb Jahrzehnte nach Kriegsende aus Berlin zu vertreiben. Für die einen käme dies einer „Frontbegradigung“ im Kalten Krieg gleich, doch für viele Bundesdeutsche und Westeuropäer hätte der Abzug der Amerikaner aus Berlin einen immensen Vertrauensverlust bedeutet und den Anfang eines allmählichen Rückzugs der USA vom europäischen Kontinent signalisiert. Wie schon 1948/49, war Berlin Kulminations- und Kristallisationspunkt.[132]

Auf den ersten Blick hat Nikita Chruschtschow aus den Fehlern der Blockade gelernt. Im Herbst 1958 scheint er in der Analyse seiner vier westlichen Hauptopponenten zu dem Schluß gekommen zu sein, die ehemalige Reichshauptstadt sei derzeit eine leichte Beute. Während sich der Sowjetführer nach dem Sputnik-Erfolg im Aufwind glaubte, war sein Gegenüber, US-Präsident Dwight D. Eisenhower, auf der für die Supermächte entscheidenden Ost-West-Ebene auf dem Tiefstpunkt seines Ansehens angelangt. Zudem lähmte der Krieg in Algerien Frankreichs Außen- und Sicherheitspolitik und im Innern drohte wiederholt Bürgerkrieg. In der Bundesrepublik hatte Bundeskanzler Konrad Adenauer nach seinem überragenden Wahlsieg von 1957 endgültig den Zenit seiner Macht überschritten. Und Großbritannien galt unter dem außenpolitisch noch wenig Konturen aufweisenden konservativen Premierminister Harold Macmillan ohnehin als die gegenüber dem Kreml versöhnlichste Siegermacht. Vieles sprach also dafür, daß die vier nordatlantischen Staaten nach den vorangegangenen „Disengagement"-Diskussionen der Jahre 1956 und 1957 nunmehr nicht zu einer einheitlichen und starken Politik gegenüber einem entschlossen auftretenden Aggressor finden würden.[133]

Doch die vier westlichen Staaten können nur auf den ersten Blick einzeln oder gar gemeinsam als handlungsunfähig eingestuft werden. Freilich löste Sputnik in den USA eine Hysterie aus, herrschte 1958 Rezession, diskutierte man über die Priorität von ausgeglichener Zahlungsbilanz und nationaler Verteidigung. In der Tat fehlte es Eisenhower an neuen, zündenden Ideen, ging er sparsam mit publicityheischender „action" um, wies er erstmals ein schwaches Erscheinungsbild als Partei- und Meinungsführer auf. Physisch angeschlagen, strahlte das Duo Eisenhower/Dulles Ende 1958 eine gewisse Perspektivlosigkeit aus. Nach den verlorenen Kongreßwahlen vom November 1958 und dem Ausscheiden seiner engsten Mitarbeiter Adams und Dulles wirkte der Präsident auf manchen Beobachter gegen Ende seiner Amtszeit wie die sprichwörtliche „lahme Ente".

Aber es handelte sich nur um ein Zwischentief des amerikanischen Systems, das keinen Anlaß für eine Niedergangsdebatte bot. Nur Phantasten glaubten, die Russen würden den Amerikanern zuwinken, wenn sie diese überholen. Chruschtschow hatte zu sehr auf die Turbulenzen an der Oberfläche geachtet und die Grundströmungen vernachlässigt. Eisenhowers zeitloses, pragmatisches Konzept von „Friede und Wohlstand" war nach wie vor jedem sozialistischen Modell überlegen. Letzten Endes muß Chruschtschows Versuch, den „Leuchtturm" West-Berlin als Schaufenster des Westens auszulöschen, sogar als Eingeständnis gewertet werden, sich nicht auf eine friedliche Konkurrenz der Systeme einlassen zu können.

Wenngleich hierbei die Vereinigten Staaten als Hauptfeind des Sozialismus galten und die Bundesrepublik, Frankreich und Großbritannien eine mindere Rolle in den sowjetischen Überlegungen eingenommen haben mögen, kann Westeuropa nicht außen vor gelassen werden. Adenauers durch Ämterhäufung, Persönlichkeit und Führungsstil dominante Position im bundesdeutschen System verhieß zähen Widerstand in der Berlin-Krise. Trotz seines hohen Alters galt der Kanzler innerhalb der Exekutive, in der Bundesrepublik und im Westen insgesamt als unangefochtene Autorität, neben der zumindest bis Ende der fünfziger Jahre fast alle anderen deutschen Akteure verblaßten. Der Kanzler verknüpfte das Schicksal Berlins mit seinem eigenen und dem Westeuropas. Ende 1959 meinte er in Paris: „Wenn Berlin verlorengeht, wird meine politische Situation unhaltbar. Dann werden in Bonn die Sozialisten die Macht übernehmen. Sie werden sich direkt mit Moskau verständigen, und dann ist es aus mit Europa."[134]

Ebensowenig konnte sich General Charles de Gaulle ein Zurückweichen in der Berlin-Krise erlauben. Angetreten, um als „starker Mann" Frankreich zu retten und die Nation zu einen, hätte ein Nachgeben in Berlin eine seiner Hauptwaffen - sein Prestige - schwer geschädigt. Ja, seine Denkweise zwang de Gaulle förmlich dazu, ungeachtet der innenpolitischen Malaise außenpolitisch als Inkarnation der ewigen Größe Frankreichs zu agieren - und die duldet nun einmal keine Schwäche bei Drohungen. Überspitzt gesagt, paßte das Ultimatum dem britischen Premier sogar gut in sein Konzept. Im Gegensatz zu den anderen westlichen Akteuren setzte er die tatsächliche Kriegsgefahr relativ niedrig an. So nutzte er insbesondere vor den Unterhauswahlen die Gelegenheit mehrfach, um sich als der außen- und sicherheitspolitische Experte nicht nur Großbritanniens, sondern der westlichen Welt insgesamt zu profilieren. Dahinter stand sein Wunsch, London in der Ära des Ost-West-Gegensatzes als nahezu gleichberechtigten Mittler zwischen Washington und Moskau und den britischen Premierminister als einen Diplomaten von Weltrang zu etablieren. Vor diesem Hintergrund initiierte der ehrgeizige Macmillan maßgeblich die westliche Reise- und Gipfeldiplomatie. Er startete ein medienwirksames Krisenmanagement um Berlin.

Daraus ergibt sich folgendes Bild: Sei es, daß vitale Interessen im Spiel waren, wie bei Deutschen und Amerikanern, sei es, daß das Prestige eine enorme Rolle spielte, wie bei den drei westlichen Siegermächten, sei es, daß die Berlin-Krise als günstige Gelegenheit gesehen wurde, sich zu profilieren, wie bei Macmillan: in keinem Fall konnte der Westen den Verlust Berlins zulassen.

Ein Blick auf die außen- und sicherheitspolitischen Apparate legt zwar einige Schwächen bloß. Während des dreijährigen diplomatischen Konfliktes kam es im Westen zu massiven Veränderungen, doch konnte der Osten keinen Nutzen daraus ziehen. Im Falle des amerikanischen Wahlkampfes und der Regierungsbildung 1960 mußte er sogar eine gewisse Rücksicht üben.

Auf Dwight D. Eisenhower lastete in dieser Situation die Verantwortung, die Führung des westlichen Bündnisses zu übernehmen. Er brachte die notwendige Ruhe in das transatlantische Krisenmanagement und entschärfte den Konflikt. Zusammen mit den Krisen in Kuba, dem Kongo und Vietnam konnte er im Januar 1961 das Problem Berlin seinem jugendlichen Nachfolger übergeben. US-Außenminister John Foster Dulles konzentrierte sich bis zu seinem Tod im Mai 1959 auf die Berlin-Krise. Sein Nachfolger Christian Herter versachlichte die Diskussion und die Wahlkämpfer Nixon und Kennedy mieden 1960 das Thema weitgehend.

Mit John F. Kennedy trat im Januar 1961 ein jugendlicher, charismatischer Präsident die Führung der USA an. Stellvertretend für die zahllosen Schilderungen seiner Person sei hier Charles de Gaulles poetisches Porträt wiedergegeben, sechs Jahre nach Kennedys Ermordung verfaßt: „Zum Handeln bestimmt, aber nur mit knappster Mehrheit gewählt; an der Spitze eines kolossalen Landes, das aber mit schweren inneren Problemen ringt; zu schnellem und kräftigem Vorgehen geneigt, aber behindert durch die schwerfällige Maschinerie der Bundesbehörden und -dienststellen; auftretend zu einer Zeit, da Amerikas Macht und Ruhm die Weltszene weithin beherrschen, all seine Wunden aber schwären und ihm ein feindseliger, monolithischer Block gegenübersteht; im Genuß des seiner Jugend gewährten Vertrauens, aber auch von Zweifeln umgeben, die dem Novizen gelten, ist der neue Präsident trotz so vieler Hindernisse entschlossen, sich seine Sporen im Dienste der Freiheit, der Gerechtigkeit und des Fortschritts zu verdienen. Überzeugt von seiner und der Vereinigten Staaten Pflicht, Unrecht zu beseitigen, wird er allerdings anfänglich Interventionen vornehmen, die das politische Kalkül nicht rechtfertigt. Aber die Erfahrung des Staatsmanns hätte im Lauf der Jahre zweifellos den Drang des Idealisten gebändigt. John Kennedy hatte das Zeug, und wäre er nicht dem Verbrechen zum Opfer gefallen, hätte er auch die Zeit gehabt, seine Epoche zu prägen."[135] Der Tenor vieler Beschreibungen lautete, Kennedy sei das triumphierende Amerika, charmant, jung, alle Herzen mit sich reißend, außerdem brillant, redegewandt und entschlossen, selbst zu regieren.

Auch Adenauer bescheinigte dem amerikanischen Präsidenten Fleiß, Geschichtssinn, ein ausgeprägtes politisches Fingerspitzengefühl und ein großes Verständnis für politische Zusammenhänge. Zudem verbinde Kennedy eine schnelle Auffassungsgabe und eine klare Gedankenführung für das Wesentliche mit einer gesunden Portion Mißtrauen.[136]

Brandt übertraf lange Zeit alle deutschen Politiker in der Huldigung des jugendlichen amerikanischen Präsidenten. Für den Regierenden Bürgermeister galt Kennedy zu Beginn der 1960er Jahre als die Inkarnation des modernen Amerika, das in einem beispiellosen Aufbruch mit intellektuellem und moralischem Elan die Dumpfheit der Eisenhower-Zeit verscheucht habe.[6] Bis 1976 behielt Brandt dieses einseitig positiv beladene Kennedy-Bild im Stile Sorensens und Schlesingers unbeirrt von neuen amerikanischen Veröffentlichungen bei. Freilich verstanden sich Brandt und Kennedy von 1961-1963 ausgesprochen gut und der enge Kontakt zum US-Präsidenten geriet Brandt nicht zum Schaden. Wenngleich er ihn nicht „kopierte," wie vielfach behauptet, so betonte er doch gerne Gemeinsamkeiten wie ihr Alter. Für den Sozialdemokraten schien Kennedy besser über Berlin und Deutschland informiert als Eisenhower oder Johnson.

Einmal im Amt, erhob John F. Kennedy Innovation, Idealismus und Aktionismus zu seinen Schlagworten. Doch weder die Umstellung der Entscheidungsfindung noch die Neubesetzung der Schlüsselpositionen mit jungen Mitarbeitern, den „Besten und Klügsten", führte zu den verlangten „schnellen Antworten" auf die komplizierten Fragen der Berlin-Diplomatie. Kennedy, der sich zunächst vehement gegen die alten Konzepte der Eisenhower-Administration sträubte und kein „aufgewärmtes Zeug" von 1959 lesen wollte, mußte nach und nach einsehen, daß die Eisenhower- und Dulles-Mitarbeiter keine auf der Hand liegende „einfache Lösung" übersehen hatten. Nicht einmal die „Task Forces" Kennedys konnten die komplexe Berlin-Krise mit Schüssen aus der Hüfte meistern. Es gelang jedoch, Kennedys telegenes Äußeres auszuspielen und so zeitweise die Meinungsführerschaft wieder ins Weiße Haus zu holen. Auch verstand es sein Stab, Dynamik vorzutäuschen, etwa durch die psychologisch geschickte Erhöhung der amerikanischen Truppenstärke in Berlin. Alles in allem aber kam es trotz des dramatischen personellen Wandels zu weitgehender inhaltlicher Kontinuität, sieht man von den Akzenten, die das Erscheinungsbild setzte, einmal ab.

Am deutlichsten wirkte sich die Berlin-Krise auf die politische Landschaft der Bundesrepublik aus. Ohne Not kündigte Bundeskanzler

Konrad Adenauer im Mai 1959 - mitten in der heißen Phase der Berlin-Krise - an, er wolle Bundespräsident werden. Als er dies wieder zurückzog, beschädigte er durch diese unverständliche „Bundespräsidentenkrise“ sein Renommee beträchtlich. Hinter vorgehaltener Hand munkelte man in Bonn, Adenauer werde für sein schwieriges Amt zu alt. Sein undurchsichtiges Verhalten gab nunmehr anderen Politikern mehr Raum. Verteidigungsminister Strauß profilierte sich zusehends. Aber auch Wirtschaftsminister Ludwig Erhard erhielt nach acht Jahren als „Kronprinz“ mehr Mitsprache. Und selbstverständlich rückte während der Krise Berlins Regierender Bürgermeister Willy Brandt zeitweise in den Mittelpunkt des öffentlichen Interesses. Mit ihm verfügte die SPD erstmals seit 1945 über eine realistische personelle Alternative zur CDU. Mit ihrem Bad Godesberger Grundsatzprogramm von 1959 kehrte die SPD endgültig dem Marxismus den Rücken. Seit Herbert Wehners Grundsatzrede vom 30. Juni 1960 trug sie zudem die Außen- und Sicherheitspolitik der Bundesrepublik von der Westbindung bis zur Wiederbewaffnung mit. In Willy Brandt konnte ein großer Teil der Bevölkerung einen Vertreter der entideologisierten SPD wiedererkennen. Bis dahin sehr um staatsmännischen Habitus bemüht, wirkte Brandt selbst auf dem Höhepunkt der Krise, dem Mauerbau vom 13. August 1961, in seiner ohnmächtigen Wut menschlicher als der greise Kanzler, der sich tagelang scheute, mit leeren Händen nach Berlin zu fliegen. Die Union profitierte danach jedoch sehr von der Furcht der Wählerschaft, die sich im September 1961 aus Angst vor einer noch größeren Krise zu keinem fundamentalen Wechsel entscheiden konnte.

Ähnliche Motive spielten im Frankreich der Jahre 1958 bis 1962 eine Hauptrolle. So konnte Charles de Gaulle seine alles dominierende Position in der Außen- und Sicherheitspolitik eher noch ausbauen. An der Spitze weniger Getreuer führte er den sicherheitspolitischen Apparat der kriegsmüden Grande Nation ebenso wort- wie gestenreich. In Großbritannien stand Premierminister Macmillan vor zum Teil vergleichbaren Problemen. Er mußte spätestens nach dem Suez-Debakel den Abstieg von der Welt- zur Mittelmacht kaschieren. Dabei gelang es ihm, sich relativ große außenpolitische Entscheidungsspielräume offenzuhalten.

Chruschtschow mag auf die damals diskutierte Uneinigkeit der nordatlantischen Allianz gesetzt haben. In der westlichen Politik und

Presse wurden die transatlantischen Probleme ja offen diskutiert. De Gaulle etwa strebte vehement ein amerikanisch-französisch-britisches Triumvirat innerhalb der NATO an. Vieles sprach aus sowjetischer Sicht dafür, nicht mit einer geschlossenen transatlantischen Front zu rechnen. Zudem zöge die Verwirklichung von Chruschtschows Vorschlägen nicht alle beteiligten Staaten gleichermaßen in Mitleidenschaft. Dies könnte die vorhandenen Spannungen im atlantischen Gefüge verstärken. So gesehen, stand das Ultimatum vom Herbst 1958 in der Tradition jener sowjetischen Vorschläge, mit denen Moskau seit 1945 immer wieder versucht hatte, einen Keil zwischen die nordamerikanischen und die westeuopäischen NATO-Partner zu treiben.

Welche Einschätzungen sprechen nun für, welche gegen eine solche These? Wie schon 1948, mag die sowjetische Auswertung der westlichen Presse zu sehr das Detail und zu wenig den Kern beachtet haben. Eisenhower sah wie viele Amerikaner eine Übereinstimmung der Basiswerte und -interessen. Wollte Washington die Bundesrepublik als verläßlichen Partner in Mitteleuropa behalten, mußte es mit dem Gründungskanzler eng und gut kooperieren. Auch wenn der „eiserne Kanzler“ seinem Wunsch nach Rückversicherung („Reassuring“) allzuoft freien Lauf ließ, war er für Dulles die Inkarnation deutsch-amerikanischer Interessenkongruenz.

Die Vereinigten Staaten brauchten in Europa verläßliche, berechenbare Freunde. Washington betrachtete seinen französischen Verbündeten nicht ganz zu Unrecht mit „gemischten Gefühlen.“ Großbritannien hatte viel an Glanz und Macht eingebüßt. Dean Acheson charakterisiert es zutreffend mit den Worten: „England has lost an empire but not yet found a new role“. Und das Suez-Abenteuer von 1956, als Eisenhower massiven Druck ausgeübt hatte, um ein französisch-britisches Expeditionskorps aus Ägypten zurückzubeordern, hatte viel Vertrauen gekostet.

Auch Kennedy klagte häufig, daß es kein geeintes Westeuropa als ebenbürtigen Ansprechpartner gebe. In der Bundesregierung sah er einen schwierigen Partner, nicht zuletzt wegen der „Altersbarriere“ gegenüber Adenauer, dessen Favorisierung Nixons im Wahlkampf und einiger unglücklicher Schritte des deutschen Botschafters in den USA, Wilhelm Grewe. Umgekehrt wies auch die Amerikasicht der Europäer Widersprüche auf. Die Deutschen, die den Krieg und die Hilfe im Rahmen des Marshall-Planes bewußt erlebt hatten, respektierten die

Macht der USA, zeigten ihre ehrlich empfundene Dankbarkeit und legten, allen voran Konrad Adenauer, doch niemals einen Rest von Mißtrauen ab. Die Zusammenarbeit Adenauer-Kennedy gestaltete sich durchgehend problematisch.

Zweifellos bestanden zum Zeitpunkt des Ultimatums keine geringen Spannungen innerhalb des westlichen Bündnisses. Doch sollte Chruschtschow darauf gesetzt haben, daß die Berlin-Krise das nordatlantische Konfliktpotential verstärken und so die Position der drei westlichen Schutzmächte Berlins entscheidend schwächen würde, so wurde er wie 1948 enttäuscht. Für Moskau war es fatal, aus der gegenseitigen Einschätzung der westlichen Führungszentren zu schließen, man könne diese Diskrepanz operativ leicht ausnutzen. Denn ausschlaggebend für das Verhalten der vier westlichen Demokratien gegenüber einem äußeren Aggressor waren die nationalstaatlichen Interessen. Bei allen vier westlichen Demokratien gehörte die Verteidigung der Freiheit Berlins dazu, wenngleich dieses Ziel jeweils einen verschieden hohen Stellenwert innehatte.

Für die Bundesrepublik war Berlin ohne Einschränkung ein vitales Interesse, für die USA ein Symbol ihrer Gesamtpolitik. Frankreich stellte von Beginn der Krise an das Prestige in den Mittelpunkt, während einzig Großbritannien für die sowjetischen Angebote theoretisch eine gewisse Angriffsfläche bot. Andererseits rückte mit jeder Zuspitzung des Konfliktes auch für die anderen drei Partner die Frage in den Mittelpunkt, welche Risiken sie für Berlin einzugehen bereit waren. Hierbei kam den USA als westlicher Führungsmacht die Hauptverantwortung zu. Die Interessenlage ließ unter keinen Umständen die Aufgabe Berlins zu. Ergo konnten sich Washington, Paris, London und Bonn, einmal von außen bedroht, keinen Streit innerhalb der Familie mehr leisten. Das Gegenteil trat ein. Der äußere Aggressor zwang die vier nordatlantischen Staats- und Regierungschefs förmlich dazu, „einig und stark“ aufzutreten, ungeachtet gewisser Differenzen untereinander und der Veränderungen im eigenen Lager.

Die Analyse der US-Interessen und der zur Verfügung stehenden amerikanischen Machtmittel etwa verdeutlicht die prinzipielle Kontinuität zwischen der Eisenhower- und der Kennedy-Administration über alle Partei- und Altersgrenzen hinweg. Die Konstrukteure der amerikanischen Außenpolitik mußten jedoch der Tatsache Tribut zollen, daß sich die relative Stärke der USA in der Nachkriegszeit verringerte, trotz des enormen Zuwachses ihrer Machtmittel in absoluten Zahlen.

Dies hatte zur Folge, daß die USA von 1953 bis 1961 weltweit wie auch speziell in Berlin eine status quo-Politik betrieben. Bei der Erörterung dieser Problematik meinte der US-Außenminister gegenüber seinen europäischen Alliierten in geheimen Verhandlungen: „Almost any change would be a change for the worse and would open serious problems. I do not think, however, ... that that is a position we can take publicly and command the support of public opinion."[138]

Erstes Gebot war es nun, Berlin eng an Washington zu binden. Hier, an der Nahtstelle des Kalten Krieges, bürgte die westliche Supermacht mit all ihrem Prestige. In Berlin mußten die USA standhalten, wollten sie einen europäischen Domino-Effekt verhindern. Laut heutigem Aktenstand in bezug auf die Ernstfall-Planung („Contingency-Planning") waren die USA zwar nicht willens, jenseits des „Eisernen Vorhangs" zu intervenieren. Andererseits unterstreichen viele Memoranda ihre Bereitschaft, für enge Verbündete einzutreten. Der amerikanische Kurs unterschied hierbei eine kurzfristige, taktische Variante und einen langfristigen, strategischen Plan. In Berlin etwa entschied man sich in Ermangelung besserer Alternativen für eine status quo-Politik und ein defensives Krisen-Management. Langfristig wollte man jeden größeren militärischen Konflikt vermeiden, damit sich die Überlegenheit westlicher, demokratisch-marktwirtschaftlicher Denkweise insbesondere auf ökonomischem Gebiet durchsetzen würde. Was 1959 noch wie „wishful thinking" anmutete, trat 1989 ein, als die Sowjetunion und mit ihr zahlreiche Satelliten ökonomisch und damit auch politisch-militärisch zusammenbrachen. Solange aber hatte man diese Staatenwelt mit der Politik des „Containment" einzudämmen.

Doch in den späten 50er und frühen 60er Jahren trat eine Schwäche dieses Konzepts klar zutage. Denn es erlaubte den „eingeschlossenen" Kommunisten, Ort, Zeit und Intensität eines Schlages nach eigenen Gesichtspunkten zu wählen. So verwundert es nicht, daß die Konflikte dieser Zeit in Korea, Kuba, Indochina und Berlin den Westen an seinen jeweils schwächsten Punkten trafen, nämlich an Krisenherden, für die der Einsatz strategischer Waffen nicht in Betracht gezogen werden konnte. Chruschtschow, der Aggressor, nicht Kennedy, der Verteidiger, wählte Berlin und den Sommer 1961.

Somit standen die deutsch-amerikanischen Beziehungen der 50er und 60er Jahre stets im Schatten des Ost-West-Konfliktes. Daher galt es, rasch die Interessen der USA und der Bundesrepublik in bezug auf Berlin anzugleichen. Hierbei fallen mehrere Strukturmerkmale auf: erstens erstarkte die Bundesrepublik im Lauf der Jahre. Sie konnte nicht mehr, wie Herbert Wehner es einmal formulierte, einfach als „Mündel" Washingtons behandelt werden. Vielmehr war sie vom Objekt zum Subjekt der internationalen Politik geworden. Wenngleich für Adenauer und die Bundesrepublik die Trias Freiheit-Frieden-Einheit durchaus ein Prioritätengefälle aufwies, so forderte sie als einziger territorial nicht saturierter NATO-Staat die Wiedervereinigung. Für Bonn bildete die Westbindung die Basis der Wiedervereinigung. Unmöglich konnte die Bundesregierung den Verlust Berlins zulassen. Er hätte faktisch und symbolisch aus der Zwei- eine Dreiteilung Deutschlands gemacht und damit die Wiedervereinigung, ein erstrangiges Interesse, in weite Ferne gerückt. Sowohl Adenauer als auch Brandt setzten sich daher trotz aller Stilunterschiede für die „besondere Beziehung" Berlins zum Bund ein. Die Warnungen beider, Berlin könne der erste Domino in Europa sein, trafen die amerikanische Psyche an ihrer empfindlichsten Stelle.

Nicht nur innerhalb des Westens, auch auf der Ost-West-Ebene spielte die Psychologie eine größere Rolle als das Militär. Die Berlin-Krise war in erster Linie ein politischer Konflikt beziehungsweise ein „Nervenkrieg," wie Brandt es nannte. So verschwendete der Westen kaum Gedanken an eine versuchte Verteidigung der Stadt mit konventionellen Waffen, sondern argumentierte statt dessen auf der psychologischen Ebene. Insbesondere Kennedy reizte den symbolischen Wert der westlichen Garnisonen aus und unterstrich deren juristische Bedeutung, während er gleichzeitig damit drohte, seine Machtmittel weltweit einzusetzen und die gesamte Palette zu nutzen.

Von Anfang an behielten sich die USA die nukleare Option offen,[139] wenn auch bei Fortdauer der Krise mit nachlassender Wahrscheinlichkeit. Einmal betonte Washington sein konventionelles Potential. Und doch erhebt sich die Frage, ob die von Kennedy in Betracht gezogene Verlegung von sechs bis acht US-Divisionen nach Europa oder die durchgeführte Erhöhung der Verteidigungsausgaben und die Aufstockung der Streitkräfte von 875.000 Mann auf eine Million auf dem Höhepunkt der Krise kurz vor dem Mauerbau nicht vielmehr eher symbolische denn reale Kräfteveränderungen darstellten.

In dieser Phase plädierte der deutsche Verteidigungsminister Strauß (ebenso wie Lord Home und de Gaulle) als „leidenschaftlicher Gegner" eines militärischen Engagements zu Lande gegen die in der amerikanischen Planung gehegte Vorstellung, im Falle einer Blockade immer größere Verbände nach Berlin zu schicken. Kategorisch schloß Strauß einen Einsatz von Bundeswehrverbänden in einem frühen Stadium aus. Er wehrte sich gegen den amerikanischen Versuch, „uns Deutsche" wieder in die vorderste Linie der Weltpolitik zu schieben. Berlin sei allein Sache der Alliierten und erst im casus belli Schutzgebiet der NATO. Ein Einsatz der Bundeswehr außerhalb des Bündnisses verbiete sich aber. Frankreich wiederum, das laut amerikanischen Geheimdienstberichten 90 Prozent seiner Truppen in Algerien gebunden hatte, trat in Berlin erstaunlich kämpferisch auf. Großbritannien gestaltete sein Krisenmanagement eher nach pragmatischen denn nach philosophischen oder juristischen Gesichtspunkten.

Doch trotz der zum Teil divergierenden Interessen gelang es den drei Westmächten unter weitgehender Einbeziehung der Bundesrepublik, vom Ultimatum im November 1958 bis zum Mauerbau im August 1961 eine Politik des gemeinsamen Kommuniqués zu verfolgen. Insbesondere die Erklärungen der Pariser Konferenz und der NATO-Ratstagung von Mitte Dezember 1958 unterstrichen den Willen der vier NATO-Kernstaaten, der sowjetischen Aggression in Berlin mit Festigkeit und nötigenfalls unter Einsatz von Gewalt zu begegnen. Als zweite Linie bot der Westen in einer versöhnlicher gehaltenen Sprache an, die Berlin-Frage im Rahmen der Deutschland-Problematik und der Europäischen Sicherheit auf friedlichem Wege mit der Sowjetunion zu regeln. Im Verlauf der Krise kamen die vier westlichen Länder immer wieder auf diese beiden Erklärungen zurück, mit denen sie in gewisser Weise bereits den Geist des Harmel-Berichtes von 1967 vorwegnahmen.

Die beiden Grundlinien - Einigkeit und Härte bei sowjetischem Druck, aber Verhandlungsbereitschaft bei einer moderaten Gangart Chruschtschows - machten das Kernstück der westlichen Reaktion von 1958 bis 1961 aus. Das Manövrieren zwischen diesen beiden Polen führte auch zur Formulierung der essentiellen Forderungen wie dem Recht auf Anwesenheit in und freier Zufahrt nach Berlin.

Mit der Europareise des bereits vom Tode gezeichneten John Foster Dulles und der Moskaureise Premierminister Macmillans im Februar 1959 trat das westliche Krisenmanagement in seine zweite Phase, jene der Reise- und Konferenzdiplomatie. Höhepunkte bildeten die Genfer Außenministerkonferenz im Sommer 1959 und der USA-Besuch Chruschtschows im Herbst 1959, insbesondere seine Unterredung mit Eisenhower in Camp David. Der Pariser Gipfel im Mai 1960 bedeutete den Endpunkt des ersten Abschnitts, dem erst mit den Wiener Gesprächen Kennedys und Chruschtschows im Juni 1961 der zweite folgte. Ein Schwerpunkt war hierbei der Übergang von der Außenminister- zur Gipfeldiplomatie während der Genfer Verhandlungen, was 1959/60 eine Welle von gegenseitigen „Rückversicherungs"-Reisen der westlichen Regierungschefs auslöste. Nach dem während des Präliminartreffens gescheiterten Pariser Gipfel schien die bereits seit zwei Jahren andauernde Berlin-Krise in den Monaten des amerikanischen Wahlkampfes zur Farce zu werden. Doch Chruschtschow machte nach der Einarbeitungsphase der neuen US-Administration unmißverständlich klar, daß er nicht gewillt war, wegen jeder Wahl in einem beteiligten westlichen Land eine „Pause" zu gewähren.

Spätestens, als die Sowjetunion im Sommer 1961 ihre Drohungen wieder mit unverminderter Härte vortrug, mußte auch jenen Akteuren im Westen, die wie de Gaulle an einen „Bluff" der UdSSR geglaubt haben mochten, klar werden, daß es sich um eine „echte" Krise handelte. Bisher hatten insbesondere die Franzosen und Briten mit einer erstaunlichen Kaltblütigkeit auf alle östlichen Aggressionen reagiert.[140] Je ernster die Berlin-Krise wurde, desto mehr zwang sie Washington, Paris, London und Bonn offiziell zu einem gemeinsamen Kurs, mochte hinter den Kulissen noch so hart gerungen werden. Mal stand der Vorwurf im Raum, die Briten wollten eine Appeasement-Politik betreiben, worauf sie entgegneten, sie würden wegen Formfragen keinen Atomkrieg riskieren. Mal hieß es, die Franzosen würden als erste schießen und so die Amerikaner in einen Krieg hineinziehen. Andererseits erklärte Eisenhower, man könne die Berliner nicht „den Wölfen" vorwerfen. Doch sobald sich hier eine ernsthafte Spaltung abzeichnete, etwa in ein „kontinentales" deutsch-französisches und ein „insulares" anglo-amerikanisches Lager, trat man dieser Entwicklung energisch entgegen.

Hier erwarb sich Konrad Adenauer größte Verdienste. Immer wieder betonte er, ausschlaggebend sei, daß der Westen „einig und stark" auftrete. Folglich suchte der Kanzler von November 1958 an sowohl die möglichst enge Anlehnung an die westliche Führungsmacht, als auch die größtmögliche Wahrung deutscher Interessen. Wie Eisenhower lehnte er Verhandlungen unter Druck ab. Beider Formel im Berliner Nervenkrieg hieß: „Keine Konzessionen ohne Gegenkonzessionen."

Nach anfänglichen Abstimmungsschwierigkeiten im Zusammenhang mit Dulles „Agententheorie", wonach DDR-Organe lediglich Beauftragte („agents") der UdSSR seien, überwanden Deutsche und Amerikaner mit den harten Erklärungen von Paris ihre Startschwierigkeiten. Allerdings zogen die USA weder Adenauer noch Brandt hinsichtlich der Ernstfall-Planung völlig ins Vertrauen. Wiederholt drohte dieses Informationsdefizit bei einer Zuspitzung der Krise sich zu einer Störung des deutsch-amerikanischen Vertrauensverhältnisses auszuwachsen.

Generell bekundete Eisenhower den festen Willen der USA, von einer Position militärischer Stärke aus frei zu verhandeln. Auch stattete er während seiner Europareise im August 1959 der Bundesrepublik einen Kurzbesuch ab, um sie gegenüber Frankreich und Großbritannien nicht als „zweitklassige Bündnismacht" zu verprellen. Bedauerlicherweise konnte Eisenhower jedoch „aus Zeitgründen" nicht nach Berlin kommen. Hier ging wertvolles Potential des westlichen Krisenmanagements verloren.[141]

Adenauer dagegen überraschte die Öffentlichkeit damit, ein Junktim zwischen der Berlin-Frage und der Abrüstung herzustellen. Mit dieser diplomatischen „Wunderwaffe" verwässerte und verlängerte er die Krise zum Teil nach Belieben. Einmal unter Druck geraten, mußte er in den Monaten zwischen Camp David und Paris zwar wiederholt seine Taktik ändern, seine Strategie aber konnte er geschickt beibehalten. Ein Vorschlag ging sogar soweit, wegen der Berlin-Krise einen Gipfel abzuhalten, Berlin aber nicht auf die Tagesordnung zu setzen. Damit hatte der Schalk zumindest alle Lacher auf seiner Seite. Er wolle „Hamlet ohne Hamlet" spielen, amüsierte sich die Presse. Bezüglich seiner Strategie bedeutet dies, daß Adenauer wohl mehrere gestaffelte „Rückfallpositionen" aufgebaut hatte: die erste lautete, die Krise möglichst zu ignorieren und nicht über Berlin zu verhandeln, die

Gespräche im Weißen Haus 1959: Willy Brandt (damals Regierender Bürgermeister von Berlin) und US-Präsident Dwight D.Eisenhower.

Staatsbesuch in den USA 1958: US-Präsident Eisenhower und Außenminister Dulles begrüßen Bundespräsident Heuss.

zweite, Berlin durch die Abrüstung zu ersetzen oder zumindest untrennbar damit zu verknüpfen und weitere Tagesordnungspunkte wie die Dritte Welt etc. hinzuzuziehen, um die Agenda zu verwässern. Die dritte Linie hieß, über Berlin möglichst lange zu verhandeln in der Absicht, das Zustandekommen eines Abkommens zu sabotieren oder zumindest nur eines zu eigenen Bedingungen zu akzeptieren, wobei er sich ein Veto der Bundesregierung ausbat. Solche Manöver Adenauers schufen wertvolle Zeit zum Nachdenken. Hinzu kam das Glück des Tüchtigen, etwa als Chruschtschow den Pariser Gipfel platzen ließ. „Da ham wer ja noch mal janz fies Jlück jehabt," triumphierte Adenauer gegenüber seinem Pressesprecher von Eckardt. Denn der status quo blieb somit ohne deutsche Konzessionen erhalten.

Das Scheitern des Pariser Gipfels bedeutete darüber hinaus das Abflauen der Krise für ein Jahr und befreite das deutsch-amerikanische Verhältnis mit einem Schlag von allen akuten Belastungen. Der Autor eines Memos konstatiert über die deutsch-amerikanischen Beziehungen während der Berlin-Krise treffend: „Despite the dramatic attention it received, the German situation and American interests, remained very much the same in its basic aspects."[142] Der in der Forschung kaum beachtete Aspekt der Kontinuität zwischen der Eisenhower- und der Kennedy-Administration ist wesentlich für das Verständnis der Berlin-Krise.[143] Ebensowenig wie sein Vorgänger oder die Europäer hatten Kennedy und sein Stab innovative Lösungen parat. Widerstrebend übernahm der neue Präsident Eisenhowers Krisenmanagement, während seine Mitarbeiter dem zentralen Dokument der amerikanischen Deutschlandpolitik, „NSC 5803" vom 3. September 1958, lediglich einen neuen Anstrich verliehen. Der Präsident betonte aber nicht länger die seiner Meinung nach unattraktive Wiedervereinigung, sondern rückte nunmehr das Selbstbestimmungsrecht der Deutschen in den Mittelpunkt.[144] Im Gegensatz zu Eisenhower wagte er es, „West Berlin" häufiger beim Namen zu nennen. Ex-Außenminister Dean Acheson bereitete den Präsidenten zudem psychologisch auf den Einsatz von Gewalt vor und formulierte in seinem Bericht die „three essentials:"

- das Recht der Alliierten auf Anwesenheit in Berlin,
- der freie Zugang und
- die „Lebensfähigkeit" der Stadt.[145]

Aufschlußreich ist ein Vergleich mit den zuvor (am 7. Januar 1960) von Willy Brandt genannten „essentials" aus deutscher und Berliner Sicht:

- die Anwesenheit der Westmächte in Berlin
- die enge Bindung Berlins an den Bund
- der freie Zugang von und nach Berlin
- das Selbstbestimmungsrecht der Berliner Bevölkerung
- die Freiheit des Inner-Berliner Verkehrs[146]

Lediglich hinsichtlich der Anwesenheit der Westmächte in Berlin besteht völlige Einigkeit. Dagegen fehlt die Freiheit des Inner-Berliner Verkehrs bei den Amerikanern völlig. Zudem werden Brandts exakt ausgeführte Punkte „enge Bindung Berlins an den Bund" und „Wahrung des Selbstbestimmungs- bzw. Mitspracherechtes der Berliner" bei Acheson durch die unklar abgegrenzte Vokabel „viability" („Lebensfähigkeit") kompensiert. Doch alle deutschen Versuche, die Amerikaner von der Wichtigkeit des Inner-Berliner Verkehrs zu überzeugen, scheiterten, woraus Autoren wie Egon Bahr den Schluß zogen, Kennedys „essentials" haben einen Freibrief für den Mauerbau dargestellt.[147] Erst im Mai/Juni 1961 wurde vielen Deutschen vollends bewußt, daß die Kennedy-Administration häufig von „West-Berlin" sprach.[148]

Nun entstand im Westen folgendes Krisenszenario:

- Eine Sperrung der Zufahrtswege beziehungsweise eine Blockade wie 1948/49, die laut Harvard-Professor und Kennedy-Berater Henry Kissinger die Sowjets den höchsten denkbaren politischen Preis kosten müßte, auch in Asien und Afrika.[149]
- Ein amerikanisch-sowjetisches „quid pro quo", zum Beispiel Ende des sowjetischen Drucks auf Berlin für amerikanische Gegenleistungen in Südostasien.[150] Dabei pflegte die Kennedy-Administration intern einen sehr pragmatischen Stil. In einem Memorandum fragte der Nationale Sicherheitsberater der USA, McGeorge Bundy, den Präsidenten, ob er nicht in Erfahrung bringen solle, welchen Preis die Sowjetunion für eine Beilegung der Berlin-Krise fordere.[151]

- Kennedy nannte den „status quo ante“ als Idealzustand. Er forderte verbesserte Konsultationsmechanismen und eine faire Lastenteilung mit den Verbündeten.
- Andererseits drohte ein „zweites Ungarn“ (gemeint ist die Niederschlagung des Aufstandes von 1956) beziehungsweise ein zweiter „17. Juni 1953,“ also ein - bewaffneter - Volksaufstand in der DDR,
- ein wie auch immer gearteter ostdeutsch-sowjetischer Separatfriede.
- Ulbricht selbst brachte eine weitere Variante ins Spiel: Niemand habe die Absicht, eine Mauer zu bauen, so sein Freud'scher Versprecher auf einer Pressekonferenz am 15. Juni 1961.

Nur Wochen später komplizierten prominente Politiker wie der amerikanische Senator Mike Mansfield oder Bundestagspräsident Gerstenmaier die Lage, als sie mit eigenen Vorschlägen zu Berlin an die Öffentlichkeit traten. Ihr „dritter Weg“ indes enthielt Momente der Nachgiebigkeit gegenüber Moskau und gefährdete so den status quo. Kennedy und Adenauer drohten ihre Meinungsführerschaft zu verlieren. Trotzdem wichen beide einer klaren, wegweisenden Stellungnahme lange Zeit aus.

Immer stärker wurde das deutsch-amerikanische Verhältnis im Sommer 1961 von Mißtrauen und Fehleinschätzungen geprägt, die bis hin zu der Möglichkeit eines Atomwaffeneinsatzes reichten. Doch je mehr sich die Berlin-Krise ihrem Höhepunkt näherte, desto stärker rückten die amerikanischen Planer von dieser Option ab. Kennedy gab nun mehrere Memoranda in Auftrag, die die Verlegung größerer, sechs bis acht Divisionen umfassender Verbände nach Europa beinhalteten.

Doch John F. Kennedy wählte nicht den Ausweg eines militärischen Konfliktes oder von Geheimverhandlungen, sondern den Weg über die Medien. Hier war der junge und telegene Präsident seinem Vorgänger und seinem russischen Gegenüber klar überlegen. Auf diesem Feld konnte er seit 1958 brachliegendes Potential nutzen. Am 25. Juli 1961 wandte er sich mit einer großen TV-Rede an die amerikanische Nation. Doch von der glänzenden Rhetorik abgesehen, barg die Rede nur wenig Neues. Sie war lediglich „alter Wein in neuen Schläuchen“,[152] eben jenes „aufgewärmte Zeug“ an Ideen, das Kennedy so verabscheute. Sein Versuch, mit einem Schlag von einem passiven, reagierenden Krisenmanagement auf ein aktives umzuschalten, gelang somit nur teilweise. Einerseits eroberte der Präsident die Meinungsführerschaft in den USA (und auch der Bundesrepublik) zurück, andererseits erkannte er die normative Kraft des Faktischen an, wenn er „lediglich" die Verteidigung West-Berlins in Aussicht stellte.

In den nächsten Wochen glichen die USA und die Bundesrepublik endlich ihre Contingency-Planung aneinander an. Doch gibt es auch mehrere Indizien für ein Wunschdenken. Nicht nur Adenauer hoffte auf ein Versanden der Krise. Diese Sicht verkannte, daß Chruschtschows „Schonfrist" für die Einarbeitung der neuen US-Administration seit dem Wiener Treffen im Juni 1961 abgelaufen war und der anschwellende Flüchtlingsstrom den Osten zum Handeln zwang.

Das häufig gebrauchte Argument des „Ausblutens" gilt jedoch erst ab Juni 1961,[153] noch stärker und dringender ab Ende Juli/Anfang August 1961. Bis zu diesem Zeitpunkt schwankten die Flüchtlingszahlen[154] aus der DDR zwischen 143.917 im Jahre 1959 und 331.390 im Jahre 1953. Drei Viertel dieser Menschen flohen über Berlin. Von 1950-1960 waren es circa 220.000 per annum oder 600 am Tag. Insgesamt flohen von September 1949 bis August 1961 genau 2.691.270 registrierte Flüchtlinge in die Bundesrepublik, seit 1945 wohl 3,6 bis 3,7 Millionen.[155]

Sprung in die Freiheit 22.August 1961: Der Mauerbau schafft neue Fakten.

Paradoxerweise liegen die Zahlen 1959 und 1960, in den ersten beiden Jahren des Ultimatums, mit 143.917 und 199.188 sogar weit unter dem Jahresschnitt von 220.000. Selbst in der ersten Jahreshälfte 1961 bewegte sich die Zahl zwar wieder nach oben, aber hochgerechnet „nur" um den langjährigen Schnitt. Vom 1. Januar bis 15. August 1961 waren es 159.730 Flüchtlinge, wobei die Zahlen ab Juni, insbesondere aber Ende Juli/Anfang August 1961 mit 1.500 bis 2.000 Menschen pro Tag drastisch anstiegen. Täglich wurden es mehr. Im Juni waren es 20.000, im Juli 30.000 Menschen, in den ersten zehn Augusttagen 15.000 und allein am 6. und 12. August[156] jeweils fast 2.500 Menschen, die der DDR den Rücken kehrten. Vor allem der Verlust von Facharbeitern und Akademikern sowie jungen Menschen schmerzte das Ulbricht-Regime. Die Hälfte der Flüchtlinge war unter 25 Jahre, ein weiteres Viertel zwischen 25 und 45 Jahren.[157]

Ulbrichts „menschliche Mauer" aus Grenzposten hatte dieses Problem ja nicht zu lösen vermocht. Wie Brandt, der vor einem „riesigen Gefängnis" warnte, in dem die Menschen in der Zone eingeschlossen würden, meinte Kennedy kurz vor dem 13. August 1961: „Krushchev is losing East Germany. He cannot let that happen. If East Germany goes, so will Poland and all of Eastern Europe. He will have to do something to stop the flow of refugees - perhaps a wall. And we won't be able to prevent it. I can hold the Alliance together to defend West Berlin but I cannot act to keep East Berlin open."[158]

Am 13. August 1961 begann die DDR - nachdem man sich der Duldung bzw. Zustimmung Moskaus versichert hatte - unter Leitung von Erich Honecker mit der Errichtung von Absperrungen quer durch Berlin. Wenige Tage später wurden die Barrikaden und Stacheldrahtverhaue durch eine Betonmauer ersetzt. Unfähig, eine diplomatisch-politische Lösung der selbstentfachten Krise und der selbst verursachten Abwanderung zu finden, griffen Moskau und Pankow zu diesem verzweifelten Mittel, um ihren Herrschaftsbereich gegenüber dem attraktiveren Westen abzugrenzen. Hier wurden die Grenzen des eigenen Machtbereiches zementiert.

Was konnte der Westen angesichts des Mauerbaus tun, ohne einen Krieg zu riskieren? Aus Vorsicht beschränkten sich Deutsche und Amerikaner unmittelbar nach dem Mauerbau auf diplomatische Proteste. US-Außenminister Rusk beschwichtigte, die Sperre sei einzig und allein gegen die Bewohner Ostdeutschlands und Ost-Berlins gerichtet. Adenauer und Strauß wiesen die Verantwortung von sich, indem sie sich auf die Viermächte-Vereinbarungen beriefen. Einzig Willy Brandt ging ab dem 13. August 1961 zumindest rhetorisch zur Gegenoffensive über. In harten Formulierungen klagte er den Osten an. Das Ulbricht-Regime ziehe „nicht nur eine Art Staatsgrenze, sondern die Sperrwand eines Konzentrationslagers" mitten durch Berlin. Senat und Bevölkerung von Berlin erwarteten jetzt „energische Schritte" der Schutzmächte bei der sowjetischen Regierung.[159] Rückblickend urteilt er scharf, der Westen unternahm „nichts. Fast nichts."[160] Die Vereinigten Staaten verzogen nur verstimmt das Gesicht, so Brandt. Die verehrten Herren Kommandanten wirkten „irritiert und desorientiert" in Brandts ersten,[161] „verwirrt, hilflos, ohne Anweisung" in seinen zweiten Memoiren.[162]

Wirkungsvollere Gegenmaßnahmen als Proteste und Patrouillen indes kannte auch er nicht. Doch wirkte er menschlicher als der Kanzler, der die Nähe zum Geschehen scheute. Rückblickend und in dem Wissen, daß der Mauerbau den Krisenhöhepunkt gebildet hatte, verurteilten beide Washingtons Passivität und grobe Fehleinschätzung.

> „Der Osten handelt - was tut der Westen?
> DER WESTEN TUT NICHTS!
> - Präsident Kennedy schweigt ...
> - Macmillan geht auf die Jagd ...
> - ...und Adenauer schimpft auf Willy Brandt"[163]

urteilte die BILD-Zeitung auf ihrer stacheldrahtumrankten Titelseite vom 16. August 1961. Deutsche Öffentlichkeit und Presse waren aufgebracht. Welche Gefühle die Nation bewegten, als ostdeutsche Bauarbeiter, bewacht von ihren eigenen Landsleuten, nach und nach die Sperren durch eine feste Betonmauer ersetzten, ist kaum in Worte zu fassen. Niemals kam der Charakter des Unrechtsregimes von Pankow stärker zum Vorschein, niemals zeigte der „Sozialismus" eine häßlichere Fratze als in jenen Stunden. Auf welchen Säulen mochte denn ein Staat beruhen, der jene jungen Männer in ihren typischen flachen Stahlhelmen dazu nötigte, mit Maschinenpistolen auf ihre Mitbürger zu zielen? Andererseits: was konnte man schon dagegen tun? Über dreißig Jahre später mag die Wissenschaft heute entgegnen: der Westen hielt zu Recht still, um Schlimmeres zu verhüten. Doch im Sommer 1961 setzten Medien und Bevölkerung diese Passivität mit dem „Ausverkauf" deutscher Interessen gleich. Adenauers These, die Westintegration würde über kurz oder lang „automatisch" die Wiedervereinigung bringen, fand weniger Anhänger denn je. Selbst Gräfin Dönhoff (DIE ZEIT) sah in der Mauer die „Quittung für den langen Schlaf" Adenauer'scher Politik.

Brandt gab der Stimmung vieler Ausdruck, wenn er den amerikanischen Präsidenten in seinem notorischen Brief vom 16. August 1961 vor einer „Vertrauenskrise" im deutsch-amerikanischen Verhältnis warnte. Kennedy entgegnete ganz im Sinne Adenauers, Ruhe sei die erste Bürgerpflicht. Der US-Präsident beschränkte seine Reaktion auf symbolische Akte. Er protestierte bei den Sowjets, verstärkte die amerikanische Garnison in Berlin um 1.500 Mann und sandte Vizepräsident Johnson sowie den Helden der Luftbrücke, General Clay, als psychologischen Rückhalt der „angeschlagenen" Deutschen zum Rückversichern. Lyndon Johnson sollte Brandt auch nahelegen, (öffentliche) Kritik an der Führungsmacht in den nächsten Monaten zu vermeiden.

Adenauer war beim Kanzler-Tee am 17. August 1961 auch ohne fremde Hilfe auf diesen Gedanken gekommen. Er warf seinem innenpolitischen Rivalen wenige Wochen vor der Bundestagswahl vor, durch seine kritischen Äußerungen die Einheit des Westens zu zerstören. Adenauer gab zwar während der akuten Phase der Berlin-Krise zwischen Mauerbau und Bundestagswahl das Heft aus der Hand, beschädigte aber zu dieser Zeit nicht das seiner Meinung nach unentbehrliche deutsch-amerikanische Bündnis - mit einer Ausnahme.

Der Kanzler, der trotz der Mahnungen seiner Mitarbeiter nicht mit leeren Händen nach Berlin reisen wollte, fühlte sich hintergangen, als Johnson seinen Wunsch ablehnte, gemeinsam in derselben Maschine nach Berlin zu fliegen. Adenauer sah darin eine klare Bevorzugung Brandts und der SPD in der heißen Phase des Wahlkampfes.

Andererseits: wenn man sich so kurze Zeit nach dem Mauerbau bereits den Luxus leisten konnte, über solche Nichtigkeiten zu streiten, schien die Kriegsgefahr gebannt. Polemisch formuliert, könnte nichts das rasche Abflauen der Krise besser symbolisieren als der obligatorische Parteienstreit, dieses perfide Zeichen wiederkehrender Normalität. Für viele verhieß er sogar Entspannung, hatte die Welt doch nur wenige Tage zuvor noch einen Atomkrieg um Berlin befürchtet.

Nicht nur zwischen den Parteien, auch zwischen den Staaten hatte sich nach Jahren des anstrengenden Krisenmanagements ein großes Konfliktpotential angestaut. Je mehr sich herauskristallisierte, daß der Mauerbau entgegen der ursprünglichen Einschätzung der Stäbe und Regierungschefs doch den Höhepunkt der Krise markiert hatte, desto eher waren Deutsche und Amerikaner gewillt, die angestauten Aggressionen gegenüber dem Bündnispartner zu entladen. Die Mauer als gegeben hinnehmend, kritisierten beide Regierungen immer lauter das Verhalten des anderen. Genau dies hatte Kennedys Redenschreiber Ted Sorensen vorhergesagt. Er hatte bereits beim Mauerbau prophezeit, nun fürchte Adenauer, daß die USA „hart“ bleiben und zugleich, daß sie „weich“ werden. Gleich, welchen Kurs Washington einschlage, der Kanzler werde ihn später kritisieren. Der zynische Sorensen stellte damit unter Beweis, wie gut er nach nur sieben Monaten im Amt den deutschen Kanzler bereits kannte.

Die Nachwehen der Krise sind einerseits von gegenseitigen Schuldzuweisungen innerhalb des Westens und andererseits von dem kleinlichen Verhalten insbesondere der Deutschen geprägt. So sabotierte die bundesdeutsche Seite nahezu jede amerikanisch-sowjetische Verständigung „über unsere Köpfe hinweg“ durch gezielte Tips an die Presse. Der gegenüber dem Osten ohnmächtige Adenauer zerschlug im Westen in den kommenden Monaten so viel „bündnispolitisches Porzellan,“ wie er nur konnte. Zum Aufarbeiten der Krise gehörten auch die müßigen Spekulationen darüber, wer im Westen vor dem 13. August wieviel gewußt habe - eine immerwährende Diskussion, die gute Chancen hat, das deutsche Pendant zum Kennedy-Attentat oder zum Tod Marilyn Monroes zu werden.

Mit einer Phasenverschiebung von wenigen Monaten nach der Auseinandersetzung auf Ost-West-Ebene brachten diese Nachwehen des Mauerbaus auch das deutsch-amerikanische Verhältnis nach dem Kanzler-Besuch im Weißen Haus und Kennedys überschätztem Istwestija-Interview vom November 1961 auf den Tiefstpunkt. Im Frühjahr und Frühsommer 1962 kam es zum letzten großen „Nachbeben“ der Berlin-Krise. Ein Hauptvorwurf Adenauers hieß, die Amerikaner hätten ihre Verpflichtungen gegenüber der Bundesrepublik und Berlin nicht voll erfüllt. Erst im Juni 1965, in einem Gespräch mit Henry Kissinger, ließ der Alt-Bundeskanzler seinen Gefühlen gegenüber Kennedy völlig freien Lauf: die ganze Dummheit und Sentimentalität der Deutschen spiegele sich in der Tatsache wider, daß sie Brücken und Straßen nach jemandem benennen, der ihnen so geschadet und fast alles „ausverkauft" habe.[164]

Diese verbitterte Sicht verkennt, daß die Amerikaner keine Möglichkeit gehabt hätten, die Mauer anders als durch kriegerische Maßnahmen rückgängig zu machen. Ein Zyniker könnte es folgendermaßen formulieren: durch das Ultimatum und sein aggresssives Verhalten hatte sich Chrutschtschow selbst unter starken Zugzwang und Zeitdruck gesetzt. Wollte er sein Prestige nicht zerstören, so mußte er dem „Ausbluten" seines handlungsunfähigen Satelliten Einhalt gebieten. Die Medizin jener Jahre kannte den Versuch, unheilbar Kranke einzufrieren in der Hoffnung, sie nach Jahrzehnten auf einem höheren Forschungsstand heilen zu können. Die Politik jener Jahre wählte einen ähnlichen Ausweg. Im wahrsten Sinne des Wortes zementierte sie ein scheinbar unlösbares Problem ein, solange, bis spätere Politikergenerationen eine Lösung finden würden. Der Preis war enorm: 200 Menschen starben an der Mauer, 17 Millionen Deutschen wurde von einem menschenverachtenden Regime 28 Jahre lang Freiheit und Wohlstand verwehrt. Und doch ging nach all diesen Opfern die Rechnung auf. Ein Krieg, der sicherlich sehr viel mehr Opfer gefordert hätte, konnte 1958-1962 vermieden werden. Und immerhin mußte der Kreml 1961 einsehen, daß der Westteil der Stadt auf kurze Sicht jedenfalls nicht zu holen sein werde. Doch erst Gorbatschows neues Denken brachte - nach drei langen Jahrzehnten - die Mauer zum Einsturz.

So gesehen, ist der Aufschrei „Der Westen tut nichts!" kaum haltbar. Der Westen, dem die Hände gebunden waren, war 1961 zum Beschwichtigen verdammt. Jeder im Westen verhielt sich angesichts der Mauer gemäß seinem Nationalcharakter, wie Macmillan ausführt: Kennedy und die Amerikaner[165] „aktionistisch," de Gaulle und die Franzosen „philosophisch" und Adenauer und die Deutschen „ziemlich vernünftig."[166] Von da an waren die vier westlichen Mächte, allen voran die Deutschen, zum Ausharren verdammt. Bonn hielt - mit Mühe - das Unrechtsbewußtsein wach, die Anklage gegen die „Mauer der Schande."

ZEITTAFEL

1956

20.01. US-Präsident Eisenhower mit großer Mehrheit wiedergewählt

1957

10.01. Der Konservative Harold Macmillan wird britischer Premierminister

22.10. Bundeskanzler Adenauer wiedergewählt

1958

03.09. Das zentrale Dokument der amerikanischen Deutschlandpolitik, „NSC 5803", wird erstellt

17.09. Der französische Ministerpräsident de Gaulle schlägt in einem Memorandum an Eisenhower und Macmillan ein Dreimächte-Direktorium für die NATO vor

04.11. Die Demokraten erzielen hohe Gewinne bei den Kongreß-Wahlen in den USA

10.11. Berlin-Ultimatum. Chruschtschow erklärt im Moskauer Sportpalast den Viermächtestatus Berlins als überholt und kündigt an, die UdSSR werde ihre Berliner Funktionen an die DDR übertragen

13.11. Dulles sieht „die komplizierteste Situation" für die Westmächte in Berlin seit 1948/49

26.11. Dulles stuft die ostdeutschen Beamten als „Agenten" der UdSSR ein, was eine deutsch-amerikanische Verstimmung auslöst („Agententheorie")

27.11. In ihrer Note kündigt die UdSSR den Viermächtestatus Berlins auf und fordert ultimativ, binnen sechs Monaten, den Status einer „Freien Stadt" für Berlin, das in eine „selbständige politische Einheit" umgewandelt werden soll

14.12. Pariser Konferenz der drei Westmächte und der Bundesrepublik

16.12. Die Erklärung des Nordatlantik-Rates betont den Viermächtestatus von Berlin

18.12. Die Westeuropäische Union (WEU) unterstreicht ebenfalls den festen Willen des Westens

31.12. Die drei Westmächte weisen in ihrer Antwortnote die sowjetischen Forderungen zurück

1959

08.01.	Charles de Gaulle tritt sein Amt als erster Präsident der V. Französischen Republik an
10.01.	Die UdSSR legt einen Entwurf für einen Friedensvertrag mit Deutschland vor
27.01.	Der Westen bildet eine „Ständige Arbeitsgruppe“ für Berlin
Februar	Der todkranke Dulles besucht London, Paris und Bonn
21.02.	Macmillan beginnt seine Moskau-Reise (bis 3. März)
06.03.	In ihrer geheimen „Contingency-Planung“ gehen die USA davon aus, daß sie keinen Landkrieg um Berlin führen können. Sollten die Sowjets Gewalt anwenden, müsse Eisenhower „die große Entscheidung“ fällen
16.03.	Große Fernsehansprache Eisenhowers zu Berlin
07.04.	Konrad Adenauer will Bundespräsident werden (zurückgezogen am 5. Juli 1959)
30.04.	Pariser Außenministerkonferenz
14.05.	Während der Genfer Außenministerkonferenz (11.05.-20.06. und 13.07.-05.08.1959) legt der neue amerikanische Außenminister seinen Friedensplan vor („Herter-Plan“)
27.05.	Ablauf des Berlin-Ultimatums und Beerdigung von John Foster Dulles
26.08.	Präsident Eisenhower besucht während seiner Europa-Reise erstmals Bonn
27.09.	Eisenhower und Chruschtschow veröffentlichen gemeinsam ihr Kommuniqué von Camp David
15.11.	Bad Godesberger Programm der SPD verabschiedet
21.12.	Treffen der westlichen Staats- und Regierungschefs in Paris und Rambouillet

1960

07.01.	Der Regierende Bürgermeister Willy Brandt formuliert seine „fünf essentials“ vor dem Berliner Senat
15.03.	Adenauer trifft während seiner achten USA-Reise Eisenhower im Weißen Haus
13.04.	Gemeinsames Kommuniqué der westlichen Außenminister

01.05.	Die Sowjets schießen über Swerdlowsk ein amerikanisches Aufklärungsflugzeug vom Typ U 2 ab
17.05.	Der Pariser Gipfel der vier Regierungschefs scheitert
30.06	Grundsatzrede Wehners im Bundestag: die SPD akzeptiert fortan die Außen- und Sicherheitspolitik der Bundesrepublik

1961

20.01.	John F. Kennedy als neuer Präsident der USA inauguriert
12.04.	Adenauer erörtert mit Kennedy die Berlin-Krise im Weißen Haus
03.06.	Treffen Kennedys und Chruschtschows in Wien
15.06.	Ulbricht auf einer Pressekonferenz: „Niemand hat die Absicht, eine Mauer zu errichten“
19.07.	Pressekonferenz Kennedys zu Berlin
25.07.	Kennedys Fernsehansprache zu Berlin
13.08.	Mauerbau
17.09.	Bundestagswahl endet mit Sieg der CDU/CSU-FDP-Koalition

3. *Zu Politik, Kultur und Wirtschaft in den 50er und 60er Jahren*

3.1 Präsidentenbesuche in der Bundesrepublik

Konrad Adenauer wurde zwischen 1953 und 1963 rund ein Dutzend Mal als Bundeskanzler in den USA empfangen. Anfangs markierten seine Staatsbesuche deutliche Verbesserungen in den Beziehungen beider Länder. Doch während die Kanzlerreisen nach Washington mit zunehmender Zahl für die Öffentlichkeit etwas an Reiz verloren, haftete der Möglichkeit eines Präsidenten-Besuchs in die Bundesrepublik in den 50er und 60er Jahren noch der Hauch des Besonderen an. Die oben geschilderte Berlin-Krise war jedoch nicht nur Hintergrund des spektakulären Besuchs von John F. Kennedy im Juni 1963, sondern sie war auch Anstoß für den ersten Aufenthalt eines US-Präsidenten auf deutschem Boden seit der Konferenz von Potsdam im August 1945.

3.1.1 Der Besuch Eisenhowers in der Bundesrepublik im August 1959

Nachdem im Sommer 1959 die Einladung an Chrutschtschow zu einem USA-Besuch ergangen war, schien es ratsam, sich zunächst mit den engsten Verbündeten auf einen gemeinsamen Kurs zu einigen. Einem Ost-West-Gipfel mußte jedoch nicht nur eine innerwestliche Konferenz, sondern eine Reihe bilateraler Absprachen vorausgehen. Dabei galt es, deutsche Bedenken vor einer amerikanisch-sowjetischen Einigung ohne deutsche Beteiligung, einem „neuen Potsdam" also, zu zerstreuen.

Der Kanzler selbst stilisierte das persönliche Treffen mit Eisenhower zu einer Chefsache im deutsch-amerikanischen Bündnis hoch und übte hinter den Kulissen erheblichen Druck aus, um Eisenhower auf deutschem Boden empfangen zu können. Dieser erkannte: „To reassure Adenauer I may have to pay him a short visit." Sollte Eisenhower London und Paris, nicht aber Bonn besuchen, würde Adenauer wieder anheben, Deutschland sei eine „zweitklassige Nation" im

Bündnis.[167] Zudem stand im Herbst 1959 Adenauers zehnjähriges Amtsjubiläum bevor. Um einem deutsch-amerikanischen Konflikt in dieser Formfrage aus dem Wege zu gehen, stimmte Eisenhower einem Besuch in der Bundesrepublik generell zu, gedachte aber, ihn auf wenige Stunden zu begrenzen.[168] In einem Brief an Brandt erklärte Eisenhower, aus Zeitgründen könne er diesmal nicht nach Berlin kommen. Er riet der Bevölkerung zu „fortitude, patience, and imagination."[169]

Ohnehin handle es sich nur um einen „intensiven", also kurzen Besuch, so der deutsche Regierungssprecher. „Acht Stunden Bonn, fünf Tage London, drei Tage in Paris - das ist die Wertskala," kritisierte daraufhin ein Journalist. Adenauer wolle „verzweifelt" noch „einen Rockzipfel von Eisenhower" erwischen, mäkelte ein anderer. Während die CDU-nahe Presse befand, der Präsidentenbesuch komme einer Ordensverleihung des Landes gleich,[170] schimpfte die SPD auf den Starrsinn Adenauers, der den nachsichtigen US-Präsidenten zu einer „Krankenvisite" zwinge, welche die Regierung mit einem „Protokollprogramm der Superlative" zudem „triumphal" gestalten wolle. Die Sozialdemokraten befürchteten eine „künstlich euphorische Atmosphäre."[171] Wie bei allen hochrangigen Staats- und Arbeitsbesuchen, bildete auch dieser Aufenthalt den Anlaß für die Presse, den Stand der Beziehungen aufzuarbeiten. Der bekannte Publizist Paul Sethe etwa warnte, durch das Übermaß an Begeisterung könne man den Schleier nicht mehr sehen, der seit einem Jahr zwischen Bonn und Washington liege.[172] Ein nicht geringer Teil der bundesdeutschen Presse konstatierte eine „plötzliche Abkühlung der bisher so tadellosen amerikanisch-deutschen Beziehungen".[173]

Eisenhower mußte gerade auf dieser Reise vielfältigen Spekulationen von allen Seiten begegnen und einem immensen Erwartungsdruck der Weltöffentlichkeit standhalten. So begnügte er sich nach der Ankunft in Deutschland mit dem kleinsten gemeinsamen Nenner: entgegen den Vermutungen der Presse habe die Ankündigung der Chruschtschow-Reise die Einheit der Alliierten keinesfalls untergraben.[174] Die gemeinsame Pressekonferenz brachte keine neuen Berlin-Vorschläge. Eisenhower betonte hier, sein Besuch diene zur Stärkung und Einigung der Allianz. Da es diesen US-Präsidenten überfordert hätte, die gesamte westliche Politik zu koordinieren, bot sich für einige Verbündete zwar die Gelegenheit für Nadelstiche. In der Sache jedoch konnte sich der US-Präsident weitgehend durchsetzen. Selbst der als harter Verhandlungspartner bekannte Adenauer löste wider Erwarten das Junktim Abrüstung und Deutsche Frage, um die bestmögliche Kooperation mit den USA aufrechtzuerhalten. Insgesamt gestaltete sich die Europa-Reise schwierig. In der Sache ein Erfolg, ließ sie den Glanz vermissen.

Selbst die Begleitumstände der Reise fanden übergroße Beachtung. Tagelang spekulierte die Presse, ob die düsengetriebene „Air Force One" überhaupt in Deutschland landen könne und ob ein geeignetes Auto für den Präsidenten zur Verfügung stehe, ganz so, als besuche er eine Bananenrepublik. Zu den vielfältigen Spekulationen im Zusammenhang mit dieser Westeuropa-Reise meinte ein Blatt, allein wenn Eisenhower das Dreieck Bonn-London-Paris unbeschadet verlasse, sei dies bereits eine staatsmännische Leistung.[175]

Und doch bereitete die deutsche Bevölkerung dem Präsidenten der Vereinigten Staaten 1959 einen begeisterten Empfang. Man würdigte die symbolische Bedeutung dieser Stippvisite und trat Eisenhower mit Herzlichkeit entgegen. Ohnehin hatte sich kaum ein Beobachter substantielle Ergebnisse erwartet, und daher verbuchte Bonn bereits die atmosphärischen Verbesserungen als kleinen Erfolg.

3.1.2 Kennedys unerwarteter Triumph von 1963

Nicht unbedingt höher kann die Erwartungshaltung vor dem Beginn der Kennedy-Reise im Juni 1963 angesetzt werden. Bereits im April 1961 - also noch vor dem Mauerbau - hatte Henry Kissinger dem neu gewählten Präsidenten zu einer Berlin-Reise geraten, die dann aus Sicherheitsbedenken um mehr als zwei Jahre verschoben wurde.[176] Sie diente nun weniger dem Krisenmanagement als vielmehr einem Public Relations Test mit Eisenhower, Chruschtschow und de Gaulle.

Als Kennedy schließlich seine Deutschland- und Berlin-Reise antrat, brauchte er keinen Vergleich mit seinem Vorgänger mehr zu scheuen.[177] Auch Chruschtschow, der überraschend zu Walter Ulbrichts 70. Geburtstag nach Ost-Berlin kam, bildete für die Meinung der westlichen Welt keinen ernstzunehmenden Widerpart.[178] Doch vor dem Hintergrund des schwelenden Streites zwischen den deutschen „Atlantikern" und „Gaullisten"[179] lag es an Kennedy, besser abzuschneiden als de Gaulle während seines Deutschland-Besuches von 1962.

Vor Antritt der Westeuropa-Reise übte der amerikanische Kongreß Kritik, der Präsident solle das Land während dieser schwierigen Phase des Gesetzgebungsprozesses besser nicht verlassen. Auch Teile der deutschen Presse mäkelten vor Reiseantritt. So schrieb der Spiegel, Kennedy könne zwar die Deutschen nicht leiden, trotzdem stünden sie jetzt im Fokus seiner weltweiten Politik, was einer „unnatürlichen Allianz“ gleichkomme. Eigentlich habe sich Kennedy mehr auf Großbritannien und Frankreich stützen wollen, doch Chruschtschow, de Gaulle und das „Wirtschaftswunder“ hätten dies verhindert. Deutschland sei nun ein ökonomisch starker Partner.[180]

In der Tat stand im Frühsommer 1963 auf deutsch-amerikanischer Expertenebene eine Reihe erstrangiger Probleme zur Lösung an, neben der Multilateral Force (MLF)[181] insbesondere die Zahlungsbilanz und der Lastenausgleich im Zusammenhang mit der Stationierung amerikanischer Truppen in Deutschland („offset“).

Kennedy mußte in die Offensive gehen und Akzente setzen, wollte er etwas erreichen. Bereits bei seiner Ankunft am 23. Juni 1963 sagte der Präsident, er sei in einem „entscheidenden Augenblick“ der Bündnisentwicklung gekommen, und nur die derzeitige Phase relativer Ruhe biete die Gelegenheit zur Umformung der NATO, womit er auf seine „Declaration of Interdependence“ vom 4. Juli 1962 anspielte. Die Deutschen als loyale Freunde und enge Verbündete teilten mit den Amerikanern gemeinsame Werte, Gefühle und Interessen innerhalb einer wachsenden Partnerschaft Gleichgestellter. Bereits in Köln-Bonn begann das obligate Rückversichern: solange US-Sreitkräfte erwünscht sind, bleiben sie in Europa, da sie sowohl für die deutsche, als auch für die europäische und nordamerikanische Sicherheit notwendig seien.[182] In Bonn wiederholte Kennedy die amerikanischen Garantien für die halbe Welt, „von Berlin bis Saigon.“[183] Bereits nach dem ersten Tag schufen manche Zeitungen die einprägsame Metapher vom „Triumphzug“ des amerikanischen Präsidenten, die viele tags darauf übernahmen.[184]

Versuche, amerikanische Projekte wie das Friedenskorps („Peace Corps“) nach Deutschland zu importieren, zeigten aber nur mäßigen Erfolg. Kennedy erntete jedoch nach fast drei Jahren die Früchte seines

Bemühens, den deutschen „Idealismus zu mobilisieren," als er der Gründung des deutschen Entwicklungshilfedienstes beiwohnte.[185]

Weiterhin stellte John F. Kennedy auf seiner Pressekonferenz die These auf, „daß in gewissem Sinne in West-Berlin vielleicht größere Sicherheit herrscht als - sagen wir - im Juni 1961." Aufgrund der Entschlossenheit der Garantiemächte werde Berlin frei bleiben. Er stand zum Selbstbestimmungsrecht und versuchte, die deutschen Sorgen einer amerikanisch-sowjetischen Einigung auf Kosten der Bundesrepublik zu zerstreuen. Es werde nicht den von Fulbright vorgeschlagenen Abzug der 400.000 in Westeuropa stationierten US-Soldaten geben.[186] Am 24. Juni 1963 sprach sich Kennedy zum wiederholten Male für die Wiedervereinigung aus und nannte gute deutsch-amerikanische Beziehungen „vital to our security." Allerdings unterließ er seine ironischen Hinweise auf das notorische Mißtrauen der Deutschen nicht.[187]

Nach Köln und Bonn stellte Kennedys programmatische Rede in der Frankfurter Paulskirche[188] einen weiteren Höhepunkt dar, als er an seine zweite Botschaft über die Lage der Nation und die „Declaration of Interdependence" anknüpfend die Erneuerung von Europa und die engen Bande zwischen Nordamerika und dem alten Kontinent beschwor. Die Welt sehe ein Zeitalter sowohl der Interdependenz als auch der Unabhängigkeit - den Internationalismus als Nachfolger des Nationalismus. Deutschland und Amerika seien nun Partner, „nicht in einem engumschlungenen, zweiseitigen Verhältnis," sondern innerhalb der Atlantischen Partnerschaft mit gemeinsamen Interessen und Zielen, mit sich ergänzenden Rollen und gemeinsam zu teilenden Lasten. Ein Kernsatz Kennedys lautete: „Ich möchte das Wunder der wirtschaftlichen Leistungen Deutschlands nicht schmälern. Aber das wahre deutsche Wunder war Ihre Abkehr von der Vergangenheit um der Zukunft willen - war Ihre Aussöhnung mit Frankreich, Ihre Beteiligung an der Schaffung Europas, Ihre führende Rolle in der NATO und Ihre wachsende Unterstützung konstruktiver Vorhaben in allen Teilen der Welt." Unmißverständlich auf Adenauer und mehr noch de Gaulle anspielend formulierte er in seiner Frankfurter Rede, daß jener die Zukunft verpasse, der nur in die Vergangenheit blickt. Die atlantische Verteidigung sei unteilbar, Amerika setze seine Städte aufs Spiel, um die Europas zu verteidigen, es habe 400.000 Mann als „konkretes Unterpfand" auf diesem Kontinent stationiert. Niemand solle versuchen, die Allianz zu spalten oder die Verbündeten zu entfremden. (Kennedy schwebte seit Juli 1962 angesichts der vielen offenen Fragen eine einheitlichere atlantische Abschreckung mit echter europäischer Beteiligung als zweiter Säule vor.) Thukydides zitierend, führte Kennedy in Frankfurt aus, Uneinigkeit und Ermüdung, letzten Endes der Verfall, stellten die großen Gefahren eines Bündnisses in Friedenszeiten dar, und sei es noch so mächtig in der Schlacht.[189] Allein diese Rede vor 900 Notablen wurde 21mal von Applaus unterbrochen.

Kennedys Abstecher nach Berlin am 26. Juni 1963 bildete den emotionalen Höhepunkt seiner Europa-Reise.[190] Er leitete für 1963/64 die harmonischste Phase der deutsch-amerikanischen Beziehungen seit dem Kriegsende ein, nach dem bekannten amerikanischen Publizisten Joe Alsop gar eine „special relationship."[191] Bereits am Flughafen zollte er der schon legendären Haltung der Berliner Tribut. Schon vor den Gewerkschaftlern der IG Bau, Steine, Erden rief er auf englisch aus: „Dies ist mein Land. West-Berlin ist mein Land," - noch ohne eine historische Wirkung zu erzielen. Auch seine kurze Ansprache in der amerikanischen Siedlung und vor allem jene Rede in der Freien Universität hatte Format, als er die „Winde des Wandels" beschwor.[192] Der Durchbruch zum Triumph gelang ihm (nach seinem verunglückten „Kölle Alaaf" in der Domstadt)[193] jedoch erst vor dem Schöneberger Rathaus mit seinem auf deutsch gesprochenen Satz „Ich bin ein Berliner," der fast ausnahmslos ohne Kontext zitiert wird, und auch so gemeint war - eher als beschwörende Formel denn als konkreter Sachverhalt.[194]

Kennedy sprach vor mehreren hunderttausend Menschen - manche Schätzungen betragen bis zu insgesamt zwei Millionen[195] - und stand auf dem Zenit seines Erfolges. Die nicht zuletzt rhetorisch perfekte Präsentation des Themas Berlin und des Mauerbaus in der Öffentlichkeit ließ die tatsächlichen Probleme fast vergessen.[196] „Es gibt Leute, die sagen, dem Kommunismus gehöre die Zukunft. Sie sollen nach Berlin kommen. Und .. wieder andere, die behaupten, man könne mit dem Kommunismus zusammenarbeiten. Auch sie sollen nach Berlin kommen." ... „Die Mauer ist die abscheulichste und stärkste Demonstration für das Versagen des kommunistischen Systems" und zu den Berlinern gewandt: „Sie leben auf einer verteidigten Insel der Freiheit."[197]

"Ich bin ein Berliner": US-Präsident John F. Kennedy bekräftigt 1963 bei seinem Besuch das US-Engagement für ein freies Berlin (West).

Mit seinem Berlin-Besuch münzte Kennedy das zaghafte Krisenmanagement vom August 1961 nachträglich zu einem Erfolg um. Auch gelang es ihm in dieser Phase uneingeschränkt, seine Rolle als Meinungsführer auszufüllen. Durch jene rhetorische Meisterleistung vor dem Schöneberger Rathaus erreichte die deutsch-amerikanische Kooperation, nicht zuletzt wegen der „besonderen Beziehung“ Berlin-Washington, ihren Kulminationspunkt. Zuvor hatte de Gaulle an das Herz, Kennedy an den Verstand appelliert. Endlich, so Thilo Koch, gehe Kennedy nun das Berlin-Problem nicht mehr ausschließlich rational an, sondern auch auf der mit entscheidenden emotionalen Ebene. Dies sei eine grandiose Demonstration deutsch-amerikanischer Gemeinschaft.[198]

Aus der Retrospektive bildet der unerwartete Triumph Kennedys, insbesondere in Berlin, den Höhepunkt aller Europa-Reisen eines amerikanischen Präsidenten seit 1945. Alle damals mitreisenden Amerikaner berichteten in grellen Farben über diesen historischen Erfolg und interpretierten die Begeisterung der Menge als Dank für den festen Stand Kennedys während der Berlin-Krise.[199]

Insgesamt sprach die Presse von einem überwältigenden Erfolg und einer großartigen Demonstration der deutsch-amerikanischen Freundschaft. Die spontane Reaktion der Bevölkerung sei ein „Wunder." Viele Blätter schrieben, noch nie sei ein Staatsmann so herzlich willkommen geheißen worden.

3.2 Wirtschaftliche Aspekte: die amerikanische Herausforderung

Kennedys Charme, sein Charisma und seine Rhetorik sichern ihm bis heute einen Platz im Herzen der deutschen Bevölkerung, ungeachtet aller „Enthüllungen" über sein Privatleben in der amerikanischen Literatur seit seiner Ermordung. In den frühen 1960er Jahren galt er vielen Deutschen als ein Ideal. Unbewußt ging die Bevölkerung davon aus, daß auch er die Deutschen mochte und daß es zwischen beiden Staaten - bei all dieser öffentlich zur Schau getragenen Sympathie - doch kaum ernste Probleme geben könne.[200] Vor diesem Hintergrund mochte man anfangs kaum glauben, daß sich zwei wirtschaftliche Riesen wie die Vereinigten Staaten von Amerika und die Bundesrepublik, die bereits 1960 Großbritannien als zweitgrößte Exportnation der Welt abgelöst hatte, über etwas so Banales wie US-Importe von Hähnchen unerbittlich streiten würden. Was war geschehen? Die EWG - und damit auch die Bundesrepublik - wollten Anfang der sechziger Jahre nicht weiterhin amerikanische Hähnchen im selben Umfang einführen wie bisher, da sie nun ihre eigene Geflügel"industrie" aufgebaut hatten und den europäischen Markt damit versorgen konnten. Die Reaktion der USA, die weiterhin großes Interesse am Absatz in Europa hatten, ließ indessen nicht lange auf sich warten. Als die Verhandlungen stockten, wurden rasch ökonomische und sicherheitspolitische Argumente miteinander verquickt. Hochrangige amerikanische Senatoren drohten Bonn sogar damit, Truppen aus Westdeutschland abzuziehen, falls dort die Handelsbarrieren gegen dieses US-Produkt nicht wieder abgebaut würden. Die Situation eskalierte derart, daß die Episode als „chicken war" oder „Hähnchen-Krieg" in die Annalen der deutsch-amerikanischen Beziehungen einging. Präsident Kennedy und Bundeskanzler Adenauer persönlich entschärften den Disput dann in einem längeren Briefwechsel.

„Meanwhile I want to tell you of my particular concern over the poultry import regulations which the Federal Republic of Germany and the other countries of the European Economic Community have indicated they may place in effect on July 1. I appreaciate your assurance to Secretary Ball that you will look into this matter," schrieb der amerikanische Präsident am 8. Juni 1962 an Adenauer. „Ich habe mich dieser Sache persönlich angenommen," antwortete der Kanzler nur zehn Tage später. Und er fügte hinzu: „Das Bundeskabinett wird sich in Kürze mit dieser Frage beschäftigen."[201]

Sollte, fünfzehn Jahre nach Kriegsende, nachdem man gemeinsam zwei Berlin-Krisen durchgestanden hatte, ausgerechnet importierte Tiefkühlkost die Sprengkraft haben, um die gewachsene deutsch-amerikanische oder gar europäisch-amerikanische Partnerschaft in einen Handelskrieg umzuwandeln? Die Zeitgenossen schüttelten nur ungläubig den Kopf, als sie darüber in der Presse lasen.

Selbstverständlich lag die Ursache tiefer, kann der „Hähnchenkrieg" nur als Symptom für eine sich verändernde Struktur gesehen werden: Die Kräfteverhältnisse verschoben sich nach Gründung der EWG unweigerlich. Europa schloß sich stärker zusammen und holte gegenüber den USA auf. Erstmals fiel von amerikanischer Seite der Vorwurf des Protektionismus und der Subvention für die landwirtschaftlichen Produkte aus dem Europa der Sechs in derart massiver Form.

Auch Deutschland nahm bald wieder seinen früheren Platz in der Weltwirtschaft ein. Rasch hatte es die Zahlungsbilanzkrise von 1950/51 überwunden und seit 1952 die Rückkehr zur Liberalisierung vollzogen. Es folgten 15 Jahre ununterbrochenen Aufschwungs mit zum Teil zweistelligen Zuwachsraten bei den ökonomischen Kerndaten. Vor allem der Außenhandel wuchs überproportional: bereits von 1949 bis 1951 stieg die Exportquote (der Anteil der Exporte am Sozialprodukt) von nur 5,1 auf 12,2 Prozent, um dann bis 1969 auf 19 von hundert zu klettern. Ähnliche Entwicklungen sehen wir bei der Importquote. Immer stärker wurde die junge Bundesrepublik in die europäische und globale Wirtschaft integriert.[202]

Die Regionalstruktur des westdeutschen Außenhandels 1952-58

	Export (%)		Import (%)	
	1952	1958	1952	1958
Westeuropa (OEEC-Länder)	63	61	45	61
Dollar-Raum (USA, Kanada)	7	9	19	20
Drittmärkte	29	25	34	15
Osteuropa und China	1	4	2	4

Quelle: Wirtschaft und Statistik, Jg. 6, 1954, S. 144. Statistisches Bundesamt, Der Außenhandel der Bundesrepublik Deutschland. Zusammenfassende Übersichten, Jahr 1961, Stuttgart 1962, S. 45.

Anfangs galt es, die materiellen und immateriellen Verwüstungen des Weltkrieges zu bekämpfen und den Vorkriegsstandard wieder zu erreichen. Später hieß die Aufgabe dann, den Wohlstand zu sichern und zu mehren. Diese Ausgangssituation verhieß für alle beteiligten Industriestaaten diesseits wie jenseits des Atlantik einen gigantischen Wirtschaftsboom. Doch als die ersten Wohlstandswellen abebbten und die Märkte enger wurden, trat die Konkurrenz dieser Staaten stärker in den Vordergrund. 1950 etwa hatte die Bundesrepublik vor allem Nahrungsmittel (38,5 %) und Rohstoffe (29,6 %) importiert sowie Halbwaren exportiert, wies also das Profil eines „Entwicklungslandes“ auf. Schon zehn Jahre später halbierte sich der Anteil der Nahrungsmittel am deutschen Import (auf nunmehr 21,2 %) und auch die Nachfrage nach Rohstoffen ging drastisch zurück. In den kommenden zehn Jahren setzte sich diese Entwicklung fort. Gleichzeitig vervielfachte sich der Anteil der Fertigwaren. Standen 1950 nur 6,3 % zu Buche, so betrug der Anteil am Import 1970 bereits 35 Prozent. Gleichzeitig exportierte Deutschland immer höherwertigere Fertigwaren wie Maschinen und Autos. In den sechziger Jahren wies die Bundesrepublik also bereits das Profil einer modernen westlichen Industrienation auf, so daß der Konkurrenzkampf mit den USA vorprogrammiert war, zumal sich der gesamte Westen am Weltwirtschaftsführer orientierte und auch seine Methoden kopierte. Einen guten Eindruck davon gewinnt man, wenn man die wirtschaftliche Leistungsfähigkeit per capita betrachtet: auch hier holte die Bundesrepublik im Vergleich zu den USA immer stärker auf. In fast allen Industrie- und Agrarsektoren machten die Europäer Boden gut. Bereits um 1960 hatte die Bundesrepublik - in Zusammenarbeit mit ihren geographischen Nachbarn - ihre Ernährung sichergestellt und war auf den Import beispielsweise von US-Hähnchen nicht mehr angewiesen.

Zudem verliehen die lange Phase der Stabilität und des bundesdeutschen Aufschwungs sowie das allmähliche Zusammenwachsen und -wirken der westeuropäischen Volkswirtschaften den Argumenten der EWG insbesondere auf dem Agrarsektor in den sechziger Jahren bereits das entsprechende Gewicht, auch wenn jeder einzelne Partner gegenüber den USA noch wie ein wirtschaftlicher Zwerg aussah. So wies die deutsche Handelsbilanz gegenüber den USA lange Zeit ein Defizit auf.

Auch blieb der Dollar im hier behandelten Zeitraum, den fünfziger und sechziger Jahren, unangefochten die Leitwährung. Sein Kassa-Mittelkurs veränderte sich in diesen 15, 20 Jahren kaum. Nach der vollen Konvertierbarkeit der Mark betrug er DM 4,20, und im Jahre 1969 immer noch DM 3,92. Im einzelnen lauteten die Kurse wie folgt[203]:

1953	4,2000	1967	3,9866	1981	2,2610
1954	4,1993	1968	3,9923	1982	2,4287
1955	4,2107	1969	3,9244	1983	2,5552
1956	4,2027	1970	3,6463	1984	2,8456
1957	4,2012	1971	3,4795	1985	2,9424
1958	4,1919	1972	3,1889	1986	2,1708
1959	4,1791	1973	2,6590	1987	1,7982
1960	4,1704	1974	2,5897	1988	1,7584
1961	4,0221	1975	2,4630	1989	1,8813
1962	3,9978	1976	2,5173	1990	1,6161
1963	3,9864	1977	2,3217	1991	1,6612
1964	3,9748	1978	2,0084	1992	1,5595
1965	3,9943	1979	1,8330	1993	1,6544
1966	3,9982	1980	1,8158	1994	1,6218

Erst in der Ära Nixon-Brandt setzten dramatische Veränderungen ein, sank der Dollar von knapp vier DM auf etwas über DM 2,50 nur fünf Jahre später. Ende der siebziger Jahre, unter Präsident Carter, sank er dann erstmals unter die Marke von zwei DM ab, um sich in den Reagan-Jahren rasch wieder der Dreimarkgrenze zu nähern. Doch in nur zwei Jahren, von 1985 bis 1987, brach der Dollar dann von DM 2,92 auf DM 1,79 ein. Seitdem bewegt er sich im Bereich von DM 1,45 bis DM 1,90.

Während der Kanzlerschaft Adenauers, Erhards und Kiesingers blieben die USA als Siegermacht des Zweiten Weltkrieges also weiterhin im Zentrum des 1944 etablierten multilateralen Handelssystems, das ihnen „nahezu zwangsläufig eine Vormachtstellung sicherstellen sollte."[204] Sie hatten ihr Ziel erreicht, den nicht unbedeutenden deutschen Markt für amerikanische Waren, Dienstleistungen und Investitionen zu öffnen und die Bundesrepublik in eine „Operationsbasis für die amerikanische Europapolitik" (Knapp) auszubauen. Zwei Jahrzehnte lang schlug sich die wachsende wirtschaftliche Potenz der Bundesrepublik kaum im Devisenkurs gegenüber dem starken Dollar nieder, auch wenn die übrigen volkswirtschaftlichen Daten mehr als eindrucksvoll waren.

Das Bruttosozialprodukt der Bundesrepublik stieg von 98,6 Mrd. DM im Jahre 1950 auf stolze 597,8 Mrd. im Jahre 1969. Die nominalen Zuwachsraten schwankten dabei zwischen plus 22,4 Prozent (1950/51) und nur 1,3 Prozent (1966/67). Sechsmal in knapp zwanzig Jahren lagen sie über der Zehnprozentmarke. Auch die reale Veränderung war - bis auf das Rezessionsjahr 1966/67 (mit - 0,2 %) immer positiv, einmal (1955) sogar um 11,8 Prozent. Die bundesdeutsche Industrieproduktion vervierfachte sich zwischen 1950 und 1969. Während die Wohnbevölkerung in dieser Zeit von 50 auf 60 Millionen Menschen in der Bundesrepublik anstieg, fanden zwischen 21,2 und 26,4 Millionen Menschen Arbeit.

Interessant in diesem Zusammenhang ist natürlich vorwiegend der Außenhandel. Wie die Tabelle auf Seite 146,147 zeigt, kam es früh zu einem kräftigen Aufschwung.

Das Exportvolumen explodierte förmlich von nur 8,4 Mrd. DM 1950 auf 113,6 Mrd. DM 1969, wobei der Anteil am Weltexport in den fünfziger Jahren rasch von 3,5 auf 10 % und in den Sechzigern nochmals auf 11,7 Prozent anstieg. In den Außenhandelsbeziehungen rangierten die westeuropäischen Nachbarn der Bundesrepublik an erster Stelle. Mit ihnen wurden jeweils rund 35 bis 50 Prozent des Handels getrieben. Bei den Importen sah es ganz ähnlich aus. Ihr absoluter Wert stieg von 11,4 Mrd. DM (1950) auf knapp 100 Mrd. DM (1969), wobei der Anteil am Weltimport von rund fünf auf etwa zehn Prozent stieg. Bis auf die Startjahre wies die Handelsbilanz der Bundesrepublik in den 50er und 60er Jahren ein stattliches Plus auf, während der Großen Koalition sogar von zweistelligen Milliardenbeträgen.

Wie aber gestalteten sich nun die bilateralen Wirtschaftsbeziehungen mit der militärischen, politischen und ökonomischen Supermacht USA? Im Jahre 1890 etwa hatten die Vereinigten Staaten mit 12,2 Prozent aller Ausfuhren des Deutschen Reiches noch einen Spitzenwert erreicht, trotz der damaligen Transportverhältnisse. Unter Hitler, ein halbes Jahrhundert später, waren die wirtschaftlichen Beziehungen aus ideologisch-politischen Motiven heraus fast zum Erliegen gekommen und auf weniger als ein Viertel dieses Anteils abgesunken.[205] Nach dem Krieg knüpften beide Seiten wieder an die traditionellen Stränge an, waren doch, historisch gesehen, die ökonomischen Beziehungen zwischen den USA und Deutschland älteren Ursprungs als die politischen.[206] 1950 gingen schon wieder 5,1 Prozent der bundesdeutschen Ausfuhren in die USA, 1960 waren es bereits 7,8 von hundert und 1970 gar 9,1 %, mehr als in alle Länder Asiens gemeinsam.

Im Jahre 1966 kam ein Achtel aller bundesdeutschen Einfuhren aus den USA, ebenfalls vor allem Fertigwaren. Andererseits war die Bundesrepublik für die USA (nach Kanada und Japan) der drittgrößte Handelspartner. So gingen in den 50er und 60er Jahren durchschnittlich fünf Prozent der US-Ausfuhren nach Deutschland. Im Gegenzug stammten zwischen 1,2 % (1950) und 8,2 % (1968) der US-Einfuhren aus der Bundesrepublik.[207] Damit wickelten beide Länder einen nicht unerheblichen Teil ihres Außenhandels miteinander ab, wobei die deutschen Exporte in die Vereinigten Staaten für die deutsche Seite einen höheren Stellenwert einnahmen als dies umgekehrt bei den US-Ausfuhren in die Bundesrepublik der Fall war. Die Wissenschaft spricht hier von einem „qualitativen Asymmetrie-Effekt".

Während sich die amerikanischen Firmen lange Zeit vor allem auf den lukrativen Binnenmarkt konzentrierten, forcierten kleinere Industrieländer wie die Beneluxstaaten oder mittlere wie die Bundesre-

	Exporte						
				Anteile der Abnehmergebiete in %			
Jahr	Mrd. DM	Veränderung	Anteil am Weltexport in %	EG [2]	Übrige Industrie-Länder	Entwicklungsländer	Staatshandelsländer
1950	8,4	+ 102,3	3,5	44,9	35,8	15,6	3,7
1951	14,6	+ 73,8	4,5	38,1	38,9	20,9	2,1
1952	16,9	+ 15,7	5,4	36,7	41,2	20,5	1,6
1953	18,5	+ 9,5	5,8	37,3	39,6	21,1	2,0
1954	22	+ 18,9	6,7	36,5	38,7	22,9	1,9
1955	25,7	+ 16,8	7,2	35,3	40,8	21,5	2,4
1956	30,9	+ 20,2	7,8	35,5	40,2	20,8	3,5
1957	36,0	+ 16,5	8,4	34,6	40,0	22,1	3,3
1958	37,0	+ 2,9	9,1	32,8	40,7	21,5	5,0
1959	41,2	+ 11,4	9,6	34,8	41,0	19,7	4,5
1960	47,9	+ 16,3	10,0	37,7	38,9	18,7	4,7
1961	51,0	+ 6,5	10,6	39,5	38,5	17,9	4,1
1962	53,0	+ 3,9	10,6	41,5	38,9	15,6	4,0
1963	58,3	+ 10,0	10,6	44,5	38,0	14,3	3,2
1964	64,9	+ 11,3	10,5	44,2	38,0	14,1	3,6
1965	71,7	+ 10,5	10,7	42,7	39,2	14,3	3,8
1966	80,6	+ 12,4	11,0	43,4	38,6	13,9	4,2
1967	87,0	+ 7,9	11,3	43,8	37,8	13,4	5,1
1968	99,6	+ 14,5	11,6	44,4	38,1	12,9	4,6
1969	113,6	+ 14,1	11,7	46,6	36,5	12,3	4,5
1970	125,3	+ 10,3	12,1	46,3	37,6	11,9	4,3
1971	136,0	+ 8,5	12,3	46,6	37,1	12,0	4,3
1972	149,0	+ 9,6	12,4	46,9	36,5	11,4	5,2
1973	178,4	+ 19,7	12,9	47,1	35,3	11,5	6,1
1974	230,6	+ 29,3	11,6	44,9	34,3	13,9	6,9
1975	221,6	- 3,9	11,3	43,6	32,0	16,4	7,9
1976	256,6	+ 15,8	11,3	45,7	31,5	16,3	6,8
1977	273,6	+ 6,6	11,5	44,9	31,6	17,1	6,1
1978	284,9	+ 4,1	11,9	45,8	31,1	16,7	6,2
1979	314,5	+ 10,4	11,3	48,3	31,1	14,3	6,0
1980	350,3	+ 11,4	10,3	48,0	31,3	14,8	5,5
1981	396,9	+ 13,3	9,5	46,9	31,1	17,8	4,9
1982	427,7	+ 7,8	10,3	48,1	29,7	17,4	4,8
1983	432,3	+ 1,1	10,2	48,1	30,8	15,9	5,2
1984	488,2	+ 12,9	9,7	47,7	33,4	14,1	4,8
1985	537,2	+ 10,0	10,3	47,5	34,7	12,6	5,3
1986	525,4	- 2,0	12,1	50,8	33,4	10,9	4,9
1987	527,4	+ 0,2	12,6	52,7	32,9	10,0	4,4
1988	567,7	+ 7,7	12,1	54,3	31,7	9,6	4,4
1989	641,0	+ 13,0	12,0	55,1	30,6	9,7	4,6
1990	642,8	+ 0,3	12,1	54,5	30,9	10,1	4,3
1991 [4]	648,4	+ 1,0	11,0	55,1	29,1	11,0	4,6 [6]
1991 [5]	655,8	+ 1,0	11,3	54,0	28,6	10,9	6,3 [6]
1992 [5]	671,2	+ 0,8	11,5	54,3	27,5	10,8	6,4 [6]
1993 [5]	603,5	- 10,0	.	47,8	28,0	15,1	8,7 [6]

Jahr	Importe Mrd. DM	Ver-änderung	Anteil am Welt-import in %	Handels-bilanz-Saldo Mrd. DM
1950	11,4	+ 45,0	4,6	- 3,0
1951	14,7	+ 8,9	4,4	- 0,1
1952	16,2	+ 10,2	4,8	0,7
1953	16,0	- 1,2	5,0	2,5
1954	19,3	+ 20,6	5,8	2,7
1955	24,5	+ 26,9	6,5	1,2
1956	28,0	+ 14,3	6,8	2,9
1957	31,7	+ 13,2	7,0	4,3
1958	31,1	- 1,9	7,6	5,9
1959	35,8	+ 15,1	8,0	5,4
1960	42,7	+ 19,3	8,5	5,2
1961	44,4	+ 4,0	8,9	6,6
1962	49,5	+ 11,5	9,3	3,5
1963	52,3	+ 5,7	9,0	6,0
1964	58,8	+ 12,4	9,1	6,1
1965	70,4	+ 19,9	10,0	1,2
1966	72,7	+ 3,1	9,4	8,0
1967	70,2	- 3,4	8,6	16,9
1968	81,2	+ 15,7	9,0	18,4
1969	98,0	+ 20,7	9,6	15,6
1970	109,6	+ 11,8	10,1	15,7
1971	120,1	+ 9,6	10,4	15,9
1972	128,7	+ 7,2	10,4	20,3
1973	145,4	+ 13,0	10,3	33,0
1974	179,7	+ 23,6	8,9	50,8
1975	184,3	+ 2,5	9,2	37,3
1976	222,2	+ 20,5	9,5	34,5
1977	235,2	+ 5,9	9,6	38,4
1978	243,7	+ 3,6	9,8	41,2
1979	292,0	+ 19,8	10,2	22,4
1980	341,4	+ 16,9	9,7	8,9
1981	369,2	+ 8,1	8,6	27,7
1982	376,5	+ 2,0	8,6	51,3
1983	390,2	+ 3,6	8,8	42,1
1984	434,3	+ 11,3	8,3	54,0
1985	463,8	+ 6,8	8,4	73,3
1986	413,7	- 10,8	9,2	112,6
1987	409,6	- 1,0	9,5	17,8
1988	439,6	+ 7,3	9,1	128
1989	506,6	+ 15,2	9,0	134,6
1990 4)	550,6	+ 8,7	9,9	92,2
1991 4)	633,1	+ 15,0	10,4	15,3
1991 5)	643,9	+ 15,7	10,6	21,9
1992 5)	637,5	- 1,0	10,7	33,7
1993 5)	543,7	- 14,7	.	59,1

1) Ab 1991 einschl. Staatshandelsländer
2) Ab 1981 einschl. Griechenland, ab 1986 einschl. Portugal u. Spanien
3) Außereuropäische Länder
4) Gebietsstand vor dem 3.10.1990
5) Gebietsstand seit dem 3.10.1990
6) Einschl. der im wirtschaftlichen Umbruch befindlichen Staaten Osteuropas

publik nach dem Krieg ihre Exporte. So betrug die Exportintensität der USA 1963 gerade einmal 5 %, während der Anteil der Ausfuhr (einschließlich der Dienstleistungen) am bundesdeutschen Bruttosozialprodukt vierfach so hoch lag. Andererseits muß man immer wieder die schiere Größe des US-Marktes berücksichtigen. Aus diesen Faktoren ergibt sich, daß die Bundesrepublik in den sechziger Jahren gegenüber dem Export"weltmeister" USA zwar kontinuierlich aufholte, jedoch niemals eine Chance hatte, ihn einzuholen oder zu überflügeln. 1960 etwa exportierten die Vereinigten Staaten Waren und Dienstleistungen im Wert von 20 Mrd. US $, die Bundesrepublik von 11,5. Sechs Jahre später erreichten die USA 30 Mrd. $, die Bundesrepublik immerhin 20. Das Verhältnis hatte sich also von 2:1 hin zu 3:2 gewandelt. Der Abstand beim Export war deutlich geschmolzen.[208]

Einen weiteren nicht zu unterschätzenden Indikator wirtschaftlicher Einflußnahme stellte der französische Autor Jean-Jacques Servan-Schreiber in den Mittelpunkt seines Bestsellers „Le Défi Américain", zu deutsch „Die amerikanische Herausforderung".[209] Hier nahm er auf die US-Direktinvestitionen in Westeuropa Bezug, die im Untersuchungszeitraum in aufsehenerregendem Maß anstiegen. 1950 betrug der Buchwert der amerikanischen Direktinvestitionen in der Bundesrepublik 204 Millionen Dollar, 1960 bereits eine, 1964 schon zwei, 1966 drei und 1969 über vier Milliarden Dollar.[210] Dies entsprach einem Anteil von zwei (1950) bzw. sechs (1969) Prozent des US-Auslandsbestandes. Dieser stieg von knapp 12 Mrd. Dollar im Jahre 1950 auf über 70 Mrd. $ im Jahre 1969. Die Bundesrepublik wurde zum drittwichtigsten Anlageland für amerikanische Direktinvestitionen nach Kanada und Großbritannien, die EWG insgesamt (und neben Deutschland vor allem Frankreich) zum Haupttätigkeitsfeld. Servan-Schreiber tat gut daran, mit Verve auf diesen Faktor hinzuweisen. Doch manche Schlüsse, die man damals zog, gingen einfach zu weit. Erstens ist die Reihenfolge Kanada, Großbritannien, EWG mit den Stützen Deutschland und Frankreich eine völlig logische. Sie folgt den Kriterien Geographie, Geschichte und Sprache ebenso wie Rendite. Und, wenn nicht Westeuropa, welche Region sonst versprach in den sechziger Jahren günstig für Investitionen zu sein? Lateinamerika und Afrika waren problematisch, Asien war noch nicht so weit, Osteuropa und große Teile Eurasiens kommunistisch. Zweitens arbeiteten viele

Kommentatoren mit dem Mittel der Extrapolation. Sie zeichneten die Entwicklungen der Vergangenheit einfach fort und entwarfen, ohne Einflußfaktoren wie den Vietnam-Krieg oder die ureigene Stärke Europas gebührend zu berücksichtigen, utopische Szenarien für die Zukunft. Amerika wäre nicht mehr einzuholen, lautete die Botschaft dieser Auguren. Raymond Cartier nannte als Indikatoren für die amerikanische Überlegenheit etwa die über 100 Millionen PKW oder die Tatsache, daß nur sechs Prozent der Weltbevölkerung doch über ein Drittel der Energie verbrauchten.[211] Wenige Jahre später kamen die Ölschocks, änderte sich die Auffassung vom Auto fundamental, wurde Energieverbrauch völlig neu bewertet. Es wurden also, wie bei jeder Analyse, Faktoren falsch gewichtet und Entwickungen übersehen. Zugegeben: die deutschen Direktinvestitionen in den USA lassen sich mit obigen Zahlen kaum vergleichen. Sie erreichten nur 152 Millionen Dollar im Jahre 1962 und stiegen auf 617 Mio im Jahre 1969 an. Erst 1974 übersprangen sie die Milliarden-Dollar-Marke. Unzweifelhaft nahmen die Amerikaner bzw. multinationale Konzerne mit Hauptsitz in den USA, nicht zuletzt durch ihre Direktinvestitionen, keinen geringen Einfluß auf einige Schlüsselindustrien wie die Automobil- oder Elektrobranche. Daraus den Schluß abzuleiten, Europa sei im Würgegriff der amerikanischen Geschäftswelt, wie dies sehr profane Interpretationen von Servan-Schreiber leisteten, schossen wohl über das Ziel hinaus. Andererseits entbehrt es nicht einer gewissen Ironie, daß die Geschäftswelt heute (1995) über nachlassende amerikanische Direktinvestitionen in der Bundesrepublik klagt...

Bevor also einer „wirtschaftlichen Abhängigkeit“ von Washington das Wort geredet wird, sei angemerkt: drei Viertel des Außenhandels tätigte die Bundesrepublik damals wie heute mit (Gesamt-)Europa, vor allem mit Frankreich und den Benelux-Ländern sowie mit Italien, Skandinavien, Österreich und der Schweiz. Somit blieben die USA die militärische Schutzmacht der Bundesrepublik und ihr politischer Übervater, während die ökonomischen Beziehungen keinen derartigen Stellenwert einnahmen. Von einer „ökonomischen Interdependenz“ kann daher nur mit Einschränkungen geredet werden. Zutreffender ist der Ausdruck der „wirtschaftlichen Asymmetrie“ in den bilateralen Beziehungen. Nicht verwunderlich ist die amerikanische Dominanz in der unmittelbaren Nachkriegsphase. Danach verschoben sich die Verhältnisse allmählich zugunsten der Bundesrepublik. Schon vor der Politik erreichte die Wirtschaft das Stadium der „emanzipierten Partnerschaft", auch wenn es nach wie vor ein Kräfteungleichgewicht gab.

3.3 Kulturelle Aspekte: „Denn sie wissen nicht, was sie tun"

Die Vereinigten Staaten exportierten jedoch nicht nur ihre Produkte, Methoden und das know how, sondern damit zugleich ihren „Way of Life". Dies brachte den USA sowohl den Vorwurf des „Kulturimperialismus" ein als auch, ironischerweise, jenen der „Kulturlosigkeit". Doch das Schlagwort der „Amerikanisierung" der westlichen Welt, und hier insbesondere der Bundesrepublik Deutschland, greift zu kurz. Vielfach ist mit „Amerikanisierung" „Modernisierung" gemeint, wobei diese Entwicklungen in den 50er und frühen 60er Jahren durchaus deckungsgleich sein konnten.

Nachhaltiger als zuvor prägten in diesem Zeitraum technische Innovationen und, angesichts der ständig steigenden Kaufkraft, der Massenkonsum den Alltag der Deutschen. Definiert man unter Kultur das weite Feld der „popular culture", so fällt auch die Bekleidung darunter. Nylon, also künstlich hergestellte Textilfasern, setzte ebenso zu einem Siegeszug an wie die lange Zeit heftig bekämpfte Blue Jeans und das T-Shirt. Coca Cola wurde omnipräsent.[212]

Ein weiteres Merkmal dieser Zeit war die Elektrisierung des durchschnittlichen Haushaltes. Immer mehr Menschen konnten sich einen Kühlschrank, eine Waschmaschine und ein Bügeleisen leisten. Der Staubsauger hielt Einzug in die deutschen Haushalte, und die Schreibmaschine wurde ein Standard. Parallelen zu den USA in den zwanziger Jahren sind unübersehbar. Nun, in den fünfziger Jahren, erfaßte auch die Motorisierungswelle die Bundesrepublik, und der millionenfach verkaufte Volkswagen „Käfer" wurde zum Gegenstück des legendären Ford „Model T". In vielen Bereichen durchlief die junge Bundesrepublik zeitversetzt eine ähnliche Entwicklung wie die USA. Besonders deutlich ist dies in der Unterhaltungsindustrie und in den Medien.

Immer größere Bevölkerungskreise erstanden einen Fotoapparat, ein Tonbandgerät oder einen Schallplattenspieler. Auch wurde das

Telefon zu einem Massenprodukt. Am nachhaltigsten für die „popular culture“ aber war wohl die rasante Entwicklung von Radio und Fernsehen.

In den vierziger Jahren hatte noch der Sound der „Big Bands“ von Glenn Miller, Benny Goodman und Duke Ellington vorgeherrscht, waren Louis Armstrong, Frank Sinatra und Doris Day Radiostars. In den Fünfzigern nun trat eine Riege rebellischer Rock’n’Roller ihre Nachfolge an. Der Rhythm & Blues der amerikanischen Schwarzen mit ihren erotischen und musikalisch aggressiven Titeln übte zwar auch auf weiße Amerikaner eine nicht zu leugnende Faszination aus. Doch konnten sich im rassistischen Umfeld dieser Zeit die schwarzen Sänger nicht im „mainstream“ durchsetzen. Um Rock’n’Roll, in der Soul-Sprache eine Beischlaf-Metapher, für den riesigen amerikanischen Musikmarkt voll zugänglich zu machen, suchte Sam Phillips, ein Anwalt und D.J., einen neuen Typus: „What I need is a white boy who can sing colored.“ In Elvis Presley fand er diesen „weißen Schwarzen“.[213]

Bald landete Elvis „the King“ einen Hit nach dem anderen. Als erster Rock’n’Roll Hit indessen gilt Bill Haleys „Rock around the clock“, von dem 1955 bereits über eine Million Platten verkauft worden waren.

Die Stars hießen außerdem Chuck Berry und Little Richard. Während die Elterngeneration der weißen Mittelschicht die neue Musik als bedrohliche „schwarze Primitivität“ empfand und als „Niggermusik“ diskreditierte, konnten sich ihre Kinder mit diesen Texten identifizieren und verliehen auf diese Weise ihrem - unpolitischen - Protest gegen die Erwachsenen Ausdruck. Erstmals bildeten junge Hörer eine eigene Zielgruppe, man denke nur an Titel wie „Teenage in Love“ oder „Sweet Sixteen“. An sie wandte sich auch der neue Musikfilm mit Kultfiguren wie Elvis oder Bill Haley. In diesen Rock ’n’ Roll-Filmen, die fast ausschließlich im jugendlichen Milieu spielten, wurden „Halbstarke“ bzw. „Rocker“ populär. Eine weitere Medienform dieser neuen Jugendkultur stellte die Juke Box dar. Doch das ideale Medium für diese Musik waren die Radio-Stationen. Schließlich hörte ein Jugendlicher damals im Schnitt rund drei Stunden täglich. Mit den „Top Forty“ entstand eine völlig neue Art der Radiosendung, die sich speziell an die „Kids“ wandte. Es wurden nur laufende Bestseller gespielt, und die Nachrichten durften insgesamt nur dreieinhalb Minuten dauern.[214]

Über die amerikanischen Radiosender, vor allem über das American Forces Network (AFN), fand diese Musik ihren Weg nach Deutschland. Wenngleich natürlich die in der Bundesrepublik stationierten amerikanischen Soldaten, und nicht Deutsche, die ursprüngliche Hörerschaft ausmachten, gelangten diese als „shadow audience" in den Genuß der neuen Musik. Die öffentlich-rechtlichen Sender in der Bundesrepublik dagegen verweigerten sich diesem Trend. Immerhin 80 europäische Zeitungen veröffentlichten das AFN-Programm. Die GEMA ging von ca. 30 Millionen potentiellen Hörern in Europa aus, und man schätzt, daß etwa eine Million Deutsche regelmäßig AFN hörten. „Die aus den USA einströmenden Elemente der dortigen Jugendrevolution, allem voran die Rock'n'Roll Musik, gingen sicherlich nur in stark abgeschwächter Dosierung über den deutschen Äther und schützten damit das Überleben der deutschen Schlagermusik." Die neue Musik fand in den Kinos, Schallplattenläden, auf Rummelplätzen und durch die Musikautomaten in den Milchbars rasch Verbreitung in Deutschland. Unterstützt wurde dieser Prozeß nicht zuletzt dadurch, daß amerikanische Firmen bereits in den 50er Jahren in der Bundesrepublik führend bei der Vermarktung von Tonrechten und bei der Verleihung von Filmen waren.

Hinzu kam, daß mit der Hinwendung der Jugend zur amerikanischen populären Kultur und insbesondere der Musik nicht nur der Generationenkonflikt ausgetragen wurde, sondern sich die Teenies zugleich deutlich von jenen distanzierten, die nicht nur in ihrem musikalischen Geschmack eine gewisse Kontinuität zum „Dritten Reich" wahrten. Kleinsteuber sieht in der Hinwendung der deutschen Jugend zur amerikanischen Popkultur ein „Muster" für den notwendigen Ablösungsprozeß von den Eltern, wobei sich die Deutschen - wie später während des Vietnam-Krieges und bei der Friedensbewegung - an den amerikanischen Vorbildern orientierten. Ironischerweise selbst dann, wenn sich die Aktionen gegen die USA richteten.[215]

Andererseits liefern die Amerikaner nicht einmal auf dem Felde der Musik „Blaupausen", sondern jeder „Kulturimport" trifft auf einen spezifisch deutschen Hintergrund und wird nolens volens „germanisiert" - von der Rockmusik bis zu den Managementmethoden. Zwar schwärmten die jungen deutschen Fans für Elvis oder Bill Haley.

Doch war es in den 50er Jahren für Jugendliche nicht unüblich, zugleich deutsche Schlager und amerikanische Rockmusik zu hören, zumal Interpreten wie Peter Kraus noch eine Brückenfunktion wahrnahmen und Sänger wie Freddie Quinn, der in seinen Liedern den Aspekt der Heimat betonte, durchaus als echtes Gegenstück akzeptiert wurden. Schließlich stellten die englischen Texte anfangs noch eine erhebliche Sprachbarriere dar. Doch je stärker die Rockbegeisterung der Jugendlichen mit der Auflehnung gegenüber der älteren Generation einherging, desto entschiedener wurde deren Ablehnung dieser neuen Musikrichtung, die nun auch in Deutschland als „Neger“- bzw. „Niggermusik“ disqualifiziert wurde.[216]

Um der als spießig empfundenen heimischen Atmosphäre zu entkommen, verlagerten die Jugendlichen, die nach und nach mehr Freizeit erhielten, ihre Aktivitäten zusehends außer Haus. Beliebteste Treffpunkte wurden die Milchbar, Tanzclubs und vor allem das Kino. Rasch entwickelten sich die Sehgewohnheiten der Erwachsenen und der Jugendlichen auseinander. Während die Älteren in Heimatfilmen wie „Der Förster vom Silberwald“[217] eine heile Welt suchten, fanden die jugendlichen Rebellen in James Dean ihre Leitfigur.[218] Mit seinem Kult-Film „...denn sie wissen nicht, was sie tun“ löste er auch in Deutschland eine Blue Jeans Welle und einen Motorrad-Kult aus. Damit trat das sogenannte „Halbstarken-Problem“ in den Blickpunkt, ausgelöst durch Krawalle von Jugendlichen nach Konzerten von Rock'n'Roll-Stars oder nach sogenannten „Halbstarken“-Filmen. Erstmals wurde ersichtlich, daß nicht länger Erziehungspersonen wie Eltern, Lehrer und Geistliche die Verhaltensweisen der Jugendlichen prägten, sondern vielmehr kommerzielle Massenmedien. Die nach amerikanischem Vorbild geprägte und von 1,5 Millionen deutschen Jugendlichen gelesene Zeitschrift „Bravo“, die dem Halbstarken den Typus des modernen, netten Teenagers entgegensetzte, wurde dabei zur „Vermittlerin von US-amerikanischen Leitbildern aus dem show business und der allgemein damit assoziierten „zivilisierten“ Lebensweise, die allerdings für den (west-)deutschen Hausgebrauch gemodelt wurde“.[219]

Nicht nur die Zeitschriften, auch die amerikanischen Comics hielten Einzug in Deutschland, wo Donald Duck und Micky Maus bald ebenso etabliert waren wie in den USA. Über der üblichen Suada gegen die „Peng“-Sprache vergißt man jedoch allzu leicht, daß von den späten vierziger Jahren an auch Romane wie Norman Mailers „The Naked and the Dead“ (1948), Salingers „Catcher in the Rye“ (1951), die Werke von Henry Miller, Ernest Hemingway und John Steinbeck oder Bühnenstücke wie Arthur Millers „Death of a Salesman“ (1949) aus amerikanischer Feder stammten. Gerade die moderne US-Literatur fand sogar rasch Eingang in deutsche Lehrpläne.

Ebenso nachhaltig war der Einfluß des amerikanischen Films insgesamt auf die bundesdeutsche Gesellschaft. „Casablanca“, „Vom Winde verweht“, „Verdammt in alle Ewigkeit“, „Moby Dick“ und „Die oberen Zehntausend“ setzten beispielsweise Zeichen. Hollywood-Stars wie Paul Newman oder Marilyn Monroe[220] stiegen auch in der Bundesrepublik zu Idolen auf. Während das Radio in den Fünfzigern seinen Kulminationspunkt erlebte[221] und das Kino generell im Lauf der Jahrzehnte großen Schwankungen unterworfen war, setzte sich das Fernsehen rasch und dauerhaft durch. 1946 gab es in den USA nur 7.000 TV-Geräte. Nur zwei Jahre später waren es bereits eine Million. 1948 wurden drei Millionen Empfänger produziert. Die Zahl nahm dann explosionsartig zu, und mit einer gewissen Zeitverschiebung erfaßte das Phänomen der „Fernsehgesellschaft“ auch Europa. Spätestens der deutsche Sieg bei der Fußball-Weltmeisterschaft in Bern 1954 löste auch in der Bundesrepublik einen Nachfrageboom aus. Schon Ende der fünfziger Jahre waren amerikanische Serien wie „Fury“ in Deutschland ein gewohntes Bild, wenngleich sich immer wieder Widerstand gegen die „Seichtheit“ dieser Unterhaltungsform regte. Andererseits übernahm man doch zahlreiche Elemente aus den USA, vom Quiz bis zum abendfüllenden Spielfilm.

Selbst den Protest gegen den Vietnam-Krieg[222] oder die (bürgerliche) Gesellschaft per se „importierte“ Deutschland aus den USA, ebenso die Subkultur und „underground“-Kultur der späten sechziger Jahre. Von flower power und Hippies bis zur Nacktheit in der Öffentlichkeit, von den freiheitsverheißenden langen Haaren bis zur sexuellen Revolution: vieles ging von den USA aus.

Wenngleich die zweite Welle des Rock'n'Roll stark vom englischen Beat und Rock (Beatles, Rolling Stones und Who) beeinflußt war, kamen von 1967 bis 1969 wieder starke Impulse aus den USA, vor allem die underground- und Protestsongs. Sie richteten sich nicht nur gegen den „Ordnungsfetischismus und die doppelte Moral der bürgerlichen Gesellschaft“ (Glaser): Niemals war die Rockmusik stärker politisiert als in den späten sechziger Jahren. Im August 1969 nahm mehr als eine halbe Million junger Menschen bei Bethel, New York, am wohl größten und bedeutendsten Rockfestival aller Zeiten teil. Sie hörten fast 30 der besten Gruppen und Einzelinterpreten ihrer Zeit, von Janis Joplin und Jimi Hendrix über die Who und Bob Dylan. Für kurze Zeit verbreiteten Akteure und Teilnehmer ein eigenes Lebensgefühl, das auch die Bundesrepublik erreichte. „Woodstock wurde zum Topos der Gegenkultur."[223]

4. Der „neue Bund" zwischen Erhard und Johnson, November 1963 bis Oktober 1966

Bundeskanzler Ludwig Erhard und Präsident Lyndon B. Johnson traten ihre Ämter im Herbst 1963 fast zeitgleich und unter schwierigen Bedingungen an. Der Rücktritt Adenauers nach vierzehnjähriger Amtszeit im Oktober 1963 bedeutete für die Bundesrepublik immerhin den ersten Amtswechsel auf der Ebene des Regierungschefs. Doch das Attentat auf John F. Kennedy in Dallas am 22. November 1963 berührte Amerikas Lebensnerv. Sofort wurde der bis dahin in Europa wenig bekannte Lyndon Baines Johnson als neuer Präsident vereidigt.[224]

Wer war dieser Mann, was wußte man bis dahin über ihn?[225] Nur drei Jahre zuvor war der Protestant, Südstaatler und erfahrene Parlamentarier „LBJ" lediglich als idealer Ausgleich des Präsidentschaftskandidaten Kennedy nominiert worden. Doch in den 50er Jahren hatte er sich als „Party Whip" und Führer der demokratischen Senatsmehrheit einen Namen gemacht. Nunmehr wollte der leidenschaftliche Anhänger des „New Deal" von F. D. Roosevelt seine ganze parlamentarische Erfahrung aus 27 Jahren im Repräsentantenhaus (1937-1948) und Senat (1948-1963) nutzen, um die ins Stocken geratenen Reformvorhaben zu verwirklichen.[226] Binnen weniger Monate sollte er den Kongreß von der Notwendigkeit bedeutender Gesetzesvorlagen im Bildungs-, Wohnungsbau- und Umweltschutzsektor sowie einer gesetzlichen Krankenversicherung überzeugen. Sein fachliches Wissen in Regierungsgeschäften und sein stark ausgeprägter Wille zur Macht waren sprichwörtlich.[227] Johnson hatte 1963 bereits seine nationalen

Führungsqualitäten unter Beweis gestellt, über viele Jahre ein dichtes Netzwerk befreundeter Politiker in der Demokratischen Partei gespannt und verfügte, vielleicht gerade weil er als natürlicher, bisweilen derber Texaner stets als der „cowboy in politics" erschien, in den USA über eine enorme Popularität. Entscheidend war, daß er seine Fähigkeiten anfangs in fortschrittliches soziales Engagement umsetzte. Persönlich nicht völlig frei von Rassismus, stand der Staatsmann Johnson für die ethnischen Minderheiten und die unter der Armutsgrenze lebenden Familien ein.[228]

In der kurzen Zeitspanne zwischen der Ermordung Kennedys und der amerikanischen Präsidentschaftswahl garantierte Johnson zunächst die Kontinuität der amerikanischen Außen- und Sicherheitspolitik. Insbesondere erneuerte er die „von Südvietnam bis West-Berlin" eingegangenen Verpflichtungen. Auch innen- und wirtschaftspolitisch ergriff er mit seinem visionären Programm der „Great Society" rasch die Initiative. Binnen weniger Wochen reorganisierte er das Weiße Haus, stellte er seine Mannschaft zusammen und schwor sie auf seinen Führungsstil ein. Seine wichtigsten Berater hießen Bundy, Rostow, McNamara und Rusk, während Robert Kennedy und Ted Sorensen ihren Einfluß verloren. Ebenso energisch einte Johnson im Wahljahr die unter Kennedy noch von Flügelkämpfen geplagte Demokratische Partei. Er wollte nach dessen Tod die Stabilität des amerikanischen Systems beweisen und außenpolitisch die „Bipartisanship" von Demokraten und Republikanern praktizieren. Die florierende amerikanische Volkswirtschaft bildete 1963/64 dafür eine solide Basis. Nüchtern betrachtet, sahen die USA - trotz Kennedys Tod - Ende 1963 unter Präsident Johnson einer glänzenden Zukunft entgegen.[229]

In Deutschland trat Ludwig Erhard ein schweres Erbe an, wurde er doch nicht nur an, sondern auch von seinem übermächtigen Vorgänger gemessen - zudem nicht immer fair. Seine gesamte Kanzlerschaft über sollte er im Schatten Adenauers stehen. Bis zu seinem Sieg in der Bundestagswahl von 1965 konnte Professor Ludwig Erhard, für viele der Vater der „Sozialen Marktwirtschaft" und die Verkörperung des deutschen „Wirtschaftswunders",[230] nur Akzente verschieben. Der Franke Erhard, fast ein Vierteljahrhundert jünger als Adenauer, repräsentierte den süddeutschen, protestantischen und wirtschaftspolitisch liberalen Flügel der Union. Doch seine parteipolitische Verankerung war schwach. Erst 1963 trat er in die CDU ein.

Nicht einmal als Kanzler wollte er das Amt des Parteivorsitzenden annehmen - machtpolitisch ein verhängnisvoller Fehler.[231] Rasch stand Erhard in dem Ruf, keine Härte zeigen zu können. Sein innenpolitischer Rivale Franz-Josef Strauß urteilte rückblickend, Erhard sei für jede Form machtpolitischer Auseinandersetzung ungeeignet gewesen. Und Erhards „völlige Ahnungslosigkeit" auf dem Gebiet der Außenpolitik habe ihm sogar den Beinamen „Ludwig das Kind" eingetragen.[232] In der Tat pflegte der beim Wähler sehr populäre „Volkskanzler" Erhard einen anderen Führungsstil als vor ihm der autoritäre Konrad Adenauer. Noch war nicht abzusehen, daß ihm dies außenpolitisch und speziell mit Blick auf das Verhältnis zu den Vereinigten Staaten schaden könnte. Schließlich war der zweite Bundeskanzler ebenso eindeutig proamerikanisch wie Schröder, der nach dem Mauerbau dem zu schwachen Heinrich von Brentano im Auswärtigen Amt nachgefolgt war.

Zudem gab es unmittelbar nach dem Mord an Kennedy keinen Grund, wesentliche Veränderungen der deutsch-amerikanischen Beziehungen zu erwarten. So begrüßten Politiker aller Bundestagsparteien Lyndon Johnsons „Let Us Continue"-Rede vom November 1963. Ernst Majonica erneuerte für die CDU die Zusage, „treu und loyal" zur Führungsmacht zu stehen, Fritz Erler (SPD) hoffte auf eine „Modernisierung" der atlantischen Partnerschaft und die FDP stellte den deutsch-amerikanischen Beziehungen eine „günstige Prognose" aus.[233] Warum auch nicht? Schließlich schmeichelte es der Bundesrepublik vor Ausbruch des Vietnam-Krieges noch durchaus, der „51. Staat der USA" genannt zu werden.[234]

Zwar blieb die Bundesrepublik auch nach der bestandenen Berlin-Krise ein Sorgenkind der amerikanischen Führung in Washington. Seit 1945 hatte man sich dort daran gewöhnt, die „Deutsche Frage" mit „The German Problem" zu übersetzen. Weiterhin galt es, wie Acheson stets betonte, die Westintegration der Bundesrepublik geschickt auszubalancieren. Deutschland könne nicht ewig als „zweitklassige Macht" behandelt werden. Henry Kissinger wies den Präsidenten darauf hin, daß die Bundesrepublik unter den europäischen Mächten die einzige war, deren nationale Ziele sich nach dem Krieg nicht erfüllt hatten. Westdeutschland, „Rumpfdeutschland", war im Gegensatz zu seinen Nachbarn keine status quo Macht.[235] Kissinger warnte bereits vor 1968, das neue, ökonomisch mächtige, aber politisch nicht in der Geschichte der vergangenen Jahrhunderte wurzelnde Nachkriegsdeutschland gleiche einem stattlichen Baum mit flachen Wurzeln, der von einem plötzlichen, starken Windstoß umgeworfen werden könne.[236]

Dies verlangte eine Persönlichkeit mit Führungsqualitäten an der Spitze, doch Erhard wurde nicht als Kämpfernatur oder Machtpolitiker gesehen. Er galt in den USA als der typische deutsche Professor, brillant zwar in der Theorie, aber zögernd in der Praxis. Erstmals in der Geschichte der deutsch-amerikanischen Beziehungen standen mit Erhard/Schröder und Brandt ausgesprochen proamerikanische und proatlantische Politiker an der Spitze beider Volksparteien, wobei die SPD keine gaullistische Fraktion kannte. Lyndon Johnson wiederum verwies stolz auf seine Herkunft aus dem texanischen Hill County und die deutschstämmigen Siedler in seiner Nachbarschaft. Präsident Johnson sei von Haus aus deutschfreundlicher als sein Vorgänger, meinte eine Zeitung, schließlich sei er „in der Nähe einer deutschen Kolonie" aufgewachsen.[237] Erhard ließ sich einmal sogar zu der Bemerkung hinreißen, er „liebe" alles an Johnson.[238] Auch der spätere Kanzler Kurt Georg Kiesinger meinte über Johnson: „Einige seiner liebenswerten Züge hängen sicher mit Texas zusammen. Das ist so, wie bei uns mit den Bayern."[239]

Gespräche auf der LBJ-Ranch 1963 schaffen die Basis für eine fruchtbare Kooperation: Bundeskanzler Erhard, US-Präsident Johnson.

Doch im Herbst 1963 kannte man Johnson nur von seinem Besuch nach dem Mauerbau her und erwartete in erster Linie Kontinuität. Die Presse zeichnete nach der Ermordung Kennedys überschnell ein holzschnittartiges, stark mit Clichés durchsetztes Johnson-Bild, das sich eineinhalb Jahre hielt. „Man kennt Johnsons typisch texanische Züge, gedenkt seiner Kunst des Kompromisses, die ihn im Senat berühmt gemacht hat,“[240] hieß es. Er wurde als Mann geschildert, der das Unmögliche möglich machen wollte. Time charakterisierte ihn einmal wie folgt: um sich seines ungeliebten Südstaaten-Images zu entledigen, habe er alles in Bewegung gesetzt bis auf den Versuch, den Staat Texas in die Rocky Mountains zu verlegen.[241]

Mit den Kanzlerreisen in die USA zur Beerdigung Kennedys Ende November 1963[242] und auf die LBJ-Ranch nach Texas zu Weihnachten 1963[243] gelang es Erhard, eine gute Ausgangsbasis zu schaffen. Bonn fühlte sich damals als Amerikas Partner Nummer eins.[244] Fritz Erler stellte Ende 1963 fest, es gebe keine gravierenden Unterschiede zwischen Union und SPD in bezug auf die deutsch-amerikanischen Beziehungen. Die deutschsprachige Presse beurteilte die nahe Zukunft positiv bis euphorisch und konstatierte „weitreichende Übereinstimmung.“[245] Ein „neuer Bund“ der „Achse Bonn-Washington,“ gegründet auf „Nibelungentreue,“ werde geschlossen.[246]

Der Doppelbesuch Erhards in den USA und die unerwartete Offenheit und Herzlichkeit der Gespräche auf der LBJ-Ranch Ende Dezember 1963 schienen in der Tat sowohl atmosphärisch als auch substantiell die Basis für eine fruchtbare Kooperation zu schaffen. Erhard schwärmte noch Jahre später davon, wenngleich die deutsche Öffentlichkeit fälschlicherweise den Eindruck gewann, Erhard gelte in den USA womöglich als „zweitklassiger“ Besucher, da er nicht ins Weiße Haus eingeladen werde.[247] Von diesem Mißverständnis abgesehen, kam es zu guter Zusammenarbeit. In ihrem gemeinsamen Kommuniqué[248] betonten die Regierungschefs:

- die Stabilisierung der amerikanischen Zahlungsbilanzen
- die Notwendigkeit einer intensiveren Entwicklungshilfe
- die Verpflichtung für die deutsche Wiedervereinigung
- die Aufrechterhaltung des amerikanischen Versprechens, sechs Divisionen Kampftruppen in der Bundesrepublik zu stationieren
- die Fortsetzung der Lastenausgleichszahlungen

- die Möglichkeit einer multilateralen atomaren Streitmacht
- das Interesse an einem verbesserten Informationsaustausch
- die Hoffnung einer noch engeren deutsch-amerikanischen Zusammenarbeit[249]

Alles in allem setzte dieses Kommuniqué einen Schlußstrich unter eine schwierige und langwierige Debatte. Der schwelende Vietnam-Konflikt jedoch spielte weder in der deutschen noch in der amerikanischen Öffentlichkeit Ende 1963 eine gewichtige Rolle und kann zu diesem Zeitpunkt als Einflußfaktor der deutsch-amerikanischen Beziehungen vernachlässigt werden. Andere Probleme traten in den Vordergrund. Das Manöver „Big Lift" zur Jahreswende zeigte zwar die technisch-organisatorische Möglichkeit auf, mit neuentwickelten Großraumtransportern eine US-Division ohne Material binnen weniger Tage über den Atlantik zu verlegen, doch beurteilten die Deutschen sowohl den militärisch-strategischen Aspekt als auch die politischen Implikationen weniger positiv. Viele Politiker betonten zwar die gleichgerichteten Interessen der USA und der Bundesrepublik. Insgeheim aber befürchtete man mittelfristig eine „Abkoppelung" der USA von Westeuropa.

Wiederholt beschwichtigte die US-Führung die Angst der Deutschen vor dem Abzug amerikanischer Truppen aus der Bundesrepublik. So bekräftigte Johnson selbst in einem Illustrierten-Interview[250] seine Zusage, sechs US-Divisionen in der Bundesrepublik zu belassen, die von dem Abzug von 7.500 Mann nicht berührt wären. Er wies aber auch auf den wachsenden inneramerikanischen Widerstand gegen diese Politik hin. In der Berlin-Frage wolle er nicht „schlafende Hunde" wecken. Die Annäherung der Supermächte zum Beispiel in Abrüstungsfragen begriff er als erstrangiges Ziel. Zu Deutschland gab er lediglich Allgemeinplätze ab wie „Erhard und ich verstehen uns ausgezeichnet. ... Natürlich bin ich für die deutsche Wiedervereinigung." Daneben aber ließ Johnson die von Kennedy übernommene Reihenfolge erkennen, wonach zuerst die Entspannung und danach die Wiedervereinigung käme. Vehement strebte er an, die deutsche Entwicklungshilfe zu intensivieren, quasi als historischen Ausgleich für den Marshall-Plan.[251]

Ein anderes Problem jedoch sollte bald in den Vordergrund rükken: die immer tiefere Verstrickung der USA in den unerklärten Krieg in Vietnam. Bis 1964 hatte der Vietnam-Konflikt kaum eine meßbare Wirkung auf die deutsch-amerikanischen Beziehungen. Nach der sogenannten Golf von Tonking-Affäre im August 1964, dem Beginn der permanenten Bombardierung und der Entsendung der ersten regulären US-Armee-Einheiten nach Vietnam im Februar bzw. April 1965 aber wurde der Konflikt als Einflußfaktor der bilateralen Beziehungen immer wichtiger. Bis zum März 1968 konnte er als erstrangiger Krisenfaktor gelten. Je stärker sich die Vereinigten Staaten in den Vietnam-Krieg verstrickten, desto intensiver mußten sich US-Regierung und Medien damit beschäftigen und Deutsche Frage, Wiedervereinigung, NATO, MLF oder Devisenausgleich vernachlässigen. Ab 1965 schenkte Johnson den deutsch-amerikanischen Beziehungen sein Augenmerk nur noch, wenn gravierende Probleme auftauchten.[252] Doch das Prinzip des Krisenmanagements ist für eine kurzfristige Auseinandersetzung mit einem Gegner konzipiert, nicht zur Pflege eingegangener Verpflichtungen einem loyalen, nach Aufmerksamkeit heischenden Bündnispartner wie der Bundesrepublik gegenüber.

Bald verdrängte der Vietnam-Krieg alle anderen Punkte von der Tagesordnung der internationalen Politik. Rasch stand für die deutschen Medien die Frage im Vordergrund, ob die Regierung der USA die Bundesrepublik noch nicht einmal zwanzig Jahre nach dem Ende der Hitler-Diktatur um Truppen für den Kampf gegen den Kommunismus „bitten" würde. Es gibt nur Indizien, keinen Beweis dafür, daß die USA in dieser Frage Druck auf die Bundesrepublik ausgeübt haben. Vieles spricht dafür, daß die Bundesregierung ihr Heil in der Flucht nach vorne gesehen hat und drängende amerikanische „Bitten" um deutsches Militär der Presse stehenden Fußes weiterleitete, so daß Washington offiziell dementieren mußte. In den heute zugänglichen Dokumenten finden sich lediglich Umschreibungen für solche Anliegen. Bonn gestattete nicht einmal, daß das Personal an Bord des Hospitalschiffes „Helgoland" Uniform trug.

Ein Artikel in der Bild-Zeitung vom 10. März 1965 brachte die Problematik auf den Punkt. Er erregte die Gemüter in der Bundesrepublik, nachdem die Amerikaner angeblich um deutsches Personal „mit militärischer Erfahrung" für eine Klinik in Vietnam ersucht hatten. Unter dem Eindruck der amerikanischen Bombardements stellte das Springer-Blatt den Antikommunismus zurück: „Wir sollten Washington ganz klar sagen: die Deutschen wollen nicht nach

Vietnam! Nicht mit Sanitätern, nicht mit Technikern - wir wollen überhaupt nicht. Nach Vietnam - No, Sir!" Bild unterstrich die deutsche Bündnistreue und wies auf das amerikanische Schweigen und die fehlende Solidarität hin, als die deutsche Nahostpolitik ihr Debakel erlebte und auch der amerikafreundliche Bundeskanzler einen immensen Prestigeverlust erleiden mußte. Man sei nicht feige, trete aber für das Selbstbestimmungsrecht der Völker gleichermaßen in Deutschland wie in Vietnam ein, selbst wenn dort freie Wahlen für Amerika ungünstig verlaufen sollten. „Deshalb müssen wir in dem 'schmutzigen Krieg' beiseite stehen. Ganz weit beiseite."[253]

Erhard lehnte es konsequent ab, uniformiertes Personal zu entsenden, war jedoch durchaus zu ökonomischen Leistungen bereit. Die Bundesrepublik wurde im Verlauf des Krieges Südvietnams größtes, nicht militärisch involviertes Geberland. Problematisch war die Verknüpfung solcher Fragen mit der Präsenz amerikanischer Truppen in der Bundesrepublik. Ohne Zweifel kamen Forderungen nach deutschen Truppen aus dem amerikanischen Kongreß. Mehrere Senatoren sahen nicht ein, daß die USA auch künftig das Rückgrat der westeuropäischen Verteidigung bilden sollten, falls die Verbündeten in Vietnam nicht zu Hilfe kämen.

Die deutsche Seite sah sich 1964/65 mit einem Dilemma konfrontiert. Einerseits hatte man die Domino-Theorie und das Eindämmungskonzept zum Dogma erhoben und während der zweiten Berlin-Krise die amerikanische Unterstützung geradezu eingeklagt. Andererseits interpretierte man ein amerikanisches Eingreifen in Asien doppeldeutig: sowohl als Erfüllung eingegangener Verpflichtungen als auch als Vernachlässigung Europas und vor allem Deutschlands. Die Presse argumentierte bereits anläßlich des dritten Erhard-Besuchs in den USA vom Juni 1964, daß für die Vereinigten Staaten „die Eindämmung der kommunistischen Expansion in Hinterindien genauso wichtig erscheint wie die Verteidigung West-Berlins." Darauf aufbauend entstand bald der Mythos, die Freiheit West-Berlins werde in Südvietnam verteidigt, der sich jahrelang hielt. Selbst der Juso-Vorsitzende Günther Müller resümierte 1965, es sei nicht die Schuld der Amerikaner, daß sie heute 250.000 Mann in Vietnam stehen haben. „Die amerikanischen Mütter wären froh, wenn ihre Söhne nicht in Vietnam sterben müßten, aber sie sterben, Genossen, auch für Berlin, auch für Deutschland. Wenn die Amerikaner nicht bereit sind, in Asien zu ihrem Wort zu stehen, dann sind sie auch nicht bereit, in Mitteleuropa zu ihrem Wort zu stehen."

Bundeskanzler Erhard, der stets die ausgezeichneten persönlichen Beziehungen auf höchster Ebene lobte, bestätigte in mehreren Interviews und während seiner insgesamt fünf Besuche in Washington seine von „amerikanischen" Gesichtspunkten geprägte Sicht der Vietnam-Politik. Es sei für die Bundesrepublik „ein Ding der Unmöglichkeit", den USA „irgendwo in der Welt" eine moralische Stütze zu versagen. Die Domino-Theorie und das Containment-Konzept anerkennend, befürwortete er vollends die amerikanische Argumentation und übernahm die zu einem Glaubensgrundsatz erhobene Metapher, die Freiheit werde in Südvietnam wie in West-Berlin verteidigt.[254] In einem Brief an den Präsidenten vom 24. Mai 1965 zerstreute der Kanzler zunächst mögliche amerikanische Befürchtungen. In einer Zeit, in der die USA „vor so schweren Aufgaben und Entscheidungen" stehen, bekenne er sich mit seiner „ganzen moralischen Kraft" zu Johnson, dessen „von sittlicher Verantwortung" getragene Haltung er besonders zu würdigen wisse.[255]

Erhards Hauptsorge war 1965 und 1966, daß die Johnson-Administration wegen Vietnam Truppen aus der Bundesrepublik abziehen könnte. Zweitens befürchtete man im Sommer 1965 nach Hinweisen von Dean Rusk, die Sowjetunion könne als „Vergeltung" für das amerikanische Engagement in Südostasien Druck auf die Bundesrepublik und insbesondere auf West-Berlin ausüben. Drittens hätte ein Versagen der amerikanischen Militärmaschinerie in Südostasien ihrer Meinung nach katastrophale Auswirkungen auf die Glaubwürdigkeit der Abschreckung im mitteleuropäischen Raum gehabt.

Der Kanzler versuchte, den schädlichen Einfluß des Vietnam-Krieges auf die deutsch-amerikanischen Beziehungen so gering als möglich zu halten. Bei seinen beiden Besuchen in Washington im Juni und Dezember 1965 versprach er politische, humanitäre und wirtschaftliche, aber eben keine militärische Hilfe. Viele bundesdeutsche Politiker und Journalisten waren froh, keine Bündnisverpflichtungen in Südostasien zu haben. Doch erst allmählich lösten die Leitartikler den konstruierten Zusammenhang zwischen West-Berlin und Südvietnam.

Den Anstoß, in diesem Punkt umzudenken, gab ausgerechnet die erste studentische Protestaktion im Februar 1966. Willy Brandt schrieb daraufhin dem Berliner Stadtkommandanten erregt: „Schande über

Berlin bringen solche Gruppen, die das Vertrauen zu den Schutzmächten zerstören wollen und die deutsch-amerikanische Freundschaft besudeln."[256] Auch warnte er ausdrücklich davor, daß die Deutschen sich in der Weltpolitik als Amerikas „Lehrmeister" aufspielen.[257] US-Stadtkommandant John Franklin antwortete dem Regierenden Bürgermeister: „Es ist gut zu wissen, daß unsere Freunde in dieser sehr wichtigen und sehr schwierigen Situation unserer Politik solch Verständnis entgegenbringen." Im übrigen sehe er keine Gefährdung der deutsch-amerikanischen Bande und der großen Übereinstimmung.[258] Die US-Mission erklärte, durch einen „Krawall in West-Berlin" entstehe kein Friede in Vietnam. Auch habe das Vorgehen einiger hundert Demonstranten nichts mit den engen Bindungen der Berliner Bevölkerung und den Vereinigten Staaten zu tun.

Doch die Deutschland-Korrespondenten amerikanischer Blätter hatten „linke Studenten" und einen"anti-amerikanischen Mob" ausgemacht.[259] Noch schärfer fielen die Urteile der deutschen Presse aus. Erst als binnen weniger Monate der Papst, die UNO, Amnesty International und mehrere neutrale Staaten inhaltlich nahezu identische Positionen wie die „Radaumacher" von Berlin einnahmen, mußten sich die Medien darauf beschränken, Art und Weise der Antikriegskundgebungen zu kritisieren.

Auch die Spitzenpolitiker aller Parteien rückten, sofern sie sich überhaupt zum Vietnamkrieg äußerten, von ihrer früheren Haltung ab, alle amerikanischen Aktionen unreflektiert gutzuheißen. Anfangs hatte Erhard für die Bundesrepublik noch eine Kopie von Johnsons „Great Society" vorgeschwebt, die sog. „Formierte Gesellschaft".[260] Doch 1965 und 1966, als der Krieg alle Finanzreserven des sozialen Bereichs aufzehrte, kam es zu Rassenunruhen und Ausschreitungen. Das Vorbild USA verblaßte zusehends.

Als die USA wegen Vietnam im April 1966 dem Drängen der Senatoren Symington, Stennis und Mansfield nachgebend die ersten größeren Einheiten aus der Bundesrepublik abzogen, näherten sich auch Regierung und Opposition den zwei Monate zuvor noch von vermeintlichen „Gammlern und Beatniks" vertretenen Positionen inhaltlich an. Im Sommer 1966 belegten Umfragen von Wickert und Allensbach, daß die Hälfte der Bundesbürger die Methoden der amerikanischen Kriegsführung in Vietnam ablehnte, ein sehr viel höherer Prozentsatz als angenommen. Vietnam erschien immer stärker als „der wunde Punkt" zwischen Europa und Amerika, was sich in der Presse jener Jahre ebenso niederschlägt wie in der Rockmusik und der Protestkultur. Die ständige Eskalation, die Art der Kriegsführung zum Beispiel mit Napalmbomben, McNamaras „Computer-Krieg", der „body-count" und Flächenbombardements riefen in Deutschland Erinnerungen wach, die eher zur Solidarität mit den Betroffenen als mit den USA rieten. Nach und nach hoben die über den Atlantik kommenden Meldungen in bezug auf den Vietnam-Krieg das notorische Informationsdefizit auf. Weder auf die Öffentlichkeit noch auf die Parteien blieb dies ohne Wirkung.[261]

In den Parteien, zunächst bei den Sozialdemokraten, begann ein Prozeß des Umdenkens. Schon Mitte März 1966 warnte der SPD-Verteidigungsexperte, Hamburgs Innensenator Helmut Schmidt, vor einem deutschen Eingreifen in Vietnam, zu dem man sich nicht hinreißen lassen dürfe.[262] Allmählich lockerte die SPD ihr „inneres Denkverbot", so Willy Brandt. Obwohl die Führung noch versuchte, das unbequeme Thema Vietnam weitgehend auszuklammern, ließen einige Vertreter dieser Volkspartei auf dem Dortmunder Parteitag von 1966 die Gleichsetzung von Berlin und Südvietnam nicht mehr gelten und betonten nun stärker die Unterschiede.

Seit mehreren Jahren schon hatte ein zahlenmäßig schwacher, aber publizistisch lautstarker Flügel der CDU/CSU, die sog. „Gaullisten", in Fragen der Außen- und Sicherheitspolitik die enge Anlehnung an Frankreich, nicht länger an die USA gefordert, unter ihnen so prominente Wortführer wie Adenauer, Strauß und von Guttenberg. Der Alt-Bundeskanzler persönlich ging im August 1966 mit seiner Position an die Öffentlichkeit, Johnson solle sich aus Vietnam zurückziehen. Schließlich sei Europa die „allerwichtigste Zone für die USA, nicht Lateinamerika oder Asien." Er solle nicht länger „die Suppe auslöffeln, die Kennedy ihm eingebrockt" habe. Strauß dagegen verfolgte die Politik, die Amerikaner aus Europa „wegzuloben", da sich die Interessen der NATO-Partner diesseits und jenseits des Atlantiks nicht mehr im selben Maße deckten wie früher. „Wir sollten nicht beim Abzug jedes Bataillons aus der Bundesrepublik düstere Untergangsvisionen malen." Vielmehr könnten die Amerikaner durch den Abzug von ein oder zwei Divisionen mehr Kräfte freibekommen für ihren Kampf in Vietnam.

An deutscher Kritik fehlte es also nicht. Doch ausgerechnet Erhard, neben Schröder der bedingungsloseste deutsche Atlantiker, galt als das „erste europäische Opfer des Vietnam-Krieges", so der Publizist Schlamm. Im Sommer und Herbst 1966 sank Erhards Stern, innenpolitisch wie auch in der Gunst Washingtons. Viele lasteten die „Krise" des Jahres 1966 und die Mißverständnisse im bilateralen Verhältnis zunehmend Erhards Führungsschwäche an. Sein Image als „Wunderdoktor der Konjunktur" geriet während der ersten deutschen Stagnation 1966 ins Wanken.[263] Erhards Kredit war jetzt aufgezehrt. Schon früh hatten auch amerikanische Zeitungen seine schwache Stellung innerhalb der CDU registriert.[264]

Die mißglückte Washington-Reise des angeschlagenen Kanzlers leitete im September 1966 seinen Sturz ein, zu dem die unnachgiebige Haltung der Johnson-Administration einen Gutteil beitrug. Die These, sie sei sich der Tragweite ihrer Entscheidung nicht bewußt gewesen, als sie bei den Verhandlungen um die Devisenausgleichszahlungen kein Jota nachgab, ist aufgrund der heute zugänglichen Akten übrigens nicht mehr haltbar.

Vielmehr nahm Johnson mit seiner harten Haltung in der Frage der Devisenausgleichszahlungen den Sturz Erhards billigend in Kauf. Bisher konnte die Bundesrepublik als Musterbeispiel der Stetigkeit und Zuverlässigkeit, als treuer und loyaler Juniorpartner der deutsch-amerikanischen Beziehungen gelten und Erhard als ihr Symbol. Spätestens nach seiner Rückkehr aus Washington bot der Kanzler ein Bild der Führungsschwäche, die Bundesrepublik außenpolitisch ein Bild der Hilflosigkeit. Erhards weitgehende, wenn auch rein nicht-militärische Unterstützung des Vietnam-Krieges sowie sein unbedingter Proamerikanismus der Jahre 1963 bis 1966 hatten sich für ihn nicht ausgezahlt, sondern ihn vielmehr des notwendigen Verhandlungsspielraumes gegenüber dem amerikanischen Präsidenten beraubt. Seine Nachfolger sollten ihre Schlüsse daraus ziehen.

ZEITTAFEL

1962

08.05.	Prof. Wilhelm Grewe, der deutsche Botschafter in Washington, D.C., wird abberufen
22.10.	Beginn der Kuba-Raketen-Krise (bis 09.11.1962)

1963

14.01.	Die USA und Bonn beginnen ihre Verhandlungen zur „Multilateral Force" (MLF), einer multilateralen Atomstreitmacht
16.05.	Dem deutsch-französischen Vertrag („Elysée-Vertrag" vom Januar 1963) wird eine pro-amerikanische Präambel vorangestellt, ehe er im Deutschen Bundestag ratifiziert wird
23.06.	Der viertägige Staatsbesuch John F. Kennedys in der Bundesrepublik beginnt
16.10.	Rücktritt Adenauers und Wahl Ludwig Erhards zum zweiten deutschen Bundeskanzler
22.11.	Attentat auf John F. Kennedy in Dallas, Texas. Lyndon Baines Johnson neuer Präsident der USA
Ende 1963	Erhard besucht die USA zweimal binnen weniger Wochen. Der Kanzler und der Präsident erzielen insbesondere zu Weihnachten auf der Ranch des gastgebenden Texaners herzliches Einvernehmen

1964

04.05.	In Genf beginnt die sog. „Kennedy-Runde" über Zolltarife im Rahmens des GATT
12.06.	Erhard im Weißen Haus
August	Nach den Zwischenfällen im Golf von Tonking verabschieden beide Häuser des US-Kongresses eine gemeinsame Resolution, die dem Präsidenten freie Hand für ein weitreichendes militärisches Engagement in Vietnam läßt

1965

13.02.	Die USA beginnen mit der systematischen Bombardierung Vietnams (Operation „Rolling Thunder")
10.03.	Ein Artikel in der „Bild-Zeitung" („No, Sir!") sorgt für Aufregung zwischen Washington und Bonn
28.04.	Die Vereinigten Staaten intervenieren in der Dominikanischen Republik

1966	
Februar	Ende des „Vietnam-Semesters" an der FU Berlin. Erste „anti-amerikanische" Demonstrationen von Deutschen wegen des Vietnam-Krieges
17.02.	Die nukleare Planungsgruppe der NATO konstituiert sich
07.03.	Frankreich kündigt seinen Austritt aus der militärischen Integration der NATO zum 1. Juli 1966 an
25.03.	„Friedensnote" der Regierung Erhard
April	Die USA ziehen aus der Bundesrepublik 15.000 Soldaten ab
26.09.	Ludwig Erhard erreicht während seines fünften USA-Besuchs als Kanzler keinerlei Zusagen von Johnson, woraufhin seine Position unhaltbar wird. Aber auch die deutsch-amerikanischen Beziehungen nähern sich nach dem „Kanzlersturz" einem Tiefpunkt

5. Johnson, Vietnam und die „Große Koalition der Klagen"

Die deutsch-amerikanischen Beziehungen erreichten beim Kanzlersturz im Herbst 1966 einen Tiefstpunkt. Bonn und Washington waren in eine Sackgasse geraten. Der Bayern-Kurier sah die Bundesrepublik gar auf das „tote Nebengleis der Weltpolitik" abgeschoben. Außenpolitisch drohe ein Substanzverlust. Zudem interpretierte das CSU-Organ die Devisenausgleichszahlungen als „Tributzahlungen". Bonn sinke auf die Stufe eines „Vasallen" Washingtons herab.[265] Aber auch weiter links stehende Blätter sahen das deutsch-amerikanische Verhältnis nach dem Erhard-Besuch vom Herbst 1966 in einer Strukturkrise.[266]

Nur drei Jahre, nachdem beide Seiten eine transatlantische „Achse" Washington-Bonn vorhergesagt hatten, schien der „neue Bund" bereits in Trümmern zu liegen. Kurz zuvor hatten westeuropäische Journalisten den USA ökonomisch noch ein „goldenes Zeitalter" prophezeit, hatten sie militärisch als unbesiegbar, außenpolitisch als natürliche Führungsmacht und innenpolitisch als Vorbild des Westens gegolten. Im Herbst 1966 zeigte dieses USA-Bild nicht nur Risse, es schien nun vollends zu zerbrechen. Früh schon hatte Alt-Bundeskanzler Adenauer den amerikanischen Präsidenten Johnson als „impulsiv und dilettantisch" beurteilt. Der Krieg in Vietnam sei ein Desaster. Von Guttenberg meinte, die USA seien militärisch und politisch nur mehr eine Defensivmacht.

Der Vietnam-Krieg konnte nicht mehr gewonnen werden.[267] Zuhause spaltete sich die US-Gesellschaft immer stärker in Kriegsgegner („Tauben")[268] und -befürworter („Falken").[269] Der republikanische Präsidentschaftskandidat von 1964, der ultrakonservative Senator Barry Goldwater, plädierte im Fernsehen sogar dafür, den US-Kommandeuren vor Ort die Entscheidung über den Einsatz von Nuklearwaffen im Vietnamkrieg zu überlassen.[270]

Nicht nur die Spannungen der Außen- und Sicherheitspolitik lasteten damals schwer auf den USA. Auch die inneren Unruhen wuchsen. Anstelle der eingeleiteten Versöhnung von Schwarz und Weiß und einem Aufbruch der Schwarzen schien nackte Gewalt zu treten. Der Hoffnungsträger Martin Luther King wurde erschossen. Und Lyndon Johnson, 1963 als Reformer angetreten, gebärdete sich 1965-1967 gegenüber dem Kongreß und innerhalb der Administration als „imperialer" Präsident, der kaum noch Widerspruch duldete.[271] Die Wählerbasis für seinen in Vietnam angestrebten „Mittelkurs" schwand; der Präsident polarisierte zusehends. Nach dem Mord an Kennedy als Hoffnung Amerikas angetreten, schleuderten ihm nun rebellische Studenten Parolen entgegen wie:

„Hey, hey, hey, L. B. J.,
how many kids did you kill today?"

Johnsons Image war nie makellos gewesen. Bereits sein 1948 nur sehr knapp errungener Sieg bei den Senatswahlen war von einigen Beobachtern als nicht ganz korrekt eingestuft worden und hatte ihm den Spitznamen „landslide Lyndon" eingetragen. Mitte der sechziger Jahre aber haftete „LBJ" der Makel einer wachsenden „Glaubwürdigkeitslücke" an.[272] Durch eine Umbesetzung des Apparates versuchte er, dieser Entwicklung zu begegnen. Der deutschfreundliche Unterstaatssekretär und „advocatus diaboli" George Ball schied aus der Regierung aus. Der robuste Walt Rostow löste McGeorge Bundy im Amt des Nationalen Sicherheitsberaters ab. Immer stärker verzahnte nun der Vietnam-Krieg Amerikas Außen- und Innenpolitik, immer weniger Zeit blieb für die Verbündeten.[273]

In der Bundesrepublik begegnete man der „Pseudokrise" von 1966 mit der Bildung einer Großen Koalition aus Union und SPD. Kurt Georg Kiesinger (CDU) wurde Bundeskanzler, Willy Brandt (SPD) Außenminister. Hauptziele waren (neben der zum Scheitern verurteilten Einführung eines Mehrheitswahlrechtes) einige Grundgesetzänderungen und vor allem die Neuordnung von Wirtschaft und Finanzen. Hier reüssierte man. Dieses zeitlich befristete Zweckbündnis bewährte sich auch außenpolitisch weitgehend. Auf dem brachliegenden Feld der Ostpolitik unternahm die Bundesrepublik erste tastende Schritte. Aber wichtiger blieb noch die Westbindung, der Ausbau und die Pflege guter Beziehungen zu Westeuropa und den USA.

Wie bereits beim Sturz Erhards im Herbst 1966, so bildete Amerikas „Engagement" in Vietnam während der Großen Koalition einen zentralen Aspekt im außenpolitischen Koordinatenfeld der Bundesrepublik Deutschland. Die Verstrickung der USA in Indochina wirkte insbesondere um die Jahreswende 1967/68 ebenso wie die unterschiedlichen Sichtweisen einer neuen Ost- und Deutschlandpolitik als Sollbruchstelle der Großen Koalition und der deutsch-amerikanischen Beziehungen.

Nach Erhards letzten Endes erfolgloser, ja kontraproduktiver Politik der bedingungslosen Bindung an die westliche Führungsmacht warnte Bundeskanzler Kiesinger schon in seiner Regierungserklärung am 13. Dezember 1966 vor dem Deutschen Bundestag, jedes Bündnis weise nur soviel Festigkeit auf, wie das gegenseitige Vertrauen der Bündnispartner zulasse.[274] Durchgehend bestimmte in der zweiten Hälfte der 60er Jahre die Angst vor einem Vertrauensverlust das deutsch-amerikanische Verhältnis. Zwei miteinander zusammenhängende Hauptsorgen lassen sich feststellen: erstens, daß Vietnam und damit die amerikanische Asienpolitik wichtiger sei als die US-Europa- und Deutschlandpolitik und zweitens, daß die Vereinigten Staaten und die Sowjetunion eine Einigung „über die Köpfe der Deutschen hinweg" suchten. Das Gefühl, von den USA abhängig zu sein, verschwand indes nicht. Kiesinger bemerkte offen: „Wir haben nur die Wahl zwischen der sowjetischen Hegemonie und dem amerikanischen Schutz."[275]

Seinem Mißtrauen gegenüber den in Europa entspannungsfreundlichen USA ließ Franz Josef Strauß in seiner Aufsehen erregenden Rede vor der Deutschen Handelskammer in Madrid freien Lauf. Seiner Meinung nach erlebe die Welt gerade ein „Doppelspiel" der beiden atomaren Supermächte.[276] Konsequent setzte sich Strauß daher für die „Europäisierung" der westeuropäischen Verteidigung[277] ein.

Bonn war in jenen Jahren hin- und hergeworfen. Man hatte nicht nur Angst, über ihr Engagement in Vietnam könne Amerikas Führung Deutschland und Europa „vergessen" oder zumindest vernachlässigen.[278] Man fürchtete andererseits eine US-Bitte nach deutschen Soldaten. Und generell wurden etwa ab 1966 erstmals Zweifel an den Machtmitteln der USA laut. „Vietnam" war nicht nur als moralisches Problem zu verstehen. Der Krieg beendete auch den Eindruck, Amerika sei militärisch allmächtig und zugleich fähig zum „social engineering."[279] Leisler Kiep etwa, der ein gutes Verhältnis zu den USA für „das zweite Grundgesetz" der Bundesrepublik hielt, beschrieb die alte Gefahr der deutsch-amerikanischen Beziehungen als einer „Einbahnstraße". Dieser bisher positive Effekt (Marshall-Plan und Demokratisierung) drohe nun umzukippen. Seit den späten 1960ern schien die Bundesrepublik auch und vor allem die Probleme und Krisen der USA zu importieren.[280]

Sehr viel nachhaltiger als die „bürgerlichen" Politiker beider Volksparteien jedoch prägte der Widerstand gegen den Vietnamkrieg die außerparlamentarische Opposition. Doch nicht nur bei den studentischen „Rebellen" um Rudi Dutschke verdunkelte sich während des Vietnamkrieges das deutsche Bild der USA nachhaltig.[281] Erstmals seit der frühen Besatzungszeit kamen wieder „antiamerikanische" Stereotypen zur Geltung. Diese in der zweiten Hälfte der sechziger Jahre einsetzende Welle des „Antiamerikanismus" indes war nachhaltiger und überlagerte teilweise das seit 1948 sehr positive deutsche USA-Bild. Seit dem Vietnamkrieg kann in Europa und speziell in der Bundesrepublik im Gegensatz zur Ära Adenauer und Erhard nur noch von einer zwiespältigen Amerika-Einschätzung ausgegangen werden.[282] Vor allem Präsident Johnson wurde diesseits des Atlantik mehr und mehr zum Sinnbild für das zum Scheitern verurteilte amerikanische Engagement in Vietnam.[283] Wer in Europa erinnert sich noch an die von Johnson initiierten Gesetze?[284] Nicht der bis zur physischen Erschöpfung nach einem Ausweg aus dem Vietnam-Sumpf suchende

Präsident (mit all seinen Fehlern!), nur noch das Zerrbild des martialischen Texaners blieb im Kollektivgedächtnis haften.[285]

Richard Nixon meinte damals, der Vietnam-Krieg wirke sich destruktiver auf die nordatlantische Allianz aus als beispielsweise de Gaulles Nationalismus oder der deutsche Wunsch nach Atomwaffen. Die Probleme hingen eng zusammen. Je größer die deutsch-amerikanischen Belastungen, desto stärker war der Zulauf zu den deutschen Gaullisten. Washington und Bonn schienen sich zu entfremden, zumal ein Kanzlerbesuch in den USA nach dem Herbst 1966 schwieriger geworden war. Gegenüber Washington trat Kiesinger im Vergleich zu Erhard betont selbstbewußt auf. Obwohl er es vermied, die USA wegen Vietnam moralisch zu verurteilen, sprach er den Zustand des Bündnisses in deutlichen Worten an. Sein Fazit hieß:

„So kann es nicht weitergehen. Wir reden ja überhaupt nur noch über Streitfragen miteinander. Wir reden ja gar nicht mehr über gemeinsame Politik. Was wir einmal aufgebaut haben und was angefüllt war mit einem unbändigen Willen zur Freiheit der Welt, das droht zum leeren Gehäuse, zum bloßen Apparat zu werden: NATO, Bündnisgeist der NATO."[286]

Angesichts einer solchen Stimmungslage befand auch Kiesinger vor dem Deutschen Bundestag, daß das Verhältnis der Bundesrepublik zu den Vereinigten Staaten, „lassen Sie mich's ruhig so sagen, nicht so in Ordnung war, wie wir es gern wünschten und, ich glaube, ich darf sagen, wie es auch in Amerika gewünscht wird."[287]

Der Kanzler benutzte bisweilen „präzedenzlose scharfe Formulierungen", um die USA aus ihrer Vietnam-Fixiertheit zu reißen. Einmal warf er den USA und der UdSSR sogar ein „atomares Komplizentum" vor.[288] Die Supermacht USA handle über die Köpfe ihrer Verbündeten hinweg. Doch hinsichtlich des US-Engagements in Vietnam war er klug genug, sich nicht die Rolle als moralischer „Schulmeister" Amerikas anzumaßen.

Auch Willy Brandt überraschte Washington mit seinem staatsmännischen Auftreten, wofür es gute Gründe gab. Schließlich war Willy Brandt der erste von der SPD gestellte deutsche Außenminister seit Jahrzehnten. Andererseits beanspruchte die Bundesrepublik - angesichts der eigenen ökonomischen und politischen Krise von 1966/67 - stärker als in den Jahren zuvor die Aufmerksamkeit der Bundesregierung. Erstmals sah sich das Land mit einer Mini-Rezession konfrontiert, und vor diesem Hintergrund flachte während der Großen Koalition der Parteienstreit um die Gunst der USA etwas ab. Vor allem die Sozialdemokraten mußten nun als Teilhaber der Macht nicht mehr wie früher im Rahmen der sogenannten „Kennedy-Internationalen" oppositioneller Parteien alles Amerikanische bedingungslos akzeptieren.

Und so stellte die New York Times schon bei seinem Antrittsbesuch am Potomac fest: „It was a different Willy."[289] Dies, obwohl der Außenminister nach außen kühl wirkte, im Innern aber mit heftigen Zweifeln rang. Ja, Brandts zwiespältige Haltung zum amerikanischen Krieg in Vietnam ist sogar symptomatisch für die gesamte deutsche Seite. Hin- und hergerissen zwischen Gesinnungs- und Verantwortungsethik im Sinne von Max Weber, kam er über Jahre hinweg zu keiner eindeutigen Aussage. Als Regierendem Bürgermeister von Berlin und deutschem Außenminister untersagte ihm die Staatsräson, die westliche Schutzmacht öffentlich zu kritisieren.

Nicht nur der CSU-Politiker Freiherr von Guttenberg rief den Deutschen ins Gedächtnis: „Für alle amerikanischen Familien ist Vietnam zu nahe, als daß man es vergessen könnte, für die Deutschen sind 20 sowjetische Divisionen um Berlin zu nahe, um vergessen werden zu können."[290] Und im September 1968 dankten Kiesinger und Brandt dem amerikanischen Präsidenten für dessen Washingtoner Rede. Hier hatte Johnson unmißverständlich klargemacht, daß die Anwendung von Gewalt oder die Androhung von Gewalt in „Gebieten unserer gemeinsamen Verantwortung, wie Berlin," nicht geduldet werden könne. Amerikanische Rückversicherungspolitik, insbesondere zum Schwachpunkt Berlin, fand in der Bundesrepublik durchweg eine gute Aufnahme.[291]

Doch so wenig Brandt um Berlins willen den offenen Streit mit den USA wagen konnte und wollte, so sehr wurde er als Kanzlerkandidat und Vorsitzender der immer stärker gegen den Krieg aufbegehrenden SPD in die Rolle des Kritikers gedrängt. Angesichts dieses politisch-moralischen Dilemmas mußte er sich als Mensch mit einem „inneren Denkverbot" schützen.

Später schreibt er hierzu: „Ich will jedoch nicht den Eindruck erwecken, ich hätte dies auch in den vergangenen Jahren immer so gesagt. Vietnam war für mich ein Bereich, über den ich einfach nicht genug wußte; vielleicht wollte ich auch nicht genug wissen, weil mich dies in einen Konflikt mit der amerikanischen Politik gebracht hätte, auf die ich als Berliner Bürgermeister, aber auch in der Zeit danach in starkem Maße angewiesen war."[292]

An anderer Stelle berichtet er: „Mir war 1961 - aber auch 1962 - noch keineswegs deutlich, daß sich eine langwierige und massive Intervention der Amerikaner in Indochina vorbereitet. Ich versuchte - halb bewußt, halb unbewußt - damals und später, dieses Problem von mir wegzuschieben."[293]

Dabei habe ihn auch die „Domino-Theorie" nicht unbeeinflußt gelassen. Geprägt von dieser inneren Zerissenheit letzten Endes von der Erkenntnis geleitet, daß es auch „nach Vietnam" noch eine gut funktionierende deutsch-amerikanische Partnerschaft geben müsse, mäßigten Brandt und andere Parteiobere die Wut der Basis. Als beispielsweise ein Juso-Delegierter aus Hessen-Süd 1967 auf dem Bundeskongreß in Mainz den Kampf der USA in Vietnam als „imperialistische Aggression" bezeichnete, stieß er auf den heftigen Widerstand des Berliner Flügels und der Parteiführung. Doch nicht nur Willy Brandt, die Bundesrepublik insgesamt steckte politisch, militärisch, ökonomisch, psychologisch und moralisch während der Großen Koalition und insbesondere während des „verrückten Jahres 1968" in einem echten Dilemma.

Insgesamt fungierte der Vietnam-Krieg als Lackmustest, machte er doch die anderen, ansonsten wohl verborgenen Tendenzen wie den amerikanischen Wunsch nach Entspannung in Europa oder Probleme wie den Zustand der NATO sichtbar. Einerseits kann er als auslösendes Moment einer Entwicklung gesehen werden, die es ohne ihn nicht oder nicht in diesem Maß gegeben hätte: der deutsche Antiamerikanismus von 1968 und die Friedensbewegung sind hier zu nennen. Andererseits wirkte er verstärkend und beschleunigend auf die APO oder die neue Ostpolitik. Gleichzeitig hatte er aber auch ein retardierendes Moment, etwa bei der NATO-Reform oder der deutsch-chinesischen Annäherung. Doch obwohl Vietnam 1967/68 zeitweise wie ein Damoklesschwert sowohl über der Großen Koalition als auch über den deutsch-amerikanischen Beziehungen hing, kam es nirgendwo zum Bruch. Nach vielen Blessuren setzte endlich das transatlantische Krisenmanagement ein.

Über ein halbes Jahr lang klagten beide Seiten über den mangelhaften Informationsfluß, kam aufgrund der Differenzen und niedrigen Erwartungen kein Treffen der Regierungschefs zustande. Während die Bundesrepublik weiterhin ein gewisses Maß an politischer und ein erhebliches Maß an wirtschaftlicher und humanitärer Hilfe an Südvietnam leistete, verstummte der amerikanische Vorwurf nicht, gerade die Deutschen ließen die USA in Südostasien im Stich. Die vernachlässigten bilateralen Konsultationen auf mehreren Ebenen durch die fast völlig auf den Vietnam-Krieg fixierte Johnson-Administration bildeten auch unter Kiesinger den Nährboden für bündnisinterne Mißverständnisse.[294]

Sicherlich lag zeitweise eine ungewohnte Härte im Ton des deutsch-amerikanischen Dialogs. Als US-Botschafter George McGhee androhte, US-Truppen aus der Bundesrepublik abzuziehen, falls Bonn nicht auch nach dem 30. Juni 1967 Rüstungskäufe zum Devisenausgleich vornehmen werde, entgegnete der Kanzler selbstbewußt: „Dann lassen Sie doch Truppen abziehen.“ Und doch gelang es Kiesinger insgesamt, das leidige Devisenproblem bald auf Zahlen und Fakten zu reduzieren und die Emotionen herauszunehmen.

Kommentatoren warnten schon vor einer „Wende“ der deutsch-amerikanischen Beziehungen wegen des Streites um den Devisenausgleich, vor allem in einer Zeit, da Johnson sich völlig auf Vietnam konzentriere und dadurch bei anderen Problemfeldern überhart reagiere. Der Präsident sei auch nicht mehr der Mann, der sich für Deutschland interessiere.[295]

Alles in allem vermißte Bonn über das „Gezänk“ um die miteinander verzahnten Problemfelder Devisenausgleich, Atomsperrvertrag und Truppenabzugsdrohungen ein grundlegendes Konzept der amerikanischen Weltpolitik mit einer klar definierten Rolle Deutschlands und Westeuropas. Streit und Mißverständnisse erschwerten die Pflege enger und kontinuierlicher deutsch-amerikanischer Beziehungen von 1966-1969 durchweg.[296] Zu diesem Zeitpunkt kristallisierte sich auch aus amerikanischer Sicht heraus, wie weit man von der „herzlichen Beziehung“ Adenauer-Dulles entfernt war, welch starker und auf eigene Interessen bedachter Verhandlungspartner die Große Koalition im Vergleich zum amerikaphilen Erhard darstellte.[297]

An Pannen und Peinlichkeiten mangelte es nicht. Selbst der Berlin-Besuch Vizepräsident Humphreys Anfang April 1967, der anstelle des nicht einfach zu arrangierenden Gipfels zwischen Kiesinger und Johnson die deutsch-amerikanische Freundschaft symbolisieren sollte, endete mit einem Eklat. Die Polizei nahm Mitglieder der am 1. Januar gegründeten Kommune I beim Basteln einiger Puddingbomben fest, woraufhin die Presse über einen geplanten „Bombenanschlag" und ein „Attentat" auf Humphrey spekulierte. Einer wußte: „Maos Botschaft lieferte die Bomben gegen Vizepräsident Humphrey."[298] Doch kurz darauf erhielt Lyndon Johnson die Gelegenheit, die deutsch-amerikanischen Beziehungen zu „reparieren."

Erst am Rande der Beerdigung Konrad Adenauers, Ende April 1967, kam er mit dem Bundeskanzler zu einem ersten persönlichen Meinungsaustausch zusammen. Der amerikanische Präsident tat alles, um dem Eindruck entgegenzuwirken, er vernachlässige Westeuropa wegen Vietnam oder verkaufe „über die Köpfe der Deutschen hinweg" ihre Interessen an den Kreml. Auch wenn der Dialog der Regierungschefs die strukturellen Probleme der Bündnispartner nicht lösen konnte, trug er zu einer verbesserten Atmosphäre der deutsch-amerikanischen Beziehungen bei. Bisher hatten die USA den dritten Bundeskanzler offiziell als höflich, würdig und ernst bezeichnet. Auf dem Heimflug von Adenauers Beerdigung meinte Johnson zu einem engen Vertrauten salopp, er persönlich habe Kiesinger immer für einen „Dandy" gehalten, aber die persönliche Begegnung habe diesen Eindruck verändert. Der Kanzler verstehe es, würdig aufzutreten.[299]

Inhaltlich näherten sich beide Seiten nicht an. Sein Sicherheitsberater Rostow riet Johnson, die deutsche Sensitivität für die „Erosion der Allianz" zu rühmen, aber unmißverständlich darauf zu verweisen, daß die USA alle eingegangenen Verpflichtungen wahrnehmen. Vietnam sei ein Beispiel dafür.[300] Solange die USA derart auf Vietnam fixiert waren, konnte kaum mit transatlantischen Impulsen gerechnet werden.

Und trotz gewisser atmosphärischer Verbesserungen auf Ebene der Regierungschefs darf nicht übersehen werden, daß dieser Arbeitsbesuch des amerikanischen Präsidenten in der Bundesrepublik natürlich keinen Vergleich mit den oben geschilderten Besuchen Eisenhowers von 1959 oder gar Kennedys von 1963 zuläßt. Der 1967 bereits mit einem „kriegerischen" Image belegte Johnson wagte während seines einzigen Deutschlandbesuches nicht einmal den Kontakt zur Bevölkerung und den Medien.

Vor diesem Hintergrund einigten sich die Spitzenpolitiker beider Staaten im Frühsommer 1967 darauf, ihre Probleme „einzufrieren".

Insbesondere der Vietnam-Krieg, der in beiden Ländern gesellschaftlich eine immer größere Rolle spielte, sollte offiziell aus den bilateralen Beziehungen herausgehalten werden. Zum Jahreswechsel 1967/68, als Union und SPD völlig verschiedene Kurse einschlugen, bildete der Vietnamkrieg auch koalitionspolitisch enormen Sprengstoff. Kurz vor und während der Tet-Offensive Ende Januar 1968 endete der deutsche Sonderweg des Schweigens, Wegsehens und Ausklammerns. Die nordvietnamesische Tet-Offensive erreichte eine derartige Medienwirksamkeit, daß die Bundesregierung den Krieg in Vietnam nicht mehr ignorieren konnte. Die SPD schloß sich sogar einer Resolution der Sozialistischen Internationalen an und forderte als eine deutsche Regierungspartei von den USA die Einstellung der Bombardierungen.

Die schon im Vorjahr zahlreichen gegen die amerikanische Vietnam-Politik gerichteten Demonstrationen und Aktionen in beiden Ländern nahmen nach Ausbruch der Tet-Offensive noch zu. Seit Oktober 1967 wurden die Amerika-Häuser immer häufiger das Ziel linker bis linksradikaler Studenten, wenngleich die amerikanische Berichterstattung bisweilen das marxistische Element dieser Form des Antiamerikanismus überbetonte. In jedem Fall aber kam dem Vietnam-Krieg eine zentrale Rolle bei der Auseinandersetzung der APO mit dem „Establishment" zu.[301] Während der Tet-Offensive und des deutschen „Vietnam-Kongresses" am 17. und 18. Februar 1968 in Berlin nannte Rudi Dutschke West-Berlin einen „vorgeschobenen Posten des Imperialismus" und rief zum Widerstand und zum „langen Marsch durch die Institutionen" auf. Daß sein Aufruf „Der Kampf der Vietkong oder der MIR in Peru sind unsere Kämpfe" in der Bundesrepublik auf heftigste Reaktionen stieß, versteht sich.[302]

Im Februar und März 1968 spitzte sich die Krise zu. Doch die völlig überraschende Erklärung Lyndon Johnsons vom 31. März 1968, daß er nicht mehr für die Präsidentschaft kandidieren werde, befreite die Große Koalition mit einem Schlag von dem angestauten Konfliktpotential. Johnsons Quasi-Rücktritt und der teilweise amerikanische Bombenstopp entlasteten auch die angespannten deutsch-amerikanischen Beziehungen enorm. Von nun an setzten sowohl CDU/CSU als auch SPD auf die in Gang gekommenen Pariser Friedensgespräche.

Vor allem die Union hoffte nun auf eine Fristverlängerung für die Verhandlungen des Non-Proliferationsvertrages. Zu ihrem Bedauern hatte Vietnam den „Atomwaffensperrvertrag" aus dem Tagesgeschehen verdrängt, der nun wieder in den Vordergrund trat.[303] Adenauer hatte ihn ja als „Versailles von kosmischen Ausmaßen" charakterisiert, Strauß als „Morgenthau-Plan im Quadrat". Einzig Kiesinger blieb souverän. Auf die Frage von Paris Match, ob er den deutschen Zustand „atomarer Keuschheit" für tragbar halte, antwortete er, da gebe es für ihn keinerlei Probleme.[304] Kiesinger erkannte die Zeichen der Zeit. Die Zahl der Nuklearmächte sollte begrenzt bleiben, Nichtweitergabe hatte bereits seit 1963/1964 Vorrang vor der Ausstattung weiterer NATO-Verbündeter mit Atomwaffen. Das Projekt einer „Multilateral Force" (MLF), das Deutschen und Italienern indirekt eine atomare Beteiligung geboten hätte, war von Anfang an auf großen Widerstand in Großbritannien, Frankreich und der UdSSR gestoßen. Nicht einmal in der Bundesrepublik Deutschland und den USA hatten sich klare Mehrheiten dafür gefunden, auf U-Booten oder als Handelsschiffen getarnten Kriegsschiffen mit multinationaler Besatzung Atomraketen mittlerer Reichweite zu stationieren. Die „MLF" hatte von Anfang an mehr Probleme geschaffen als gelöst und war ohnehin nie ernsthaft über das Planungsstadium hinausgekommen.

Allerdings trug sie zu weiteren deutsch-amerikanischen Mißverständnissen und letztlich zu einer Belastung des Verhältnisses Washington-Bonn bei. Ohnehin war das deutsche Unverständnis Amerikas, vor allem in bezug auf Vietnam, seit Ende 1966 noch weiter angewachsen. Bis Mitte 1968 hatte sich viel Unmut angestaut. Präsident Johnson reagierte darauf, indem er mit dem Republikaner Henry Cabot Lodge kurz vor den Wahlen einen ausgesprochenen „hard-liner" zum Botschafter in Bonn ernannte. Ein Teil der Presse interpretierte auch diesen Schritt als deutliche Abkühlung des deutsch-amerikanischen Verhältnisses in einer schwierigen Zeit. Die Presse der Gaullisten resümierte im Sommer 1968, während der vergangenen beiden Jahre habe die Johnson-Administration unter dem Schlagwort der „Lastenteilung" vor allem auf finanziellen Gebieten Druck auf die Bundesregierung ausgeübt, um das durch den Vietnam-Krieg verschuldete Haushaltsdefizit von 1967 8,8 und 1968 circa 20 Milliarden Dollar auch auf die Bundesrepublik abzuwälzen. Dabei seien ursprünglich separate Themengebiete verzahnt worden. Natürlich hoffte das politische Bonn, mit Johnson würden auch die Sorgen gehen. Interessierter als je zuvor verfolgte man den turbulenten amerikanischen Wahlkampf des Jahres 1968.

Zwar wehrte sich der noch amtierende Präsident dagegen, nun als „lahme Ente“ zu gelten. Doch physisch und psychisch zermürbt, konnte er weder gegenüber auswärtigen Mächten als starker Akteur auftreten, noch vermochte er das innenpolitische Chaos des Jahres 1968 zu verhindern. Ebenso wenig gelang dies seinem Favoriten im Wahlkampf, dem konturlosen Vizepräsidenten Hubert Humphrey. Nichts beschreibt den Werteverfall während der Johnson-Jahre besser als die Tatsache, daß die jungen liberalen Kandidaten der Demokraten inhaltlich dieselben Forderungen aufstellten wie der radikale Republikaner Barry Goldwater 1964. Nach den Morden an Martin Luther King und Robert Kennedy, den Unruhen in vielen Städten und dem chaotischen Parteikonvent der Demokraten in Chicago wurde der Ruf nach „Recht und Ordnung“ zuhause und nach Frieden in Vietnam immer lauter.

Eigentlich hätten die USA nunmehr dringender denn je einer Phase der Besinnung und der Ruhe bedurft. Das Gegenteil geschah, die Staaten des Warschauer Paktes marschierten in der Tschechoslowakei ein, um das Experiment des „Prager Frühlings“ gewaltsam zu beenden - nur wenige Kilometer von der deutschen Grenze entfernt. Unwillkürich stellte sich für die Deutschen noch einmal die Frage, ob die Schutzmacht überhaupt über das notwendige Instrumentarium verfüge. Insgeheim mußte sich die amerikanische Führung eingestehen, daß sie zum konventionellen Schutz Westeuropas nicht mehr in der Lage war. Zu viele Einheiten von Armee, Lufwaffe und Marine waren in Südostasien gebunden.

Mußte es vor diesem Hintergrund nicht erstes Gebot der amerikanischen Politik sein, mit der Sowjetunion ein „Gentlemen's Agreement“ in bezug auf Mitteleuropa einzugehen? Bereits während des amerikanisch-sowjetischen Gipfels in Glassboro waren beide übereingekommen, den Einflußbereich der jeweiligen Supermacht zu respektieren. Und vor dem Hintergrund des Einmarsches erschien Johnsons große „Brückenbau“-Rede vom 7. Oktober 1966, in der er der Sowjetunion die Hand gereicht hatte, nunmehr in neuem Licht. Manch einer befürchtete, die USA verhandelten in Mitteleuropa nicht länger aus einer Position der Stärke heraus - wenngleich es der Johnson-Administration gelang, das NATO-Gebiet inklusive West-Berlins die gesamte Amtszeit über zu schützen. Doch sicherlich um den Preis, daß 1967/68 weder Amerikaner noch Deutsche in dieser Region eine klar definierte Rolle einnahmen. Der französische Europapolitiker Jean Monnet skizzierte den Sachverhalt treffend, als er schrieb, wegen Vietnam hängen die transatlantischen Beziehungen in der Luft. Das „Grand Design" Kennedys, die von vielen favorisierte atlantische „Hantelkonzeption", wonach ein starkes Nordamerika und ein sich einigendes Westeuropa die Pfeiler einer atlantischen Zivilisation bilden würden, all dies war nun in der Schwebe. Monnet ist zuzustimmen: alles erlitt einen nicht wiedergutzumachenden Schaden.

Zukunftsangst und Verunsicherung prägten die Lage. Man fragte sich, ob die USA, die in Vietnam einen brutalen, ungerechten und für viele auch sinnlosen Krieg führten, dadurch nicht ihre führende Rolle im Westen einbüßten. Die bis dahin zu Recht propagierte moralische Überlegenheit der Vereinigten Staaten jedenfalls schmolz dahin. Was bedeutete dies für die Bundesrepublik?

Demonstration in West-Berlin 1968 gegen das amerikanische Engagement im Vietnam-Krieg: Das westdeutsche Amerikabild wandelte sich.

Die deutsche wie die amerikanische Presse registrierten sorgfältig den allmählichen Umschwung im westdeutschen Amerikabild wegen des Krieges in Vietnam und den nicht zuletzt damit verbundenen neuen deutschen Anti-Amerikanismus von links und rechts, der sich in den „Ami Go Home“-Parolen äußerte.[305] Neben der sich wandelnden öffentlichen Meinung, die Umfragen des Allensbacher Institutes eindeutig belegen, führte das Umdenken auf höchster Ebene zu einer neuen deutschen Haltung gegenüber Amerika, und hier spielte die Erörterung der Vietnam-Problematik 1967 auch in offiziellen Darstellungen eine wichtigere Rolle. Weder wollte Bonn länger das „Mündel“ Washingtons sein, noch gab es - allein schon aus sicherheitspolitischen Erwägungen heraus - einen echten Ersatz für die enge Anlehnung an die USA. Doch der Nimbus der Führungsmacht in der freien Welt schwand und erreichte nach Vietnam nie mehr frühere Höhen. Andererseits gab dies bis dato behüteten Staaten wie der Bundesrepublik Ende der sechziger, Anfang der siebziger Jahre die Gelegenheit, außenpolitisch selbständiger zu werden und nach zwanzig Jahren rudimentärer Ostpolitik hier die Initiative zu ergreifen.

ZEITTAFEL

1966

07.10.	„bridge-buildung“-Rede Präsident Johnsons
01.12.	Kurt Georg Kiesinger zum dritten Bundeskanzler gewählt

1967

April	Der Besuch des US-Vizepräsident Hubert H. Humphrey in der Bundesrepublik wird von Demonstranten gestört
25.04.	Konrad Adenauer im Beisein vieler Staats- und Regierungschefs beigesetzt. Johnsons einziger Deutschland-Besuch steht unter strengen Sicherheitsvorkehrungen
05.06.	Beginn des „Sechstage-Krieges“
13.12.	Der „Harmel-Bericht“ des Nordatlantik-Rates sieht zwei Pfeiler vor: militärische Sicherheit und Entspannung

1968

31.01.	Beginn der „Tet-Offensive" in Vietnam
31.03.	Lyndon B. Johnson gibt seinen Verzicht auf Kandidatur und Wiederwahl bekannt
Mai	Unruhen in fast allen westlichen Ländern
25.06.	„Signal von Reykjavik": Erklärung des NATO-Ministerrats über beiderseitige und ausgewogene Truppenverminderung
01.07.	Der Vertrag über die Nichtverbreitung von Kernwaffen („Non-Proliferations-Vertrag", NPT) von den USA, der UdSSR und Großbritannien unterzeichnet
05.11.	Der Republikaner Richard M. Nixon siegt in der US-Präsidentschaftswahl

IV. EINGESPIELTE PARTNERSCHAFT, 1969-1989

1. Partnerschaft im Wandel, 1969-1974

1.1 Veränderte Rahmenbedingungen und neue Konzepte

1969, ein Vierteljahrhundert nach Kriegsende, begann ein neuer Abschnitt der deutsch-amerikanischen Beziehungen, der nur bedingt mit den Regierungswechseln[1] in beiden Ländern begründet werden kann. Ohne Frage traten mit dem charismatischen Bundeskanzler Willy Brandt,[2] dem ersten sozialdemokratischen Regierungschef Deutschlands seit 1930, seinem Freund und Berater Egon Bahr[3] (SPD) und dem mondänen Außenminister Walter Scheel[4] (FDP) nunmehr Politiker an, die schon kraft ihrer Persönlichkeit in der Lage waren, den politischen Kurs des Landes neu zu bestimmen. Nicht minder trifft dies auf die amerikanische Seite zu. Mit dem republikanischen Präsidenten Richard Milhous Nixon[5] und dem Harvard-Professor Henry Kissinger[6] als seinem Nationalen Sicherheitsberater und späteren Außenminister stand eines der außen- und sicherheitspolitisch wohl kompetentesten Duos seit 1789 an der Spitze der US-Regierung.[7]

Unter anderen Umständen hätte die parallele Amtszeit des früher „linken“ Brandt[8] und des in den fünfziger Jahren „rechten“ Nixon für die deutsch-amerikanische Partnerschaft eine nicht unerhebliche Belastung bedeuten können. Doch an der Schwelle der 70er Jahre war die Zeit reif für eine maßvolle De-Ideologisierung der Außen-, Sicherheits- und Wirtschaftspolitik. Persönlichkeit, Pragmatismus und Ideenreichtum waren gefragt, und hier konnten beide Seiten aus dem vollen schöpfen.[9]

Sowohl Bonn als auch Washington hatten Ende der 60er Jahre einsehen müssen, daß sie bei zentralen Fragen ihrer Politik an einem toten Punkt angekommen waren. Die Bundesrepublik Deutschland benötigte ein neues Konzept für ihre Ost- und Deutschland-Politik ebenso dringend wie die USA den fundamentalen Wandel ihres Vietnam-Kurses. In beiden Staaten zog man aus dieser schwierigen Lage denselben Schluß: wollte man weiter vorankommen, mußte man zuerst mit den eingefahrenen Denkmustern der Vergangenheit brechen. Die sozialliberale Koalition tat dies, indem sie die Reihenfolge von Wiedervereinigung und Entspannung umkehrte. Denn der alte Kurs, die postulierte Wiedervereinigung als Voraussetung für die Entspannung in Mitteleuropa, hatte - nach durchaus vielversprechenden Anfängen in den 50er Jahren - schließlich in eine politische Sackgasse geführt. Nach dem Mauerbau von 1961, mochte er menschlich und politisch eine noch so himmelschreiende Ungerechtigkeit sein, hatte sich die DDR auch international zusehends etabliert. Und im Atomzeitalter, in dem sich die beiden militärisch inzwischen annähernd gleich starken Supermächte gegenseitig mehrfach vernichten konnten, machte eine verbale „Politik der Stärke" à la John Foster Dulles kaum mehr Sinn. Die amerikanischen wie auch die sowjetischen Interkontinentalraketen froren die politischen Verhältnisse auf der Ost-West-Schiene ein und machten Veränderungen auf den alten Gleisen unmöglich. Das Anrennen gegen Mauern werde sinnlos, wenn sie aus weltpolitischem Beton errichtet sind, erkannte Brandt.[10]

Die sozialliberale Koalition akzeptierte den nuklearen status quo und arrangierte sich. Sie strebte weder den Besitz noch die Verfügungsgewalt über Atomraketen an. Und so bedeutete es für sie auch keinen Verlust an Macht oder Prestige, am 28. November 1969 den Nichtverbreitungs-Vertrag zu unterzeichnen.[11]

Wollte man in den 70er Jahren etwas bewegen, mußte zuerst die „Détente" kommen. Und auf der Basis der Entspannung und des gewachsenen gegenseitigen Vertrauens zwischen Ost und West sollte der Boden für die Wiedervereinigung Deutschlands bereitet werden. Bis dahin strebte Bonn als Nahziel zumindest die Verbesserung der Lebensbedingungen in der DDR an.

Auch die Nixon-Administration überwand die fatale Denkweise der Präsidentschaft Johnsons, welche die USA immer tiefer in das Vietnam-Fiasko verstrickt hatte, ohne einen Ausweg aufzeigen zu können. 1968 waren Lyndon B. Johnson und seine Berater physisch und psychisch völlig erschöpft. Neue Ideen waren von ihnen nicht mehr zu erwarten. Immerhin zeigte Johnson die menschliche Größe, auf eine nicht unwahrscheinliche Wiederwahl zu verzichten und, anstatt das Elend um weitere vier Jahre zu verlängern, den Weg für ein neues Team frei zu machen. Richard Nixon nannte als oberste Priorität seiner Außenpolitik, einen „ehrenvollen Frieden" in Vietnam zu erreichen. Gegenüber der Sowjetunion und der Volksrepublik China wiederholte er sein Angebot des „friedlichen Wettbewerbs". Dabei war der für viele überraschende Wechsel zwischen „Kaltem Krieg"[12] und Entspannung niemals einfach, weder mit dem Gegenüber, noch mit den eigenen Verbündeten, wie folgendes Kissinger-Zitat verdeutlicht:

„In kritischen Zeiten befürworteten die Europäer die Entspannung; in ruhigen Zeiten fürchteten sie ein Zusammengehen der Vereinigten Staaten und der Sowjetunion auf Kosten Europas. In Krisenzeiten erwarteten sie von uns die Aufrechterhaltung des Gleichgewichts außerhalb Europas und zögerten nicht, unter dem Schirm der Risiken, die wir auf uns nahmen, Vorteile für sich selbst zu suchen. Diese Haltung war für unsere Europa-Politik Antrieb und Bremse zugleich." Er fuhr fort, dies zwinge Washington zu einer seltenen Übereinstimmung mit den Auffassungen seiner Verbündeten, wobei es die letzte Entscheidung zu kritischen Fragen selbst fällen müsse. „Schließlich nötigten sie uns, unsere eigene Entspannungsstrategie zu entwickeln." Ohne sie würden die Europäer selbst ihre Fühler nach Moskau ausstrecken und gleichzeitig versuchen, die innenpolitische Linke für sich zu instrumentalisieren.[13]

Doch Dynamik war bisher ein Privileg der Amerikaner gewesen, und sie wollten vermeiden, mit ihren Alliierten in einen für die Supermacht demütigenden „Wettlauf" nach Moskau einzutreten. Ihr eigener Anspruch zwang sie, das anfängliche Zögern rasch zu überwinden und sich - wollte man die Flamme der Ostpolitik nicht ersticken - zumindest rhetorisch an die Spitze der neuen Politik zu stellen. Oder, wie es Henry Kissinger dem deutschen Diplomaten Paul Frank 1970 zufolge so griffig formuliert hat: „Eines will ich Ihnen sagen, wenn schon Entspannungspolitik mit der Sowjetunion gemacht werden soll, dann machen wir sie!"[14]

Der Aufbruch zu neuen Ufern stand nach einer Phase ost-westpolitischer Stagnation unweigerlich bevor. An globalen Visionen fehlte es zu dieser Zeit gewiß nicht. Doch als Nixon und Brandt 1969 binnen weniger Monate ihr Amt antraten, fanden sie in der täglichen Politik gewaltige Hindernisse, ehe sie ihre Konzepte umsetzen konnten. Der amerikanische Präsident etwa trat sein Amt an, als eine halbe Million US-amerikanischer G.I.'s in Südostasien stand. Wie die Tet-Offensive gezeigt hatte, würde ein überstürzter Abzug wohl den raschen Zusammenbruch des Verbündeten Südvietnam und damit möglicherweise den Tod hunderttausender Zivilisten zur Folge haben. Generell sollte die Intensität der Kriegsführung herabgesetzt werden, was jedoch zeitweise harte Gegenschläge und paradoxerweise sogar die Ausweitung des Krieges beinhaltete. Der von Nixon/Kissinger favorisierte Plan, den Krieg nach und nach zu „vietnamisieren", also dem Alliierten Gerät und Geld, aber weniger US-Truppen zur Verfügung zu stellen, erfüllte die Hoffnungen jedoch ebensowenig wie die sich über Jahre hinziehenden Pariser Friedensgespräche mit Nordvietnam.

Und doch, trotz all dieser Schwierigkeiten und Rückschläge, gelang es der neuen republikanischen Regierung, das Heft in die Hand zu nehmen. Indem Nixon gleich nach Amtsantritt im Februar 1969 nicht nach Vietnam, sondern nach Europa flog,[15] legte das Weiße Haus wieder die Themenschwerpunkte fest. Der Präsident war wieder Meinungsführer. Gleiches gilt für das spektakuläre Raumfahrtprogramm Apollo 13 und die Landung auf dem Mond im Juli 1969, die Vietnam für Wochen aus den Schlagzeilen verdrängte. Schließlich trug Nixons Reisediplomatie nach China und in die Sowjetunion maßgeblich dazu bei, während seiner ersten Amtszeit die Beziehungen der drei Supermächte in das Rampenlicht zu rücken und Vietnam - im Vergleich zum benachbarten Milliardenvolk - fast an die Peripherie abzudrängen.

Jedenfalls wurde ab 1969 immer deutlicher, daß sich die internationale Ordnung nachhaltig verändert hatte. Die bipolare Weltordnung der 50er Jahre existierte nicht mehr. Mit der Volksrepublik China war eine - in den Zeiten der „Kulturrevolution" zudem unberechenbare - dritte Supermacht der eigenen Art hinzugekommen. Sie besaß zwar seit 1964 Atom- und bald darauf auch Wasserstoffbomben, konnte jedoch nicht einmal die eigene Bevölkerung ausreichend mit Grundnahrungsmitteln versorgen. Während der Amtszeit Nixons stieg auch Japan allmählich zur ernstzunehmenden wirtschaftlichen Macht auf. 1973 demonstrierten die ölexportierenden Staaten ihre Wichtigkeit, als unvermutete Preisexplosionen dem Westen seine Abhängigkeit vom bisher billigen und leicht zugänglichen Rohstoff Öl zeigten. Last but not least überwanden die Mitglieder der Europäischen Wirtschaftsgemeinschaft 25 Jahre nach Kriegsende allmählich ihre Ressentiments und rückten näher zusammen. In der EWG war den Vereinigten Staaten ein ökonomischer Rivale entstanden, wenngleich man auf (sicherheits-)politischem Gebiet von einem geeinten Europa noch weit entfernt war.[16] Unverkennbar ragte die Bundesrepublik, vermeintlich ein „wirtschaftlicher Riese" und ein „politischer Zwerg", mit ihren 60 Millionen Einwohnern und ihrer prosperierenden Volkswirtschaft in der europäischen Landschaft hervor. Wie also würden sich unter diesen Bedingungen die deutsch-amerikanischen Beziehungen gestalten?[17]

Nixon hatte sich auf seiner Europareise von 1967 schockiert über den Zustand des nordatlantischen Bündnisses gezeigt. Er war entsetzt, bis zu welchem Ausmaß sich die Beziehungen Washingtons zu den übrigen NATO-Staaten verschlechtert hatten. Weder hatte die auf Vietnam fixierte Johnson-Administration ihre europäischen Verbündeten informiert noch vor einer gravierenden Entscheidung konsultiert.[18] 1969 erwartete der europäische Pfeiler der nordatlantischen Allianz, daß die neue US-Administration die Konsultationen und den Informationsfluß deutlich verbessere und die Vernachlässigung Westeuropas beende.[19] Und generell sollte und wollte der neue US-Präsident in den Augen vieler Beobachter im Pazifik den unsinnigen Krieg beenden und im Atlantik wieder die Führung übernehmen.[20]

Bereits in der kurzen Zeitspanne, in der Präsident Nixon und Bundeskanzler Kiesinger gleichzeitig amtierten, hatte sich die Wende in den deutsch-amerikanischen Beziehungen angedeutet. Zumal in Fragen der Währungspolitik, des Devisenausgleichs wie auch in anderen fiskalischen Angelegenheiten harmonierte die Große Koalition besser mit den Republikanern als mit den Johnson-Demokraten.[21] Doch die offizielle deutsche Haltung zu Amerikas Krieg in Vietnam änderte sich bis zum Ende der Großen Koalition auch nicht gegenüber Nixon. Bundeskanzler Kiesinger erklärte, zwar beschäftige die Teilung und die europäische Politik sein Land am meisten, doch könne man sich in einem modernen Zeitalter globalen Aspekten nicht mehr entziehen. „So haben wir den Konflikt in Vietnam mit großer Sorge und tiefer Anteilnahme verfolgt. Wir haben versucht, die Leiden des Krieges durch humanitäre Hilfe zu lindern."[22]

Noch vor dem Machtwechsel in Bonn[23] kam es zwischen Kiesinger/Brandt und Nixon/Kissinger zu einer Reihe von bilateralen Begegnungen und Gesprächen, so im Februar 1969 während des Deutschlandbesuches des US-Präsidenten, kurz darauf am Rande der Beerdigung Eisenhowers und schließlich im August 1969 beim Amerikabesuch Kiesingers. Die Bundesrepublik hoffte auf ein rasches Kriegsende in Südostasien und einen Verhandlungsfrieden unter der neuen amerikanischen Führung.

Nach dem Regierungsantritt der sozialliberalen Koalition nahm Vietnam als Einflußfaktor der deutsch-amerikanischen Beziehungen auf manchen Ebenen noch einmal zu, da sich mehr und mehr Kriegsgegner artikulierten. 1969/70 forderten viele Jungsozialisten und allen voran der progressive Bezirk Hessen-Süd die Bundesregierung auf einem Parteitag auf, die USA wegen ihres „brutalen imperialistischen" Krieges, der zum Genozid in Vietnam führe, eindeutig zu verurteilen.[24] Sehe man dem Kampf, der unter dem „Vorwand" der Verteidigung der Demokratie in Südostasien geführt werde, weiterhin tatenlos zu, so mache man sich zum Erfüllungsgehilfen des US-Imperialismus.[25] Zugleich riefen die Jungsozialisten dieses Bezirks dazu auf, jede Unterstützung der südvietnamesischen Regierung einzustellen, die Nationale Befreiungsfront als Verhandlungspartner zu akzeptieren und diplomatische Beziehungen zu Hanoi aufzunehmen.[26]

Wie schon zuvor, lag es an Willy Brandt, bei allem Verständnis für die anklagende Haltung dieser Gruppierungen, den Schaden für das deutsch-amerikanische Verhältnis so gering wie möglich zu halten. Er mahnte zwar wiederholt an, daß die Art des amerikanischen Engagements in Südostasien selbst den besten Freunden der Vereinigten Staaten moralische und politische Bedenken auferlegen mußte. Auch ließ er in Briefen Washington wissen, die Deutschen seien schließlich „kein Satellit, der alles gut und schön findet, was die westliche Führungsmacht für richtig hält."[27] Doch er verwahrte sich ebenso entschieden dagegen, „Weltgewissen" oder „Schulmeister" Washingtons zu sein. Aus Überzeugung und Staatsräson stellte er den Zusammenhang zwischen dem amerikanischen Engagement in Asien und in Europa in Abrede. Einen Nexus Südvietnam-West-Berlin durfte es nicht (länger) geben. Schließlich war Vietnam für die transatlantische Partnerschaft, ob ausgesprochen oder nicht, ein Belastungsfaktor ersten Ranges. Berlin dagegen galt als „die Wiege der deutsch-amerikanischen Freundschaft", so Brandt unter anderem während seiner Tischrede bei einem Abendessen mit dem amerikanischen Präsidenten Richard M. Nixon am 10. April 1970 in Washington. Hier betonte er auch das starke gegenseitige Vertrauen und wiederholte seine Formel „mehr Sicherheit durch mehr Zusammenarbeit".[28] Zudem hatte die Bundesregierung die US-Führung in dem Glauben zu bestärken, daß ihr Vertrauen in die Bündnisgarantie Washingtons von einem „ehrenvollen" Rückzug der USA aus Vietnam in keiner Weise tangiert würde. Im Gegenteil: „Ein Verzicht der Vereinigten Staaten auf eine militärische Lösung würde unser Vertrauen in die Garantie der USA, ohne die es keine Sicherheit für Europa, für die Bundesrepublik und Berlin gibt, nicht berühren. Der unerklärte Krieg in Südostasien hindert den weiteren Abbau der Spannungen zwischen Ost und West."[29] Er berge sogar die Gefahr einer Ausweitung. Anders formuliert: der Friede in Vietnam nutze allen, indirekt auch der Bundesrepublik. Immer klarer wurde: die für Brandt vorrangige Ostpolitik konnte, wenn überhaupt, nur auf der Basis wachsender Entspannung verwirklicht werden.[30]

USA-Besuch 1971: US-Präsident Richard Nixon und Bundeskanzler Willy Brandt in Key Biscayne.

Henry Kissinger schreibt in seinen Memoiren, die atlantische Zusammenarbeit von 1969-1974 habe am besten funktioniert, solange man sich auf Haushaltsfunktionen konzentrierte. „Erst als sie 'architektonisch' wurde, kam es zu scharfen Gegensätzen."[31] In der Tat fand sich nach in der Regel langen und zähen Verhandlungen für das Problem der Lastenteilung des Bündnisses („burden-sharing“ bzw. „off-set“) immer eine Lösung. So sagte die Bundesregierung im Dezember 1971 1,2 Mrd. an Rüstungskäufen bis Mitte 1973 zu, in erster Linie für Phantom-Jäger, sowie 200 Mio DM für die Modernisierung von Kasernen. Für 600 Mio Mark übernahm Bonn Schatzanleihen. Stets einigten sich beide Seiten auf die Formel, Probleme der Zahlungsbilanz dürften niemals so stark werden, daß sie Sicherheitsbelange überschatteten.[32]

Auch die Frage der amerikanischen Truppenstationierung in Europa wurde so entschieden. Leidenschaftlich fochten hier die international denkenden „Atlantiker“ beider US-Parteien für die Beibehaltung, während einflußreiche isolationistische Senatoren und Abgeordnete um Mike Mansfield aus Kostengründen immer wieder vorschlugen, diese Einheiten in die Vereinigten Staaten zu verlegen. Bei seinem Vorstoß vom Mai 1971 beispielsweise wollte Mansfield, der Mehrheitsführer des Senats, mit Blick auf das hohe Defizit in der US-Zahlungsbilanz gleich 150.000 Mann heimholen. Nur unter größten Mühen gelang es der Nixon-Administration, einen weiteren[33] einseitigen westlichen Truppenabbau zu verhindern, der ihrer Ansicht nach die Allianz in ihren Grundfesten erschüttert hätte, und national wie international das Prinzip beiderseitiger bzw. asymmetrischer Truppenverringerungen mit der Sowjetunion durchzusetzen.[34]

Nach zum Teil hart und polemisch geführten Kontroversen setzten sich Ende der 60er Jahre auch die NATO-Doktrin der „flexiblen Antwort“ und die janusköpfige Denkweise des Harmel-Berichts durch, wonach Verhandlungsbereitschaft und militärische Stärke („Verteidigung und Entspannung“) die beiden Grundpfeiler des westlichen Bündnisses bildeten. Das Mißtrauen jedoch, daß die Führung der USA letztlich doch nicht bereit sein würde, im „Moment der Wahrheit“ amerikanische Städte zu opfern, um Europa zu schützen, verschwand auf dem alten Kontinent nie völlig. „Die Europäer zweifelten nicht an der Fähigkeit, sondern an der Bereitschaft der Vereinigten Staaten, ihrer Verpflichtung nachzukommen,“ mußte selbst Kissinger einräumen.[35]

1.3 Westpolitik im Zeichen der Ostpolitik[36]

Vor diesem Hintergrund kam der neuen Ostpolitik Washingtons und Bonns historische Bedeutung zu. Nixon konnte die neue Entwicklung ohnehin nicht aufhalten, daher versuchte er, sie soweit als möglich selbst zu bestimmen und zu lenken. Generell zeigte er sich bereit, weltpolitisch von „Konfrontation“ auf „Kooperation“ umzuschalten und in eine „Ära der Verhandlungen“ einzutreten. Innerhalb dieses Rahmens wurde auch die deutsch-amerikanische Konsultation intensiviert. Man sprach dabei auch über mögliche Probleme. So schätzte das U.S. State Department, daß die neue Bundesregierung wohl nicht zugleich eine aktive Politik gegenüber der DDR verfolgen und die Integration der Bundesrepublik in die westeuropäische Gemeinschaft anstreben könne. Washingtons außenpolitische Planer meinten, daß „eine aktive gesamtdeutsche und Ostpolitik unter einer SPD/FDP-Koalition den Vorrang haben wird.“[37]

Die Bundesregierung unter Brandt tat alles, um solchen unweigerlich auftauchenden Spekulationen den Boden zu entziehen. Ganz so, wie Adenauer, Erhard und Kiesinger alles getan hatten, um nicht zwischen Washington und Paris als sicherheitspolitischem Hauptpartner wählen zu müssen, verfolgte nunmehr Brandt eine Politik des „sowohl als auch“. Er stehe für die vertiefte westliche Integration und eine neue Ostpolitik. Wie seine Vorgänger unternahm er größte Anstrengungen, niemals den Eindruck des „entweder-oder“ aufkommen zu lassen. Mit enormer Hartnäckigkeit wiederholte die sozialliberale Koalition ihr Credo: „Unsere Ostpolitik beginnt im Westen!“ Die Bundesrepublik Deutschland führe ihre Ostpolitik nicht als „Wanderer zwischen den Welten“. Brandt war bewußt, daß es das nationale Interesse keinesfalls erlaubte, zwischen West und Ost zu pendeln - oder auch nur diesen Eindruck zu erwecken. Er wollte lediglich als Teil des westlichen Bündnisses die Kräfte zwischen West und Ost austarieren helfen.[38]

„Die deutsch-amerikanische Freundschaft ist für uns unersetzlich,“ betonte der Kanzler dabei unermüdlich.[39] Die enge Partnerschaft zwischen den USA und der Bundesrepublik sei „eine der wichtigsten Realitäten der internationalen Lage,“[40] gleichsam ein Faktor der Stabilität. Atlantisches Bündnis und westeuropäische Partnerschaft bilden für die Bundesdeutschen essentielle Voraussetzungen für den Erfolg eines Ausgleichs mit dem Osten. Und keines/r der deutschland- und ostpolitischen Treffen und Verträge beeinflusse die deutsch-amerikanische Freundschaft. Die feste Verankerung der Bundesrepublik und ihrer freien Gesellschaft im westlichen Bündnis bleibe ebenso gewahrt wie die enge, zuverlässige Partnerschaft mit Amerika und die Aussöhnung mit Frankreich. Die Verträge von Moskau und Warschau[41], das Viermächte-Abkommen zu Berlin oder der Grundlagenvertrag[42] gefährdeten nach Brandt „nichts und niemanden". Aus tiefer Überzeugung und nicht nur aus Lust am Formulieren gebrauchte er häufig die Formel: „Unsere Ostpolitik beginnt im Westen."[43]

Nixon und Kissinger zweifelten zwar nicht an der grundsätzlichen Westorientierung Bonns, setzten aber zugeich alles daran, den beginnenden Prozeß unter Kontrolle zu halten. Immer wieder betonten beide öffentlich und intern, wie wichtig es sei, mit Brandt zusammenzuarbeiten, anstatt gegen ihn. Arnulf Baring bringt Washingtons Unbehagen auf den Punkt: Nachdem die Westalliierten jahrelang versucht hatten, die Bundesregierung mit starkem Druck dazu zu bringen, ihre eingefahrene Ostpolitik endlich zu ändern, „wurde es ihnen sofort unheimlich, als Bonn tatsächlich auf diesem Gebiet großen Eifer an den Tag legte." Die Amerikaner fühlten sich zeitweise sogar übergangen. Sie klagten, man frage sie kaum mehr, ziehe sie nicht mehr ins Vertrauen. Einmal kam es deshalb gar zu einer offiziellen Beschwerde. Das mit Vietnam, SALT und China beschäftigte Gespann Nixon/Kissinger mahnte, in Bonn, das doch stolz darauf sei, keine weltpolitische Verantwortung zu tragen, dürfe man sich nicht zuviel zutrauen. Es sei schädlich, wenn die Partner der Allianz parallel mehrere Projekte gleichzeitig verfolgten. Zudem gelte es, alle denkbaren Verflechtungen zu bedenken. Jedenfalls, so Kissinger, gingen die Westdeutschen zu schnell vor, seien sie zu ungeduldig. Wurde Bonn gar zu selbständig, schadete es am Ende amerikanischen Interessen?[44]

Brandt bestreitet letzteres natürlich vehement. Auch habe er es an gleichmäßiger und korrekter Unterrichtung nie fehlen lassen. Sicher wollte er, wie Kissinger richtig bemerkte, bei der westlichen Supermacht nicht um Erlaubnis bitten - auch auf die Gefahr hin, in den Augen des Sicherheitsberaters dann als zu selbständig zu erscheinen.[45] Dafür waren das Gewicht der Bundesrepublik und die Sorgen der USA allmählich zu groß geworden. Aber er hielt daran fest, daß die engen deutsch-amerikanischen Beziehungen doch solche Zweifel an der

Zuverlässigkeit des anderen ausschlossen. „Unsere gemeinsamen Interessen bedürften weder zusätzlicher Versicherungen noch sich wiederholender Erklärungen." Sie trügen eine selbständigere deutsche Politik in einer aktiveren Partnerschaft. Völlig unzutreffend sei die Behauptung, Bonn habe „durchbuchstabiert, was uns die USA anempfohlen, vorbuchstabiert haben." Die deutsche Ostpolitik, bemerkte Brandt nicht ohne Stolz rückblickend nach der Wiedervereinigung, habe ihre eigenen Wurzeln und ihre eigene Begründung. Und immer wieder: weder wollte noch konnte die Bundesrepublik zwischen den „Lagern" hin- und hermarschieren.[46]

Hieß die Hauptaufgabe auf deutscher Seite, die Ostpolitik vertrauensvoll in die Westpolitik einzubetten und mit Paris, London und vor allem Washington abzustimmen, so lautete die Kernfrage für die Amerikaner, wie weit sie die Bonner Initiative tragen würden. Lange Zeit zog der mißtrauische amerikanische Präsident dabei das intensive Beobachten und die Duldung der neuen deutschen Ostpolitik einer aktiven Unterstützung vor. Einmal, Ende 1971, warnte er gar vor der „Euphorie der Entspannung." Andererseits merkte er 1971 an: „Die USA wollen den Deutschen nicht sagen, was sie tun oder was sie nicht tun sollen, sondern ihnen volle Handlungsfreiheit lassen."[47]

Sein Sicherheitsberater wiederum war stolz darauf, die Détente in eine Richtung gelenkt zu haben, die sich mit der atlantischen Einheit und dem Zusammenhalt des Westens vereinbaren ließ. Oder anders formuliert: die politische Verantwortung für die eigenen ostpolitischen Schritte - insbesondere für den Fall eines Fehlschlages - trug Bonn. Einmal verallgemeinerte Nixon: „Ich gebe einer Politik den Vorzug, in der Europa selbständig handelt, jedoch parallel zu den Vereinigten Staaten." Die USA wünschten eine „freundschaftliche Konkurrenz" zu einem starken, gesunden und unabhängigen Europa.[48]

Stärke, das bedeutete für diesen Präsidenten auch Härte. Konkret äußerte sich dies in den sog. „Nixon-Schocks" vom August 1971, als die USA ein neues Wirtschaftsprogramm ankündigten. Insbesondere wurden die westlichen Industrienationen und das ökonomisch ebenfalls erstarkte Japan aufgefordert, amerikanische Produkte nicht mehr durch „unfaire" Zollschranken und Wechselkurse zu benachteiligen.[49] Um den Dollar zu stützen und die globale Wettbewerbsfähigkeit der amerikanischen Volkswirtschaft wiederherzustellen, hob die Nixon-Administration nicht nur zeitweilig die Konvertibilität des Dollars auf. Sie führte auch eine zehnprozentige Importsteuer ein, erließ einen begrenzten Lohn- und Preisstop in den USA, gab Steuererleichterungen für Investoren bekannt und kürzte die Regierungsausgaben um fast fünf Mrd. Dollar. Die Auslandshilfe wurde um zehn Prozent verringert. Ob diese rauhere Gangart Macht oder Ohnmacht der USA demonstrierte, sei dahingestellt. Nixon selbst wich der von der Presse aufgestellten These vom allmählichen „Niedergang" der USA Anfang der 70er Jahre nicht aus. Seiner Meinung nach sei die militärische, ökonomische und politische Relativierung amerikanischer Macht 25 Jahre nach Kriegsende ein völlig normaler, leicht nachvollziehbarer Prozeß. Nicht, daß es nunmehr zwei oder drei militärische Supermächte und fünf oder sechs wirtschaftliche Zentren gebe, sei die Ausnahme, sondern daß die USA beim Ausgang des Zweiten Weltkrieges die Welt derart dominiert haben. Er nannte dies den „1945"-Effekt. Und gegenüber den befreundeten Konkurrenten jenseits des Atlantik sprach Nixon offen aus, was andere nur dachten: „Die Zeit ist vorbei, wo die USA dominiert oder nahezu diktiert haben. Europas Zukunft wird in und durch Europa bestimmt werden."[50]

Ein sichtbares Zeichen ihrer Dankbarkeit, aber auch ein Symbol für die einem stetigen Wechsel unterworfenen Kräfteverhältnisse setzte die Bundesregierung, als sie am 5. Juni 1972 - exakt 25 Jahre nach dem Marshall-Plan - an selber Stelle, in Harvard, die Marshall-Gedächtnisstiftung ins Leben rief, den „German Marshall Fund of the United States of America". Mit der Zustimmung des Bundestages stellte sie 150 Mio DM, auf zehn Jahre verteilt, zur Verfügung, um europäisch-amerikanische Studien zu fördern. Bewußt ging man über die deutsch-amerikanischen Beziehungen hinaus und nahm die europäisch-amerikanischen als Rahmen. Hier und bei vielen anderen Gelegenheiten betonte Willy Brandt: „Das Bündnis braucht die Unwiderruflichkeit des amerikanischen Engagements in Europa."[51] Auch nach seiner Wiederwahl bestätigte Bundeskanzler Willy Brandt die Rolle der Atlantischen Allianz als Fundament bundesdeutscher Sicherheit.

1.4 „1973" - Jahr Europas oder Krisenjahr?

Kurz darauf, am 23. April 1973, rief Henry Kissinger - zur Überraschung der zuvor kaum konsultierten Europäer - 1973 als „Jahr Europas" aus.[52] Im Jahr zuvor hatte sich Nixon mit großen Prestige- und Popularitätsgewinnen vor allem um die Gipfeldiplomatie mit Moskau und Peking gekümmert. Im November 1972 hatte er einen triumphalen Wahlsieg gegen den Demokraten George McGovern errungen. Und nach den acht Kriegs- und vier Verhandlungsjahren, die schließlich zum Abschluß des Vietnam-Abkommens vom Januar 1973 führten, schien eine Europa-Initiative durchaus angebracht. Schließlich hatten die Verbündeten, allen voran die Bundesdeutschen, Washington während des Vietnam-Krieges deutlich ihre „Vernachlässigung" spüren lassen und sich auf diplomatischen Kanälen darüber beschwert. Da die transatlantischen Beziehungen - verglichen mit den Krisenherden der Welt - durchaus eine Oase der Ruhe, der Sicherheit und des Wohlstandes darstellten, hatten sowohl die Johnson- als auch die Nixon-Administration der Versuchung nachgegeben, sich eher punktuell als strukturell um Europa zu kümmern. Kissingers rhetorisch brillante, aber inhaltlich wenig wirkungsvolle Rede zum „Jahr Europas" stellte ein solches „Highlight" dar. Kissinger strebte eine Erneuerung der Atlantik-Charta von 1941 an, wollte „erneut Völker und Parlamente" mitreißen. Doch seine treffende Zustandsbeschreibung stieß auf Kritik, als er von den globalen Interessen und Verantwortungen der USA und den regionalen Interessen der europäischen Verbündeten sprach, die sich nicht notwendigerweise widersprechen, die aber ebensowenig automatisch identisch sein müssen. Jedenfalls gelang es ihm nicht, die gewünschte „Periode der Kreativität" einzuleiten. Die Reaktion der Europäer war höflich ablehnend.[53]

Doch dieser diplomatische Vorstoß ging unter, als der Watergate-Skandal 1973/74 mehr und mehr auch die amerikanische Außen- und Sicherheitspolitik belastete, im Nahen Osten ein neuer Krieg ausbrach und zeitgleich die Ölpreise emporschnellten. Die Mehrfachbelastung markierte eine ernste Belastungsprobe für die transatlantische Partnerschaft. Während der „Öl-Krise" von 1973 schien es, als sei zunächst jeder westlichen Regierung das Hemd näher als der Rock und das nationale Interesse näher als das des Bündnisses.[54] Heftige Proteste lösten auch die von Washington getätigten Waffenlieferungen während des Jom-Kippur-Krieges aus, die Erinnerungen an 1958 aufkommen ließen, als Adenauer gegen die US-Waffenlieferungen aus bundesdeutschen Depots während des US-Engagements im Libanon schärfstens protestiert hatte. Fünfzehn Jahre später hielten die Entscheidungsträger der USA, wie immer während einer kriegerischen Aktion psychisch äußerst angespannt, nicht nur wichtige Informationen, sondern anfangs auch die Wahrheit zurück. Wie so häufig, bedeuteten Streß- und Krisensituationen der Supermacht „out of area“ nahezu zwangsläufig einen Disput im Bündnis. Denn während die im Libanon, in Israel oder eben in Vietnam indirekt oder sogar direkt involvierten Amerikaner die Logik des Kämpfenden anlegten, pochte Bonn in bekannter Manier auf Abkommen und Verträge. Für manche markiert der Nahostkrieg von 1973 gar den Tiefpunkt der deutsch-amerikanischen Beziehungen nach dem Zweiten Weltkrieg.[55] Denn nachdem die USA israelische Schiffe in Bremerhaven beladen hatten, übermittelte die Bundesregierung dem Geschäftsträger der US-Botschaft in Bonn die „strikte Neutralität“ der Bundesrepublik Deutschland im Nahost-Krieg. Diese gebiete es, daß Waffenlieferungen aus US-Depots in der Bundesrepublik an eine der kriegführenden Parteien nicht gestattet werden können.[56]

Erst nach intensiven Konsultationsrunden fand man wieder zusammen. Wie immer, setzte sich am Ende das Crisis-Management des Bündnisses durch, wogen gemeinsame Interessen, Werte und Erfahrungen mehr als der Disput, besann man sich allmählich wieder auf die gemeinsamen Ziele.

Die Jahre 1969-1974 waren gewiß nicht frei von deutsch-amerikanischen Turbulenzen. Doch ungeachtet aller Probleme sah Brandt generell eine wachsende amerikanische Zustimmung zu seiner Ostpolitik. Sein Resümee lautet: Die Ausschläge nach „links“ in der Bundesrepublik und nach „rechts“ in den USA hätten sich nicht negativ auf die westliche Kooperation ausgewirkt. „Die Zusammenarbeit zwischen Nixon und mir war eine im ganzen harmonische Phase der deutsch-amerikanischen Beziehungen.“

ZEITTAFEL

20.01.1969	Richard Nixon als neuer amerikanischer Präsident inauguriert
Februar	Nixon besucht während seiner Europa-Reise auch Bonn und Berlin

20.07.1969	Die amerikanischen Astronauten Neil Armstrong und Edwin Aldrin landen als erste Menschen auf dem Mond
25.07.1969	„Nixon-Doktrin“
15.08.1969	Woodstock-Festival in Bethel, New York
August	Bundeskanzler Kiesinger besucht die USA
21.10.1969	Der Bundestag wählt Willy Brandt (SPD) zum Bundeskanzler
03.11.1969	Nixon gibt die „Vietnamisierung“ des Indochina-Krieges bekannt
28.11.1969	Die Bundesrepublik Deutschland unterzeichnet den Nichtverbreitungs-Vertrag („Atomwaffensperrvertrag“)
01.12.1969	Der US-Senator Mike Mansfield bringt im Senat einen Resolutionsentwurf zur Verringerung der amerikanischen Streitkräfte in Europa ein
1970	
18.02.1970	Spezifizierung der „Nixon-Doktrin“
09.04.1970	Bundeskanzler Brandt besucht Washington (bis 11. April)
16.04.1970	In Wien beginnen die amerikanisch-sowjetischen SALT-Verhandlungen
12.08.1970	Deutsch-sowjetischer Vertrag unterzeichnet
07.12.1970	„Warschauer Vertrag“ unterzeichnet
1971	
Mai	Mansfield-Amendment erneut eingebracht
15.06.1971	Während eines USA-Besuchs erläutert Kanzler Brandt seine „Ostpolitik“ (bis 20. Juni)
01.07.1971	Die „Pentagon Papers“ werden von der New York Times veröffentlicht
15.08.1971	„Nixon-Schock“: Die USA heben die Konvertibilität des Dollars in Gold auf und führen eine 10prozentige Importsteuer ein
03.09.1971	In West-Berlin unterzeichnen die Botschafter der vier Siegermächte das „Berlin-Abkommen“, auch Viermächte-Abkommen genannt
10.12.1971	Willy Brandt erhält den Friedensnobelpreis
10.12.1971	Die Bundesrepublik und die USA schließen ein Devisenausgleichsabkommen

17.12.1971	„Smithsonian Agreement“ von Washington: die Konferenz der Zehnergruppe beschließt die Neuordnung der Wechselkurse
28.12.1971	Treffen zwischen Bundeskanzler Brandt und Präsident Nixon in den USA (auch 29.12.)
1972	
21.02.1972	Nixon besucht als erster US-Präsident die VR China (bis 28.2.)
27.04.1972	Das konstruktive Mißtrauensvotum gegen Willy Brandt scheitert
11.05.1972	Bombenattentat auf das Hauptquartier des V. US Armeekorps in Frankfurt am Main
24.05.1972	Anschlag auf das europäische Hauptquartier der amerikanischen Armee in Heidelberg
Juni	Zur Fünfundzwanzig-Jahrfeier des „Marshall-Plans“ wird der „German Marshall Fund of the United States“ ins Leben gerufen
17.06.1972	Mit dem mißlungenen Einbruch in das Wahlkampfhauptquartier des „Democratic National Committee“ im Watergate-Hotel in Washington, D.C. beginnt der „Watergate“-Skandal
26.08.1972	XX. Olympische Sommerspiele in München eröffnet. Ein Attentat auf die Sportler überschattet das Ereignis
07.11.1972	Wiederwahl Nixons
14.12.1972	Wiederwahl Brandts
21.12.1972	Der deutsch-deutsche „Grundlagenvertrag“ wird unterzeichnet
1973	
15.01.1973	Vietnam-Abkommen: Ende des amerikanischen Engagements in Vietnam
12.03.1973	Sechs europäische Staaten, darunter die Bundesrepublik, beschließen, den Dollar-Kurs freizugeben („block-floating“)
29.03.1973	Die letzten amerikanischen Truppen verlassen Vietnam
23.04.1973	Der Nationale Sicherheitsberater Henry Kissinger ruft zum „Jahr Europas“ auf
29.04.1973	Brandt besucht erneut die USA (bis 3.5.)
1973	Die OPEC erhöht mehrfach die Rohölpreise: 1973 wird das Jahr der „Ölkrise“

18.09.1973	Die Bundesrepublik Deutschland wird als 134. Staat in die UNO aufgenommen (die DDR als 133.)
22.09.1973	Der in Fürth geborene Harvard-Professor Henry Kissinger wird US-Außenminister
29.09.1973	Aufgrund scharfer Kritik Wehners an der Ostpolitik in Moskau muß Bundeskanzler Brandt einen USA-Besuch vorzeitig abbrechen
06.10.1973	Ausbruch des Jom-Kippur-Krieges in Nahost
24.10.1973	Die Vereinigten Staaten versetzen ihre Streitkräfte weltweit in Alarmbereitschaft. Die Bundesrepublik besteht auf ihrer strikten Neutralität im Nahost-Krieg
07.11.1973	Im „War Powers Act" werden die Befugnisse des US-Präsidenten als Oberkommandierendem der Streitkräfte eingeschränkt
1974	
06.05.1974	Bundeskanzler Brandt erklärt nach der Aufdeckung des Spionagefalles Guillaume seinen Rücktritt
08.08.1974	Präsident Nixon tritt im Zusammenhang mit dem „Watergate-Skandal" zurück

2. Die Bundesrepublik als selbstbewußter Juniorpartner Amerikas, 1974-1982

2.1 Helmut Schmidts Freundschaft mit Gerald Ford

In Deutschland wie in Amerika war 1974 das Jahr der epochalen politischen Skandale und der „Wachablösung". In Bonn folgte dem Schöpfer der neuen Ostpolitik, Willy Brandt, nach der „Guillaume"-Affäre mit dem verteidigungs- und finanzpolitischen Experten der SPD, Helmut Schmidt, ein Kanzler mit staatsmännischem Profil nach.[57] In Washington trat nach der „Watergate"-Affäre mit Gerald Ford ein ausgesprochener Insider, ein Profi aus den Reihen des Kongresses, die Nachfolge Richard Nixons an. Beide Regierungen standen zunächst vor der Aufgabe, die entstandenen politischen Schäden dieser erstrangigen innenpolitischen Krisen so gering als möglich zu halten.[58] Dabei stieß Fords Entscheidung, seinem Vorgänger rasch präsidentielles Pardon zu erteilen, auf heftigsten Widerspruch, während die Bestätigung Henry Kissingers als Außenminister Zustimmung fand. Helmut Schmidt indessen setzte auf Kontinuität in der Sache und Wandel im Stil. Er repräsentierte die Wirtschaftsmacht Bundesrepublik selbstbewußt, aber ohne jede Überheblichkeit. Mit seinem Gegenüber in Washington kam es in den ersten Jahren der Kanzlerschaft, von 1974 bis 1977, zu einer ungewöhnlich engen und vertrauensvollen Zusammenarbeit ohne nennenswerte Dispute. Beide Regierungschefs hatten ihre Rolle gefunden und harmonierten nicht zuletzt auf der Basis enger persönlicher Kontakte. Ford und Schmidt kannten nicht nur die Geschichte des anderen Landes gut. Sie vertieften zudem ihre Freundschaft in den acht Begegnungen ihrer gemeinsamen Amtszeit. Die Bundesrepublik und die USA wurden 1974-1977 zu berechenbaren und zuverlässigen Partnern innerhalb einer insgesamt wieder besser funktionierenden Allianz.

Obwohl eine Unzahl von Problemen zu bewältigen war - von der Strukturkrise der Weltwirtschaft und hier insbesondere der Öl- bzw. Energieproblematik über die komplexen Währungsfragen und von den Krisen im Nahen und Mittleren Osten bis hin zum Verhältnis des Westens gegenüber der Sowjetunion und China - blieben die bilateralen Beziehungen in ruhigem Fahrwasser. Helmut Schmidt blickt zufrieden auf diese harmonische Phase zurück:

„Die drei großen Gipfelkonferenzen des Jahres 1975 - im Mai im Rahmen der Allianz in Brüssel, im Juli/August anläßlich der KSZE-Konferenz in Helsinki und im November in Rambouillet - zeigten den Westen in meinen Augen auf einem Höhepunkt der Einigkeit. Es gab keinen Zweifel über die gemeinsame 'Grand Strategy', es kam zu keinen Verbitterungen und Verdächtigungen, und es bestand Vertrauen in eine maßvoll ausgeübte amerikanische De-facto-Führung, die darauf verzichtete, ihre Rolle öffentlich auszuspielen."[59]

Die neue amerikanische Führung legte den Schwerpunkt auf multilaterale Lösungsfindung. Nicht Washington, sondern die NATO sollte die Verteidigungspolitik gestalten, nicht das Weiße Haus, sondern die KSZE die Entspannung durchführen und nicht die Ford-Administration, sondern die Regierungschefs und Experten der fünf (bald darauf sieben) wichtigsten Industrienationen die Strukturkrise der

Weltwirtschaft überwinden.[60] Der Bundesrepublik kam dieser neue Kurs gut zupaß, konnte sie nun doch europäische Integration und transatlantische Kooperation problemlos miteinander in Einklang bringen. Und sie lief im multilateralen Rahmen nie Gefahr, für den selbsternannten Sprecher (West-)Europas gehalten zu werden. Des weiteren gelang es Bonn und Washington, daß Meinungsverschiedenheiten gegenüber Drittländern ihr bilaterales Verhältnis nicht oder nur wenig belasteten. Wenngleich beide unterschiedliche Haltungen zu den Entwicklungen in Spanien gegen Ende der Franco-Zeit und zu Portugal während seiner Umbruchphase einnahmen, wirkte das transatlantische Krisenmanagement sehr viel abgeklärter als früher.

Auch wurden die bi- und die multilaterale Schiene vorbildlich miteinander verknüpft. So ehrte es die Bundesrepublik, daß ihr US-Präsident Ford Ende Juli 1975, also unmittelbar vor Helsinki, einen zweitägigen Staatsbesuch abstattete. Seine Visite darf, an den Sachfragen gemessen, durchaus als Erfolg gelten. Ford erneuerte beispielsweise mit Nachdruck die amerikanischen Garantien für West-Berlin und für die Verteidigung des freien Europa ohne Wenn und Aber. Zudem besprach man zahlreiche wirtschafts-, kredit- und währungspolitische Maßnahmen. Andererseits haftete dem Besuch eines amerikanischen Präsidenten Mitte der 70er Jahre nicht mehr das Odium des Sensationellen an. Er war beinahe schon eine „Selbstverständlichkeit" geworden - Ausdruck der Verbundenheit beider Länder im allgemeinen und der engen Zusammenarbeit zwischen Schmidt und Ford ebenso wie zwischen Genscher und Kissinger im speziellen.

Der fünfte US-Präsident, der nach dem Zweiten Weltkrieg die Bundesrepublik besuchte, entsprach bewußt seinem Image als „Mr. Normalverbraucher", indem er „wie ein US-Tourist" eine Rheinfahrt, einen Heidelberg-Besuch und sogar ein Sauerkraut-Essen mit deutschem Bier und Wein absolvierte. Die Presse lobte seine Natürlichkeit. Respektlos schrieb ein Blatt sogar, „die graue Maus" bekomme Farbe - ein Umgangston, der zehn, fünfzehn Jahre zuvor bei den Besuchen Eisenhowers und Kennedys noch nicht denkbar gewesen wäre - und letztlich doch für die Normalisierung steht.[61]

Auf der Basis weitgehend normalisierter Beziehungen, innerhalb derer weder Washington noch sein Präsident auf einen Sockel gestellt werden mußten und innerhalb derer alle Sachfragen vorurteilsfrei erörtert werden konnten, gelang Bonn endlich die Einstellung der leidigen Off-set-Zahlungen. Hierbei ging es weniger um die Summen. Bonn war durchaus in der Lage, jene Devisenabflüsse, die den USA aufgrund der Truppenstationierung auf deutschem Boden entstanden, zu kompensieren. Und doch unterschieden sich diese Zahlungen nicht ausdrücklich genug von „Besatzungskosten". Viele Bonner Politiker betonten, es dürfe keinesfalls der Eindruck eines „Vasallenverhältnisses" aufkommen. Schließlich war kaum einzusehen, warum kein anderes NATO-Land solche Off-set-Gelder zu leisten hatte. Außerdem standen die US-Truppen in der Bundesrepublik, im Kalten Krieg der Nahtstelle zwischen West und Ost, um die Interessen der Allianz zu wahren. Es ging ebenso um deutsche wie um amerikanische Interessen. Weniger aus zahlungsbilanz- oder haushaltspolitischen Gründen, sondern primär aus psychologischen und politischen Motiven heraus sträubte sich Bonn, den bisherigen Modus weiterhin zu akzeptieren. Im Juli 1976 einigten sich beide Seiten. Bonn leistete nochmals eine einmalige Zahlung, legte allerdings Wert auf die Feststellung, „daß dieser besondere einmalige Kostenbeitrag keine Verpflichtung der Bundesrepublik Deutschland zur Zahlung von Stationierungskosten begründet."[62] Die Tabelle auf der folgenden Seite liefert einen Überblick über die Off-set-Zahlungen zwischen 1961 und 1976.

Washington 1974: US-Präsident Gerald Ford mit Bundeskanzler Helmut Schmidt auf dem Balkon des Weißen Hauses.

Dauer	Leistung	Höhe der Zahlungen
1961-63[63]	Mil. Beschaffungen	5,7 Mrd. DM /= 1,38 Mrd. $
1963-65	Mil. Beschaffungen	5,6 Mrd. DM /= 1,35 Mrd. $
1965-67	Mil. Beschaffungen Vorauszahlungen vorzeitige Schuldentilgung;	5,4 Mrd. DM /=1,35 Mrd. $
1967-68	Mil. Beschaffungen Kauf von US-Schatzanweisungen	2 Mrd. DM /=0.5 Mrd. $
1968-69	Mil. Beschaffungen Kauf von US-Schatzanweisungen	2,9 Mrd. DM /=0,73 Mrd. $
1969-71	Mil. Beschaffungen Darlehen; Einfrierung von Vorauszahlungsguthaben; Verzicht auf Zinsen; zivile Beschaffungen/Kernbrennstoffe; Direktinvestitionen in USA; Übernahme von US-Forderungen an Dritte Länder	6,08 Mrd. DM /=1,5 Mrd. $
1971-73	Mil. Beschaffungen; Kauf von US-Schatzanweisungen; Modernisierung von US-Truppenunterkünften	6,65 Mrd. DM/=2,03 Mrd. $
1973-75	Mil. Beschaffungen; Kauf von US-Schatzanweisungen; Modernisierung von US-Truppenunterkünften Steuer- und Gebührenfreiheit für US-Truppen	5,92 Mrd. DM/=2,22 Mrd. $
1976	Ende des Devisenausgleichs;	Einmalige Budgetleistung in Höhe von 171 Mio DM[64]

Helmut Schmidt bewunderte nicht nur die von der Ford-Administration verkörperte Stabilität und Gelassenheit sowie jene Selbstverständlichkeit, mit der Ford „die USA als europäische Macht" erfolgreich repräsentierte. Er stellte auch ein hohes Maß an Übereinstimmung in politischen und wirtschaftlichen Sachfragen fest. Man hatte die gleichen Auffassungen über die künftige Rolle Chinas, über Sadat, den Nahen und Mittleren Osten, über die Rolle der OPEC ebenso wie über die Situation der Entwicklungsländer. Auf vielen Feldern, etwa bei der Weltwirtschaftskrise, hatten sich die Partner in diesen zwei, drei Jahren gegenseitig geholfen.[65]

Diese Einschätzung Fords durch Schmidt spiegelt die Harmonie und das gegenseitige Verständnis während dieser Jahre wider. Schließlich meinte der US-Präsident, in der Wissenschaft von der Internationalen Politik werde der so wichtige persönliche Faktor oft übersehen, der doch so viel zur Außenpolitik eines Landes beitrage. Ford jedenfalls bewunderte nicht nur Schmidts perfektes Englisch und sein Auftreten, das ebenso staatsmännisch wie selbstbewußt sei und dennoch von persönlicher Wärme und frei von jeder Arroganz. Er glaubt auch, diese Freundschaft habe viel zum nahezu perfekten bilateralen Verhältnis von 1974-1977 beigetragen: „Relations between the U.S. and West Germany were excellent throughout my Administration, primarily because Schmidt and I got along so well."[66] Man habe sich beim Vornamen genannt, viel erzählt und auch gelacht, schließlich in nahezu allen Punkten übereingestimmt.

Der Bundeskanzler sieht dies ebenso. Obwohl er natürlich primär die Interessen seines eigenen Landes zu wahren hatte und deshalb für Ford nach eigener Aussage „nicht immer ein einfacher Partner" sein konnte, stellt er zusammenfassend in seinem Abschiedsbrief an den amerikanischen Präsidenten vom 23. November 1976 fest: „Ich glaube, kein anderer Bundeskanzler hat sich einem amerikanischen Präsidenten gegenüber jemals so frei gefühlt, auf solch freundschaftlichem Fuße und so zuverlässig eingebettet in das Gefühl der Freundschaft ..."[67] An anderer Stelle schreibt Schmidt über die deutsch-amerikanischen Beziehungen während der Amtszeit Fords, „daß das Verhältnis zwischen unseren beiden Ländern zu keinem Zeitpunkt der letzten dreißig Jahre enger und die Zusammenarbeit vertrauensvoller und unmittelbarer gewesen ist als heute."[68] Dies sollte sich jedoch schneller ändern als erwartet.

2.2 Schmidt und Carter - eine schwierige Partnerschaft

Mit Jimmy Carters Amtsantritt im Januar 1977 kam ein ausgesprochener Moralist und Idealist an die Spitze der USA, der - eher aufgrund seines persönlichen Sendungsbewußtseins als aufgrund einer nüchternen Lageanalyse - die Menschenrechte zum Hauptthema der internationalen Politik erkor.[69] In der Geschichte der USA finden sich durchaus namhafte Beispiele dieser Art.[70] Auch erzielte Carter im Rahmen der UNO und der OAS durchaus nachweisbare Erfolge.[71] Doch es war ungewöhnlich und mittelfristig kontraproduktiv, die Menschenrechtspolitik im Atomzeitalter derart zu betonen und sie zum zentralen Element der amerikanischen Außenpolitik aufzuwerten.

Insgesamt führten Carters unorthodoxer Führungsstil, der kaum das Element der Stetigkeit kannte, und die Auswahl seiner Mitarbeiter, allen voran des „Falken" Zbigniew Brzezinski im Amte des Nationalen Sicherheitsberaters,[72] zu einer emotionalen, heterogenen und abrupten Wechseln unterworfenen Außen- und Sicherheitspolitik. Carter sah Brzezinski als Ideenlieferanten, Cyrus Vance als ausführenden und repräsentierenden Chefdiplomaten und sich selbst als Entscheidungsträger an, wobei „Zbig" innerhalb dieses Trios immer größeren Einfluß zu gewinnen schien.[73]

So innovativ dies anfangs auf die Amerikaner auch wirken mochte und so löblich Carters moralische Vorsätze auch waren: für die europäischen Verbündeten und allen voran für die Bundesrepublik Deutschland mußte dies zu einem ernsten Problem werden. Denn in den Augen des Bundeskanzlers überschätzten sowohl der Moralist Carter als auch der „Kalte Krieger" Brzezinski in gleicher Weise die Gestaltbarkeit der Welt durch bloßes Entscheiden im Weißen Haus. Brzezinskis Art, sich als Vertreter der Weltmacht nicht frei von Arroganz und „ohne viel Aufhebens über die Interessen der deutschen Verbündeten" hinwegzusetzen, tat ein übriges, um Schmidt nachhaltig zu verärgern.[74]

Erstmals entwickelte sich ein deutsch-amerikanischer Streit über die neue nuklerae Bedrohung Westeuropas nach der Grundsatzrede Helmut Schmidts vor dem International Institute for Strategic Studies (IISS) in London vom 28. Oktober 1977. Obwohl er Washington mehrfach informell auf die Problematik angesprochen hatte, sah sich der Kanzler zu diesem Zeitpunkt genötigt, seine Meinung deutlich und in der Öffentlichkeit zu äußern. Hintergrund waren die zwischen den USA und der Sowjetunion seit November 1969 geführten SALT („Strategic Arms Limitation Talks")-Verhandlungen.[75] „Durch SALT neutralisieren sich die strategischen Nuklearpotentiale der USA und der Sowjetunion. Damit wächst in Europa die Bedeutung der Disparitäten auf nukleartaktischem und konventionellem Gebiet zwischen West und Ost." Zu spät sei die enge Verzahnung von strategischen und taktischen Nuklearwaffen mit dem konventionellen Sektor gesehen worden. Also müsse nun ein konventionelles Gleichgewicht hergestellt werden, forderte er in London.

Sehr viel klarer als andere Staatsmänner dieser Zeit analysierte Schmidt, die neue Lage lasse folgende Schlüsse zu: man könne die NATO konventionell „massiv aufrüsten" oder in West und Ost die Streitkräfte reduzieren, so daß auf beiden Seiten eine niedrigere Gesamtstärke mit gleicher Obergrenze erreicht wäre. Selbstverständlich zog Schmidt letzteres vor. Im Zusammenhang mit der MBFR[76] wollte er auch prüfen, ob die sog. „Neutronenwaffe" als „ein zusätzliches Mittel der Abschreckungsstrategie, als Mittel zur Verhinderung eines Krieges für das Bündnis von Wert ist." Der Redner betonte jedoch mit Verweis auf den Harmel-Report von 1967 die Haltung der Allianz, gleichzeitig zu Stärke und zu Verhandlungen bereit zu sein. Damit war die Grundidee des sogenannten „NATO-Doppelbeschlusses" geboren.[77]

Obwohl sich Helmut Schmidt seit Jahren als sicherheitspolitischer Experte seiner Partei, ja der Bundesrepublik überhaupt profiliert hatte und auch einschlägige Publikationen zu diesem Themenkreis vorlagen,[78] zeigte sich die amerikanische Führung von der Deutlichkeit seiner Analyse überrascht. „In Washington war man zunächst verblüfft, dann verärgert, schließlich betroffen."[79] Doch schon im folgenden Jahr, 1978, vollzog man die Argumentation nach. Auch räumte das Weiße Haus daraufhin den Belangen der europäischen Partner einen höheren Stellenwert ein. Beim Vierertreffen auf Guadeloupe im Januar 1979 beispielsweise nahm neben den westlichen Atommächten USA, Frankreich und Großbritannien auch die Bundesrepublik teil. Früheren Konzepten eines NATO-Triumvirats der Atommächte, wie es ja de Gaulle vorgeschwebt hatte, wurde somit wiederum sichtbar und nachhaltig eine Absage erteilt. Die Bundesrepublik war Ende der siebziger Jahre ohne Frage in die Führungsriege des Westens aufgerückt, auch wenn sich mit der IISS-Rede, der „Nachrüstungsdebatte" und den zum Teil heftigen Diskussionen um die Neutronenwaffe keineswegs nur wirtschaftliche, sondern wie schon in den 50er Jahren wiederum sicherheitspolitische Fragen in den Vordergrund drängten, die das innenpolitische Klima sowie die deutsch-amerikanischen Beziehungen erheblich trübten.[80]

Am 13. April 1978 zeigte sich Schmidt vor dem Deutschen Bundestag sehr besorgt über die Verschiebungen des militärischen Kräftegleichgewichts in Europa zugunsten des Warschauer Paktes. Solange eine Rüstungsbeschränkung nicht gelinge, müsse das Bündnis konventionell wie nuklear seine Sicherheit gewährleisten. Dabei seien „taktische Nuklearwaffen und ihre Modernisierung ein unverzichtbares Mittel," um die zahlenmäßige Überlegenheit des Warschauer Paktes zu egalisieren. In diesem Kontext sei auch die Neutronenwaffe zu nennen, für die Schmidt sich - bei heftiger innenpolitischer Kritik auch aus den Reihen der Sozialdemokraten - stark machte. Als Jimmy Carter dann am 7. April 1978 seine „Entscheidung" bekannt gab, die Produktion, Einführung und Dislozierung (Aufstellung) der „Enhanced Radiation Weapon" (ER- oder auch ERW) in der Schwebe zu lassen, war Schmidt isoliert. Carter wiederum befürchtete, daß die USA möglicherweise ER-Waffen herstellen und die Verbündeten dann entscheiden, sie nicht zu dislozieren. Somit kann die Neutronenwaffe sowohl als Beispiel eines fehlerhaften, unsteten Entscheidungsfindungsprozesses als auch einer Kette von gegenseitigen Fehleinschätzungen beider Regierungen gelten. Anstatt eine feste Position und die Meinungsführerschaft einzunehmen, hoffte Carter vergeblich, die leidige Kontroverse ende von selbst. Doch sein Kurswechsel verwirrte und verärgerte jene Westeuropäer, die wie die Bundesregierung hohe innenpolitische „Kosten" zu tragen hatten, zutiefst.[81]

Gerade die Neutronenwaffe ist typisch für den teils sachlich-kritischen,[82] teils aber hochemotionsgeladenen Diskussionsstil der späten siebziger und frühen achtziger Jahre. Einerseits schilderten zivile wie militärische Sicherheitsexperten die „Vorteile" der neuen Waffe wie folgt: da ihre geringe Sprengkraft nur relativ wenig Materie zerstöre, ihre Strahlung jedoch menschliches Leben vernichte, erhöhe sie die Effektivität gegen militärische Ziele, vermeide sie unakzeptable Nebenschäden und reduziere sie die Gefahr einer nuklearen Eskalation. Die sog. „saubere" Kernwaffe vermindere die Kollateralschäden (also die über das Zielgebiet hinausgehenden Waffenwirkungen gegen die eigene Zvilbevölkerung, die eigenen Truppen und das eigene Territorium) und könne daher sehr wirksam gegen große feindliche Panzerverbände eingesetzt werden. Sie erhöhe gleichsam die Glaubwürdigkeit der Abschreckung und sei letztlich nicht unmoralischer als der „Overkill-Faktor".

Andererseits, so ihre Gegner, verwische sie die Grenze zwischen einem konventionellen und einem nuklearen Krieg. Namhafte Friedensforscher vertraten ebenso wie einige Generale und auch Politiker die Auffassung, die Neutronenwaffe mache einen auf Europa begrenzten Atomkrieg überhaupt erst denkbar. Und was nütze eine Strahlenreduzierung, wenn sich die Sowjetunion nach dem westlichen Einsatz der Neutronenwaffe gezwungen sehe, ihrerseits mit herkömmlichen, d.h. „schmutzigen" Nuklearwaffen zu antworten? Rasch wurde diese noch nicht gebaute Waffe personalisiert, unterstellte ihr zunächst die amerikanische Presse „'unmoralische' Eigenschaften".[83] Experten und Öffentlichkeit diesseits des Atlantik griffen diese Argumentation schnell auf. Für den damaligen Bundesgeschäftsführer der SPD, Egon Bahr, symbolisierte die ERW „die Perversion des Denkens". Diese Form waffentechnischer Innovation sei inhuman. Für die Konstrukteure der Neutronenwaffe sei es wohl leichter vorstellbar, „die Leichen von Menschen zu beseitigen, als die Trümmer von Städten und Fabriken."[84]

Von solch massiver Kritik im In- und Ausland bedacht, zögerte Carter seine Entscheidung immer weiter hinaus. Schließlich hatte der überzeugte Christ in seiner Inauguration versprochen, die Erde von allen nuklearen Waffen zu befreien. Jetzt wollte er nicht als „menschenfressendes Ungeheuer" in die Geschichte eingehen.[85]

Ungeachtet der Diskussion um die Neutronenwaffe blieb das Problem des militärischen Ungleichgewichts bei den „eurostrategischen" Waffen (Schmidt). Nach und nach wurde die erstmals von Schmidt deutlich artikulierte Bedrohung Westeuropas, insbesondere Westdeutschlands, durch die in großer Zahl lancierten sowjetischen Mittelstreckenraketen SS 20 und den sowjetischen „Backfire-Bomber" von den Medien, der Öffentlichkeit und der politischen Führung erkannt. Diese deutlich verbesserten Waffensysteme der Warschauer Vertragsorganisation verfügten über eine erhöhte Treffsicherheit und waren überdies mobil. Zudem bargen diese im Westen der UdSSR stationierten hochmodernen Waffen, die aufgrund ihrer Reichweite Europa, nicht aber die USA erreichen konnten, die Gefahr, das westliche Bündnis psychologisch zu spalten. Immer drängender erhob sich die Frage, ob die Vereinigten Staaten angesichts der Parität bei amerikanischen und sowjetischen Interkontinentalraketen bereit wären, ihre europäischen Verbündeten weiterhin nuklear zu beschützen. Galt die „Garantie" der USA auch für den Fall, daß - wie es Szenarien dieser Jahre unterstellten - einzig Mitteleuropa Kriegsschauplatz wäre, fragten viele verunsicherte Zeitgenossen? War, angesichts der für die USA völlig veränderten Ausgangslage, ihre Fähigkeit und, vor allem, ihr Wille dazu noch im selben Maße vorhanden wie früher?

Die NATO-Partner fanden nach intensiven Beratungen mit dem sog. „NATO-Doppelbeschluß" vom 12. Dezember 1979 den Weg aus der Krise. Sie sahen einerseits die qualitativ wie quantitativ ausgebaute sowjetische Militärmacht, der andererseits im Westen ein zahlenmäßig gleichbleibendes, zusehends veraltetes und damit verwundbares Potential gegenüberstand. Dadurch werde die Glaubwürdigkeit der Abschreckung in Zweifel gezogen. Um die NATO-Strategie der „flexiblen Antwort" aufrechterhalten zu können und die Interessen der Allianz zu wahren, verfolgte man zwei parallele und sich ergänzende Ansätze: die Modernisierung der nuklearen Mittelstreckenraketen (LRTNF) und die Rüstungskontrolle.

Die Minister beschlossen, ihrerseits moderne, nuklear bestückte Mittelstreckenwaffen in Europa zu dislozieren: 108 Abschußvorrichtungen sollten die „Pershing II" tragen, 464 bodengestützte Marschflugkörper (GLMC) vom Typ „Cruise Missile" stationiert werden. Beide Systeme wären aber erst 1982 oder 1983 einsatzbereit. In der Zwischenzeit wollte man mit der UdSSR verhandeln, so daß die Aufstellung möglicherweise gar nicht erfolgen müßte. Als Zeichen des guten Willens beschlossen die Außen- und Verteidigungsminister in Brüssel, daß dieses Programm „die Bedeutung nuklearer Waffen für die NATO nicht erhöhen" werde. Man war sogar bereit, so bald als möglich 1.000 amerikanische nukleare Gefechtsköpfe aus Europa abzuziehen. Die Zahl der in Europa dislozierten Nuklearsprengköpfe wurde also durch den NATO-Doppelbeschluß insgesamt sogar verringert.[86]

Indes gelang es der schwerfälligen NATO-Bürokratie, die sich in langatmigen Kommuniqués voller amerikanischer Fachtermini und unverständlicher Buchstabenkürzel an die Öffentlichkeit wandte, niemals in dem gewünschten Maß, den Sinn ihres inhaltlich richtigen Beschlusses zu vermitteln. Es kam der völlig falsche Eindruck auf, die Allianz wolle „aufrüsten", gleichsam die Zahl ihrer Raketen vergrößern. Dabei standen doch bereits 6.000 amerikanische Sprengköpfe allein auf westdeutschem Territorium - reichten sie für die Sicherheit nicht aus, fragte man sich? Jedenfalls stellte der NATO-Doppelbeschluß unter den Gesichtspunkten der Rhetorik, der Public Relations und der Bündnispsychologie einen Tiefstpunkt der über die Jahrzehnte betrachteten doch sehr erfolgreichen NATO-Arbeit dar.[87]

Der sowjetische Vorstoß, die Phase der „Nachrüstung" publizistisch auszunutzen und alles zu tun, um die Stationierung im Westen zu verhindern, ließ nicht lange auf sich warten. Auch in der Bundesrepublik und anderen westlichen Demokratien selbst erhob sich massiver Protest gegen diese unpersönliche, institutionalisierte Art der Politik. Und dabei wäre es eine absurde Vereinfachung, die Gegner des „NATO-Doppelbeschlusses" pauschal als „moskauhörig" zu verdammen. Die Massendemonstrationen der Friedensbewegung verliehen sowohl dem tief in der Bevölkerung verwurzelten Wunsch nach Frieden als auch der Angst vor einer atomaren Bedrohung Ausdruck. In den kommenden Jahren erhielten die NATO-Partner eine empfindliche Lektion, wie schmerzhaft es sein kann, wenn sich die politische Führung zu sehr von Teilen der eigenen Bevölkerung entfernt.[88]

Insbesondere der Bundesregierung drohte ein Dilemma. Weder durfte die Bundesrepublik im westlichen Bündnis isoliert werden, noch wollten Schmidt/Genscher angesichts des virulenten innenpolitischen Protestes den Fortbestand der sozialliberalen Koalition gefährden. Daher vertraten sie von Beginn der Diskussion an energisch den Standpunkt, daß die Bundesrepublik auf gar keinen Fall das einzige NATO-Land sein dürfe, das die neuen Waffen stationiere.

In diese schwierige Phase jedoch fiel der Zusammenbruch der Carter'schen Außenpolitik. Im Iran wurden 52 amerikanische Diplomaten zu Geiseln. Die Verhandlungen mit den Revolutionären blieben fruchtlos, ein dilettantischer Befreiungsversuch der US-Streitkräfte schlug fehl. Amerika schien der Krise völlig ohnmächtig gegenüberzustehen. Als die Sowjetunion in den Weihnachtstagen des Jahres 1979 militärisch in Afghanistan einmarschierte, verstärkte sich dieser Eindruck. Zu Beginn des Wahljahres 1980 stand Carter am Tiefstpunkt seines Ansehens. Ein echtes Krisenmanagement oder eine langfristige Strategie waren kaum erkennbar.[89] Schmidt erinnert sich: „Im Verhältnis zu den Verbündeten der USA, insbesondere gegenüber der Bundesrepublik Deutschland, ließ er bald Umsicht und Rücksicht vermissen."[90]

Für das Kernstück seiner Politik, die Durchsetzung der Menschenrechte, bedeuteten die unverhohlene sowjetische Aggression und die militärische Expansion in Richtung Golf einen Schlag ins Gesicht. Zumindest rhetorisch wurde Carter vom Paulus zum Saulus. Er forderte drastische Maßnahmen gegen die UdSSR, zeigte jedoch kaum Bereitschaft, die Belastungen auf amerikanischen Schultern zu verteilen und forderte fast ultimativ die Solidarität der Verbündeten ein. Amerikanische Getreide- und Hochtechnologieexporte sollten limitiert, die Fischereirechte der Sowjets in amerikanischen Gewässern und die Landerechte der Aeroflot in den Vereinigten Staaten beschnitten, die Errichtung eines amerikanischen Konsulats in Kiew und eines sowjetischen in New York abgesagt werden.[91]

Andererseits konnten die Europäer, vor allem die Deutschen, keinerlei Interesse an einem neuen Kalten Krieg und einem erneuten Rüstungswettlauf haben. Offensichtlich prallten hier bundesdeutsche und amerikanische Haltungen frontal aufeinander. Bei den Fragen eines Handelsembargos, größerer Verteidigungsanstrengungen und einem Boykott der Olympischen Spiele in Moskau kam es zu erheblichen Spannungen zwischen Washington und Bonn. Man kam überein, daß es Moskau keinesfalls gelingen dürfe, einen Keil zwischen die Bündnispartner zu treiben. Andererseits konzipierten die Westeuropäer eine bündnisinterne Arbeitsteilung, die ihnen eher den Part der entspannungspolitischen Kooperation und den Amerikanern jenen der großmachtpolitischen Konfrontation zudachte. Wie stets in Krisensituationen, stellten sich zu allem Überfluß fast zwangsläufig auch noch Konsultationsprobleme, ein mangelnder Informationsfluß und nicht zu unterschätzende Mißverständnisse ein.

Um nur ein Beispiel zu nennen. Mehrfach fragte die deutsche Seite bei höchsten US-Repräsentanten nach, ob denn Washington - wie gerüchteweise zu hören war - einen Olympiaboykott plane. Stets lautete die Antwort nein. Diese Haltung übermittelte das Kanzleramt denn auch dem NOK. Von der Ankündigung des US-Präsidenten, die Olympischen Sommerspiele in Moskau nun doch zu boykottieren und seiner eindringlichen Aufforderung an die Verbündeten, den USA auf diesem Kurs zu folgen, muß Bonn völlig überrascht worden sein. Schmidt spricht gar von einer „innenpolitischen Bloßstellung". Aber wieder einmal brillierte Bonn als „Musterknabe" der Allianz und vollzog ganz im Sinne der Bündnisräson eine taktische Wende - nur um zu sehen, daß dann im Sommer 1980 fast alle NATO-Mitgliedstaaten (bis auf Luxemburg, Norwegen und die Türkei) an den Moskauer Spielen teilnahmen. Trotzdem gab es gute Gründe für diesen Bonner Kurs. Denn auf der Bundesregierung lastete durchaus der Druck, wenigstens eine Carter'sche Forderung zu erfüllen, und sie mag den Olympiaboykott als den kleinsten zu zahlenden Preis angesehen haben. Wieder schien man sich bei der „pragmatischen Schadenbegrenzung" (Heep) aber verrechnet zu haben. Denn „die von Bonn erhoffte Wirkung auf Washington" blieb aus. Die unpopuläre Stellungnahme der Bundesregierung fand allem Anschein nach kaum Würdigung bei Carter und seinen Vertretern.[92]

Schmidt gewann bei einem Amerikabesuch den Eindruck, die westliche Führungsmacht sei sich ihres Kurses nicht sicher. Man entscheide ohne Stetigkeit von Tag zu Tag und von Fall zu Fall, wobei sich das Weiße Haus während des amerikanischen Wahlkampfes nicht scheute, mangelnde deutsche Bündnistreue als Argument anzuführen. In seinen Memoiren spricht Carter gar von „antiamerikanischen Äußerungen" Schmidts, während die Administration ihm - vor einer Reise nach Moskau und nach seinem vermeintlichen Vorschlag eines „Moratoriums" im Zusammenhang mit der Nachrüstung - den Drang nach Neutralität und Loyalitätsmängel unterstellte.[93] Der amerikanische Sicherheitsberater Brzezinski ging einmal sogar soweit, die sozialliberale Koalition der „Selbst-Finnlandisierung" zu bezichtigen.[94]

Schmidt konterte, die USA seien der wichtigste, Frankreich jedoch der engste Verbündete der Bundesrepublik. Die Situation eskalierte. Am 12. Juni 1980 erhielt Schmidt einen „erstaunlichen" Brief Carters, in dem unter Bezugnahme auf diverse Presseberichte eine klare Stellungnahme des Bundeskanzlers zum NATO-Doppelbeschluß gefordert wurde. Schmidt war desavouiert. Offensichtlich hatte man es nicht nur versäumt, seine dem Weißen Haus zugeleiteten Redemanuskripte, in denen er wiederholt klar Position für den eingeschlagenen Kurs bezogen hatte, zu studieren. Vor allem die Lancierung des Carter-Briefes an die Washingtoner Presse war für den im Bundestagswahlkampf stehenden Hanseaten „offene Ranküne“, die einer „Demütigung“ und einer „Beleidigung“ gleichkam.[95]

Vorabend des Weltwirtschaftsgifels in Venedig 1980: Klärende Gespräche sollten Verstimmungen zwischen Bundeskanzler Schmidt und US-Präsident Carter beseitigen.

In der Folge kam es am Vorabend des Gipfels in Venedig nicht nur zu einer deutlichen Abkühlung des Verhältnisses, sondern sogar zu einem handfesten Streit zwischen einem erbosten Bundeskanzler und einem verblüfften amerikanischen Präsidenten. In seiner Heftigkeit blieb dies wohl bis auf den heutigen Tag ein einmaliger Vorfall innerhalb der deutsch-amerikanischen Beziehungen. Bisher war es zwischen beiden Regierungschefs zu einer Reihe von kleineren Vorfällen gekommen. So hatte Carter niemals Schmidts „persönliche“ und auch öffentliche Vorwürfe gegenüber ihn selbst und den hochrangigen Mitgliedern seiner Administration verziehen.[96] Außerdem schätzte er den Kanzler ebenfalls als wankelmütig und als ökonomischen Schulmeister der Allianz ein - obwohl er nicht einmal in der Lage sei, den linken Flügel seiner eigenen Partei zu kontrollieren.[97]

Für Carter galt dieses Treffen mit Schmidt als „the most unpleasant personal exchange I ever had with a foreign leader“. Er unterstellte dem Sozialdemokraten, ihm gegenüber eine völlig andere Position einzunehmen als gegenüber der deutschen Öffentlichkeit. Die anderen Verbündeten seien durch Schmidts Vorschlag eines „Moratoriums" zutiefst verwirrt. In seinen Tagebucheintragungen vom 21. Juni 1980 berichtet Carter von einem sehr emotionalen Kanzler, der sich nicht nur persönlich beleidigt zeigte, sondern auch mit spitzer Zunge darauf hinwies, daß die Bundesrepublik nicht der 51. Staat der USA sei.[98]

In der Tat war der Kanzler in Venedig wohl außer sich. Er verwies in barschen Tönen auf seine „großen innenpolitischen Kosten", die ihm seine Bündnistreue gegenüber Carter und den USA bereits mehrfach verursacht hatten. Deshalb sei er in manchen Fragen, so bei Olympia oder bei INF („Intermediate-Range Nuclear Forces" = Mittelstrekkenraketen), in Westeuropa nahezu isoliert. Und mit dem NATO-Beschluß sei er „politisch verheiratet". Wer bitte habe denn bei der Neutronenwaffe seine Meinung geändert? „Wir haben unser Wort immer gehalten," so der Kanzler. „Wegen des INF-Beschlusses habe ich im letzten Dezember auf dem Parteitag der SPD sogar meine politische Existenz aufs Spiel gesetzt."[99]

Und doch fehlte es auch in dieser bitteren Stunde nicht an deutsch-amerikanischen Gemeinsamkeiten: beide rühmen sich, dem jeweiligen Gesprächspartner die Sachlage erklärt, ihm seine offensichtlichen Fehler und Versäumnisse nachgewiesen und ihn - nachdem sie ihre Sachposition durchgesetzt hatten - schließlich beruhigt zu haben. Am Ende des Treffens stand eine etwas gewundene Presseerklärung. Immerhin diente das Zusammentreffen in Venedig als reinigendes Gewitter. Die Beziehung Ford-Schmidt hat zwar gezeigt, wie vorteilhaft sich eine Freundschaft zwischen Staatsmännern auf die Beziehungen der beiden Länder auswirken kann. Und doch wäre es verfehlt, das Verhältnis beider Länder einzig an den persönlichen bzw. politischen Bindungen der Regierungschefs festzumachen. Oder anders formuliert: die Basis des deutsch-amerikanischen Verhältnisses war dreieinhalb Jahrzehnte nach Kriegsende so stark, daß sie sogar einen handfesten Krach auf höchster Ebene verkraftete. Der Streit war rasch vergessen - nicht zuletzt, weil Carter wenige Monate später seine Wiederwahl verlor.

Neben den persönlichen und sicherheitspolitischen (Streit-)Fragen spielten von 1975 bis 1980 ökonomische innerhalb der deutsch-amerikanischen Beziehungen eine größere Rolle. Bekannteste Beispiele hierfür sind das sog. deutsch-sowjetische „Erdgasröhren-Geschäft" und der Export deutscher ziviler Nukleartechnologie nach Brasilien.[100]

Barbara Heep hält fest, daß hier für die Bundesrepublik ein Prioritätenkonflikt zwischen wirtschaftlichen und sicherheitspolitischen Interessen auftrat. Letztlich konnte der Konflikt jedoch durch die Schaffung eines multilateralen Rahmens entschärft werden. Die Kritik der amerikanischen Seite, die Bedenken gegen eine weitere mögliche Proliferation äußerte, wurde von den Deutschen mit dem Hinweis auf den zivilen Charakter der Nuklearexporte abgewehrt, die amerikanischen Bedenken beim Erdgas-Röhrengeschäft als „Futterneid" interpretiert, war doch ursprünglich eine US-Firma als Kraftwerkslieferant vorgesehen. In der Nuklearfrage verschaffte der Ausweg über ein multilaterales Gremium der Bundesrepublik die Unterstützung mehrerer Industrie- bzw. Lieferländer und selbstverständlich aller potentiellen Empfängerstaaten, so daß die USA sich der Gefahr aussetzten, „sich nuklearpolitisch zu isolieren."[101] Einen vergleichbaren Kurs wählte man bei der Diskussion um den SALT II-Prozeß, als eine „Special Group" geschaffen wurde, innerhalb derer der mittelbare Einfluß der Bundesregierung auf die Bündnisentscheidungen besser durchzusetzen war als in einer bilateralen „Kraftprobe" zwischen Washington und Bonn, die sich beide Partner weder leisten wollten noch konnten.[102]

2.3 Schmidt und Reagan, 1981/82

In den Augen Schmidts hatten Nixon, Ford und Kissinger eine „Politik der Mitte" betrieben. Seiner Meinung nach leitete Carter eine Wende um 90 Grad „nach links" ein und Reagan anschließend eine solche um 180 Grad „nach rechts".[103] Bevölkerung und Führung der USA versuchten nach dem Wahlsieg des Republikaners, „Vietnam", „Watergate" und die demütigende Geiselnahme zu verdrängen und Werte wie Stolz, Ehre, Patriotismus wieder zu betonen. Hatten erfinderische Journalisten in der politisch wie ökonomisch desaströsen letzten Phase der Carter-Administration noch die aus der Arbeitslosen- und der Inflationsquote addierte „misery rate" eingeführt, so überraschte Reagan mit einem neokeynesianischen Rezept. Er senkte die Steuern bei einer gleichzeitigen massiven Erhöhung der Verteidigungsausgaben. Sie stiegen von etwa 150 Mrd. $ im Jahre 1981 auf über 200 Mrd. $ zwei Jahre später. Treffend hatte Reagans Mitbewerber im 1980er Wahlkampf und späterer Vizepräsident, George Bush, diesen

Ansatz der „Reaganomics“ als „Voodoo Economics“ charakterisiert.[104] Wie Eisenhower in den 50er Jahren sprach Reagan von Frieden und Sicherheit auf der Basis von Stärke - doch ohne wie dieser ökonomisch Maß zu halten.

Für die Westeuropäer jedoch verhieß dies trotz all der martialischen Rhetorik der Wahlkampf- und Einarbeitungszeit die von Schmidt so häufig eingeklagte Berechenbarkeit, Stetigkeit und Zuverlässigkeit. Aber galt dies auch gegenüber einem Kanzler, den der Präsident für einen „Sozialisten“ hielt?[105] Und drohte nicht Bonn und den anderen Europäern auch die Gefahr, die in den letzten Jahren erworbene Mündigkeit zumindest teilweise wieder einzubüßen?

Der inzwischen international erfahrenen Regierung Schmidt/Genscher gelang es in häufigen persönlichen Kontakten mit Reagan, Abrüstungsverhandlungen in dessen Weltbild einen höheren Stellenwert einzuräumen. Wenngleich Reagan in der Öffentlichkeit die notwendige Nachrüstung des Westens mit aller Deutlichkeit herausstellte, verschloß er sich - im Gegensatz zu seinem ersten Außenminister, Alexander Haig, niemals völlig gegenüber der „Null-Option“ bei den Mittelstreckenwaffen.[106] Doch wie Schmidt glaubte auch der US-Präsident, daß die „Null-Lösung“ eher ein wünschenswertes Ideal denn eine realistische Zielvorstellung sei. Warum, so der gegenüber dieser Denkschule skeptische Haig, sollten die Sowjets quasi ohne Gegenleistung abrüsten? Er schreibt, die Westdeutschen „glaubten, einen Ausweg aus dem Dilemma gefunden zu haben.“ Die sozialliberale Koalition ging „mit einer kunstvollen Verhandlungsbasis hausieren.“ Die USA würden in Europa keine neuen, modernisierten Raketen stationieren, falls Moskau die bereits dislozierten modernen SS 20 sowie die älteren SS 4 und SS 5 abbaute. Für Haig war dies „keine Verhandlungsgrundlage.“[107] Für ihn war nicht vorstellbar, daß die linke SPD oder die gegenüber dem Pentagon doch phantasievolle Friedensbewegung im ein oder anderen Fall „Hardlinern“ konzeptionell voraus waren.

Auch ging man nach der Ausrufung des Kriegsrechtes in Polen anfangs verschiedene Wege, als die Amerikaner für Härte und die Deutschen für eine konziliantere Haltung plädierten, ehe das transatlantische Krisenmanagement die Situation entschärfte. Nicht nur bei der Ost- und Deutschlandpolitik, bei der Schmidt/Genscher durch ihre kontinuierliche Politik der „kleinen Schritte“ einen gewissen Fortschritt erreichten, sondern auch beim neuerlichen Streit um das Erdgas-Röhrengeschäft widerstand Bonn dem amerikanischen Druck. Beide Male fielen genuin bundesdeutsche Interessen stärker ins Gewicht als die nach wie vor bestehende sicherheitspolitische Abhängigkeit von den Vereinigten Staaten, die um 1982 „als disziplinierendes Element" kaum mehr zum Tragen kam.[108]

Dies bedeutet jedoch nicht, daß sicherheitspolitische Aspekte eine geringere Rolle gespielt hätten - im Gegenteil. Die Ereignisse von März und April 1982 unterstrichen den Stellenwert der Sicherheitspolitik nochmals. Zunächst faßte Schmidt nach einer Aussprache mit dem Kabinett die Grundzüge der bundesdeutschen Sicherheitspolitik zusammen. Dann, im April 1982, während des Falkland-Krieges, wurde das deutsch-amerikanische Abkommen über die Unterstützung der US-Truppen durch den Aufnahmestaat in Krise und Krieg („Wartime Host Nation Support") unterzeichnet. Schmidt bekannte sich erneut zu den im Harmel-Bericht zum Ausdruck gebrachten Überzeugungen und verwies mehrfach auf die Abschreckungskraft des westlichen Bündnisses. Die Sicherheitspolitik der Allianz verbinde Verteidigungsfähigkeit mit Rüstungskontrolle und Abrüstung. Nach wie vor seien die enge Freundschaft mit den Vereinigten Staaten von Amerika sowie der politisch-wirtschaftliche Zusammenhalt in der EG (und hierbei insbesondere die deutsch-französische Kooperation) die Grundpfeiler bundesdeutscher Politik. Er sprach sich für ein „einiges Europa" als verläßlichem Partner Nordamerikas aus und bejahte die Bundeswehr und ihren Auftrag.[109] Auch bei der Unterzeichnung des „Wartime Host Nation Support" vom 15. April 1982 hieß es: „Nicht Überlegenheit, Kriegsverhinderung durch Gleichgewicht ist unser Ziel." Im Rahmen der deutsch-amerikanischen und europäisch-amerikanischen „Schicksalsgemeinschaft" wolle man technische Verbesserungen erzielen. Unter anderem solle die vertraglich festgelegte Heranführungszeitspanne für die Verstärkungsstreitkräfte der amerikanischen Verbündeten im Falle einer Krise deutlich verkürzt werden.[110] Nicht allein die 300.000 auf deutschem Boden stationierten G.I.'s und die knapp 500.000 Mann starke Bundeswehr, sondern vor allem die rasch einzuziehenden bzw. über den Atlantik heranzuführenden Reserven bildeten das konventionelle Rückgrat der Abschreckung. Brady und Fleck sehen dieses bilaterale Abkommen als „ein gutes Beispiel für Lastenteilung im besten Sinne". Es stelle einen „transatlantic bargain" dar, beide Seiten profitierten. Die von Bundesverteidigungsminister Georg Leber 1979 aufgestellten Prämissen waren allesamt erfüllt: weder wurde die Kampfkraft der Bundeswehr durch diese neue Aufgabe geschwächt, noch der Verteidigungshaushalt der Bundesrepublik erhöht. Auch mußte der Friedensumfang der Bundeswehr nicht erhöht werden, da auf die deutsche Seite primär Unterstützungsleistungen zukamen, für die 93.000 Reservisten ausgebildet wurden. Den Kostenvorteil des „Wartime Host Nation Support", eines „ideenreichen Lösungsansatzes", beziffern diese Autoren gar auf 200:1.[111] Während die USA die teure und zusehends unbeliebte Stationierung größerer Truppenkontingente in Übersee vermieden, hatte die deutsche Seite die fast 100.000 Reservisten auszubilden und auszurüsten, „die die amerikanischen Streitkräfte bei Transport, Versorgung, Instandsetzung, Logistik und Sicherung amerikanischer Einrichtungen" zu unterstützen hätten.[112]

Alles in allem habe sich die deutsch-amerikanische Partnerschaft und Freundschaft seit 1947/48/49 sehr bewährt, heißt es im Vertragstext selbst.[113]

Bonn-Besuch in Zusammenhang mit der Tagung des Nordatlantikrates 1982: US-Präsident Reagan und Bundeskanzler Schmidt.

Auch wenn die Regierung Schmidt 1981/82 innen- und wirtschaftspolitisch einen schweren Stand hatte,[114] vermochten es Kanzler und Außenminister, auf der Basis der engen deutsch-französischen Freundschaft das politische und wirtschaftliche Gewicht der Bundesrepublik diplomatisch innerhalb der Europäischen Gemeinschaft einzubringen. Waren erst einmal mehrere europäische Regierungen auf der Seite Bonns, erhöhten sich die Chancen, gegenüber Washington einen tragfähigen Kompromiß durchzusetzen.[115]

ZEITTAFEL

1974	
16.05.	Nach dem Rücktritt Willy Brandts im Zusammenhang mit der „Guillaume"-Affäre (06.05.) wählt der Deutsche Bundestag Helmut Schmidt zum fünften Bundeskanzler. Der Liberale Hans-Dietrich Genscher, seit 1969 Innenminister, wird neuer Außenminister der SPD/FDP-Koalition
19.06.	Tagung des Ministerrats des Nordatlantikrats „Erklärung von Ottawa" zu den transatlantischen Beziehungen
09.08.	Einen Tag nach dem Rücktritt Richard Nixons wegen des „Watergate"-Skandals wird Gerald Ford als neuer Präsident der USA vereidigt
12.08.	Zur Überraschung vieler Beobachter nennt Ford die Inflation „das wichtigste innenpolitische Problem der Vereinigten Staaten". Einen Monat später gewährt er Nixon Pardon
20.08.	Der Republikaner Nelson A. Rockefeller wird neuer Vizepräsident
16.09.	Präsident Ford gewährt den Wehrdienstverweigerern und Deserteuren aus der Zeit des Vietnam-Krieges Pardon unter der Bedingung, daß sie einen zweijährigen Zivildienst ableisten
06.12.	Bundeskanzler Schmidt besucht die USA
1975	
21.05.	US-Außenminister Kissinger versichert im Berliner Abgeordnetenhaus, daß die Sicherheit Berlins ein „lebenswichtiges Interesse" der USA bleibe

15. - 20.06.	Bundespräsident Walter Scheel auf Staatsbesuch in den USA
27.06.	Deutsch-brasilianisches Abkommen über die Lieferung von Kernkraftwerken und anderen nuklearen Anlagen
30./31.07.	Staatsbesuch Fords in der Bundesrepublik
01.08.	Die KSZE („Konferenz über Sicherheit und Zusammenarbeit in Europa") endet nach langen Verhandlungen in Helsinki mit der Unterzeichnung der „Schlußakte" durch 35 europäische Staaten sowie durch die USA und Kanada
15.11.	Im französischen Rambouillet beginnt der erste Weltwirtschaftsgipfel

1976

Juli	Deutsch-amerikanische Einigung im Devisenausgleich
15.12.	Wiederwahl Helmut Schmidts als Bundeskanzler und Fortführung der sozialliberalen Koalition

1977

20.01.	Inauguration des Demokraten James Earl („Jimmy") Carter als neuem Präsidenten der USA
26.01.	Der amerikanische Vizepräsident Walter Mondale beendet seinen dreitägigen Besuch in der Bundesrepublik
28.10.	Grundsatzrede Helmut Schmidts vor dem „International Institute for Strategic Studies" (IISS) in London

1978

07.04.	Carter gibt seine Entscheidung bekannt, die Produktion, Einführung und Dislozierung der sog. „Neutronenwaffe" solange zu verzögern, bis „die Umstände eine neuerliche Entscheidung erfordern"
13.07.	Jimmy Carter beginnt seinen dreitägigen Staatsbesuch in der Bundesrepublik

1979

05.01.	Vierertreffen der Staats- bzw. Regierungschefs der USA, Frankreichs, Großbritanniens und der Bun-

	desrepublik auf Guadeloupe, wo die Politiker u.a. über den „NATO-Doppelbeschluß“ entscheiden
06.04.	Die „Special Group“, ein vom NATO-Rat auf deutschen Wunsch hin eingesetzter Sonderausschuß, nimmt seine Arbeit über die rüstungspolitischen Aspekte der Modernisierung/Nachrüstung auf
18.06.	SALT II wird in Wien unterzeichnet
04.11.	Demonstranten besetzen die US-Botschaft in Teheran und nehmen circa 60 Botschaftsangehörige als Geiseln
12.12.	„NATO-Doppelbeschluß“: Die NATO-Staaten beschließen die „Nachrüstung“ im Bereich der Mittelstreckenwaffen in Europa („INF“) sowie ein Verhandlungsangebot an Moskau. Weiterhin werden 1.000 amerikanische nukleare Gefechtsköpfe aus Europa abgezogen
25.12.	Die sowjetische Invasion in Afghanistan beginnt
1980	
04.01.	Carter kündigt amerikanische Sanktionen gegen die UdSSR an
25.04.	Der Versuch, die amerikanischen Geiseln mit Hubschraubern aus dem Iran zu befreien, mißlingt völlig. Kurz darauf tritt US-Außenminister Cyrus Vance aus Protest gegen diese Operation zurück Nachfolger wird Edmund Muskie
Sommer	Die USA, die Bundesrepublik, Luxemburg, Norwegen und die Türkei boykottieren die Olympischen Sommerspiele von Moskau
22.06.	Am Rande des Weltwirtschaftsgipfels von Venedig kommt es zu einem ernsthaften Zusammenstoß zwischen Bundeskanzler Schmidt und Präsident Carter
30.06.	Schmidt erreicht in Moskau, daß die UdSSR mit den USA über Mittelstreckenraketen verhandeln wird
05.11.	Helmut Schmidt wird erneut zum Bundeskanzler einer sozialliberalen Koalition gewählt
1981	
20.01.	Der Republikaner Ronald Reagan wird als neuer Präsident der USA inauguriert. Am selben Tag werden die amerikanischen Geiseln freigelassen

30.03.	Attentat auf Präsident Reagan
16.05.	Helmut Schmidt schafft in Wolfratshausen ein Junktim zwischen der Zustimmung seiner Partei zum NATO-Doppelbeschluß und seinem politischen Schicksal (Ende Mai auch Genscher)
14.09.	Schwere Ausschreitungen überschatten den Besuch des amerikanischen Außenministers Alexander Haig in Bonn und West-Berlin
15.09.	Terroristen verüben in Heidelberg ein Attentat auf General Kroesen, den Oberbefehlshaber der amerikanischen Landstreitkräfte in Europa
10.10.	Massendemonstration der „Friedensbewegung" gegen den NATO-Doppelbeschluß in Bonn (später in vielen anderen Städten)
18.11.	Reagan nennt die „Null-Lösung" als westliches Ziel der INF-Verhandlungen von Genf. Die sowjetischen Mittelstreckenraketen (SS 4, SS 5 und SS 20) sollen abgebaut, die amerikanischen Pershing II und die Marschflugkörper nicht in Europa stationiert werden

1982

15.04.	„Wartime Host Nation Support": deutsch-amerikanisches Abkommen über die Unterstützung der USA und ihrer in der Bundesrepublik stationierten Streitkräfte in Krisen- und Kriegszeiten
09.06.	Reagan beginnt seinen dreitägigen Besuch in der Bundesrepublik und West-Berlin
01.10.	Nach der Aufkündigung der SPD/FDP-Koalition und dem Rücktritt der vier liberalen Minister (17.09.) spricht der Deutsche Bundestag Helmut Schmidt das Mißtrauen aus und wählt Helmut Kohl (CDU) zum sechsten deutschen Bundeskanzler

3. Eine „reife Partnerschaft": Kohl und Reagan, 1982-1988

3.1 Deutsch-amerikanische Beziehungen im Schatten der „Nachrüstung"

Die Demontage der sozialliberalen Koalition endete mit dem Regierungswechsel vom 1. Oktober 1982. Helmut Schmidt, weiterhin ein international erfahrener und angesehener, aber innen- und parteipolitisch nun angeschlagener Staatsmann, trat nach acht Jahren Amtszeit ab. Bundeskanzler wurde mit Helmut Kohl der frühere Ministerpräsident von Rheinland-Pfalz und CDU-Oppositionsführer, der zusammen mit CSU und F.D.P. eine politische sowie „geistig-moralische Wende" herbeiführen wollte. Doch machte der Christdemokrat sofort klar, daß damit keinesfalls das enge deutsch-amerikanische Verhältnis gemeint sei. Im Gegenteil: diese Freundschaft wollte er kraftvoll und systematisch ausbauen. Generell blieb die Außen- und Sicherheitspolitik ein Schwerpunktthema. Und gute deutsch-amerikanische Beziehungen sollten unter seiner Ägide ebenso wie das enge deutsch-französische Verhältnis erstrangige Ziele bleiben. Auf diesem Feld der Westpolitik wurde Kontinuität fortan großgeschrieben. Kohl präsentierte das von der „Koalition der Mitte" geführte Bonn als vertrauenswürdigen Partner Westeuropas und Nordamerikas, der fest an den Ideen der europäischen Einigung und der atlantischen Partnerschaft festhalten werde. Wörtlich hieß es in Kohls erster Regierungserklärung vom 13. Oktober 1982:

„Fundament deutscher Außen- und Sicherheitspolitik sind das Nordatlantische Bündnis und die Freundschaft und Partnerschaft mit den Vereinigten Staaten von Amerika." Es handle sich um eine Allianz, die niemanden bedrohe und die keine Überlegenheit anstrebe, dauerhafte Unterlegenheit aber „um der Erhaltung des Friedens willen" weder hinnehmen könne noch wolle. Kohl unterstrich mit Blick auf die vehement geführte Nachrüstungsdebatte die Stetigkeit der bundesdeutschen Politik: „Unsere Freunde und Verbündeten, aber auch unsere Partner in aller Welt sollen wissen, daß sie sich auf die Geradlinigkeit und Berechenbarkeit unserer Politik verlassen können." Weiterhin führte er aus: „Eine schwankende Position ist für die Bundesrepublik Deutschland - geographisch mitten in Europa - lebensgefährlich. Das Bündnis ist der Kernpunkt deutscher Staatsräson." Kohl setzte klare Prioritäten: „Erstens: Wir werden die deutsch-amerikanischen Beziehungen aus dem Zwielicht befreien, die Freundschaft bekräftigen und stabilisieren." Bereits wenige Tage später wolle er nach Washington reisen, um die Partnerschaft durch Konsultationen zu vertiefen. „Zweitens: Die Bundesrepublik erneuert ihr Bekenntnis zum Atlantischen Bündnis. Es ist die Grundlage unserer Politik der aktiven Friedenssicherung."[1]

Konkret bedeutete dies: ungeachtet der neueren Strömungen innerhalb der SPD und der Massendemonstrationen der Friedensbewegung sollte der NATO-Doppelbeschluß umgesetzt werden.[2] Kohl stellte dem Pazifismus, dem Antiamerikanismus und dem Neutralismus der frühen 80er Jahre ein klares Bekenntnis zur deutsch-amerikanischen Partnerschaft entgegen.
Anläßlich seines USA-Besuchs unterstrich die gemeinsame deutsch-amerikanische Erklärung vom 16. November 1982 die „Tiefe und Breite der deutsch-amerikanischen Freundschaft". Nunmehr führe man Gespräche zwischen „gleichberechtigten Partnern". Das enge Verhältnis verhelfe beiden Ländern zu „Freiheit, Sicherheit und Wohlstand." An Reagans Rede vor dem Deutschen Bundestag anknüpfend, hieß es am Vorabend der 300-Jahrfeier,[3] die „über 50 Millionen Amerikaner deutscher Abstammung" seien ein Beispiel für die engen Bande zwischen beiden Völkern. Gleichzeitig würdigte der amerikanische Präsident den kontinuierlichen deutschen Beitrag zur gemeinsamen Verteidigung und hierbei insbesondere das deutsch-amerikanische Abkommen vom 15. April 1982, für ihn ein Sinnbild gemeinsamer Verteidigung und fairer Lastenteilung im Bündnis. Auch verliehen beide Seiten, wie so oft, ihrer Hoffnung Ausdruck, nukleare wie konventionelle Bestände könnten ausgewogen und überprüfbar verringert werden. Gleichzeitig werde man jedoch neben Rüstungskontrolle und Abrüstung, gemäß dem Harmel-Bericht, Verteidigung und Abschreckung beibehalten. Solange es kein Einlenken von Moskau gebe, werde der NATO-Doppelbeschluß vom 12. Dezember 1979 verwirklicht, also die Stationierung modernisierter INF-Flugkörper größerer Reichweite ab Ende 1983 durchgeführt werden.[4]

Ebenso bemerkenswert wie der feste Wille beider Partner, am einmal gefällten Entschluß auch gegen Widerstände festzuhalten, ist folgende Ausführung: Reagan (*1911) und Kohl (*1930) sprachen bei dieser Gelegenheit von einem der jüngeren Generation zu vermittelnden Gefühl der Partnerschaft, „das die ältere Generation so tief empfindet.“[5] Die zentrale Frage des Generationenwechsels, die sich in den 80er Jahren unterhalb der Regierungschef-Ebene immer stärker auswirkte, wird auch von Helmut Schmidt in seinem vielgelesenen Buch „Menschen und Mächte“ angesprochen. Er zeigt auf, in welch hohem Maße lange Zeit die exzellent ausgebildeten Berufsdiplomaten und Berufsoffiziere sowie ein großes Reservoir von urteilsfähigen, außenpolitisch interessierten, engagierten und erfahrenen Privatpersonen die außen- und sicherheitspolitische Kontinuität der Vereinigten Staaten garantiert hatten. Dieses „Establishment“ schöpfte aus Institutionen wie dem „Council on Foreign Relations in New York“, der Zeitschrift „Foreign Affairs“ sowie diversen Stiftungen, „think-tanks“ und international ausgerichteten Spitzenuniversitäten sowie Forschungseinrichtungen. Genannt seien hier Harvard, Yale und Princeton, das M.I.T., die Rand Corporation, das American Enterprise Institute, die Brookings Institution, das Carnegie Endowment for International Peace, das Hoover-Institute in Stanford, Kalifornien, oder die Heritage-Foundation in Washington, D.C.. Der Kanzler und andere Staatsmänner schätzten das hohe Niveau und den enormen Einfallsreichtum dieser „Denkfabriken“.[6] Wenngleich Europäer und andere Verbündete gleichwohl das explosionsartige, kaum vorhersehbare Vortragen neuer Thesen und „Doktrinen“ fürchteten, garantierte die außenpolitische Elite alles in allem doch über zwei Jahrzehnte, von 1945 bis 1965, die Berechenbarkeit der Führungsmacht USA. Doch die folgende Generation auf beiden Seiten des Atlantiks war stark vom Vietnam-Krieg geprägt, der innerhalb wie außerhalb der USA verheerende Auswirkungen auf das Amerikabild mit sich gebracht hatte. Dies galt insbesondere für die Bundesrepublik Deutschland.[7]

Anfang der 80er Jahre war eine Generation in die Führungsetagen aufgestiegen, die Marshall-Plan und Luftbrücke nicht mehr aus eigener Anschauung kannte, sehr wohl aber die grausamen Bilder aus der Zeit des Vietnam-Krieges von 1965 bis 1973/75. Der Protest der jungen und mittleren Generation kann aber keineswegs pauschal als „Antiamerikanismus“ bezeichnet werden, sondern er enthält neben antimodernistischen und ökologischen starke pazifistische Elemente. Mit anderen Worten: Bei der Nachrüstung im „heißen Herbst“ 1983, etwa bei der Blockade des US-Militärdepots in Mutlangen, erhielten die USA unter anderem erneut, mit einer mehrjährigen Phasenverschiebung, die Quittung für ihren Krieg in Vietnam. Jedenfalls wurde, speziell bei der Nachrüstungsdebatte, die Friedensbewegung „von einem tiefen Mißtrauen gegenüber amerikanischen Beweggründen und Politiken motiviert", so Stephen F. Szabo. Es handelt sich durchaus um den Ausdruck des „Zeitgeistes", wenn ein Plakat während einer Friedensdemonstration - vor dem globalen Hintergrund der Hyperrüstung und der von Menschen nicht immer kontrollierbaren Technisierung auch der Sicherheitspolitik - die Stimmung treffend auf den Punkt bringt: „WIR HABEN ANGST".

Die empirischen Daten deuten auf Verschiebungen hin: während in der Bundesrepublik nur fünf Prozent der Menschen mit Universitätsbildung im Alter von über 50 Jahren die Neutralität der NATO-Mitgliedschaft vorziehen würden, waren dies 28 Prozent bei den 18-34 jährigen mit höherer Bildung. Szabo schließt daraus auf eine allenfalls „lauwarme" europäische Unterstützung der NATO.[8]

Sicherlich konnten die USA nach Vietnam kein „Ersatzvaterland" mehr für die Deutschen sein, hatten sie, um mit Günter Grass oder amnesty international zu sprechen, nach Vietnam das Privileg verloren, gleichsam eine „höhere Moral" für sich in Anspruch zu nehmen. Allerdings ließen sich die aufgezeigten „Alternativen" oft nicht umsetzen und gerieten mitunter zur reinen Utopie.

Indessen blieben Regierung und Friedensbewegung eher konträre Lager, und es entstand bedauerlicherweise kein konstruktiver Dialog. Zu einer „Demokratisierung" der Außenpolitik kam es ebensowenig wie zu einer Sicherheitspolitik „von unten". Gleichwohl erhielt die Beobachtung des innen-, ja mitunter basispolitischen Faktors künftig ein höheres Gewicht. Und die Opposition gegenüber der Führungsmacht des Bündnisses bedeutet auch, hier ist Szabo zuzustimmen, „einen Normalisierungsprozeß in bezug auf das Wiederaufleben von Machtzentren nach einer künstlichen Periode amerikanischer Vorherrschaft. Die Nachfolgegeneration hat weniger ehrfürchtiges Erstaunen vor amerikanischer Macht und mehr Skepsis gegenüber amerikanischer Führung."[9]

Andererseits schossen 1981-1983 viele Beobachter bei der Kritik der deutsch-amerikanischen bzw. transatlantischen Sicherheitspolitik über das Ziel hinaus. Vielmehr bleibt festzuhalten: weder Washington noch Bonn verschlossen sich gegenüber der Null-Lösung, sobald sie realistisch erschien. Immer wurde diese Option offengehalten. Präsident Reagan hatte bereits im November 1981 die „Null-Lösung" gefordert. Und auch Bundeskanzler Kohl unterstrich mehrfach, so auch am 30. März 1983, zum Vorschlag des amerikanischen Präsidenten die INF-Verhandlungen betreffend, die Allianz halte weiterhin an dem „wünschenswerten Ziel" der Null-Lösung fest. Beseitigt werden sollte demnach die gesamte Waffenkategorie der Mittelstreckenraketen in Ost und West.[10] Außenminister Genscher (F.D.P.) gewann der Durchführung des NATO-Doppelbeschlusses im Herbst 1983, bei der er große innere und äußere Belastungen zugab, auch positive Seiten ab. Zum einen bestätige sie die Handlungsfähigkeit des westlichen Bündnisses, zum anderen seien die europäischen Partner der USA „in vorher nie gekanntem Ausmaße an der Entwicklung der Verhandlungspositionen" beteiligt gewesen. Daher gelte es, die Einigung Europas entschlossen voranzutreiben und konsequent auf die Politische Union hinzuarbeiten. „Aber niemand sollte die Stärkung der Rolle Europas als gegen die USA gerichtet oder gar als Instrument zur Abkopplung von Amerika betreiben," fügte er warnend hinzu.[11] Andere sprachen sich für ein „Einfrieren" („freeze") der amerikanischen nuklearen Bewaffnung (und, wenn möglich, der gesamten Nachrüstungsproblematik) aus.[12] Im Sommer 1983 waren nach Angaben des Zweiten Deutschen Fernsehens sogar drei Viertel der deutschen Bevölkerung gegen die Dislozierung von US-Mittelstreckenraketen in Europa, falls die Genfer Verhandlungen scheitern sollten.[13]

Wie stets bei solchen Meinungsumfragen, hängt der Standpunkt von der Art der Fragestellung ab. Flocht die reputierte Meinungsforscherin Elisabeth Noelle-Neumann etwa den Aspekt der Bedrohung in die Frage mit ein („ ... wenn die SS-20-Raketen der Sowjetunion weiterhin auf Europa gerichtet bleiben ...), so wollten bereits 37 anstatt 22 von hundert Befragten westliche Raketen stationieren. Unübersehbar aber war, daß die Mehrheit der bundesdeutschen Bevölkerung nicht hinter dem NATO-Doppelbeschluß stand, dessen Sinn den Bürgern kaum vermittelt wurde. Damals gehörten nicht geringe Teile der Bevölkerung einer lautstarken Opposition an.

Doch gerade angesichts dieses Drucks bewunderte die amerikanische Regierung die Standfestigkeit Helmut Kohls in der Nachrüstungsfrage. Der lange Zeit unterschätzte Politiker gewann für manche Beobachter zusehends an Statur, national wie international. „Machtinstinkt", Zielstrebigkeit und Beharrlichkeit hatte Kohl in der Vergangenheit schon oft unter Beweis gestellt. Während seine Kritiker ihm vorwarfen, auf Einwände nicht zu reagieren und die Dinge schlicht „auszusitzen", meinten seine Parteifreunde, er halte eben solange wie nötig an dem für richtig erkannten Kurs fest - trotz aller Kritik. Es ist sicher nicht untypisch, daß sich nach 1989/90 beide Seiten, Regierung wie Opposition, von den historischen Ereignissen in ihrem Kurs bestätigt sahen. Als sicher kann jedoch gelten, daß Kohl seiner Position innerhalb der Beziehung Washington-Bonn geschadet hätte, wäre er gleich zu Beginn seiner Amtszeit in einer so essentiellen Frage wie der Raketenstationierung „umgefallen".

Andererseits bewies er, ebenso wie Reagan und andere NATO-Partner, während der Nachrüstungsdebatte eine erstaunliche taktische Flexibilität. Unter dem nicht nachlassenden Druck der öffentlichen Meinung veröffentlichte die Nukleare Planungsgruppe der NATO im Herbst 1983 in Montebello ein Kommuniqué, in dem sie offensichtlich aus den Fehlern des Doppelbeschlusses ihre Lehre gezogen hatte. In klarer und verständlicher Sprache hieß es in dem kurzen Text, daß es die Politik des Bündnisses sei, den Frieden zu bewahren und dafür Streitkräfte auf dem niedrigsten Stand zu unterhalten, der erforderlich ist, um die Bedrohung des Warschauer Paktes abzuwehren.

Erster offizieller Besuch in den USA: Bundeskanzler Kohl mit US-Präsident Reagan im Weißen Haus.

Zwar werde die Allianz, wie beschlossen, die Stationierung von Mittelstreckenraketen größerer Reichweiten durchführen. Ziel seien jedoch einzig die Wiederherstellung des Gleichgewichts und die Aufrechterhaltung der Abschreckung. Weiter hieß es, die im Dezember 1979 beschlossene Bestandsverringerung der Nuklearwaffen um 1.000 Gefechtsköpfe sei inzwischen durchgeführt, der Abzug inzwischen abgeschlossen. Die NATO werde also nicht, wie öffentlich immer wieder behauptet, ihren Bestand an Nuklearwaffen vergrößern, sondern vielmehr „auf den niedrigsten Stand seit mehr als 20 Jahren bringen."[14] Der Kanzler erläuterte die Politik der Allianz und die Auswirkungen des NATO-Doppelbeschlusses und seiner Durchführung auf die deutsch-amerikanischen Beziehungen dann am 21. November 1983 nochmals ausführlich vor dem Deutschen Bundestag. Er verwies hier unter anderem auf den Abzug amerikanischer Mittelstreckenflugkörper aus Europa, der bereits 1963 begonnen hatte. Eindringlich schilderte er, daß die Sowjetunion sich diesen Schritten niemals angeschlossen habe. Im Gegenteil. Sie habe nicht nur das atomare Patt mit der westlichen Supermacht auf strategischer, sprich interkontinentaler Ebene gesucht. Nein, zugleich bedrohe sie Westeuropa durch atomar bestückbare Mittelstreckenwaffen. Und drittens bestehe die traditionelle konventionelle Überlegenheit des Warschauer Paktes fort. Folgt man dem damals häufig geäußerten Gedanken, daß sich gleichwertige nukleare Potentiale in ihrer Abschreckungswirkung gleichsam „neutralisierten", dann ergab sich für alle Beteiligten aus dieser Konstellation eine andere Perspektive. Kohl wörtlich: „Westeuropa, meine Damen und Herren, ist damit in einer anderen Sicherheitssituation als die USA: Wir sind durch die konventionelle Überlegenheit des Warschauer Pakts bedroht. Wir sind aber auch durch ein nukleares Erpressungspotential an SS-20 Mittelstreckenraketen bedroht, das immer stärker wird. Diese Raketen ... zielen auf europäische Städte, nicht auf amerikanische."[15] Ganz offensichtlich war es die Absicht der Sowjetunion, die Westeuropäer zu bedrohen und die Amerikaner davon abzuhalten, sie zu beschützen.

Dies hätte - so die Ansicht mancher Auguren - die „Abkopplung" der USA und Kanadas vom europäischen Festland zur Folge haben können und, damit einhergehend, wohl zwangsläufig die Solidarisierung der Westeuropäer auf sicherheitspolitischem Gebiet, wollten sie sich der Erpressung nicht schutzlos ausgeliefert sehen. Es gab durchaus Tendenzen in diese Richtung. Das Schlagwort von der „Europäisierung Europas" machte damals die Runde. Und Politiker wie Hans Dietrich Genscher besannen sich durchaus auf die Westeuropäische Union (WEU). „Warum die WEU? ... Weil die WEU die einzige europäische Organisation ist, die durch vertragliche Regelung für Verteidigung und Sicherheit zuständig ist," so Genscher. Die aus dem Dornröschenschlaf erwachte WEU war zwar legitimiert, doch blieben die Möglichkeiten des modifizierten Brüsseler Vertrages jahrzehntelang ungenutzt, was nicht ohne Auswirkungen auf die Glaubwürdigkeit dieses Schattenbündnisses geblieben war.[16]

Genscher strebte danach, der wirtschaftlichen (EWG/EG) und politischen Zusammenarbeit der Westeuropäer (EG/EPZ) die dritte Säule der militärischen (WEU) hinzuzufügen. Europa müsse endlich damit beginnen, auch in sicherheitspolitischen Fragen „mit einer Stimme zu sprechen", so der langjährige bundesdeutsche Außenminister. Selbstverständlich vergaß er nicht, hinzuzufügen, „damit es zu einem starken und selbstbewußten Partner im Bündnis wird. Europa und Amerika bilden die beiden Pfeiler der Atlantischen Brücke; sie ergänzen und brauchen einander." Beide Seiten müßten starke und tragfähige Pfeiler sein, mahnte er in Anlehnung an Kennedys historische Rede vom 4. Juli 1962 in Philadelphia.

In der Vergangenheit, so Genscher im Sommer 1984, habe es doch immer wieder Klagen über ein Ungleichgewicht im Bündnis gegeben. „Es entstand das Bild eines Europas, das Kostgänger amerikanischer Stärke ist." Gleichwohl unterstrich Genscher seine Fähigkeit, auf engstem politischen Raum meisterhaft mit Worten zu jonglieren, wenn er weiter ausführte: „Nicht die USA sind im Bündnis zu stark, sondern die Europäer sind zu schwach." Und in ungewöhnlicher Deutlichkeit (die Ermahnungen seiner Kritiker schon vorwegnehmend) führte er aus: „In diesem Zusammenhang taucht häufig die Frage auf, ob die Beschäftigung mit diesen Fragen im Rahmen der WEU dazu führen könnte, auf dem Umweg über die WEU die geographische Beschränkung der NATO aufzuheben. Dazu möchte ich eindeutig feststellen: dies ist nicht beabsichtigt." Ihm gehe es auch weiterhin um die politische Zusammenarbeit und die Kohärenz der Allianz.[17]

An transatlantischen Problemen fehlte es in der Startphase der Regierung Kohl sicherlich nicht. Zeitweise drohte sogar der Abzug amerikanischer Truppen aus der Bundesrepublik. Doch Kohls sachlicher außenpolitischer Stil und Genschers geschmeidige Taktik sowie sein unermüdliches Engagement trugen wesentlich dazu bei, deutsch-amerikanische Spannungen abzubauen. Dabei vergaßen weder die Reagan-Administration noch die Bundesregierung zu irgendeinem Zeitpunkt ihre nationalstaatlichen Interessen. Aber es gelang ihnen zumeist, durch Gesten und eine auf die Massen zielende Symbolik die Basis der Werte- und Sicherheitspartnerschaft zu stärken.[18] Beide Regierungschefs waren sehr darauf bedacht, die komplexen sicherheitspolitischen Probleme wieder, wie Eisenhower und Adenauer, für die breitere Öffentlichkeit in einer allgemein verständlichen Sprache darzustellen. Intellektuelle und Experten erhielten eigene Foren.

Mit dieser Strategie gelang es der sicherheitspolitischen Achse Washington-Bonn, die Allianz in dieser entscheidenden Phase wieder stärker zu einen. Kohl unterstrich die Bündnistreue der Bundesrepublik und differenzierte, wenn nötig, stärker zwischen Freund und Feind als andere vor ihm. So bedauerte er am 30. November 1984, in der gemeinsamen Erklärung des US-Präsidenten und des Bundeskanzlers, daß die Sowjetunion im Unterschied zur NATO[19] ihre nuklearen Kräfte weiterhin verstärkt und gleichzeitig die bilateralen Rüstungskontroll-Verhandlungen in Genf abgebrochen habe.[20] Bei verschiedenen Gelegenheiten betonten Kohl und Reagan ihre gemeinsame Position.

Auch beim mitunter heftigen Disput um die „Strategische Verteidigungsinitiative“ (SDI) galt es, die Partnerschaft zusammenzuhalten. Im Kern ging es der Reagan-Administration darum, von der Abschreckung, also „offensiver Vergeltung“, hin zur Abwehr, also „defensiver Verteidigung“, zu kommen.[21] Diese Terminologie und auch die Denkweise verwirrten zunächst. Gemeint war folgendes: Auf die USA gerichtete, anfliegende Interkontinentalraketen sollten bereits während ihrer Steigphase durch weltraumgestützte Laserwaffen zerstört werden.

Dieses neue strategische Szenario schlug sich natürlich sofort in der internationalen Politik nieder. „Deshalb war besonders die Regierung Kohl/Genscher zunächst über die Ankündigung von SDI enttäuscht bzw. verwirrt. Sie befürchtete, daß durch SDI die nukleare Abschreckungsstrategie, die man gerade gemeinsam mit Washington durch den Doppelbeschluß gefestigt hatte, unterspült werden konnte.“[22] Jahrelang hatten sich amerikanische Vertreter gegen den Vorwurf zu wehren, Washington wolle die Vereinigten Staaten zu einer „Fortress America" machen und sich von Westeuropa abkoppeln. Werde Europa im neuen Konzept nicht mehr benötigt, fragte man sich? Dies, so der amerikanische Verteidigungsminister Caspar Weinberger unter anderem auf einer Pressekonferenz in Gießen, sei „völlig falsch". Ein „Rückzug oder Auszug" der USA liege keinesfalls im amerikanischen Interesse. Eine „Festung Amerika" gebe es nicht und werde es nie geben. Man forsche lediglich an einem System, um sowohl Raketen mittlerer als auch interkontinentaler Reichweite abzuwehren. Seiner Ansicht nach bot SDI eher eine Gelegenheit, eng zusammenzuarbeiten und einige der bisherigen Beschränkungen aufzuheben.[23] Kohl indessen legte Wert darauf, daß eine mögliche zukünftige Kooperation

- faire Partnerschaft und freien Austausch der Erkenntnisse gewährleiste,
- keine „technologische Einbahnstraße" bleibe oder entstehe,
- der deutschen Seite, soweit dies möglich sei, ein „in sich abgeschlossenes Forschungsgebiet" sichere und
- Bonn damit auch „Einfluß auf das Gesamtprojekt" erlaube.

Vorrangiges Ziel blieb seiner Meinung nach jedoch eine drastische Verringerung der nuklearen Offensivsysteme auf beiden Seiten.[24]

Nach sich hinziehenden Verhandlungen hieß es dann am 28. März 1986: „Die Bundesregierung begrüßt den erfolgreichen Abschluß der deutsch-amerikanischen Verhandlungen über eine Vereinbarung zur Beteiligung deutscher Industrie- und Forschungseinrichtungen am SDI-Forschungsprogramm sowie über allgemeine Fragen des Technologieaustausches." Der Bundesregierung gehe es darum, Chancen für die deutsche Industrie und Forschung zu erhöhen und, so die offizielle Formulierung, „Anschluß an die technologische Entwicklung in den USA zu gewinnen."[25]

Noch wurde hi-tech/Hochtechnologie in einem Atemzug mit großen militärischen Forschungsprojekten genannt, da man sich hier - wie beim „Manhattan Project" (Bau der ersten Atombombe) oder beim Apollo-Programm (bemannte Raumfahrt/Mondlandung) - einen enormen „spill-over"-Effekt erhoffte. Man glaubte, auch die zivile Forschung und letztlich der Markt werde durch einen technologischen

„Quantensprung" ein gewaltiges Stimulans erfahren. Doch sowohl die Großprojekte selbst als auch die Theorie des „spill-over" gerieten mehr und mehr unter Druck. Zunächst war die „Strategische Verteidigungsinitiative" ja als Maßnahme gegen ganze Schwärme sowjetischer Interkontinentalraketen konzipiert worden, die schon Ende der 80er Jahre viel von ihrer Bedrohlichkeit eingebüßt hatten. Zum anderen verzögerte sich, wie stets bei solchen Vorhaben, der Termin für die Fertigstellung des Produktes, dessen anfangs als „phantastisch" gepriesene Fähigkeiten dann ohnehin nicht jeder Expertise standhielten - während die Kosten unweigerlich explodierten. In der Geschichte des sog. „militärisch-industriellen Komplexes" finden sich zahlreiche Beispiele dafür.[26] Warum hätte gerade SDI eine Ausnahme machen sollen? Das Forschungsprogramm, einmal als ein Kernstück Reagan'scher Sicherheitspolitik gepriesen, konnte von der US-Administration natürlich nicht ohne weiteres fallengelassen werden. Andererseits verweigerte ihm der amerikanische Kongreß die notwendigen Mittel zur Realisierung, während Wissenschaft und öffentliche Meinung ihre Zweifel niemals völlig ablegten. SDI lief aber noch einige Jahre als Forschungsprogramm weiter.

Trotz des obligatorischen Presserummels über die „Militarisierung des Weltraums" und „Star Wars" hatte es nur kurze Zeit jene Priorität besessen, um überhaupt die deutsch-amerikanischen Beziehungen ernsthaft zu beeinflussen. Ohne Frage müssen die Verantwortlichen in der Bundesrepublik natürlich jede Entwicklung im Auge behalten, die zu einer Abkopplung der Vereinigten Staaten von Europa führen könnte. Für Teile der „classe politique" besaß SDI dieses Element. Andererseits, und dies hatten schon Manöver wie „Big Lift" in den sechziger Jahren gezeigt, ist letztlich der Wille der Partner entscheidend, nicht primär ökonomische oder technische Rahmenbedingungen. Aber auch die Anhänger des Projektes mußten sich eingestehen, daß bei den westeuropäischen Partnern Unsicherheit herrschte und sie dringend einer gewissen Rückversicherung („Reassuring") bedurften.

Vor diesem Hintergrund mußte es ein Hauptanliegen Ronald Reagans sein, während seiner Deutschland- und Berlin-Besuche immer wieder die Verbundenheit beider Länder und Völker hervorzuheben. Doch als er aus Anlaß des 40. Jahrestages des Kriegsendes in Europa in die Bundesrepublik reiste, kam es zum Eklat. Der Soldatenfriedhof von „Bitburg", eine Etappe, war plötzlich in aller Munde.

Der Vorschlag der Bundesregierung hatte ursprünglich drei Stationen für den amerikanischen Präsidenten umfaßt: eine Gedenkfeier im Kölner Dom am 8. Mai 1985,[27] den Besuch eines Konzentrationslagers[28] sowie den gemeinsamen Besuch eines Soldatenfriedhofs. Dahinter stand die Idee, die Geste der Versöhnung und Völkerverständigung von Verdun zu wiederholen, wo sich Kohl und der französische Präsident Mitterrand vor den Gräbern der Soldaten beider Länder die Hände gereicht hatten. Dabei übersahen die Organisatoren des Reagan-Besuches jedoch nicht nur, daß auf deutschen Friedhöfen gar keine amerikanischen Soldaten beerdigt sind. Zu spät entdeckten sie, daß sich auf dem Friedhof von Bitburg auch Gräber der Waffen-SS befanden. Als dies bekannt wurde, erhob sich in den USA ein Sturm der Entrüstung: „Eben dieser Friedhof ist für uns unannehmbar," schrieb der KZ-Überlebende Elie Wiesel, dessen Wort als weltbekannter Schriftsteller und Vorsitzender des US Holocaust Memorial Council entsprechendes Gewicht hatte."Bitburg ist nicht ein gewöhnlicher Soldatenfriedhof. Dort befinden sich die Gräber der SS. Ein Besuch dort wäre unvorstellbar. Die Angehörigen der SS waren und sind Verbrecher."[29]

Der Versuch, die Feindschaft der frühen 40er Jahre zu begraben und die Solidarität des nordatlantischen Bündnisses zu demonstrieren, scheiterte. „Der Besuch entwickelte sich zu einem politischen Alptraum," der eine mehrwöchige hitzige Debatte auslöste. Anfangs war das Presseecho verheerend. Unglückliche Äußerungen des amerikanischen Präsidenten und Kohls Festhalten an Bitburg verstärkten diesen Eindruck noch. Nach Hedrick Smith meinte der Kanzler, die Glaubwürdigkeit seiner Regierung stehe auf dem Spiel, während Reagan den Glanz seines jüngsten Wahlsieges gefährdet sah. Trotz der Warnungen seines Stabes, trotz der heftigen Kritik der amerikanischen Juden und ungeachtet der 390 Abgeordneten des Repräsentantenhauses, die den Präsidenten in ihrer Resolution aufforderten, nicht nach Bitburg zu fahren, gab der Präsident dem deutschen Drängen nach. „Wir müssen es tun. Helmut sagt, daß seine Regierung sonst gestürzt wird," lautete seine Begründung. Die amerikanische Botschaft in Bonn bestätigte diese Sicht. „Botschafter Burns kabelte nach Washington, die Streichung des Besuchs in Bitburg wäre ein Desaster für die deutsch-amerikanischen Beziehungen. Kohl werde dadurch geschwächt und erscheine als Lakai der Amerikaner." Also machte der zögerliche

Reagan schließlich Zugeständnisse. Insgesamt kann der Abstecher des US-Präsidenten nach Bitburg durchaus als quid pro quo zu der Stationierung der Pershing II und Cruise Missile in der Bundesrepublik betrachtet werden. Beide Regierungschefs zahlten in dieser Zeit jeweils einen hohen innenpolitischen Preis für ihre Bündnistreue. Andererseits: bei früherer und genauerer Vorbereitung wäre der Eklat von Bitburg ohne weiteres zu vermeiden gewesen, doch wollte Reagan „aus Achtung vor dem deutschen Kanzler Helmut Kohl nach Bitburg fahren." Und so hält Smith fest: „Das Desaster von Bitburg ging voll auf Reagans Konto."[30] Nach wochenlangen Pressemeldungen gelang es schließlich, den politischen Schaden zu begrenzen. Reagans würdevolles Auftreten in Bitburg trug wesentlich dazu bei, seine Popularitätseinbußen wieder wettzumachen.

Auf dem Hambacher Schloß rief er am 6. Mai 1985 aus: „Wir fühlen uns hier zu Hause." Typisch waren die Betonung der Freiheit („Die Zukunft gehört den Freien") sowie die Verknüpfung von Teilung und Unfreiheit: „Europa ist geteilt, weil ein Teil Europas unfrei ist; Deutschland ist geteilt, weil ein Teil Deutschlands unfrei ist." Wie stets, plädierte er für eine realistische Politik. Schließlich liege im Realismus der Anfang der Weisheit. Mit Weisheit - und Mut - werde man auch Deutschlands Sicherheit gewährleisten. Aber als optimistischer Amerikaner schaute er auch nach vorn und bezog die Wirtschaft mit ein. Gerne stellte er den Typ des amerikanischen „Garagenunternehmers" vor, einen Abkömmling des legendären „self-made man", wenn er stolz ausführt: „Eine der führenden amerikanischen Computerfirmen wurde von zwei Studenten in der Garage ihres Hauses gegründet."[31] Insbesondere Berlin, dem sich Reagan besonders verbunden fühlte, wollte er immer wieder wirtschaftliche Impulse verleihen. Vor diesem Hintergrund ist auch sein späterer Vorschlag des Großflughafens und Berlins als einer Drehscheibe des internationalen Luftverkehrs zu verstehen.

Washington und West-Berlin blieben auch in den 80er Jahren eng verknüpft. Dies mag Agenten des im Ostteil der Stadt ansässigen libyschen „Volksbüros" dazu bewogen haben, die West-Berliner Diskothek „La Belle" als Ort ihres blutigen Anschlages zu wählen. Hier verkehrten vor allem amerikanische G.I.'s. Als die Bombe explodierte, starben zwei Menschen, 230 wurden zum Teil schwer verletzt. Sobald nachrichtendienstliche Erkenntnisse über libysche Stellen als mutmaßliche Drahtzieher des Terroraktes vorlagen, führten die USA Mitte April 1986 einen Vergeltungsschlag aus der Luft gegen Tripolis und Bengasi. Kohl erklärte daraufhin vor dem Deutschen Bundestag, der internationale Terrorismus sei das Krebsgeschwür unserer Zeit. Wörtlich führte er aus: „Die Vereinigten Staaten haben zu oft - und manches Mal nicht ohne Grund - sagen können, sie hätten sich allein gefühlt in ihrem Kampf gegen den internationalen Terrorismus. Es ist einfach, die Vereinigten Staaten dafür zu kritisieren, wenn sie schließlich zu Mitteln greifen, die wir nicht gewählt hätten. ... Mit bloßen Klageliedern werden wir dem internationalen Terrorismus nicht beikommen können."[32] Der hart und präzise geführte Luftschlag der Amerikaner, der anfangs in Europa (und auch in den USA) auf Kritik gestoßen war, zeigte jedoch Wirkung. „To strike at the heart of the aggression" - eine gerne und oft von John Foster Dulles in den 50er Jahren gebrauchte Formulierung - schien für die amerikanische Administration hier der richtige Weg zu sein.

3.2 Hin zur umfassenden Abrüstung

Reagan bewies - gemäß seiner Doktrin der „low intensity warfare" - Härte vor allem gegenüber kleineren Staaten wie Libyen und Grenada oder in Mittelamerika. Andererseits lag ihm vor allem in seiner zweiten Amtshälfte viel daran, als „Friedenspräsident" in die Geschichte einzugehen. Von Ende 1985 an bis 1988 wurde „Abrüstung" sein Schwerpunktthema. Seine Memoiren beginnt der amerikanische Präsident mit den Verhandlungen in Genf im Herbst 1985, vor seiner ersten Begegnung mit Gorbatschow: „Unsere Beziehungen zu den Sowjets - und ihre zu uns - beruhten auf einer Politik, die als „mutual assured destruction", gegenseitige garantierte Vernichtung, kurz MAD, bekannt war, und madness, Wahnsinn, war sie. ... Nur der Druck auf den Knopf trennte uns vom Untergang."[33]

Aufgrund der Hochrüstungsphase von etwa 1981 bis 1984 konnte Reagan wieder von einer „Position der Stärke" aus verhandeln.[34] „Wir können wählen", sagte er gegenüber dem neuen Mann im Kreml, dessen Land er noch kurz zuvor als das „Reich des Bösen" bezeichnet hatte, „wir können eine Abrüstung vereinbaren, wir können aber auch das Wettrüsten fortsetzen, das Sie, wie Sie mit Sicherheit wissen, nicht gewinnen können."[35]

In den siebziger und frühen achtziger Jahren hatte Moskau eine Aufrüstung vollzogen, „deren Ausmaß niemand im Westen für möglich gehalten hätte." Die USA hatten mit einer explosionsartigen Erhöhung des Verteidigungsbudgets geantwortet. Für 1982/83 waren die Ausgaben um 30 auf 275 Mrd. Dollar erhöht worden, den höchsten Stand aller Zeiten. 1986 war es bereits das Doppelte. Ähnlich dramatisch wie der absolute Anstieg der Militärkosten war der relative: 1982 machten die Verteidigungsausgaben noch rund sechs Prozent des amerikanischen Bruttosozialproduktes aus, eine hohe, aber erträgliche Zahl. „1986 werden es zehn Prozent sein," warnte Gräfin Dönhoff damals.[36] Zum Vergleich: die Bundesrepublik und andere westeuropäische Staaten gaben damals zweieinhalb bis drei, Japan etwa ein Prozent seines BSP für die Verteidigung aus. Nach amerikanischen Quellen sah dies weniger dramatisch aus:[37]

Jahr	Verteidigungsausgaben in Mrd. $	Anteil am Bruttosozialprodukt
1970	235.7	7,8 %
1971	213.7	7,0 %
1972	206,3	6,5 %
1973	197,0	5,7 %
1974	187,5	5,5 %
1975	181,0	5,6 %
1976	190,5	5,2 %
1977	199,8	4,9 %
1978	198,1	4,7 %
1979	196,8	4,7 %
1980	201,2	5,0 %
1981	226,2	5,2 %
1982	253,4	5,8 %
1983	275,3	6,2 %
1984	289,1	6,0 %
1985	309,4	6,2 %
1986	297,8	6,4 %
1987	289,7	6,2 %

Nach amerikanischer Lesart hatte Reagan durch die Nachrüstung während seiner ersten Amtszeit lediglich wieder die Normalität hergestellt. Zudem erscheint nur der Zuwachs der absoluten Beträge von ca. 200 Mrd. $ (1980) auf rund 300 Mrd. $ (1985) hoch, nicht jedoch der moderate Anstieg von fünf auf sechs Prozent des BSP. Oder anders formuliert: die Amerikaner glaubten, es handle sich um einen selbsttragenden Aufschwung. Der Reagan-Boom der 80er Jahre finanziere sozusagen die Verteidigung mit.

Insbesondere europäische Autoren jedoch warnten, Washington laufe Gefahr, sich selbst krankzurüsten, während es Moskau „totrüste". Andererseits hatte die UdSSR lange Zeit so agiert, als könne sie ihre Verteidigungsausgaben nahezu beliebig auf extrem hohem Niveau beibehalten, ohne wirklich einen Preis dafür entrichten zu müssen. Beide Seiten mußten nun ihr genuines Interesse an geringeren militärischen Lasten eingestehen. Nicht zuletzt vor diesem ökonomischen Hintergrund neigte sich die über vierzigjährige Phase der amerikanisch-sowjetischen Konfrontation allmählich ihrem Ende entgegen.[38] Damit entspannten sich auch die im Windschatten des Ost-West-Konflikts gelegenen nordamerikanisch-westeuropäischen Beziehungen wieder deutlich. Anfang der 80er Jahre hatte man noch vehement über Zinsniveau, Tiefflieger, Stahlproduktion und das Erdgas-Röhrengeschäft gestritten. Auch gab es Dispute um die Außen- und Sicherheitspolitik etwa gegenüber Mittelamerika, Nahost oder Polen. Weiterhin sah sich das nordatlantische Bündnis angesichts der „antiamerikanischen" Tendenzen und des Widerstands gegen die Stationierung der 108 Mittelstreckenraketen und 464 Marschflugkörper in Westeuropa damals noch der Gefahr der Entfremdung ausgesetzt. Doch inzwischen kamen die USA und die Bundesrepublik wieder stärker in Einklang. Beide Seiten hatten hart an sich gearbeitet. Reagan verzichtete nun auf die rhetorische Härte und Aggressivität der Anfangsjahre, die man ihm als Militarismus und „antikommunistische Kraftmeierei"[39] ausgelegt hatte. Kohl, der die amerikanische Invasion auf Grenada im Herbst 1983 noch sehr distanziert betrachtet hatte, unterstützte nun Anfang 1986 - wie beim Schlag gegen Libyen gesehen - die US-Regierung zumindest verbal.

Um diese Zeit, so ein Verhandlungsführer, erreichten die amerikanisch-europäischen wie auch die amerikanisch-deutschen Konsultationen eine neue Qualität. Jene Gespräche zwischen den Vereinigten Staaten und ihren europäischen Partnern vor und nach dem Genfer Gipfeltreffen im November 1985 gehörten „zu den wohl intensivsten und produktivsten, die es je gab.“ Die Staats- und Regierungschefs waren unmittelbar daran beteiligt.[40]

Erstmals zeigten 1986/87 alle drei maßgeblichen politischen Kraftzentren - die UdSSR, Westeuropa und Nordamerika - zeitgleich ein hohes Interesse an echter Entspannung auf Ost-West-Ebene. Die Sowjetunion war in Afghanistan gescheitert. Ihre Strategie, Westeuropa und die USA mit Mittelstreckenraketen zu entkoppeln, war fehlgeschlagen, das Gespenst eines auf Westeuropa begrenzten Nuklearkrieges verblaßt. Und weder die utopischen Kosten für die angebliche Überlegenheit im Bereich der Interkontinentalraketen noch der Aufbau einer gigantischen „Roten Flotte“ hatten die geostrategische Position der UdSSR nur annähernd in dem Maße verbessert wie geplant. Auch die USA, vor kurzem noch auf SDI bzw. den B-1 oder „Stealth-Bomber“ fixiert, dachten um. Nach der Hochrüstungsphase knüpfte die Reagan-Administration wieder an Konzepte wie SALT II an. Washington suchte nun „bedeutsame Verringerungen“ bei den „am meisten destabilisierenden Nuklearsystemen“, also den ballistischen Raketen und insbesondere den ICBM's. Aus SALT („Strategic Arms Limitation Talks“) wurde START („Strategic Arms Reduction Talks“). Nach fünfzehnmonatiger Unterbrechung nahmen Sowjets und Amerikaner ihre Verhandlungen am 12. März 1985 wieder auf. Sie umfaßten sowohl strategische Offensivwaffen als auch Raketenabwehrsysteme, gingen also weit über SALT II hinaus. Bereits im Oktober 1986 konnten sich beide Seiten auf gewisse Grundzüge eines START-Abkommens einigen. Und im Zuge des nachlassenden Ost-West-Konfliktes kam es bald zu einer weiteren Annäherung.[41]

Dreimal trafen sich die höchsten Vertreter der beiden Supermächte persönlich. Nach der oben geschilderten Begegnung zwischen Reagan und Gorbatschow in Genf (November 1985) und dem unbefriedigenden Vertagen des Problems in Reykjavik (Oktober 1986) wurde schließlich am 8. Dezember 1987 in Washington der INF-Vertrag unterzeichnet, der die Beseitigung der Mittelstreckenwaffen zum Inhalt hat.[42] Erstmals gab es nicht nur künftige Rüstungshöchstgrenzen oder Abrüstung hin auf limitierte Obergrenzen, sondern es verschwand weltweit eine gesamte Waffenkategorie, die Raketen mit einer Reichweite zwischen 1.000 und 5.500 km.

Damit hatte sich nicht nur die amerikanische Forderung nach asymmetrischer Abrüstung bei gleichzeitiger strenger Verifikation durchgesetzt. Die Politik hatte sich auch in großen Schritten auf die von Kohl und Genscher vertretene Position zubewegt.[43] Denn schon auf ihrer Tagung von Reykjavik hatten die NATO-Außenminister, auf deutsche Initiative hin, den ständigen NATO-Rat mit der Weiterentwicklung eines Gesamtkonzepts für Rüstungskontrolle und Abrüstung beauftragt. Dieser Vorstoß beinhaltete neben dem INF-Vertrag die 50%ige Reduzierung der amerikanischen und sowjetischen strategischen nuklearen Offensivwaffen. Weiterhin zielte er auf die weltweite Beseitigung chemischer Waffen. Seine Absicht war die Herstellung eines stabilen und sicheren Niveaus konventioneller Steitkräfte in ganz Europa und, im Zusammenhang mit den beiden letztgenannten Zielen, die deutliche und überprüfbare Reduzierung amerikanischer und sowjetischer bodengestützter nuklearer Flugkörpersysteme kürzerer Reichweite, die zu gleichen Obergrenzen führen.[44]

Selbstverständlich lag den unmittelbar und als einzigen von dieser Kategorie bedrohten Deutschen sehr viel daran, vor allem die Kurzstreckenwaffen so rasch als möglich zu eliminieren, denn, wie Volker Rühe es einmal so treffend formulierte: „Je kürzer die Reichweite, desto toter die Deutschen.“ Doch die sog. „doppelte Nullösung“, welche die Beseitigung sowohl der Kurz- als auch der Mittelstreckenraketen vorsah, konnte sich damals nicht durchsetzen.[45]

Deutsche und Amerikaner hatten oft ähnliche, aber nicht immer gleiche Interessen. Denn, wie Richard Burt es ausführt: „Wir sind zwar Partner, aber keine Zwillinge.“[46] Aber sie wuchsen innerhalb der Allianz wieder sehr viel enger zusammen. Nach dem Abschluß des INF-Vertrages unterstützten wieder 87 Prozent der Bundesdeutschen die weitere Mitgliedschaft in der NATO.

Bereits in seinem Vortrag vor der Deutschen Gesellschaft für Auswärtige Politik (DGAP) 1986 hatte Bundeskanzler Kohl zum wiederholten Male festgestellt, daß sich die Deutschen am allerwenigsten den Ruf der Unzuverlässigkeit, der mangelnden Berechenbarkeit oder der Sprunghaftigkeit leisten könnten. So appellierte er hier weiterhin an die „Schicksalsgemeinschaft zwischen Alter und Neuer Welt“. Und nach seiner Wiederwahl mahnte er in seiner Regierungserklärung vom

18. März 1987, die Bundesrepublik dürfe kein „Wanderer zwischen den Welten" sein. Wörtlich hieß es: „Freundschaft und enge Zusammenarbeit mit den Vereinigten Staaten von Amerika sind für die Bundesrepublik Deutschland von existentieller Bedeutung. Sie sind unverzichtbar für die Einheit des Bündnisses. Sie ermöglichen uns Einfluß und Mitgestaltung." Aber er unterstrich auch, daß die transatlantische Partnerschaft nicht nur von den Regierungen getragen werden dürfe. Mit Nachdruck warb der Kanzler für einen verstärkten Jugendaustausch.[47]

Kurz darauf besuchte Ronald Reagan anläßlich der 750-Jahrfeier Berlin. Jeder amerikanische Präsident habe die Pflicht, hier von Freiheit zu sprechen, meinte er am 12. Juni 1987. Dann richtete er einen medienwirksamen Appell an die sowjetische Führung, als er zunächst das Dictum Richard von Weizsäckers in Erinnerung rief („Die deutsche Frage ist solange offen, wie das Brandenburger Tor zu ist.") und dann dramatisch forderte: „Generalsekretär Gorbatschow, wenn Sie nach Frieden streben, wenn Sie Wohlstand für die Sowjetunion und für Osteuropa wünschen, wenn Sie die Liberalisierung wollen, dann kommen Sie hierher zu diesem Tor. Herr Gorbatschow, öffnen Sie dieses Tor. Herr Gorbatschow, reißen Sie diese Mauer nieder."[48] Der Bundespräsident indessen sparte zeitgleich in Harvard nicht mit Selbstkritik. Während Amerika seine Überlegenheit nicht zu moralischer Überheblichkeit oder politischem Druck mißbraucht habe, mangele es vielen Europäern an politischem Weitblick, sagte er. Zwar habe sich das Bündnis in vier Jahrzehnten bewährt. Aber: „Viele Amerikaner empfinden uns Europäer nicht nur als wirtschaftlich starke Konkurrenten, sondern vor allem als Wohlstandsegoisten, ständig zur Kritik an Amerika bereit, aber ohne die Fähigkeit und den Willen, in globalen Dimensionen mitzudenken, unseren angemessenen Anteil an den Lasten zu tragen oder unserer politischen Verantwortung gerecht zu werden. Sie halten uns Europäer für zögerliche Partner mit provinziellem Horizont."[49] Deutliche Worte aus dem Mund des deutschen Staatsoberhauptes, dem viel an einer engen und guten Zusammenarbeit beider Länder lag.

An offener Kritik und Streitpunkten fehlte es 1987/88 ohnehin nicht. In der Diskussion waren die Modernisierung der „Lance"-Abschußvorrichtungen und die Tiefflugübungen über der Bundesrepublik, die Unfälle bei Raketentransporten und schließlich das Flugzeugunglück von Ramstein. Als der Streit eskalierte, sah sich ein konservativer deutscher Politikwissenschaftler gar gezwungen, Unionsabgeordnete, die seiner Meinung nach 'in dem Rudel mitbellten,' zur Ordnung zu rufen. Hintergrund solcher Debatten war die allmähliche Kräfteverschiebung zwischen Washington und Bonn. „Die Bundesrepublik ist stärker geworden, die Vereinigten Staaten sind weniger dominant," wie William R. Smyser feststellte. Allerdings befand sich die Bundesrepublik 1988/89 in einer Art Zwischenstadium: sie war noch nicht bereit zur Führung, aber auch nicht länger bereit, nur zu folgen. Kurzum: die deutsch-amerikanischen Beziehungen waren an einem kritischen Punkt angelangt.

Der Disput verschärfte sich im November/Dezember 1988 dramatisch, als der Verkauf deutscher Ausrüstungsgegenstände an eine libysche Chemiefabrik bei Rabta durch Safires Artikel „Auschwitz in der Wüste" bekannt wurde. In der New York Times echauffierte sich der US-Star-Kolumnist, das „Regime Kohl/Genscher" versuche trotz der Hinweise amerikanischer Stellen vom 15.11.1988, alles zu vertuschen. Andere zeichneten eine Linie vom verunglückten Bitburg-Besuch Reagans und Kohls über die Nichteinladung des Kanzlers zum 40. Jahrestag der alliierten Landung in der Normandie im Juni 1984 bis zu den deutsch-amerikanischen Dissonanzen über Rabta.[50] Bundesregierung und politische Parteien zeigten sich außerordentlich besorgt darüber, daß „Kampagnen amerikanischer Medien" wegen der angeblichen deutschen Beteiligung beim Bau der Fabrik das deutsch-amerikanische Verhältnis nachhaltig stören und belasten könnten. Volker Rühe sprach von „schrillen Tönen" aus Washington und einer „unerträglichen Kampagne", die in dieser Massivität eine neue Qualität in der Auseinandersetzung zwischen Verbündeten darstelle. Dies sei ein Symptom dafür, daß „das Eis dünner ist, als manche glauben."[51] Und doch sah Smyser die deutsch-amerikanischen Beziehungen weniger durch solch punktuelle Skandale gefährdet als vielmehr durch „tausend Messerstiche".[52]

Welcher Art war diese Partnerschaft zwischen Amerikanern und Deutschen nun, nach fast vier Jahrzehnten Bundesrepublik? Der amerikanische Botschafter der Jahre 1985-1988, Richard Burt, definiert sie am Vorabend der deutschen Wiedervereinigung folgendermaßen: „Seit meiner Ankunft in Bonn im Jahre 1985 habe ich versucht, ein Ziel für die Beziehungen zwischen den Vereinigten Staaten und der Bundesrepublik zu beschreiben: eine 'reife Partnerschaft'. Diese Partnerschaft bedeutet, daß wir viele Entscheidungen gemeinsam treffen und durchführen müssen. Dies verlangt häufig einen ausgedehnten Prozeß des Dialogs und der Debatte, ... und Partnerschaft ist nicht gleichzusetzen mit einem Ende von Wettbewerb und Meinungsverschiedenheiten." Mehr denn je begegnen sich nach Ansicht dieses jungen, 1947 geborenen US-Repräsentanten beide Länder auf gleicher Ebene. Man habe sich von den Abhängigkeiten der 50er Jahren befreit. „Es ist eine ausgewogenere Partnerschaft, in der Rechte und Pflichten auf beiden Seiten gleichmäßiger verteilt sind." Die gemeinsame Aufgabe bestehe heute, Ende der 80er Jahre darin, zu kooperieren und unsere Anstrengungen zu koordinieren, um mit allen Facetten einer komplexen und gefährlichen Welt fertig zu werden. Wir müssen als Ebenbürtige zusammenarbeiten - das ist es, was 'reife Partnerschaft' bedeutet."[53]

3.3 Zwei Wirtschaftsriesen?

In den siebziger und achtziger Jahren festigte die Bundesrepublik ihren Platz unter den führenden Wirtschaftsnationen. Zwischen 1969 und 1979 wurde das Bruttosozialprodukt mehr als verdoppelt, und in der folgenden Dekade stieg es nochmals von knapp 1.400 Mrd. DM auf 2.250 Mrd. DM 1989. Insgesamt verkraftete die Bonner Republik sogar die beiden Weltwirtschaftskrisen von 1973-1975 und von 1980-1982 leidlich gut. Anfang der siebziger Jahre hatte man sogar das Ziel der Vollbeschäftigung erreicht. Selbst während der Ölkrise von 1973/74 stieg die Arbeitslosigkeit nur von 0,7 % (1970) auf gerade einmal 2,6 % im Jahre 1974. Erst während der Rezession zu Beginn der 1980er Jahre wuchs sie von 3,8 % (1980) auf immerhin 9,1 von hundert nur drei Jahre später.[54]

Und doch konnten diese Krisen die stetige Aufwärtsentwicklung Westdeutschlands nicht bremsen.

Die Produkte „Made in Germany" genossen aufgrund ihrer hohen Qualität weltweit einen guten Ruf, und Ende der 80er Jahre stieg die Bundesrepublik (allerdings auch aufgrund des Umrechnungskurses $/DM) zeitweilig sogar zum „Exportweltmeister" auf - vor Japan und den USA. Ein Blick auf die Außenhandelsstatistiken unterstreicht dies: 1970 exportierte die Bundesrepublik Waren und Dienstleistungen im

Werte von 125 Mrd. DM, zwanzig Jahre später waren es bereits fast 650 Mrd. DM, also mehr als das Fünffache. Dabei konnte Westdeutschland seinen Anteil am Weltexport in den siebziger und achtziger Jahren nicht einmal ausbauen: er betrug 12,1 % im Jahre 1970, stieg dann leicht an, fiel auf 9,5 von hundert im Jahre 1981 zurück und pendelte sich in der zweiten Hälfte der achtziger Jahre im Zwölfprozentbereich ein.[55]

Die Bundesrepublik exportierte in den 70er und 80er Jahren vorwiegend Enderzeugnisse, während sie eine breite Palette von Nahrungsmitteln über Rohstoffe, Halb- und Fertigwaren einführte. Weiterhin setzte die deutsche Wirtschaft auf die klassischen Sparten des Industriezeitalters wie Kohle und Stahl, Automobil- und Maschinenbau, Chemie, Textilien und Elektroindustrie. Und die deutsche Wirtschaft blieb europafixiert. Etwa die Hälfte aller Produkte ging an Staaten der Europäischen Gemeinschaft, ein weiteres Viertel an andere europäische Nachbarn. Die Haupthandelspartner hießen, wie schon in den 50er und 60er Jahren, Benelux, Frankreich und Italien. In die USA gingen 1970 zwar noch immerhin 9,1 Prozent der deutschen Ausfuhren. Doch zehn Jahre später waren es nur mehr 6,1 %, 1990 nur unwesentlich mehr. Dem Volumen nach spielten demnach die Vereinigten Staaten von Amerika keine größere Rolle als die unmittelbaren Nachbarn Österreich, Schweiz oder Skandinavien.

Ähnlich sah die Entwicklung bei den bundesdeutschen Importen aus. Sie stiegen zwischen 1970 und 1990 von knapp 110 auf rund 550 Mrd. DM, verfünffachten sich also ebenfalls in diesem Zeitraum. Generell betrug der deutsche Anteil an den Welteinfuhren etwa ein Zehntel. Aus den USA kamen 1970 noch 11 % aller Waren und Dienstleistungen, 1980 waren es nur noch 7,5 %, zehn Jahre später noch ein Prozent weniger. Auch hier wog die geographische Entfernung stärker als die enge politisch-militärische Verflechtung.[56]

Die deutsche Handelsbilanz war in diesen zwanzig Jahren durchweg positiv. Die niedrigsten Überschüsse betrugen 8,9 (1980) bzw. 15,7 Mrd. DM (1970); die höchsten wurden in der zweiten Hälfte der 80er Jahre erreicht und überstiegen sogar die Einhundert-Milliardengrenze.

Die USA behielten in diesem Zeitraum zwar ihre Stellung als Weltwirtschaftsmacht bei, sie büßten jedoch ihre Dominanz in demselben Maße ein, in dem die Europäische Gemeinschaft und Japan erstarkten. Aus der amerikanisch geprägten Weltwirtschaftsordnung von Bretton Woods wurde so die „Triade", wie der japanische Unternehmensberater und Autor Kenichi Ohmae es treffend formulierte.[57] Amerikas Macht wurde relativiert. Die USA führten nicht mehr auf allen Gebieten. Die oben bereits beschriebenen Umwälzungen der Weltwirtschaft im Zusammenhang mit den Ölkrisen und den sog. „Nixon-Schocks" hatten sich schon früh im Sturz des Dollar-Kurses niedergeschlagen: der Dollar fiel von knapp vier DM im Jahre 1969 auf 1,61 DM im Jahre 1990.[58]

Was waren die tieferen Ursachen hierfür? Die Vereinigten Staaten von Amerika stiegen in den achtziger Jahren vom größten Gläubiger zum größten Schuldner der Welt ab. Die acht Reagan-Jahre standen für ein gigantisches „double" bzw. „triple deficit." Zeitweise mußten für 4.000 Mrd. $ Schulden Zinsen geleistet werden.[59]

Ursprünglich wollte der Republikaner Ronald Reagan (1981-1989) in vielem an Dwight D. Eisenhower anknüpfen, insbesondere an dessen Botschaft von acht Jahren „Friede und Wohlstand" („Peace And Prosperity"). Er mißachtete jedoch dessen Auffassung, wonach das Land auf zwei Beinen zu fußen habe, einer starken, effektiven Verteidigung und einer gut funktionierenden Volkswirtschaft. George McGovern, der demokratische Präsidentschaftskandidat von 1972, brachte die von Reagan praktizierte Verschwendung im Verteidigungsbereich einmal auf den Punkt: alle anderen 39 Präsidenten zuvor waren ebenfalls mit dem Problem der Rüstung konfrontiert. Jeder wählte zwischen dem Waffensystem A oder B oder C. Einzig Reagan habe gemeint: „Laßt uns alles kaufen." Die USA hatten für diese Haltung einen hohen Preis zu zahlen.

Präsident Reagan startete als erster Präsident in der amerikanischen Geschichte mit einer Wirtschaftstheorie, die seinen Namen trug. „Reaganomics", die „zu seiner offiziellen Philosophie erhobene angebotsorientierte Lehre", war von neokonservativen Nationalökonomen entworfen worden. In Ablehnung der Keynes'schen Nachfragepolitik, also der Steuerung der Konjunktur durch den Staat („deficit spending"), favorisierte die Reagan-Administration die angebotsorientierte Wirtschaft. Diese war „von einem fast metaphysischen Glauben an die schöpferischen Fähigkeiten des Kapitalismus beherrscht."[60]

„Reaganomics" stand für die Kombination aus Hochrüstung und Schuldenmachen bei gleichzeitiger Steuersenkung. Im 1980er Wahlkampf hatte der spätere Vizepräsident George Bush diesen Weg noch als „Voodoo-Economics" gegeiselt. In gewisser Weise sollte er mit dieser Einschätzung sogar recht behalten. Diese Art zu wirtschaften grenzte an Zauberei und konnte nicht ewig gutgehen.[61] Doch der Mut, politisch für Steuererhöhungen einzutreten, die - theoretisch - die makroökonomischen Probleme gelöst hätten, fehlte auf Regierungsseite. Andererseits führte er zur Niederlage der demokratischen Herausforderer im Präsidentschaftswahlkampf, einmal von „Fighting Fritz" Mondale 1984 und zum anderen von Michael Dukakis 1988.

Wenn John Kenneth Galbraith heute die „Herrschaft der Bankrotteure" anklagt, dann meint er die Mentalität der amerikanischen Spekulanten unter Reagan, den Run auf das „schnelle Geld," die sprichwörtliche Fixiertheit amerikanischer Unternehmer und Aktionäre auf die Gewinne am Quartalsende. Galbraith beklagt die unseriöse Finanzierung durch „Junk Bonds" und das primär am kurzfristigen Profit und nicht an einer langfristigen Strategie orientierte An- und Verkaufen von Firmen. Die Amerikaner, seit den späten sechziger Jahren Pioniere beim Aufbau der „Dienstleistungsgesellschaft", spürten in den 80ern auch deren Schattenseiten, als die industrielle Basis und das finanzielle Fundament wegzubrechen drohten. Die USA bildeten von ihrer Mentalität her schon immer eine „Schuldengesellschaft," auch in Boomzeiten. Aber diese Dimension war neu, zumal unter veränderten globalen Vorzeichen nicht ungefährlich.

Als sich die Reagan-Ära dem Ende näherte, schien die Modernisierung der amerikanischen Gesellschaft überfällig, ebenso wie ein pragmatischer makroökonomischer Ansatz. Das hohe Haushalts- und Handelsdefizit,[62] die notorisch niedrige Sparquote, der Verlust der Wettbewerbsfähigkeit in zahlreichen Schlüsselindustrien und andere Schlagworte wie jenes vom „Untergang der amerikanischen Technologie" waren Legion. Die Luftfahrt-, Computer-, Unterhaltungselektronik-, Textil- und Werkzeugmaschinenindustrie, die chemische Industrie und nicht zuletzt die „Großen Drei" des Automobilbaus, die sowohl in den 1920ern als auch in den 1950ern nach den Weltkriegen die Wirtschaft angeheizt hatten, galten als krank.[63]
Hinzu kamen an inneren Problemen:

- jene 30-40 Millionen Menschen in den USA, die unterhalb der Armutsgrenze von ca. $ 14.000 lebten, wobei sogar die Quote der „working poor“, der „arbeitenden Armen,“ anstieg;
- das Analphabetentum, vor allem bei Jugendlichen der farbigen Minderheiten;
- der gesamte Bereich von Schul-, Aus- und Weiterbildung, obwohl die USA pro Kopf dafür mehr ausgaben als Deutschland oder Japan;
- die zunehmende Obdachlosigkeit, neuerdings selbst unter Arbeitnehmern;
- fast 20 Millionen US-Amerikaner, die unter Hunger litten;
- die Infrastruktur, die zum Teil gravierende Mängel aufwies: viele Brücken, innerstädtische Straßen, Autobahnen und Gleise waren marode;
- der Zerfall vieler Innenstädte;
- die hohe Kindersterblichkeit, größer als in 22 anderen Staaten der Welt;
- die fehlende Krankenversicherung für circa 40 Millionen Amerikaner;
- die Kostenexplosion für „Medicare“ und „Medicaid“, die medizinischen Programme für Alte und Arme;
- die Problematik von Drogen und Kriminalität, die mancherorts kaum mehr in den Griff zu bekommen waren;
- und nicht zuletzt die Mentalität der „Me-Decade“ und der Zerfall bisheriger Grundwerte (wie Familie, Schule und Nation).

Positiv jedoch schlugen zu Buche:

- die Größe des amerikanischen Binnenmarktes;
- die internationale Stellung der USA;
- ihre gewaltigen Ressourcen an Menschen, Ideen und Bodenschätzen;
- die in der Vergangenheit bewiesene Fähigkeit zum schnellen Wechsel;
- der nach wie vor hohe Anteil an der Weltproduktion sowie
- die Perspektive einer die USA, Kanada und Mexiko umfassenden Nordamerikanischen Freihandelszone (NAFTA).

Die Welt wurde Zeuge eines Wettlaufs zwischen Problemen und Lösungen, dessen Ausgang nach wie vor ungewiß ist. Die Angst ging um, daß einige dieser negativen Entwicklungen bald den Atlantik überqueren und in den westeuropäischen Industriegesellschaften vermehrt auftreten würden. Vor allem eine amerikanische Tendenz erschreckte viele (europäische) Beobachter: die soziale Kluft weitete sich. Die Armen wurden immer ärmer, die Reichen immer reicher. Übergroß zeichnete sich die Gefahr einer „Zweidrittelgesellschaft" ab. Während einerseits wohlhabende Gruppen wie die „Yuppies" („Young Urban Professionals"), die „Dinks" („double income - no kids") und die „Woeps" („well-off elderly people") entstanden, sahen deutsche USA-Korrespondenten und Politikwissenschaftler sogar vermehrt Zeichen der Dritten Welt innerhalb der Ersten.[64] Ein sichtbares und für viele deutsche Schuldner schmerzhaftes Zeichen der ökonomischen Interdependenz war die direkte Abhängigkeit vom amerikanischen Dollarkurs und (Hoch)Zinsniveau.[65]

3.4 Deutsch-amerikanische Kulturbeziehungen, 1969-1989

Wenngleich die wirtschaftliche Macht der Vereinigten Staaten in diesen beiden Dekaden zurückging, erreichte der kulturelle, und hier vor allem der mediale Einfluß der USA nach dem Krieg in Vietnam einen neuen Höhepunkt. Hollywoods Filmindustrie boomte und versorgte die gesamte Welt. Insgesamt setzte sich der Trend zum kommerziellen Großfilm durch, der die Dominanz amerikanischer Filmproduktionen sicherte. Sie wurden mit großem finanziellen Aufwand und entsprechendem Risiko produziert. Parallel liefen massive Werbekampagnen an. Das inhaltliche Spektrum reichte von den Katastrophenfilmen der Carter-Jahre bis zu den Science Fiction Spektakeln der 80er Jahre. George Lucas „Star Wars" setzte Maßstäbe, ebenso wie „E.T. - der Außerirdische" und eine Reihe anderer Filme Steven Spielbergs, bei denen die amerikanische Unterhaltungsindustrie Einfallsreichtum, technische Brillanz und Phantasie mit ihrer sprichwörtlichen Orientierung am Markt verband. Das neue Hollywood stand für Kino, das Spaß machte, und zudem kommerziell erfolgreich war. Peter Bogdanovich, Francis Ford Coppola, Martin Scorsese und, allen voran, Steven Spielberg hießen die Vertreter dieser Generation. „E.T." (1981) spielte alleine 400 Mio $ ein, jede „Indiana Jones"-Folge über 200 Mio, fast ebenso erfolgreich waren die „Gremlins" und „Back to the Future".[66]

Auch klassische Komödien wie „Tootsie" mit Dustin Hoffman kamen beim Publikum gut an, während Intellektuelle wie Woody Allen ihre Nischen fanden. Die große Zeit des Westerns war vorbei, doch statt dessen wurden die Actionfilme z.B. mit Arnold Schwarzenegger und Sylvester Stallone perfektioniert. Im Bereich der Massenmedien - Film, Fernsehen, Rock- und Popmusik - hatte kaum ein anderes Land dem überquellenden Strom des amerikanischen Angebots quantitativ etwas entgegenzusetzen. Auch die Bundesrepublik geriet verstärkt in den Sog der amerikanischen Unterhaltungsindustrie - obwohl der neue deutsche Film - mit Regisseuren vom Rang eines Fassbinder, Kluge, Herzog, Schlöndorff, Wenders oder Schroeter - qualitativ neue Maßstäbe setzte.[67]

Dessenungeachtet erreichten auch hierzulande die vielkritisierten, jedoch sehr populären US-Fernsehserien wie „Dallas" oder „Denver" enorme Einschaltquoten. „J.R." wurde auch in Deutschland eine Symbolfigur. Immer stärker wurde das deutsche Amerikabild durch die Massenmedien geprägt. Andererseits kam das Deutschlandbild im amerikanischen Fernsehen häufig nicht über Clichés hinaus, wie eine Untersuchung der sechs großen US-Sender ABC, CBS, NBC, PBS, CNN und TBS belegt. Die politische Stabilität der Bundesrepublik war nun einmal kaum fernsehwirksam zu vermarkten, ebensowenig die ökonomische Prosperität. Auch die kulturelle Vielfalt des historischen oder modernen Deutschland interessierte kaum. Immer und immer wieder griffen daher die amerikanischen Fernsehgewaltigen auf die Stereotypen der Nazizeit zurück.[68]

In der zweiten Hälfte der 80er Jahre setzte CNN neue Standards, als es aus den konventionellen Nachrichten spektakuläre „News" machte - kurz, flott, und mit hi-tec und drastischem Bildmaterial auf den Punkt gebracht. Wenngleich die schnell geschnittenen Beiträge kaum in einem erkennbaren Kontext standen, faszinierte die Geschwindigkeit und technische Perfektion, mit der die Bilder und Daten nun per Satellit übermittelt werden konnten. Im Nachrichtensektor gingen Richtungsänderungen und Innovationen unangefochten von den USA aus.

Als Einbahnstraße kann - bis auf wenige Ausnahmen - auch die Popmusik gesehen werden. In den 70er Jahren gab es kaum eigenständige musikalische Neuerungen, sondern vielmehr modifizierte Weiterentwicklungen der 60er. Bemerkenswert war in den USA die schwarze „Funky Music", eine Mischung aus Soul, Jazz und Rhythm'n'Blues, während sich in der Bundesrepublik allmählich eine eigene Rockkultur herausbildete. Transatlantische Trends setzten erst wieder die Bee Gees mit ihrem „Saturday Night Fever" (1978), einem kassenfüllenden Kultfilm mit John Travolta in der Hauptrolle. Er löste sowohl in den USA als auch in der Bundesrepublik eine jahrelang anhaltende Discowelle aus. Anfang der 80er Jahre begann die Ära der US-"Megastars". Sänger wie Madonna, Prince und Michael Jackson, dessen LP „Thriller" sich millionenmal verkaufte, eroberten nun auch die deutschen Charts. Die experimentierfreudigen Amerikaner entwickelten Trend auf Trend in der Hoffnung, sie weltweit zu vermarkten. Nicht immer war ihnen dabei Erfolg beschieden. So konnte zum Beispiel die Countrymusik trotz einer großen Public Relations Kampagne in Deutschland nie richtig Fuß fassen. Andererseits setzten sich Ideen wie das 1983 aufgekommene Videoclip, also die Kombination aus Kurzfilm und Musik, auch in der Bundesrepublik rasch durch.

Neben musikalischen Einflüssen kam auch der „American way of life" nach Deutschland, wo er, vorwiegend in den Großstädten, eine neue Jugendkultur prägte. Das Skateboard-Fahren und die Baseball-Mützen sind Beispiele für solche kulturellen Importe. Immer wieder fanden in den USA kreierte Mode- und Fitnesswellen ihren Weg in die Bundesrepublik, so zum Beispiel das Jogging. Typisch für eine solche amerikanische „Ausrüstungssportart" ist, daß die Industrie das passende Equipment gleich dazuliefert, von den Sportschuhen über das Sweat-Shirt bis hin zum Stirnband. Niemals zuvor hatte Sport einen höheren gesellschaftlichen Stellenwert als in den 80er Jahren. Sowohl bei der Urlaubs- als auch bei der Freizeitgestaltung spielte der Sport in diesem Jahrzehnt eine überragende Rolle. Dies ergab sich aus gravierenden Veränderungen im Freizeitverständnis: einerseits ging die Anzahl der wöchentlichen Arbeitsstunden zurück; andererseits erwachte erstmals das Gesundheitsbewußtsein auf breiter Ebene. Zudem propagierte die Werbung das Ideal der Jugendlichkeit. Um 1983 griff die „Aerobicwelle" (Jane Fonda) von den USA auf Europa über, wurden Stadt-Marathonläufe und Triathlon importiert. Ein Jahr später demonstrierten die Veranstalter der Olympischen Spiele von Los Angeles, in welchem Maß Leistungssport vermarktet werden kann. Auch in diesem Sektor führten die Amerikaner. Während die US-Sportarten wie Football, Baseball oder Basketball hierzulande kein Massenpublikum fanden, wurden die Sport-Marketingkonzepte durchaus von den Deutschen übernommen.[69]

Nicht nur die immer präsenter werdenden Medien verdichteten diesen Erfahrungstransfer. Neben den Regierungen, Streitkräften und wirtschaftlichen Unternehmen, die im Zeitalter der Düsenmaschinen ein zunehmend engeres deutsch-amerikanisches Netz flochten, trug der Strom der Touristen zu dem bilateralen Erfahrungsaustausch wesentlich bei. Unter der Ägide Kohls wurde auch der Austausch von Schülern, Studenten und Akademikern in den 80er Jahren intensiviert, der in den USA bereits auf eine lange Tradition blicken konnte. William Fulbright, der während des Zweiten Weltkrieges als Abgeordneter in den Kongreß gekommen und 1944 Senator von Arkansas geworden war, initiierte bereits 1946 das nach ihm benannte internationale Austauschprogramm für Studenten und Akademiker. Dieses legte zunächst seinen Schwerpunkt auf das vom Krieg heimgesuchte Europa. Rasch konnten Studenten aus dem gerade besiegten Deutschland aufgenommen werden. Weltweit nahmen circa 200.000 Menschen aus rund 120 Ländern an den Fulbright-Programmen teil, darunter bis 1995 auch 13.000 Deutsche.[70] Auf deutscher Seite trug Helmut Kohl viel dazu bei, die deutsch-amerikanischen Beziehungen auf kulturellem Gebiet zu institutionalisieren.

Zwar gab es bereits seit 1947 erste Städtepartnerschaften[71] und seit Anfang der 50er Jahre Austauschprogramme etwa des Deutschen Akademischen Austauschdienstes (DAAD), doch stieg die Zahl der deutschen Schüler, Studenten und Lehrer, die Anfang der 80er Jahre die USA im Rahmen offizieller Regierungsprogramme längerfristig besuchten, nicht über 5.000.[72] Hinzu kamen natürlich die Initiativen privater Schulen, der Hochschulen, Clubs wie Rotary oder Lion's sowie deutsch-amerikanischer Gesellschaften. Erst 1981 hatte man auf Anregung Willy Brandts daran gedacht, ein deutsch-amerikanisches Jugendwerk zu gründen. Institutionen wie das „German Information Center" in New York, eine Informationsabteilung des Auswärtigen Dienstes, und die Goethe-Institute in New York, Boston, San Francisco, Chicago und Atlanta trugen mit ihrer Arbeit dazu bei, in den

USA ein realistisches Deutschlandbild zu vermitteln. Besonderer Aufmerksamkeit konnte sich stets die Steuben-Parade auf der Fifth Avenue in New York sicher sein.

Doch erst unter Reagan[73] und Kohl erfolgte die Initialzündung im deutsch-amerikanischen Kulturaustausch. Im März 1983 forderte Arthur F. Burns vor dem Hamburger Übersee-Club „eine dramatische Ausweitung der Programme" beider Länder, die er als wesentlich „für die Freiheit, Sicherheit und Prosperität der westlichen Welt" hielt. Ansonsten drohe eine „geistige Lücke" zu entstehen.[74] Er fand Gehör. Die Deutsche Forschungsgemeinschaft (DFG) verstärkte ihre Zusammenarbeit mit der National Science Foundation. Das Bundesministerium für Forschung und Technologie (BMFT) intensivierte die Kooperation etwa mit der National Regulatory Commission. Auf vielen Gebieten, von der Reaktorsicherheit bis zur Weltraumforschung und -technik kooperierte man nun. NASA und ESA wirkten zusammen, um den ersten Deutschen in den Weltraum starten zu lassen.

Im „Jahr der Deutschen", 1983, dem Luther-Jahr und dem 300. Jahrestag der ersten deutschen Amerika-Einwanderer, vereinbarten der US-Kongreß und der Deutsche Bundestag ein Patenschafts-Programm für bis zu 520 deutsche Schüler und junge Berufstätige, die einen einjährigen kostenlosen USA-Aufenthalt verbringen durften.[75] Angesichts der „neutralistisch-pazifistischen Tendenzen in der Bundesrepublik mit ihren bedenklichen antiamerikanischen Aspekten, besonders in den Reihen der Nachfolgegeneration" stockte auch die deutsche Marshall-Gedächtnisstiftung ihre Budgets auf.[76] Zugleich gründete die Johns Hopkins University ein Institut für zeitgenössische deutsche Studien.[77] Erstmals legte auch der Koordinator für die deutsch-amerikanische zwischengesellschaftliche, kultur- und informationspolitische Zusammenarbeit aus dem Auswärtigen Amt seinen Jahresbericht vor und das „Adreßbuch der deutsch-amerikanischen Zusammenarbeit" erschien. Regen Zulauf fanden ab Mitte der 80er Jahre wieder die „Deutsch-Amerikanischen Freundschaftswochen", meinte Hilde Rittelmeyer, die Präsidentin des seit 1947 bestehenden Verbandes der deutsch-amerikanischen Clubs. Der Initiator dieser Wochen vereinigt 55 lokale Familien-, Frauen-, Herren- und Jugendclubs mit insgesamt 6.800 Mitgliedern, davon einem Drittel Amerikaner, und hat sich laut Satzung der „Förderung der deutsch-amerikanischen Freundschaft" verschrieben. Immerhin bezeichneten 1983 77 % der Bundesbürger die USA als „besten Freund“ ihres Landes, als französische Meinungsforscher sie fragten.[78] Aber wie hoch war überhaupt das Interesse der Amerikaner an der Bundesrepublik und den Deutschen? Ging es überhaupt über „Hamburgers“, „pretzel“ und das German „Octoberfest“ hinaus, fragte ein Journalist?

1987 wurde auf Anregung Helmut Kohls in Washington, D.C. ein Deutsches Historisches Institut (DHI) eröffnet mit dem Ziel, die kontinuierliche Zusammenarbeit der Geschichtswissenschaften in der Bundesrepublik und den USA sicherzustellen. Trägerin ist eine vom BMFT errichtete Stiftung. Das neue DHI steht in der Tradition berühmter deutscher Forschungseinrichtungen im Ausland, insbesondere der Deutschen Historischen Institute in Rom (gegründet 1888), Paris (1958) und London (1976).[79] Der Zeitpunkt war gut gewählt, denn das Interesse der Amerikaner an Deutschland ging allmählich deutlich zurück. Der Abschlußbericht von Jackson Janes faßt diese Entwicklungen zusammen:

- Seit 1968 war die Zahl der Amerikaner, die die deutsche Sprache studieren, an US-Hochschulen um 48 Prozent und an höheren Schulen um 37 Prozent zurückgegangen;
- nur 58 von hundert der amerikanischen Hochschulen boten 1987 deutsche Sprachkurse an;
- während fünf Prozent der US-Schüler an höheren Schulen Französisch belegten und sogar zehn Prozent Spanisch, wählten nur zwei von hundert Deutsch;
- legten im Jahre 1972 noch 179 Amerikaner ihre Promotionsprüfung im Fach Germanistik ab, so waren dies elf Jahre später nur mehr 79 pro Jahr;
- nur 0,6 % der politikwissenschaftlichen und gar nur 0,3 % der wirtschaftswissenschaftlichen Dissertationen (1965-1986) trugen die Namen „Bundesrepublik“ oder „DDR“ im Titel.[80]

Der neue Koordinator der deutsch-amerikanischen Beziehungen, Werner Weidenfeld, mußte solchen Entwicklungen entgegensteuern. „Das Deutschlandbild muß den Amerikanern interessanter dargestellt werden, damit die bisher gering verbreiteten Kenntnisse über Deutschland wirklichkeitsgerechter werden,“ erkannte er. Auch trat er sofort dafür ein, die „neue Generation“ an den amerikanischen Universitäten zu gewinnnen. Kohl und Weidenfeld setzten sowohl auf die „Multiplikatoren“ als auch auf die „Breitenarbeit“. Elitäre Foren wie die Bonner „Atlantik-Brücke“ oder das „Council on Foreign Relations“, Persönlichkeiten aus Politik, Wirtschaft und Kultur und Institutionen wie die Bundeswehr und die U.S. Armee sollten ihre Bemühungen um einen deutsch-amerikanischen Kulturaustausch verstärken.[81] Kohl selbst schlug 1988 ein ganzes Bündel neuer Initiativen vor:

- Ein fünfjähriges Pilotprogramm ab 1990 für interdisziplinäre Deutschland- und Europastudien in den USA für Geistes- und Sozialwissenschaftler;
- die Einrichtung eines neuen Stipendiums für künftige amerikanische Führungskräfte
- sowie eines deutsch-amerikanischen Programms gemeinsamer Forschungsprojekte zwischen den Universitäten beider Länder;
- als Fernziel strebte er die Schaffung einer deutsch-amerikanischen Akademie der Geistes- und Sozialwissenschaften an.[82]

Immer wieder unterstrich Kohl die existentielle Bedeutung der engen Freundschaft zwischen den USA und Europa und insbesondere der Bundesrepublik Deutschland. Ihm ging es insbesondere darum, langfristig die Bande zwischen den nachwachsenden Generationen diesseits und jenseits des Atlantiks zu stärken.

Viele damals eingeleitete Maßnahmen zeigten Erfolg. Die deutschen und amerikanischen Nachwuchswissenschaftler, die von 1988 an auf dem Gebiet der Informatik am International Computer Science Institute (ICSI) in Berkeley kooperierten, zogen drei Jahre später jedenfalls eine positive Bilanz. Am Vorabend der Wiedervereinigung sorgte eine Fülle deutsch-amerikanischer Regierungsprogramme,[83] ein eng geflochtenes Netz der Wirtschaft sowie der Massentourismus für einen regen Austausch zwischen den USA und der Bundesrepublik.

ZEITTAFEL

1982	
01.10.1982	Helmut Kohl (CDU) wird sechster deutscher Bundeskanzler, Genscher (F.D.P.) wieder Außenminister
16.11.1982	US-Präsident Ronald Reagan (Republikaner) kündigt die Aufhebung der amerikanischen Sanktionen gegenüber der Sowjetunion an
1983	
06.03.1983	Die CDU/CSU-F.D.P.-Koalition wird in den Wahlen zum 10. Deutschen Bundestag von der Bevölkerung bestätigt. Drei Wochen später wird Kohl zum Kanzler gewählt
23.03.1983	Reagan verkündet das Forschungsprogramm namens SDI („Strategic Defense Initiative"). Im Weltraum stationierte Defensivwaffen sollen nach Abschluß der Entwicklungen in der Lage sein, anfliegende feindliche Atomraketen zu vernichten
06.04.1983	Die Bundesrepublik tritt dem Abkommen über das Verbot der Entwicklung, Produktion und Lagerung bakteriologischer Waffen und Toxin-Waffen bei
14.04.1983	Kohl und Genscher auf zweitägigem USA-Besuch
28.05.1983	In Williamsburg (Virginia, USA) beginnt der neunte Weltwirtschaftsgipfel
10.06.1983	Das Kommuniqué der NATO-Ministertagung in Paris unterstreicht die strikte Einhaltung und volle Anwendung des Vier-Mächte-Abkommens über Berlin
25.06.1983	Anläßlich des Festaktes zum 300. Jahrestag der ersten deutschen Auswanderung nach Amerika besucht US-Vizepräsident George Bush Krefeld
18.07.1983	Außenminister Genscher bringt in die laufende Diskussion um die Stationierung von Mittelstreckenwaffen die „Waldspaziergang"-Variante ein: Ost und West sollen nur je 75 Einheiten dislozieren
01.09.1983	„Heißer Herbst" in der Bundesrepublik. Anhänger der Friedensbewegung blockieren das amerikanische Militärdepot in Mutlangen

Oktober 1983	300 Jahre nach den ersten deutschen Einwanderern aus Krefeld besucht Bundespräsident Carl Carstens zwei Wochen lang die USA
25.10.1983	Invasion amerikanischer Streitkräfte auf der Karibikinsel Grenada
27.10.1983	Im kanadischen Montebello beschließt die Nukleare Planungsgruppe der NATO, das nukleare Potential der Allianz in den folgenden fünf Jahren um weitere 1.400 Sprengköpfe zu vermindern. (Im Rahmen des NATO-Doppelbeschlusses von 1979 war bereits der Abzug von 1.000 US-Atomsprengköpfen beschlossen worden.)
18.11.1983	In Duisburg fordern Die Grünen auf ihrer Bundesversammlung den Austritt der Bundesrepublik aus der NATO
22.11.1983	Kurz nachdem sich sowohl SPD als auch Die Grünen mit großer Mehrheit gegen die Statonierung von Mittelstreckenwaffen entschieden haben, beschließt der Bundestag mit 286 zu 226 Stimmen deren Aufstellung
10.12.1983	In der Bundesrepublik beginnt die Dislozierung nuklearer Mittelstreckenraketen

1984

17.01.1984	In Stockholm beginnt die KVAE (Konferenz über vertrauens- und sicherheitsbildende Maßnahmen und Abrüstung in Europa)
11.04.1984	Die amerikanische Regierung protestiert gegen die Behinderung ziviler Flugzeuge in den Berliner Luftkorridoren durch sowjetische Militärmaschinen
23.05.1984	Richard von Weizsäcker wird Bundespräsident
27.06.1984	Die WEU hebt die letzten konventionellen Rüstungsbeschränkungen für die Bundesrepubik auf
26.10.1984	In der „Erklärung von Rom" kündigen die Außen- und Verteidigungsminister der WEU eine verstärkte Zusammenarbeit zwischen den Mitgliedsstaaten an

29.11.1984	Bundeskanzler Kohl und Außenminister Genscher unterzeichnen in den USA die gemeinsame „Verpflichtung zum Frieden“

1985

12.03.1985	Michail Gorbatschow wird Generalsekretär der KPdSU. Bald startet er sein Programm der „Beschleunigung“, das übergeht in „Glasnost“ und „Perestrojka“
Mai 1985	US-Präsident Ronald Reagan besucht die Bundesrepublik. Zu den Stationen zählen auch der Soldatenfriedhof von Bitburg und das ehemalige Konzentrationslager Bergen-Belsen
02.05.1985	Elfter Weltwirtschaftsgipfel in Bonn
08.05.1985	Vierzig Jahre nach Kriegsende erklärt Bundespräsident Richard von Weizsäcker in seiner historischen Rede: „Der 8. Mai war ein Tag der Befreiung.“
10.06.1985	Reagan erklärt, daß die USA die Bestimmungen des (nicht ratifizierten) SALT II Vertrages einhalten werden
19.11.1985	In Genf treffen sich Präsident Reagan und Generalsekretär Gorbatschow

1986

28.01.1986	Die US-Raumfähre „Challenger“ explodiert kurz nach dem Start
27.03.1986	In Washington unterzeichnen Bundeswirtschaftsminister Martin Bangemann und US-Verteidigungsminister Caspar Weinberger die Abkommen über eine Beteiligung deutscher Firmen am SDI-Forschungsprogramm
05.04.1986	Attentat auf die vor allem von amerikanischen G.I.'s besuchte West-Berliner Diskothek „La Belle“
15.04.1986	Vergeltungsschlag der amerikanischen Luftwaffe auf die libyschen Städte Tripolis und Bengasi
25.04.1986	In Tschernobyl (Ukraine) kommt es zum größten Reaktorunfall in einem Atomkraftwerk
10.06.1986	Bundesaußenminister Genscher fordert auf der UN-Abrüstungskonferenz ein weltweites und umfassendes Verbot von chemischen Waffen

11.10.1986	Amerikanisch-sowjetisches Gipfeltreffen in Reykjavik

1987

11.03.1987	Helmut Kohl wird zum drittenmal Bundeskanzler
Mai 1987	Beginn der 750-Jahr-Feier Berlins
12.06.1987	In Berlin fordert der amerikanische Präsident: „Herr Gorbatschow, reißen Sie diese Mauer nieder.“
01.07.1987	Die Einheitliche Europäische Akte über die Grundlagen und Perspektiven für die Weiterentwicklung der Europäischen Gemeinschaft zu einer Europäischen Union tritt in Kraft („Binnenmarkt, EPZ“)
23.07.1987	Die UdSSR stimmt der weltweiten „doppelten Null-Lösung“ zu
26.08.1987	Bundeskanzler Kohl erklärt die Bereitschaft der Bundesregierung, die Pershing-IA-Raketen abzubauen, wenn das INF-Abkommen Gültigkeit erlangt haben wird
07.09.1987	Erstmals besucht der DDR-Staatsratsvorsitzende Erich Honecker die Bundesrepublik. In Bonn wird er mit allen protokollarischen Ehren empfangen
15.10.1987	Während des iranisch-irakischen Golfkrieges laufen drei Einheiten der Bundesmarine ins Mittelmeer aus, um die Solidarität der Bundesrepublik mit der NATO zu unterstreichen und um die Flotte der Allianz zu entlasten
19.10.1987	„Schwarzer Montag“: Sturz der Aktienkurse an der Wall Street
08.12.1987	In Washington unterzeichnen der amerikanische Präsident Ronald Reagan und der sowjetische Parteichef Michail Gorbatschow das INF-Abkommen, das nach jahrelangen Verhandlungen über die atomaren Mittelstreckenwaffen die Vernichtung dieser gesamten Waffengattung beinhaltet

1988

01.06.1988	Viertes Gipfeltreffen zwischen Reagan und Gorbatschow in Moskau. Mit dem Austausch der Ratifikationsurkunden tritt das INF-Abkommen in Kraft
01.06.1988	Der bisherige Bundesverteidigungsminister Wörner tritt das Amt des NATO-Generalsekretärs an
27.09.1988	Tagung des IWF und der Weltbank in (West-)Berlin

V. PARTNER IN DER FÜHRUNG? 1989-1995: DIE WELTMACHT AMERIKA UND DAS WIEDERVEREINIGTE DEUTSCHLAND IN DER NEUEN WELTORDNUNG

1. Die USA und die Wiedervereinigung

1.1 Botschafterwechsel am Vorabend der „friedlichen Revolution"

Ende 1988 schien sich die Weltgeschichte nach den turbulenten Ereignissen der letzten Zeit in etwas ruhigeren Bahnen zu bewegen. Nach acht Jahren endete der iranisch-irakische Krieg am Golf; kurz darauf verließen die letzten sowjetischen Truppen Afghanistan. Die Abrüstung schritt gut voran. Die Welt atmete auf. Ein amerikanischer Fernsehreporter sorgte sich in der Endphase des 1988er US-Präsidentschaftswahlkampfes gar, die Weltpolitik werde allmählich zu langweilig. „Peace is breaking out", lautete sein Resümee. Doch der Zeitgeist hatte nur eine kurze Rast eingelegt. Es handelte sich um die sprichwörtliche Ruhe vor dem Sturm. Ost wie West richteten sich 1989 zunächst auf eine Reihe von Jubiläen ein. Der vierzigste Jahrestag der NATO-Gründung stand bevor; die Bundesrepublik und die DDR wollten ihres vierzigjährigen Bestehens gedenken. Auch in den USA kam es nach den 1988er Wahlen zu keinem neuen Aufbruch, als der bisherige Vizepräsident George Bush nach acht Jahren Ronald Reagan im Weißen Haus ablöste. In der internationalen Politik standen die Zeichen auf Kontinuität und kontrolliertem Wandel. Statt dessen sollten 1989 revolutionäre Ereignisse losbrechen und, in atemberaubendem Tempo, eine neue Epoche einläuten.

Anfang des Jahres 1989 bestimmte zwischen Washington und Bonn noch der politische Alltag die Beziehungen: noch waren die transatlantischen Störungen wegen Rabta,[1] der „Lance"-Raketen, der Stationierung von „Apache"-Kampfhubschraubern und des Streits um die Tiefflüge über der Bundesrepublik nicht ausgeräumt. Es kamen durchaus Zweifel an der Zuverlässigkeit der Deutschen auf.[2] Aber letztlich hatten Deutsche und Amerikaner diese Probleme im Griff.[3]

Die deutsch-amerikanischen Beziehungen basierten - trotz der gelegentlichen Querelen - auf einem soliden Fundament, das in über vierzig Jahren vertrauensvoller Zusammenarbeit errichtet worden war. Man war sicher, auch die Probleme der Zukunft gemeinsam meistern zu können. Und so zog der scheidende amerikanische Botschafter, Richard Burt, im Januar 1989 folgende Bilanz: „In einer pluralistischen Welt werden sich alle Beziehungen etwas lockern. Natürlich wird es dann Streit zwischen Bonn und Washington geben, aber das sollte uns nicht schocken. Nur: Die Grundbeziehung müßte immer Vorrang genießen." Weiterhin sprach der jüngste US-Botschafter in Bonn den Generationenwechsel an. Allmählich werde das Selbstverständnis der Bundesrepublik von Führungskräften geprägt, die „wie er, den Weltkrieg nicht mehr aus eigener Erfahrung kennen". Und daher hatte der 1947 geborene Burt, der als Enddreißiger Botschafter am Rhein geworden war, seine Aufgabe darin gesehen, neue Ideen in den deutsch-amerikanischen Dialog einzubringen und die jüngere Generation anzusprechen. Mit Showeinlagen als Rocksänger und Fernsehauftritten etwa bei Thomas Gottschalk war ihm dies auch gelungen. Konservativ in seiner politischen Grundhaltung, verkörperte Burt den Typus des neuen, modernen Diplomaten, dem niemand eine „Besatzungsmentalität" oder das Gebaren eines „Vizekönigs" vorwerfen konnte. Dies war für den dynamischen Burt völlig „out". Denn erstens seien die Deutschen durchaus „selbstbewußter" geworden. Zweitens sei die Parteienlandschaft in der Bundesrepublik „ergrünt". Ein dritter Wandel schließlich sei der „Gorbatschow-Effekt", die Begeisterung der deutschen Bevölkerung für den neuen Mann im Kreml.

Kurzum: „40 Jahre nach dem Krieg ist das Selbstverständnis der Deutschen 'normaler' geworden, und sie wollen eine normalere Rolle in der Welt spielen." Für die deutsch-amerikanischen Beziehungen, so Burts Credo, bedeute dies den Übergang zu einer „reifen Partnerschaft". Zwar seien auch die USA „populistischer" geworden und es gebe in bezug auf die Stationierung von US-Truppen in Europa eine „gewisse Ermüdung" der Amerikaner zu beobachten, aber für Washington und Bonn gelte weiterhin: „Wir müssen diese Beziehung aufrechterhalten." Es gebe einfach keine Alternative dazu. Romantische Diskussionen über einen „dritten Weg" Deutschlands zwischen West und Ost oder einer „Brücke" führten zu nichts. Künftig werde es mehr globale Machtzentren geben, eines davon Europa. Und in dieser Konstellation werde die Bundesrepublik „eine größere Verantwortung übernehmen - in und außerhalb Europas." Die USA werden zwar auch weiterhin

Führung ausüben müssen, aber auf andere Weise als in der Vergangenheit: nicht mehr, indem Washington „unvermeidlichen Gehorsam" erwarte, sondern durch „Konsultation und neue Formen der Zusammenarbeit." Die Voraussetzungen hierfür seien gut. „Kohl ist ein wahrer Freund der USA." Und der neue Präsident, George Bush, verfüge über mehr internationale Erfahrung als jeder amerikanische Staatslenker seit Dwight D. Eisenhower.[4]

Über reichlich Erfahrung verfügte auch der neue US-Botschafter in Bonn, Vernon Walters. Er hatte seinem Land und allen Präsidenten seit Harry S. Truman 36 Jahre lang als Soldat gedient, zuletzt als Dreisternegeneral.[5] Als er im April 1989 73jährig nach Bonn ging, schaute er auch auf eine erfolgreiche Karriere als Geschäftsmann und Diplomat zurück. Mehr als 100 Staaten hatte er besucht, oft in heiklen Missionen. Vernon Walters spricht acht Sprachen, darunter Deutsch und Russisch. Und er hatte es verstanden, so unterschiedliche Posten wie den des Stellvertretenden CIA-Direktors ebenso professionell und loyal zu erfüllen wie den des amerikanischen Botschafters bei den Vereinten Nationen. Obwohl er 1988/89 bereits mit dem Gedanken spielte, sich ins Privatleben zurückzuziehen, stimmte er zu, als ihn der President-Elect George Bush bat, nach Deutschland zu gehen: „Dort wird es ums Ganze gehen. Dick, willst Du mir helfen oder wirst Du mich im Stich lassen?" fragte ihn Bush. „Das genügte für einen alten Soldaten," resümiert Walters.[6] Nicht nur sein Ruf als „troubleshooter" ging ihm voraus. Er galt als Konservativer und Patriot der „alten Schule", aber auch als blitzgescheiter Denker.[7] Früher und nachhaltiger als viele in- und ausländische Beobachter bezog er öffentlich die Position, die deutsche Wiedervereinigung werde bald kommen. Für den erfahrenen Analytiker stellte sich nicht die Frage nach dem „Ob", sondern einzig nach dem „Wann" und dem „Wie". „Ich war ziemlich bestürzt darüber, daß fast keiner der Deutschlandexperten meine Auffassung von einer baldigen Wiedervereinigung teilte, resümiert er über seine ersten Tage in Bonn-Bad Godesberg im Frühjahr 1989.[8]

Zurückhaltender verhielt sich die neue republikanische Administration in Washington, D.C.. Auch der neue Präsident, George Bush, verfügte über reichhaltige Erfahrungen auf dem nationalen und internationalen politischen Parkett, die er sowohl als US-Botschafter in der Volksrepublik China als auch in seiner Funktion als CIA-Direktor gesammelt hatte. Von 1981 bis Januar 1989 hatte er Ronald Reagan acht Jahre lang als Vizepräsident gedient. Sein Außenminister, James Baker, hatte damals das Finanzressort geleitet und blickte wie Vize-Außenminister Lawrence Eagleburger auf eine lange Karriere zurück. Auch Generalstabschef Colin Powell, der einen Teil seiner Militärdienstzeit in der Bundesrepublik abgeleistet hatte, George Barkley, der US-Botschafter in der DDR, dessen Deputy Chief of Mission, J. D. Bindenagel und eine ganze Reihe weiterer Karrierediplomaten, Soldaten und Geschäftsleute um Bush sowie „think-tanks" wie die „German Study Group" des US-Kongresses verfügten über profunde Deutschlandkenntnisse.

Bushs Hauptinteresse galt von Anfang an der Außen- und Sicherheitspolitik. Schon Anfang Mai 1989 forderte er in einer Grundsatzrede zum Ost-West-Verhältnis das Ende der „Breschnew-Doktrin".[9] Die Sowjetunion solle nicht mehr durch Militärinterventionen wie 1956 in Ungarn und 1968 in der Tschechoslowakei ost- und mitteleuropäische Staaten innerhalb ihres Machtbereichs auf ihren Weg zwingen. Rasch machte angesichts der Vielzahl eingeschlagener Wege das geflügelte Wort von der „Sinatra-Doktrin" die Runde („I did it my way"). Jeder Staat solle über das Recht verfügen, frei von Drohungen und Sanktionen seinen Weg zu gehen. Weiterhin schlug er Ende Mai 1989 auf dem NATO-Gipfeltreffen in Brüssel vor, die konventionellen Truppen in Europa für die USA und die Sowjetunion auf je 275.000 Mann zu begrenzen. Auch die Streitigkeiten innerhalb des westlichen Bündnisses wurden mit einem Formelkompromiß vertagt.[10] Anstatt sich über die Modernisierung von atomar bestückten Kurzstreckenraketen zu streiten, reiste er vier Monate nach der Amtseinführung nach Europa, um der Bundesregierung und dem deutschen Volk einen epochalen Vorschlag zu unterbreiten.

Am 31. Mai 1989 bot er in seiner Mainzer Rede den Deutschen an, „partners in leadership" zu werden - „Partner in der Führung"! Bush wiederholte zunächst seine bereits geäußerten Vorstellungen über Umweltschutz und drastische Abrüstungsschritte im konventionellen Bereich, ehe er kämpferische Töne anschlug. Seine neue Politik gegenüber der Sowjetunion nannte er die „Überwindung des Containment": „Die Zeit ist reif. Europa muß frei und ungeteilt sein." Die Öffnung habe in Ungarn bereits begonnen. „Berlin muß die nächste Station sein." Noch trenne dort eine brutale Mauer Nachbarn und Brüder.

Diese Mauer stehe als Monument für das Scheitern des Kommunismus. „Sie muß fallen.“[11]

In der neuen internationalen Architektur könne die Bundesrepublik Amerikas „Partner in der Führung“ sein. Damit hatte die Bundesrepublik endgültig den Status des „Mündels“ abgestreift. Sie war, vierzig Jahre nach ihrer Gründung, in die „Vorstandsetage“ der Staaten aufgerückt. Bushs Dictum adelte die Deutschen und würdigte ihre politischen und wirtschaftlichen Verdienste seit 1949. Die Deutschen zögerten jedoch, den Vorschlag aufzugreifen. Beinhaltete die Rolle eines „Partners in der Führung“ nicht auch militärische Aktionen, womöglich gar außerhalb des NATO-Territoriums, fragte man sich. Schließlich: wie wäre dieser neue Status der Bundesrepublik mit ihren jahrzehntelangen Bemühungen um die deutsche Wiedervereinigung und die europäische Integration zu vereinbaren? Und, nicht zuletzt, wie paßte dieser Vorschlag in den gegenwärtigen Kontext? In vielen kommunistischen Staaten machten sich die „Winde der Veränderung“ bemerkbar, wenngleich niemand vorherzusagen wagte, in welche Richtung sich die Dinge entwickeln würden. Während Polen einen demokratischen Kurs einschlug und Ungarn sowie die Tschechoslowakei sich als liberale Vorreiter der Warschauer Pakt-Staaten profi-

Bundeskanzler Kohl und US-Präsident Bush Bonn 1989: Im Mittelpunkt der Gespräche standen Ost-West Dialog und die Abrüstungsinitiative von Bush.

lierten, unterdrückten andere Regime in Mittel- und Osteuropa ihre aufbegehrende Bevölkerung. Die Situation in der Sowjetunion war schwer zu berechnen, und nur wenige Tage später schlugen die greisen Führer der Volksrepublik China die Studentenproteste auf dem „Platz des Himmlischen Friedens“ in Peking unbarmherzig nieder.

Bald richteten die Bundesdeutschen ihre Aufmerksamkeit jedoch vor allem auf die Ereignisse, die sich im anderen Teil Deutschlands abspielten. Erstmals stießen die manipulierten Kommunalwahlen vom Mai 1989 in der DDR auf massive Kritik. Danach erhoben die Demonstranten in der DDR ihre Stimme immer lauter. Offensichtlich waren der kranke Honecker und seine Mannschaft nicht mehr Herr der Lage, weder im eigenen Land noch im eigenen Block. Bereits im Mai hatte Ungarn damit begonnen, den „Eisernen Vorhang“ abzubauen - einerseits das Symbol des Kalten Krieges, andererseits die ganz konkrete Schranke für Ausreisewillige. Nun war der Weg frei für die Flüchtlinge. Ihre Zahl wuchs kontinuierlich an. Bald waren die Ständige Vertretung der Bundesrepublik in Ost-Berlin und die deutsche Botschaft in Prag mit Flüchtlingen aus der DDR überfüllt. Die politischen Auswirkungen folgten auf dem Fuße.

Noch am 13. August 1989, am Jahrestag des Mauerbaus, verlieh Präsident Bush seiner Hoffnung Ausdruck, die Mauer der Schande werde eines Tages nicht länger „Berlin, das deutsche Volk und die Nationen Europas“ teilen.[12] Schon kurz darauf mußte er diese Möglichkeit tatsächlich in Betracht ziehen. Am 25. September demonstrierten in Leipzig Tausende von Menschen für ihre Grundrechte und -freiheiten. Die „Montagsdemonstrationen“ verfügten auch in der Einschätzung Washingtons über die Kraft, Honecker zu stürzen. Aber viele Beobachter rechneten im September und Oktober 1989 eher mit einer darauffolgenden Reformierung des maroden DDR-Systems als mit einer „Revolution“.

Vor diesem Hintergrund formulierten die US-Spitzenpolitiker ihre Statements im Oktober 1989 noch vorsichtig abwartend. Außenminister Baker etwa sprach am 8.10.1989 in allgemein gehaltenen Formulierungen davon, daß es seit langem die Politik der USA sei, die Bemühungen um eine Wiedervereinigung Deutschlands zu unterstützen - unter den Rahmenbedingungen von Frieden und Freiheit.[13] Als Ende des Monats Egon Krenz den kranken Erich Honecker als SED-Generalsekretär und Staatsratsvorsitzenden ablöste, standen die Zeichen auf Sturm. Seit Anfang November 1989 konnte es dann an der revolutionären Dynamik der Prozesse keine Zweifel mehr geben. Am vierten des Monats kam es zur größten Massendemonstration in der Geschichte der DDR: eine Million Menschen versammelte sich auf dem Ost-Berliner Alexanderplatz und trat friedlich für ihre Rechte ein.

In der Nacht vom 9. zum 10. November 1989 fiel die Berliner Mauer - nach 28 Jahren. Während dies in den Worten des Regierenden Berliner Bürgermeisters Walter Momper (SPD) die Deutschen zum „glücklichsten Volk der Welt" machte, wollte bei den Westalliierten keine rechte Freude aufkommen.[14] Im Gegensatz zu London und Paris unterstrich das politische Washington immerhin unzweideutig die enge Partnerschaft mit der Bundesrepublik Deutschland. Präsident Bush würdigte das überaus gute Verhältnis zu Kanzler Kohl und die enge Verbundenheit des amerikanischen und des deutschen Volkes. Er meinte aber auch, es sei wohl noch zu früh, am Tag des Mauerfalls gleich über die Wiedervereinigung zu reden. Bereits tags darauf - die Fernsehbilder aus Berlin waren inzwischen um die Welt gegangen - schlug den Deutschen aus Amerika eine Welle der Sympathie entgegen. Auch Außenminister Baker, der bereits „ein ausgezeichnetes persönliches Vertrauensverhältnis" zu seinem Amtskollegen Genscher aufgebaut hatte, schämte sich im US-Fernsehen seiner Emotionen nicht. Er war „außerordentlich glücklich" über den Fall der Mauer. Gleichwohl legten Bush und Baker ihre Zurückhaltung nie völlig ab.[15]

Anders wiederum Vernon Walters. Ohne jemals den Pfad des Realismus zu verlassen, meinte er, dies sei nicht nur ein großer Tag für die Deutschen, sondern auch für ihre Freunde. Durch seine Stärke und Entschlossenheit habe auch Amerika zu diesem Triumph beigetragen. Er fügte hinzu: „... I think that no one who claims to be a friend of Germany can oppose the free choice of the German people, whatever that is." Deutlicher und früher als andere formulierte der US-Botschafter aber auch, daß ein vereinigtes Deutschland zu groß sei für die Neutralität.[16] Wie aber würden die Deutschen selbst reagieren? Mit dem Fall der Mauer war dem Kanzler bewußt, „daß er sich in dieser Situation sehr genau mit den Vier Mächten abstimmen muß," so Horst Teltschik, Kohls damaliger Leiter der Außen- und Sicherheitspolitik im Kanzleramt. Gleichzeitig erklärte der Regierungschef dem Bundeskabinett aber auch, er lehne „jede Art von Viermächtekontakten über die Köpfe der Deutschen hinweg" ab.[17] Doch es galt nicht nur zu klären, wer nun den Gang der Dinge weiter bestimmt. Eine der Hauptsorgen in jenen Tagen war, daß der Politik die Kontrolle über die sich überschlagenden Ereignisse insgesamt entgleiten könne. Die wachsende Zahl der Menschen, die für ihre Rechte auf die Straße gingen, war jedenfalls von oben kaum zu kontrollieren. 10.000 Bürger demonstrierten Ende November in Schwerin, Zehntausende in Cottbus, Dresden und Ost-Berlin. 40.000 waren es in Chemnitz, 50.000 in Halle, eine Viertelmillion bei einer erneuten Montagsdemo in Leipzig. Erstaunlicherweise verhielten sich diese Revolutionäre friedlich und verantwortungsvoll. Aber wie lange noch, fragte sich die Weltöffentlichkeit? Wie würden sich die sowjetischen Truppen verhalten, wie die politische Spitze in Ost-Berlin? Ganz offensichtlich war Egon Krenz nicht in der Lage, zu führen und zu lenken.

Auch die zahlreichen und intensiven Konsultationen zwischen Amerikanern und Deutschen waren in jenen Tagen von der Sorge bestimmt, die Lage in der DDR könne unkontrollierbar werden. Des weiteren galt es, von Supermacht zu Supermacht gegenüber Gorbatschow die Grenzen der eigenen Handlungsmöglichkeiten auszuloten. Und doch unterstützten die USA das Anliegen der Deutschen nach Selbstbestimmung und Einheit. Sie warnten aber vor der Geschwindigkeit und Unberechenbarkeit des Prozesses. Genscher wies in einem seiner Gespräche mit Baker darauf hin, man erlebe augenblicklich eine „Wiedervereinigung von unten". Eine Viermächtekonferenz über Deutschland und einen formellen Friedensvertrag lehnte der deutsche Außenminister ebenfalls ab. Baker bekräftigte: die Wiedervereinigung sei und bleibe amerikanische Politik. „Damit haben sich die USA als erster Partner eindeutig und ohne Vorbehalte für die Einheit Deutschlands ausgesprochen."[18]

Am 23.11.1989 nannte George Bush in seiner landesweit ausgestrahlten Fernsehrede zum amerikanischen Erntedankfest den deutschen Bundeskanzler namentlich als seinen guten Freund und versicherte ihn seiner vollen Unterstützung. Nun war es an der Zeit, die zu treffenden Maßnahmen zu strukturieren. Mit seinem am 28. November 1989 im Deutschen Bundestag vorgestellten „Zehn-Punkte-Plan" ging Kohl in die Offensive. Er bot der DDR sofortige konkrete Hilfe an und war bereit, die bisherige Zusammenarbeit in allen Bereichen fortzusetzen und zu intensivieren. Aber er forderte auch einen grundlegenden und unumkehrbaren Wandel des politischen und wirtschaftlichen Systems der DDR. Das Machtmonopol der SED müsse aufgehoben, die Planwirtschaft abgebaut werden, marktwirtschaftliche Bedingungen an ihre Stelle treten. DDR-Ministerpräsident Modrow schlug er nicht nur eine „Vertragsgemeinschaft" vor, sondern auch, „konföderative Strukturen" zwischen beiden Staaten in Deutschland zu entwickeln. Stufenweise werde man zusammenwachsen. „Wie ein wiedervereinigtes Deutschland aussehen wird, weiß heute niemand. Daß aber die Einheit kommen wird, wenn die Menschen in Deutschland sie wollen - dessen bin ich mir sicher." Größten Wert legte er darauf, die künftige Architektur Deutschlands in diejenige Gesamteuropas und in den KSZE-Prozeß einzubinden. Die EG solle offen auf die Reformländer zugehen. Die Zeit sei reif für zügige Schritte bei der Abrüstung und Rüstungskontrollle. Abschließend unterstrich er: „Die Wiedervereinigung, das heißt, die Wiedergewinnung der staatlichen Einheit Deutschlands, bleibt das politische Ziel der Bundesregierung."[19]

Damit übernahm Kohl die Meinungsführerschaft in der deutschen Frage. Von nun an orientierte sich die Staatengemeinschaft an seinem Kurs, sowohl bei der deutsch-deutschen Zusammenarbeit auf dem Weg zur Wiedervereinigung als auch bei der internationalen Einbettung der deutschen Frage. Bewußt hielt der Kanzler dabei den Zeitrahmen offen, um keine unnötige Angriffsfläche zu bieten. Immerhin hatten es seine Berater versäumt, den Zehn-Punkte-Plan mit London und Paris abzustimmen. Nach Washington jedoch hatte Kohl am 28. November einen elfseitigen Brief gesandt, der auch seine Vorstellungen für das bevorstehende Gipfeltreffen zwischen Bush und Gorbatschow enthielt. Man kann sie auf die Formel bringen: „No Yalta at Malta".

Am 1. Dezember 1989, also am Vorabend des Gipfels, traf in Bonn eine Gruppe amerikanischer Senatoren unter der Führung des Verteidigungsexperten Sam Nunn (Georgia) ein. Ihre Sorge galt erwartungsgemäß dem Schicksal der Atlantischen Allianz. Würde ein wiedervereinigtes Deutschland Mitglied der NATO bleiben? Und wie wolle man dies innerhalb des Westens und auf Ost-West-Ebene sicherstellen? Immerhin gelang es beim „spontanen" Gipfeltreffen des amerikanischen mit dem sowjetischen Präsidenten vor Malta,[20] aufeinander zuzugehen. Bush, der den Reformen in der UdSSR nun sehr positiv gegenüberstand, versprach Gorbatschow wirtschaftliche Hilfe. Er wolle „ein für allemal den Kalten Krieg“ beenden. In diesem Zusammenhang kündigte er eine Beschneidung des US-Militärhaushaltes an. Generell jedoch sorgte sich der amerikanische Präsident um die Stabilität in Europa. Wie Gorbatschow betonte er angesichts der Debatte um die deutsche Wiedervereinigung die Wichtigkeit dauerhafter, unverletzlicher Grenzen in Europa.[21] Auch seine Berater rieten nach Malta zu Realismus und Vorsicht. Sicherheitsberater Brent Scowcraft, der Stabschef des Weißen Hauses, John Sununu, und Bush selbst gaben Gorbatschows Bedenken weiter: „... die Deutschen hätten ein zu schnelles Tempo eingeschlagen. Der Bundeskanzler habe es zu eilig.“ Auch Henry Kissinger rechnete mit der Wiedervereinigung binnen zwei Jahren. Bush gab hierzu ein Statement ab, wonach die USA die Teilung nie akzeptiert hätten. Nach amerikanischer Auffassung habe jedes Volk das Recht, seinen eigenen Weg für ein Leben in Freiheit zu bestimmen. Vier Jahrzehnte lang habe Washington im Bündnis die deutsche Wiedervereinigung unterstützt.[22] Dieses Ziel könne jedoch nur unter Einhaltung folgender vier Prinzipien erreicht werden:

- Das Selbstbestimmungsrecht des deutschen Volkes müsse geachtet werden;
- das wiedervereinigte Deutschland müsse seine Verpflichtungen gegenüber der NATO und der sich weiter integrierenden Europäischen Gemeinschaft erfüllen sowie die Rechte und Verantwortlichkeiten der alliierten Mächte in angemessener Weise berücksichtigen;
- im Interesse allgemeiner Stabilität in Europa sollten sich die Schritte in Richtung Einigung friedlich, allmählich und als Teil eines stufenweisen Prozesses vollziehen;
- in bezug auf die Grenzfragen sollten die Prinzipien der KSZE-Schlußakte von Helsinki bekräftigt werden.[23]

Präsident Bush fügte hinzu, er wisse um die Übereinstimmung mit seinem Freund Helmut Kohl in all diesen Fragen und er habe gegenüber allen NATO-Partnern die volle Unterstützung der deutschen Einigung signalisiert. Tatsächlich erlahmte das anfängliche Mißtrauen im Westen relativ schnell. Trotz eines gelegentlichen Grollens hier und da stellten die westlichen Partner Bonns der Wiedervereinigung weder auf dem EG-Sondergipfel in Paris noch während des Gipfeltreffens von Malta oder beim Brüsseler NATO-Treffen Hindernisse in den Weg.

Die Amerikaner arbeiteten dabei am besten mit den Deutschen zusammen. Die transatlantische Bündnisachse Washington-Bonn bewährte sich. Seinen europäischen Alliierten versprach George Bush am 6. Dezember 1989 eine „neue Ära und einen neuen Atlantizismus" - eine „neue transatlantische Partnerschaft". Sein Credo lautete: Die USA bleiben eine europäische Macht.[24]

Feste Grundüberzeugungen wurden wichtiger, als sich gegen Jahresende die Ereignisse in der DDR überstürzten. Egon Krenz mußte nach nur 46 Tagen alle politischen Ämter niederlegen. Am 19.12.1989 bereitete die Bevölkerung von Dresden Bundeskanzler Kohl einen triumphalen Empfang. Drei Tage später wurde unter dem Druck der anhaltenden Demonstrationen das Brandenburger Tor wieder geöffnet.

Abschließend läßt sich für diese Phase festhalten: in den Wochen und Monaten der „friedlichen Revolution" trug die deutsch-amerikanische Kooperation wesentlich dazu bei, die Entwicklungen in die gewünschten Bahnen zu lenken, soweit dies in der Politik überhaupt möglich war. Selbstverständlich befanden sich Washington und Bonn während der hektischen Monate der Entscheidung „nicht ständig in einem Zustand größter Harmonie." So hätte die Frage der NATO-Mitgliedschaft durchaus über eine hohe politische Sprengkraft verfügt. Doch schließlich hatten Kanzler Kohl und der amerikanische Präsident hier dieselben Interessen und Wertvorstellungen. Alles in allem stand die Bush-Administration auf dem Weg zur Wiedervereinigung eindeutig auf der Seite Bonns.[25] Ohnehin waren „die Bundesrepublik" und „Deutschland" aus amerikanischer Sicht seit 1949 nahezu Synonyme.

1.2 Exkurs: Die Vereinigten Staaten und die DDR

Im politischen Bewußtsein der Amerikaner existierte die DDR bis 1989 kaum. „Von Amerika aus gesehen ist die DDR ... sehr klein und weit weg. Im Vergleich zum riesigen Gebiet der Vereinigten Staaten ... scheint sie kaum der Rede wert," urteilt eine DDR-Korrespondentin.[26] Ein Politikwissenschaftler mokiert sich über das „real nicht-existierende DDR-Bild" vieler Amerikaner.[27] Im Weltbild eines US-Staatsbürgers war die DDR kaum mehr als jener Staat, der die unmenschliche Berliner Mauer errichtet und den Schießbefehl an der innerdeutschen Grenze erteilt hatte. Agierte sie nicht stets als Moskaus treuester Adlatus? Ja, gebärdete sie sich in den späten achtziger Jahren nicht sogar reformfeindlicher als der „große Bruder" im Kreml, der zumindest für Perestrojka und Glasnost stand?

Vielleicht besann man sich noch der Tatsache, daß amerikanische Truppen im Fühjahr 1945 den Boden Thüringens erreicht, die Konzentrationslager geöffnet und das Gebiet später entsprechend den vereinbarten Besatzungszonen wieder geräumt hatten. Und womöglich kannte man die DDR als jenen Staat, der in den letzten Jahren bei internationalen Sportveranstaltungen auf sich aufmerksam gemacht hatte. Und doch: im politischen Bewußtsein der USA hatte die DDR keinen Platz.

Deutschland, das war für die Amerikaner in erster Linie die Bundesrepublik. Und die Experten des State Department taten gut daran, die amerikanische DDR-Politik auf das Feinste mit Bonn abzustimmen.[28] Trotzdem lassen sich für die Beziehungen Washingtons zu Ost-Berlin drei Phasen unterscheiden:

- Unter den Unionskanzlern Adenauer, Erhard und Kiesinger bestimmte von 1949 bis 1969 der Alleinvertretungsanspruch der Bundesrepublik und die strikte Politik der Nichtanerkennung der DDR völlig das Bild, auch wenn die Bundesdeutschen selbst seit den 60er Jahren Schwierigkeiten hatten, das „Phänomen" DDR auch nur sprachlich zu erfassen. Demnach gab es keine nennenswerten amerikanisch-ostdeutschen Beziehungen.
- Mit der Brandt'schen Ostpolitik und der Entspannung der frühen siebziger Jahre konnte es im Januar 1973 zu ersten offiziellen Kontakten der USA mit der DDR kommen. Im September 1974 schließlich vereinbarten beide Staaten den Austausch von Botschaftern. Ein Jahr später wurde in New York eine Wirtschaftsstelle der DDR eröffnet. Doch zu einer wirklichen Intensivierung des Verhältnisses kam es nie. Die Unterschiede der Systeme erwiesen sich hierfür als zu groß, die Attraktivität des Handelspartners DDR lange Zeit als zu gering.

- Der Besuch des DDR-Staatsratsvorsitzenden Erich Honecker in der Bundesrepublik im September 1987 schließlich hätte einen Wendepunkt in dieser Entwicklung markieren können. Bisher hatte sich die amerikanische Administration - aus Rücksicht auf ihren bundesdeutschen Verbündeten - hartnäckig geweigert, Honecker im Weißen Haus zu empfangen oder die DDR durch Handlungen oder Gesten politisch aufzuwerten. Aber sollte Washington angesichts des westdeutschen Milliardenkredites an die DDR wirklich päpstlicher als der Papst sein?[29]

Inzwischen galt die DDR international durchaus als „salonfähig“. Als UNO-Mitglied pflegte sie mit 130 Staaten diplomatische Beziehungen, trat sie auf zahlreichen internationalen Konferenzen in Erscheinung. Wenngleich weiterhin den Prinzipien von sozialistischem Internationalismus, friedlicher Koexistenz und antiimperialistischer Solidarität verpflichtet, schätzte man sie 1987/88 als politisch stabil und wirtschaftlich recht erfolgreich ein.[30]

So verwundert es nicht, wenn die DDR zusehends ranghöhere US-Besucher empfing. Bis 1987 war die Abteilungsleiterin im State Department, Rozanne Ridgway, vormals US-Botschafterin in der DDR, die ranghöchste amerikanische Besucherin in der DDR gewesen. Doch nur zwei Monate nach dem Empfang Honeckers durch Kohl in Bonn flog kein geringerer als der amerikanische Vize-Außenminister Whitehead nach Ost-Berlin.[31] Allerdings band er die Visite in Ost-Berlin geschickt in seinen Reiseplan zwischen Bonn und Moskau ein. Und der amerikanische Diplomat forderte die Achtung der Menschenrechte in der DDR, ehe er Honecker den Ausbau der Zusammenarbeit in Aussicht stellen wollte.[32]

Während die USA sowohl auf eine innenpolitische Liberalisierung der DDR als auch auf ein Nachlassen planwirtschaftlicher Elemente hofften, sonnte sich die DDR-Führung für kurze Zeit in diesen politischen Erfolgen. Doch die jahrzehntelang geübte Rhetorik vom amerikanischen Imperialismus, welche die USA in den Augen der DDR-Offiziellen als „Reich des Bösen“ darstellten, hallte noch nach. Außerdem konnte es kaum Zweifel daran geben, daß die USA seit Dekaden die Wiedervereinigung Deutschlands unter demokratischen Vorzeichen wünschten, ihre Politik also auf eine Auflösung eines sozialistischen deutschen Staates mit friedlichen Mitteln zielte. Vor diesem Hintergrund war mit einer echten amerikanisch-ostdeutschen Annäherung letztlich nicht zu rechnen. Die Unvereinbarkeit beider Systeme ließ nicht einmal den Kulturaustausch in Gang kommen.

Auch in wirtschaftlicher Hinsicht blieb die DDR bis 1989 letztlich uninteressant. Niemals erreichten die bilateralen Handelsströme nennenswerte Größenordnungen. Die USA lieferten Getreide und andere Agrarprodukte in die DDR und importierten vorwiegend Maschinen und Chemikalien. Die Exporte aus den USA in die DDR stiegen von 53,9 Millionen Dollar 1987 auf 109,2 Millionen im Folgejahr bzw. 93,9 Millionen 1989. Die Importe aus der DDR wuchsen von 85,4 Millionen Dollar (1987) auf 110,4 Millionen 1988 bzw. 138,6 Millionen 1989.[33] Viel war dies nicht.

Auch in der Frage der Entschädigung kam man nicht voran. „Bis Ende der 80er Jahre blieben die DDR und Albanien die einzigen osteuropäischen Staaten, mit denen es noch zu keinem Ausgleich bei Ersatzansprüchen" gekommen war. Weiterhin, so Hamilton, wurden die direkten Beziehungen zwischen beiden Staaten durch ihre indirekten quasi überlagert. Die USA, als eine der Vier Mächte, verfügte über eine Reihe von Rechten und Verantwortlichkeiten für Berlin und „Deutschland als Ganzes", so daß der halbsouveräne Charakter der DDR ständig betont wurde.

In Wirklichkeit handelte es sich beim Verhältnis der USA zur DDR, zumindest von 1949 bis 1987, um „Nicht-Beziehungen". In der kurzen Phase zwischen Honeckers Besuch in der Bundesrepublik und den offensichtlich manipulierten Kommunalwahlen in der DDR gab es gewisse Anzeichen für eine pragmatische DDR-Politik der USA. Doch stets trug Washington dazu bei, die „Deutsche Frage" offenzuhalten und den Wünschen Bonns Rechnung zu tragen.[34] Während der friedlichen Revolution schließlich setzte die US-Führung darauf, den Prozeß - soweit als möglich - zu stabilisieren und zu kontrollieren. Vierzig Jahre lang blieb die DDR für die USA „terra incognita". Wie aber mochten die Ostdeutschen Amerika gesehen haben? Jens Reich vom „Neuen Forum" etwa begrüßte ein amerikanisches Publikum im Februar 1990 mit den Worten: „Ich grüße Sie, Bewohner eines fernen Sterns!" Auch Günter Kunert nannte das Land der unbegrenzten Möglichkeiten einen unerreichbaren „anderen Planeten". Doch eines darf man nicht vergessen: jenseits des indoktrinierten USA-Bildes des Politbüros gab es in der DDR ein Amerikabild, das vor allem auf den

Informationen des Westfernsehens beruhte: „Da gab es Wildwest-Romantik und Cowboy- und Indianergeschichten," „Dallas" und „Denver", „Blue Jeans" und „Coca-Cola". Amerikanische Musik wurde als Symbol der Freiheit angesehen. Das alles hinterließ Spuren, „ein Gemisch aus Neugier und Befürchtung, Sehnsucht und Klischee."[35] In den 1990er Jahren können Amerikaner und Bewohner der fünf neuen Länder daran gehen, sich kennenzulernen. Austauschprogramme[36] und Institutionen wie das Amerika-Haus in Leipzig werden sicherlich dazu beitragen.

1.3 Die „2+4"-Gespräche

Bereits am 13. November 1989 hatte Henry Kissinger gegenüber dem Präsidenten seine These vorgetragen, nun stehe die deutsche Wiedervereinigung „unvermeidlich" bevor. Kissinger warnte: „Wenn die Deutschen das Gefühl bekommen, daß wir ihre Bestrebungen unterlaufen, werden wir später dafür bezahlen müssen."[37] Die Härte solcher Formulierungen ist nur mit den politischen Turbulenzen zur Jahreswende 1989/90 zu erklären. Alle Akteure standen unter einer enormen psychischen Anspannung und waren aufgrund der zahlreichen Konsultationen und Reisen großen körperlichen Strapazen ausgesetzt. Selbst bei ausgesprochenen Atlantikern machte sich dies bemerkbar. Sogar Helmut Kohl soll sich angesichts amerikanisch-sowjetischer Gespräche „besorgt und ausgesprochen mißtrauisch" gezeigt haben. Sofort versicherte ihm die Bush-Administration, daß es „keinerlei Absprachen hinter seinem Rücken" gebe. Der Präsident selbst schrieb dem Kanzler einen überschwenglichen Brief, ehe dieser zusammen mit Genscher im Februar 1990 nach Moskau aufbrach. Gegenüber seinen Mitarbeitern bezeichnete ein „überglücklicher Kanzler" diesen Brief als „eines der wichtigsten Dokumente in der Geschichte der deutsch-amerikanischen Beziehungen." Die einzige „Bitte" der USA bezog sich auf die NATO-Mitgliedschaft des wiedervereinigten Deutschland.[38] Im Extremfall hätte die Entscheidung gelautet: Wiedervereinigung oder NATO-Mitgliedschaft Deutschlands. Selbstverständlich setzte Kohl alles daran, diese Alternative zu vermeiden. Seine immer wieder geäußerte Vorstellung lautete, daß die Wiedervereinigung nicht im Widerspruch stehe zu den berechtigten Interessen der Nachbarn, Freunde und Partner Deutschlands in Europa und der übrigen Welt. Wollte er nicht wertvolle Zeit mit den Diskussionen à la Stalin-Note von 1952 verlieren, dann galt es 1990, zwei Probleme zu lösen: zum einen mußte ein vernünftiges Forum gefunden werden, um die äußeren Aspekte der Vereinigung zu behandeln. Zum anderen mußte es zwischen Deutschen und Sowjets zu einer Einigung über die Bündniszugehörigkeit Gesamtdeutschlands kommen. Unabdingbar für Kohl/Genscher war in beiden essentiellen Fragen die amerikanische Rükkendeckung.

Bereits im Februar 1990 erreichten Bundeskanzler Kohl und Außenminister Genscher von Gorbatschow die Zusage, die Einheit Deutschlands sei „Sache der Deutschen selbst". Sie müßten die Frage der Einheit der Nation lösen sowie die Geschwindigkeit und die Bedingungen der Einheit selbst bestimmen.[39] Dies bedeutete, die Führer der Sowjetunion stimmten generell der Vereinigung Deutschlands zu, wenn dies der klare Wunsch des deutschen Volkes sei.

Nun galt es, ein geeignetes Forum zu finden, um den Prozeß zu kanalisieren und die internationale Akzeptanz für die Vereinigung zu erreichen. Welcher Teilnehmerkreis kam dafür in Frage? Alle Kriegsteilnehmer der Jahre 1939-1945 einzuladen, hätte eine Streckung des Prozesses bedeutet und Deutschland womöglich auf die Anklagebank gesetzt. Auch die KSZE war zu groß. Man beschränkte sich daher auf die Vier Mächte und die beiden deutschen Staaten.[40]

Bereits vom 12. bis zum 14. Februar nahmen die „2+4", am Rande der Außenministerkonferenz von Ottawa zwischen NATO- und Warschauer Pakt-Staaten über den „Open skies Vertrag", ihre Gespräche auf. Ziel dieser Unterhandlungen war es, die „äußeren Bedingungen" der deutschen Einheit für alle vertraglich festzulegen. Fast ein halbes Jahrhundert lang hatten sich Ost und West erbittert über Details gestritten, waren bis an den Rand eines Weltkrieges gegangen, hatten gedroht und geblufft. Zwar skizzierte man auch 1990 zahlreiche Pläne, von denen viele rasch wieder verworfen wurden. Doch insgesamt einigten sich die Beteiligten unter dem Druck der revolutionären Umbrüche sehr viel rascher als erwartet über die Fragen einer Bündniszugehörigkeit des vereinten Deutschland, seiner Grenzen, über den Status von Berlin und schließlich über die Ablösung der Rechte und Verantwortlichkeiten der Vier Mächte. Den „2+4"-Gesprächen war, nach einem schwierigen Monat in der Anlaufphase, ein sensationeller Erfolg beschieden.

Die einzelnen Stationen hießen:

- 13. Februar 1990: Vortreffen in Ottawa
- 5. Mai 1990: erste Gesprächsrunde in Bonn
- 22. Juni 1990: zweite Runde in Ost-Berlin
- 17. Juli 1990: dritte Runde in Paris
- 12. September: vierte und letzte Gesprächsrunde in Moskau[41]

Noch am 14. März 1990 hatte sich das sowjetische Außenministerium in scharfer Form gegen einen „Anschluß" der DDR an die Bundesrepublik nach Artikel 23 des Grundgesetzes ausgesprochen und sich gegen „voreilige und einseitige" Handlungen verwahrt.[42]

Im Mai 1990 trafen sich die Außenminister der „2+4"-Staaten erstmals in Bonn, wo die Vorbereitungen für die am 1. Juli in Kraft tretende Währungs-, Wirtschafts- und Sozialunion zwischen der Bundesrepublik und der DDR in vollem Gange waren. Noch waren die innenpolitischen, ökonomischen und sozialen Folgen einer Wiedervereinigung nicht einmal in ihren Konturen abzusehen. Auch genossen die äußeren Aspekte der Vereinigung Priorität, weil nicht abzusehen war, wie lange das „window of opportunity" noch geöffnet sein würde. Die anderen Probleme, so die Vorstellung, könne man später immer noch angehen. Doch zunächst wurde der Außen- und Sicherheitspolitik ein Primat eingeräumt. Genscher sprach von einer „historischen Wende", welche die „2+4"-Gespräche einleiten würden.[43] James Baker ließ zum wiederholten Male keinen Zweifel daran, daß die US-Regierung die Bundesrepublik bei ihren Anstrengungen unterstützen würde und er die „2+4"-Gespräche lediglich als Lenkungsgruppe sah, die die institutionellen Rahmenbedingungen gewährleisten sollte. Aber er machte auch unmißverständlich klar, daß „ein vereinigtes Deutschland das heutige Territorium der Bundesrepublik, der DDR und Berlins umfassen soll - nicht mehr und nicht weniger."[44]

Flankierende Maßnahmen und Gesten des westlichen Bündnisses trugen in jenen Monaten wesentlich zur Stabilisierung des Prozesses bei. So die Londoner Erklärung der NATO von Juli 1990, daß sie keinesfalls als erste Gewalt anwenden werde. Aber 1989/1990 stand auch die Staatskunst Helmut Kohls im Zenit. Als er, zusammen mit

Außenminister Genscher und Finanzminister Waigel, in den Kaukasus reiste, erreichte er einen politischen Durchbruch. Am 16. Juli 1990 gab er die Ergebnisse seiner Unterredungen mit Gorbatschow bekannt:

- „Die Einigung Deutschlands umfaßt die Bundesrepublik Deutschland, die DDR und ganz Berlin.
- Mit der Herstellung der Einheit Deutschlands werden die Vier-Mächte-Rechte und -Verantwortlichkeiten in bezug auf Deutschland als Ganzes und Berlin beendet. Das vereinte Deutschland erhält zum Zeitpunkt seiner Vereinigung seine volle und uneingeschränkte Souveränität.
- Das geeinte Deutschland kann in Ausübung seiner vollen und uneingeschränkten Souveränität frei und selbst entscheiden, ob und welchem Bündnis es angehören will. Dies entspricht dem Geist der KSZE-Schlußakte. Ich habe als Auffassung der Bundesregierung erklärt, daß das geeinte Deutschland Mitglied des Atlantischen Bündnisses sein möchte, und ich weiß, daß dies auch dem Wunsch der DDR entspricht.[45] ...
- Das geeinte Deutschland schließt mit der Sowjetunion einen zweiseitigen Vertrag zur Abwicklung des Truppenabzugs aus der DDR, der, wie die sowjetische Führung erklärt hat, innerhalb von drei bis vier Jahren beendet sein soll. ... (Dies) heißt, daß die sowjetischen Truppen spätestens 1994 deutsches Gebiet verlassen. ...
- Während der Dauer der Anwesenheit sowjetischer Truppen auf dem Territorium der heutigen DDR werden keine Strukturen der NATO auf dieses Gebiet ausgedehnt. Artikel 5 und 6 des NATO-Vertrages finden sofort mit der Vereinigung auf das gesamte Gebiet des vereinten Deutschland Anwendung. ...“[46]

Schließlich sagte der Kanzler die Reduzierung der gesamtdeutschen Streitkräfte auf 370.000 Mann bis zum Jahre 1994 zu. Der Weg zur Regelung der äußeren Aspekte der deutschen Einheit war frei, die Konturen einer künftigen europäischen Architektur erkennbar. Leitlinie seiner Politik, so Kohl, sei und bleibe die Einbettung des Einigungsprozesses in einen stabilen europäischen Rahmen und im festen Bündnis mit den freiheitlichen Demokratien Europas und Nordamerikas.

Am 12. September 1990 wurden in Moskau die „2+4“-Gespräche beendet und der „Vertrag über die abschließende Regelung in bezug auf Deutschland" unterzeichnet.[47] Er stellt die verbindliche völkerrechtliche Regelung der Vereinigung Deutschlands dar. Selbst die anfangs skeptischen Franzosen zeigten sich vom Resultat der „2+4"-Gespräche begeistert. Außenminister Dumas sprach in Moskau davon, daß der Vertrag nicht nur einen Schlußstrich unter den Zweiten Weltkrieg ziehe. „Er steht in vieler Hinsicht für ein in der Geschichte unseres Kontinents nie dagewesenes Ereignis."[48] Kurz darauf verabschiedeten die Berliner bereits die westalliierten Stadtkommandanten. Am 3. Oktober 1990 trat die DDR der Bundesrepublik Deutschland bei. Nach 45 Jahren war Deutschland wiedervereinigt.

Die "2+4"-Gespräche: Erste Gesprächsrunde zwischen den Außenministern der beiden deutschen Staaten und denen der vier Siegermächte in Bonn 1990.

2. Deutsch-amerikanische Beziehungen seit der Wiedervereinigung

Während des Wiedervereinigungsprozesses hatten sowohl die amerikanische Administration als auch die öffentliche Meinung die Position der Bundesregierung gestützt. Dabei hatten vor allem die historisch bewiesene Westbindung der Bundesrepublik und das Eintreten der Deutschen für ihr Selbstbestimmungsrecht gezählt. Differenzen zwischen Bonn und Washington waren lediglich aufgetaucht, als es um die Anerkennung der polnischen Westgrenze ging. Doch alles in allem hatten Bush und Baker sich insbesondere um die Zustimmung der anfangs skeptischen westlichen Verbündeten, Frankreich und Großbritannien, bemüht und sich massiv dafür eingesetzt, die sowjetischen Interessen mit denen des Westens in Einklang zu bringen. Von unvermeidlichen Reibungsverlusten abgesehen, kann die intensive Kommunikation und die enge Kooperation Bush/Baker mit Kohl/Genscher 1989/90 als ein Höhepunkt der deutsch-amerikanischen Partnerschaft bezeichnet werden.[49]

Am 2. Oktober 1990, dem Vorabend der Wiedervereinigung, hatte Kohl den Amerikanern den gebührenden Dank gezollt: „In vollem Einvernehmen mit unseren Nachbarn stellen wir die Einheit Deutschlands in Freiheit wieder her. Wir danken unseren Partnern, wir danken unseren Freunden. Wir danken insbesondere den Vereinigten Staaten von Amerika, allen voran Präsident George Bush."[50]

Doch nach der Wiedervereinigung wandelten sich die deutsch-amerikanischen Beziehungen fundamental: es gab seitdem weit weniger direkte, bilaterale Fragen, dafür jedoch eine Fülle von Punkten auf der ökonomischen und sicherheitspolitischen Agenda, die Drittländer oder das Bündnis insgesamt betrafen.

2.1 Der (sicherheits-)politische Bereich

Zahlreiche Prognosen hofften noch in der ersten Jahreshälfte 1990, nach dem weitgehend friedlich und unblutig verlaufenen Ende des „Kalten Krieges", auf einen „ewigen Frieden". Die Vereinten Nationen würden in diesem Szenario als eine Art „Weltpolizist" rasch und effektiv die verbleibenden lokalen und regionalen Konflikte beilegen, so die anfangs euphorische Einschätzung dieser Gruppe. Doch es kam anders. „1989/90, that was the year of the party. The 1990's will be the decade of the big hangover," so die prägnante Formulierung eines britischen Diplomaten in Deutschland. Für den Zeitgenossen erscheint diese Dekade in diffusem Licht. Erst allmählich kristallisieren sich die Konturen im sicherheitspolitischen Bereich heraus: zum einen gilt es seit 1990, die transatlantischen Sicherheitsstrukturen in Einklang zu bringen mit den neuen Entwicklungen zwischen Warschau und Wladiwostok. Zum anderen heißt das Gebot der Dekade, ein Konzept für die zahllosen, mit unbarmherziger Härte ausgetragenen Kriege, Krisen und Konflikte in vielen Regionen der Welt zu finden. Dabei überlappen sich die immer komplexer werdenden Ereignisse, so daß die politische und militärische Führung vor schwierigsten, zum Teil kaum lösbaren Problemen steht.[51]

Der erste große Krieg brach bereits aus, als die deutsche Wiedervereinigung noch nicht einmal vollendet war. Am 2. August 1990 überfiel die irakische Armee den reichen Ölstaat Kuwait. Ad hoc setzte unter Ägide der USA und Verantwortung der UNO ein beispielloses Krisenmanagement ein. Basierend auf den Resolutionen des Weltsicherheitsrates, begann bereits wenige Tage später unter dem Codewort „Operation Wüstenschild" der Aufmarsch einer gewaltigen UNO-Streitmacht. Dem irakischen Diktator Saddam Hussein wurde ein Ultimatum gestellt: Kuwait war bis zum 15. Januar 1991 zu räumen, oder es würde gewaltsam befreit werden. Gleichzeitig bereiteten die Alliierten alle notwendigen militärischen Schritte vor. Die diplomatischen Unterhandlungen verliefen jedoch im Sande. Ein Krieg wurde immer wahrscheinlicher. Dies konnte nicht ohne Auswirkungen auf die deutsch-amerikanischen Beziehungen bleiben. Zum einen war die Mehrzahl der im Golf einzusetzenden US-Streitkräfte in Deutschland stationiert, zum anderen erwarteten die USA eine massive Unterstützung durch Bonn. Für die Deutschen indes stand eine direkte militärische Beteiligung völlig außer Frage. Die Regierung gestand den Golfkriegsalliierten zwar Material und enorme logistische Unterstützung zu. Sie vermied es jedoch mit Blick auf die Stimmung in Deutschland, dies über Gebühr zu publizieren. Statt dessen schlug sie den Weg der „Scheckbuch-Diplomatie" ein. Am 15.9.1990 einigten sich Kohl und Baker auf ein deutsches Soforthilfepaket zur Unterstützung des US-Militäreinsatzes am Golf in Höhe von 17,6 Mrd. DM. Für viele Amerikaner blieb ein fader Nachgeschmack. Während „Der Spiegel" sich echauffierte, die Amerikaner würden beim Golfkrieg „abkassieren wie eine Wach- und Schließgesellschaft", fürchteten diese, sie würden „die Hessen des späten 20. Jahrhunderts."[52]

Bis unmittelbar vor Ausbruch der Kampfhandlungen hielten Kohl und Genscher an ihrer Hoffnung fest, es werde doch noch zu einer friedlichen Lösung der Golf-Krise kommen. Allerdings traten sie für die Erfüllung aller einschlägigen Resolutionen des Sicherheitsrats der Vereinten Nationen ein.[53] Während man auf Deutschlands Straßen kaum Proteste gesehen hatte, als der Irak seinen Nachbarn überfiel, kam es zu Antikriegsdemonstrationen, als die USA mobil machten. Insbesondere in der SPD, so der US-Botschafter in Bonn, wurden zu dieser Zeit die alten antiamerikanischen Ressentiments unüberhörbar. Vernon Walters zögerte nicht, die Sozialdemokraten sowohl während des Golfkrieges als auch bei der sogenannten „out-of-area"-Debatte um Bundeswehreinsätze einer „romantische(n) Politikferne" zu bezichtigen.[54] Insgesamt lastete vor allem auf der Bundesregierung ein immenser außenpolitischer Druck. Denn so kurz nach dem Eintreten der westlichen Alliierten für die deutsche Wiedervereinigung war es nicht einfach, sich den Wünschen nach (militärischer) Beteiligung völlig zu entziehen.[55] So zeigten sich viele patriotische Amerikaner von ihren deutschen Freunden enttäuscht. „Washington hat von der Bundesregierung Solidarität erwartet - automatisch, schnell, instinktiv," bringt es ein Autor auf den Punkt.[56] Der Streit hielt allerdings nur einige Monate lang an. So trug ein Staatsbesuch Richard von Weizsäckers dazu bei, die Wogen wieder zu glätten.[57]

Am Beispiel des Golfkrieges[58] zeigten sich die nicht zu unterschätzenden Unterschiede in der politischen Kultur der Bundesrepublik und der USA. Während sich die Deutschen nach 1945 in der internationalen Politik als ausgesprochene Handels- und Friedensmacht positionierten und als Vorreiter der Entspannung stets, so Genscher von 1974-1992, die „Politik des guten Beispiels" vorlebten, blieb der Einsatz des Militärs für die USA von 1945 bis 1995 ein legitimes Mittel zur Durchsetzung politischer Ziele.

Nach dem blitzartigen Sieg am Golf im Januar 1991 stand Präsident George Bush im Zenit seines Ansehens. Nicht weniger als 92 Prozent seiner Landsleute stimmten seiner Politik zu. Auf dem Höhepunkt seiner Macht verkündete der Präsident gar eine „neue Weltordnung". Ein starkes Amerika werde als einzig verbliebene Supermacht weiterhin führen.[59] Doch die Rezession von 1991/92 veränderte die Lage schlagartig: für die amerikanische Bevölkerung traten die eigenen wirtschaftlichen Probleme in den Vordergrund. Das Primat der Außen- und Sicherheitspolitik war beendet, obwohl weltweit eine Vielzahl neuer regionaler Kriege und Krisen ausbrach. Daher sprachen sich die USA beim Jugoslawienkonflikt gegen eine Intervention aus, weil es sich um ein Problem „vor der Haustüre" der europäischen Verbündeten handele. Unverständlich blieb Washington jedoch, warum sich das gerade wiedervereinigte Deutschland zunächst energisch für eine Anerkennung der von Jugoslawien abgefallenen Republiken einsetzte, sich dann aber mit Blick auf die deutschen Befindlichkeiten weigerte, sicherheitspolitische Verantwortung zu tragen.

Bush hatte am Golf den militärischen Konflikt nicht gescheut. In Jugoslawien griff man nicht ein. Doch zur Überraschung seiner Landsleute entschloß sich der noch bis zum 20.1.1993 amtierende Präsident nach seiner Wahlniederlage vom November 1992 - entgegen der amerikanischen politischen Tradition - zu einer größeren militärischen Operation. Angesichts des mörderischen Bürgerkrieges und der Hungersnot in Somalia kam Bush unter dem Druck der Medien der drängenden Bitte der UNO nach, in dem ostafrikanischen Staat für Ruhe und Ordnung zu sorgen, um die Ernährung der Bevölkerung wieder zu gewährleisten.

Dieses Problem erbte sein Nachfolger, der bisherige Gouverneur von Arkansas, Bill Clinton, der im Januar 1993 die Amtsgeschäfte im Weißen Haus übernahm.[60] Er wolle, so der Sieger noch in der Wahlnacht, „der Führer des großartigsten Landes sein, das die Geschichte je hervorgebracht habe" und sich dabei „wie ein Laserstrahl" auf die Wirtschaft konzentrieren. Doch rasch mußte der neue Amtsinhaber feststellen, daß er ebensowenig wie der Bundeskanzler nach der Wiedervereinigung eine Auszeit aus der internationalen Politik nehmen konnte.[61]

Der erste nach dem Zweiten Weltkrieg geborene US-Präsident, der Demokrat Bill Clinton, sah sich gewaltigen außen- und sicherheitspolitischen Herausforderungen gegenüber. Unter seiner Führung gelang es den amerikanischen Streitkräften zwar, den somalischen Bürgerkrieg weitestgehend zu unterbinden und die Hungersnot zu stoppen. Eine Entwaffnung der marodierenden Banden und rivalisierenden Gruppen kam jedoch während dieser ersten „humanitären Intervention" im Namen der UNO („Restore Hope") nicht zustande. Als die nackte Leiche eines amerikanischen Hubschrauberpiloten vor laufenden Kameras geschändet wurde, waren amerikanische Regierung und Öffentlichkeit schockiert. Blitzartig schlug die Stimmung in den

USA und bei der Truppe um. Hatten die G.I.'s bisher geglaubt, sich für die somalische Bevölkerung zu engagieren, so waren sie nunmehr unweigerlich in die Wirren des Bürgerkrieges in einem sich auflösenden Staat verstrickt. Clinton gab kurz darauf den Befehl zum Rückzug der US-Truppen und gelobte, künftig vorsichtiger beim Einsatz amerikanischer Truppen im Rahmen internationaler Friedensmissionen zu sein. Niemand in den USA redete mehr von einer „neuen Weltordnung". Weder wollte Clinton „Weltpolizist" sein, noch sich in ein „neues Vietnam" verstricken.

Im Nahen Osten dagegen konnte er sich als Vermittler zwischen Israelis und Palästinensern profilieren. Mit Nordkorea mußten sich die USA auf ein längeres Tauziehen wegen der nuklearen Ambitionen Pjöngjangs einlassen. Auch im karibischen Raum brodelte es. Nach langem Zögern entschlossen sich die USA zur Landung auf Haiti, um die Demokratie wiederherzustellen. Zudem galt es, die kubanische Flüchtlingswelle und die daraus erwachsenden Probleme zu meistern. Auch am Golf kriselte es nach 1991. Der Irak und die USA gerieten immer wieder in kleinere militärische Konflikte.

Bereits in seiner Inaugurationsansprache hatte Clinton versprochen, die amerikanischen Streitkräfte gleichzeitig zu reduzieren und zu modernisieren.[62] Doch angesichts der zahlreichen Krisenherde hielt die

Weißes Haus 1994: Gespräche zwischen Bundeskanzler Kohl und US-Präsident Clinton über den Reformprozeß in Russland und die Lage im ehemaligen Jugoslawien.

Debatte, ob die USA an „imperialer Überdehnung" litten oder eine natürliche Führungsmacht seien („Bound to lead") selbst innerhalb des US-Außenministeriums weiterhin an. Angesichts der ökonomischen Situation vertrat der Staatssekretär für Politisches, Tarnoff, im Mai 1993 den Standpunkt, die Vereinigten Staaten hätten nicht länger den Einfluß, die Neigung und das Geld einer weltweit agierenden sicherheitspolitischen Führungsmacht. Dem widersprach Außenminister Warren Christopher energisch: „Amerika muß führen. Wir werden die Bürde der world leadership weiter auf unseren Schultern tragen."[63]

Dies erinnerte im Ansatz wieder an Bushs Traum einer „neuen Weltordnung". Eine Hauptaufgabe dabei war die Gestaltung einer neuen Sicherheitsarchitektur zwischen Vancouver und Wladiwostok.[64] Die Aufrechterhaltung oder Errichtung tragfähiger Strukturen im eurasischen Raum verlangte funktionierende transatlantische Kooperation und das gemeinsame Angehen der Probleme im Osten Europas und auf dem Gebiet der früheren Sowjetunion. Hierbei rechneten die USA damit, daß den deutsch-amerikanischen Beziehungen eine tragende Rolle zukommen würde.

Doch war die „neue" Bundesrepublik überhaupt schon willens und in der Lage, größere internationale Verantwortung zu übernehmen? Hatte nicht die innen-, wirtschafts- und sozialpolitische Aufarbeitung der Vereinigung Vorrang, band sie nicht Kräfte und Ressourcen? Der Bundesregierung war es nicht möglich, zunächst die innenpolitischen Probleme anzugehen und erst danach an eine Aufwertung der Bundesrepublik im internationalen Bezugssystem zu denken. Für Bonn eröffnete die neue geopolitische Lage mindestens ebenso viele Risiken wie Chancen. Zwar betonte Kanzler Kohl immer wieder, auch das wiedervereinigte Deutschland werde kein „Wanderer zwischen den Welten" sein. Aber die vertraute „special relationship" mit Washington innerhalb des Bündnisses gab es nun in dieser Form nicht mehr.[65] Noch hat Deutschland seine endgültige Rolle in der internationalen Politik wohl nicht gefunden.[66] Ist es eine durch den Nationalismus gefährdete Republik,[67] die „Macht in der Mitte Europas",[68] oder gar eine „Weltmacht wider Willen"?[69] Schließlich: welche Auswirkungen hätte das jeweilige Rollenverständnis für die Beziehungen zu den USA? Nach der Wiedervereinigung basiert das bilaterale Verhältnis gleichsam auf einer neuen Geschäftsgrundlage. Aus der Sicht Washingtons heißt die Perspektive nun, die Lasten zu teilen beziehungsweise „Partner in der Führung" zu sein.[70] Diese ungewohnte Ausgangssituation führt zu höchst unterschiedlichen Einschätzungen: manche sehen eine „geradezu beunruhigende Harmonie zwischen Washington und Bonn" und glauben, die deutsch-amerikanischen Beziehungen waren „noch nie so konfliktarm wie heute".[71] Andere meinen, die atlantischen Beziehungen „sind so schlecht wie noch nie in ihrer jahrzehntelangen Geschichte."[72] Ein anderer Autor versieht sein Buch gar mit dem überraschenden Titel „Deutschland gegen Amerika?" Smyser argumentiert, es gebe zwar noch immer das übliche Ritual harmonischer Gespräche und dieselbe Litanei gegenseitiger Versicherungen, doch die Gipfeltreffen würden eher durch Mißverständnisse als durch Übereinkunft gekennzeichnet.[73]

Dies mag beim Beispiel des „Eurokorps" durchaus zutreffen. Drei Jahre nach Bushs Mainzer Offerte trafen sich im Mai 1992 Kohl und der französische Präsident Mitterrand anläßlich des 59. deutsch-französischen Gipfels in La Rochelle, um ein deutsch-französisches Korps zu gründen. Es sollte als Nukleus eines „Eurokorps" und Motor der in Maastricht vereinbarten „gemeinsamen Außen- und Sicherheitspolitik" (GASP) der Europäischen Union dienen.[74] Die Amerikaner, die jahrzehntelang eine stärkere Einigung der westeuropäischen Sicherheitspolitik gefordert hatten, reagierten sofort. US-Botschafter Robert Kimmitt äußerte den Wunsch seines Landes, daß sich KSZE, NATO, EG und WEU im Sinne der „interlocking institutions" gegenseitig verstärken. Aber er stellte auch klar: „Die wichtigste Institution ist die NATO."[75] Schärfer formulierte es der damalige amerikanische Außenminister Baker: „Unsere Truppen bleiben nur solange in Europa, wie sie erwünscht sind. Wenn wir nicht länger willkommen sind, dann gehen wir."[76] Bonn schien, wie so oft in der Vergangenheit, gleichzeitig von Washington wie von Paris angezogen. Josef Joffe stellte fest: „Bonn ist wie immer das Weltkind in der Mitten: ein bißchen Euro-Korps hier, ein bißchen Nato-Eingreiftruppe dort."[77]

Ausgerechnet in diese turbulente Phase im Frühjahr 1992 fiel der Rücktritt des seit 1974 amtierenden deutschen Außenministers, Hans Dietrich Genscher. Und so hatte sein Nachfolger, Klaus Kinkel (F.D.P.), bei seinem Antrittsbesuch in Washington Anfang Juli 1992 keinen leichten Stand. Doch bereits nach einigen Monaten gelang es dem Kanzler, der weiterhin die Grundzüge der deutschen Außenpolitik bestimmte, die Lage zu entschärfen. Kohl setzte seinen Generalkurs des „sowohl-als-auch" gegenüber den beiden wichtigsten Bündnispartnern USA und Frankreich durch. Mit der Gründung zweier deutsch-amerikanischer Korps rettete man die Situation. Am 21. Januar 1993, einen Tag nach der Amtseinfühung Clintons, kamen Deutschland, Frankreich und die USA überein, daß das Eurokorps im Verteidigungsfall der NATO zur Verfügung stehe und dann dem NATO-Oberbefehlshaber in Europa (SACEUR) unterstellt sei. Es könne auch als Teil von NATO-Eingreifverbänden im europäischen Befehlsbereich eingesetzt werden. Vor allem aber solle es der WEU bei der „militärischen Krisenreaktion" dienen. Damit war dem Eurokorps der „antiamerikanische Stachel" gezogen.

Obwohl seit dem Golfkrieg der amerikanische Erwartungsdruck wuchs, die Deutschen mögen sich an den friedensbewahrenden bzw. -schaffenden Aktionen der UNO beteiligen und Bonn dieser Haltung nur schrittchenweise entgegenkam, fand Kohl auf Anhieb einen guten Kontakt zum neuen amerikanischen Präsidenten. Bill Clinton respektierte den seit mehr als zehn Jahren amtierenden deutschen Regierungschef als erfahrenen Staatsmann und Vollender der Einheit. Kohl bewunderte die Dynamik des weltpolitischen Novizen im Weißen Haus: Kurzum, zwischen beiden stimmte die Chemie. Jedenfalls verlief der Antrittsbesuch des Bundeskanzlers in Washington im März 1993 sehr harmonisch. Die Deutschen äußerten ihr Interesse an einem Verbleib amerikanischer Truppen in der Bundesrepublik. Die amerikanische Administration verstand unter Partnerschaft nunmehr, daß man die Verankerung der Demokratie in den Ländern des früheren kommunistischen Machtbereichs, den internationalen Wirtschaftsaufschwung und das Eintreten für den Weltfrieden künftig gemeinsam angehe.[78] Ernste Probleme zwischen beiden Ländern jedoch gab es nicht.

Auch bei seinen Deutschland- und Europareisen im Januar und Juli 1994 behielt Bill Clinton seinen Kurs bei, mit einem selbstbewußteren, handlungsfreudigeren und reiferen Deutschland eine neue Form einer „strategischen Partnerschaft" einzugehen. Er bekräftigte Bushs Angebot von der „Partnerschaft in der Führung". Daniel Hamilton brachte dies in einer Studie der Carnegie-Stiftung („Beyond Bonn") auf den Punkt: das bilaterale Verhältnis zwischen der einzig verbliebenen Supermacht USA und dem vereinigten Deutschland sei ein entscheidender Antriebsmotor für die transatlantischen Beziehungen. Der „Berliner Republik" werde darin klar die Rolle einer europäischen Regionalmacht zukommen. „Deutschland muß sich von einem Importeur zu einem Exporteur von Sicherheit und Stabilität wandeln."[79] Aber nicht nur die deutsche Sicherheitspolitik, sondern die des gesamten Bündnisses war neu zu definieren. Seit 1990 stellte sich zum einen die Frage nach Abschaffung, Erhalt oder Umbau der NATO.[80] Weiterhin galt es, die Ost-West-Beziehungen auch nach dem Ende des Kalten Krieges auf sicherheitspolitischer Ebene zu ordnen. Drittens stand die Lösung der sog. „out of area"-Frage an. Nicht zuletzt mußte der Abzug großer Truppenkontingente von deutschem Boden organisiert werden.

Darüber hinaus forderten die Bürger nunmehr die im Kalten Krieg versprochene „Friedensdividende" ein. Bei abnehmender militärischer Bedrohung, so die Einschätzung kurz nach der Wende, würden auch die Kosten und Lasten deutlich geringer werden. Dem trug die NATO Rechnung. Einerseits mußte die Allianz angesichts einer völlig veränderten Lage schlanker werden, andererseits flexibler. Bereits auf dem Londoner NATO-Gipfel vom Juli 1990 leiteten die 16 die unabdingbare Restrukturierung ein. Die NATO-Strategie der Vorne-Verteidigung und „flexiblen Reaktion" wurde ersetzt durch die Aufstellung kleinerer, mobiler konventioneller Einheiten. Größere Verbände würden erst im Krisenfall mobilisiert; nukleare Systeme als eindeutige „weapons of last resort" eingestuft. Gleichzeitig verhandelten mehrere internationale Organisationen mit dem Ziel, noch stärker abzurüsten und den Frieden zu sichern.[81]

Wenngleich die Sowjetunion und später Rußland nicht mehr dieselbe Gefahr wie in den 80er Jahren darstellte, wollte die westliche Staatengemeinschaft auf die nützliche Rolle der NATO bei der „Restabschreckung" (Blackwill) letztlich nicht verzichten. Vielmehr entwickelte man neue Konzepte, um die Sicherheitsinteressen des Westens und des Ostens miteinander zu harmonisieren. Vor diesem Hintergrund nahm im Dezember 1991 der Nordatlantische Kooperationsrat (NAKR) seine Arbeit auf. Im Januar 1994 folgte das Angebot einer „Partnerschaft für den Frieden" (PfP) an die Staaten Mittel-, Ost- und Südosteuropas, denen freilich mehr an einer Heirat als an einer sich hinziehenden Verlobung mit der NATO liegt. Spötter übersetzten „pfp" dann auch als „policy of postponement", als

Politik des Verzögerns. Ironischerweise erschien den osteuropäischen Reformstaaten eine NATO-Mitgliedschaft als äußerst attraktiv, während sich bei einigen langjährigen Mitgliedern bisweilen eine gewisse Bündnismüdigkeit ausbreitete.

Mehrfach stand die Bekräftigung des Bündnisses auf der sicherheitspolitischen Agenda des Westens. So erbrachte der NATO-Gipfel vom 10./11. Januar 1994, neben dem Angebot der „Partnerschaft für den Frieden", folgende Ergebnisse:

- „Die NATO hat den engen Schulterschluß zwischen Nordamerika - vor allem den USA - und Europa bekräftigt.
- Die Zusammenarbeit zwischen Atlantischer Allianz und Europäischer Union wird wesentlich ausgebaut.
- Die Allianz gibt ein klares Signal, daß die NATO für neue Mitglieder offen ist."

Am Vorabend des Gipfels hatte Präsident Clinton in seiner Rede im Brüsseler Rathaus bestätigt, daß dieses partnerschaftliche Sicherheitsbündnis mit Europa „für die Vereinigten Staaten von Amerika vorrangig" bleibe. Zugleich hatte er zugesagt, es würden etwa 100.000 amerikanische Soldaten in Europa stationiert bleiben.[82]

Hinsichtlich der Frage der „out of area"-Einsätze einigten sich die Bündnispartner dahingehend, daß sich die NATO künftig der UNO als „militärischer Arm" zur Verfügung stellen werde. In der Bundesrepublik dagegen brach, nicht zuletzt angesichts des immensen amerikanischen Erwartungsdrucks seit dem Golfkrieg,[83] eine jahrelange, zähe Debatte über „out of area"-Einsätze der Bundeswehr im Rahmen internationaler Organisationen aus. Weder innerhalb noch zwischen den Parteien kam es zu einem Konsens. Auch die öffentliche Meinung war gespalten, selbst die Bundeswehr ob der komplizierten rechtlichen und politischen Lage unsicher. Experten stritten jahrelang um die Interpretation der Artikel 24 und 87a des Grundgesetzes, was nicht zuletzt bei den westlichen Verbündeten der Bundesrepublik auf großes Unverständnis stieß. Zwar entsandte die Bundesregierung 1992/93 im Rahmen der UN-Aktionen Bundeswehr-Kontingente nach Kambodscha, Somalia und in die Adria. Doch sowohl die SPD-Opposition als auch die F.D.P., eine Partei in der Regierungsverantwortung (!), legten dagegen Klage ein. Erst die Entscheidung des

Bundesverfassungsgerichtes vom 12. Juli 1994 zum Organstreitverfahren Adria, AWACS und Somalia (UNOSOM II) brachte juristische Klarheit: die Bundesrepublik Deutschland kann sich mit ihren Streitkräften - im Rahmen von NATO- oder WEU-Aktionen - daran beteiligen, Beschlüsse des UN-Sicherheitsrats umzusetzen. Gleiches gilt für eine Beteiligung deutscher Streitkräfte an von den Vereinten Nationen aufgestellten Friedenstruppen. Dabei verpflichtet das Grundgesetz die Bundesregierung vor einem Einsatz bewaffneter Streitkräfte darauf, die konstitutionelle Zustimmung des Deutschen Bundestages einzuholen. In der Praxis bedeutet dies, daß die Bundesregierung „case-by-case"-Entscheidungen treffen wird.[84]

Die Amerikaner erhoffen sich nunmehr von ihrem deutschen Bündnispartner eine gewisse ordnungspolitische Entlastung. In diesen Zusammenhang fällt auch der Truppenabzug der USA aus der Bundesrepublik - der bis dato letzte bilaterale Punkt auf der sicherheitspolitischen Agenda.[85] Kohl hatte stets das Engagement jener G.I.'s und ihrer Familien betont, die ihren Militärdienst in Deutschland ableisteten: „Mehr als zehn Millionen Amerikaner waren in den letzten vier Jahrzehnten als Soldaten mit ihren Familien in unserem Land zu Gast. Sie haben mit den Soldaten unserer Bundeswehr Friedensdienst geleistet und die Freiheit bewahrt."[86] Als die letzten amerikanischen Truppen aus Berlin abzogen, würdigten der Kanzler und der Regierende Bürgermeister das Ereignis als einen „Abschied von Freunden" mit Gedenkfeiern, einem Festakt und einem großen Zapfenstreich.[87] Die amerikanische Standfestigkeit und die Präsenz amerikanischer Truppen in Deutschland „war mitentscheidend für den Zusammenbruch der kommunistischen Diktatur." Daher sei Amerika für die Deutschen der Garant für Freiheit, Frieden und Sicherheit. Aber auch die Zukunft wolle man gemeinsam sichern. Europa brauche ein starkes Amerika, und Amerika brauche ein starkes Europa. „Wir wollen ein geeintes Europa, und in diesem festen Haus Europa müssen die Amerikaner für alle Zeiten ihre feste Wohnung haben, ohne Wenn und Aber."[88]

2.2 Deutsch-amerikanische Wirtschafts- und Kulturbeziehungen seit 1989/90

Während die sicherheitspolitische Abhängigkeit Deutschlands von den Vereinigten Staaten nachließ, bildete sich in den Bereichen Wirtschaft und Finanzen, Handel, Industrie und Arbeitsmarkt ein hochkomplexes Geflecht der gegenseitigen Abhängigkeiten. Auch dieser Prozeß konnte nicht frei von Mißverständnissen und Fehlurteilen verlaufen. So kam es auf amerikanischer Seite bereits Anfang 1989 zu Irritationen über den geplanten EG-Binnenmarkt von 1992. Eine „Festungsmentalität" der Europäer fürchtend, kritisierte Washington unter anderem die Subventionen für den Airbus und die Landwirtschaft.[89] Als sich dann - auch zur Überraschung der Wirtschaftswelt - die Wiedervereinigung Deutschlands noch vor der Gründung der EU abzeichnete, reagierten die Amerikaner jedoch schneller und pragmatischer als die anderen Handelspartner Deutschlands.

Zwar gab es auch in den USA besorgte Stimmen, die vor einem wirtschaftlichen Giganten innerhalb des zusammenwachsenden Europa warnten. Die Mehrzahl der US-Firmen jedoch begriff die Wiedervereinigung als wirtschaftliche Herausforderung und Chance. Schließlich war schon „Westdeutschland" kein unbedeutender Handelspartner der USA: 1989 exportierten die Vereinigten Staaten Waren im Werte von 16,9 Mrd. Dollar in die „alte" Bundesrepublik, während die Einfuhren 26,4 Mrd. Dollar betrugen. Damit blieb Deutschland nach Kanada, Japan, Mexiko und Großbritannien der viert- bzw. fünftgrößte Handelspartner der USA. 1990 hofften amerikanische Manager darauf, daß sich die Firmen der „alten" Bundesländer nun zumindest vorübergehend vom Weltmarkt ab- und den neuen Bundesländern zuwenden würden, also als globale Konkurrenten weniger in Erscheinung treten würden. Zweitens sahen sie in den 16 Millionen Ostdeutschen ganz pragmatisch neue Kunden für amerikanische Produkte - Kunden, die seit Jahrzehnten vom freien Markt abgeschnitten waren, aber hinter Mauer und Stacheldraht durch Westfernsehen, Kataloge und Kontakte die Waren des Westens kennen- unnd schätzengelernt hatten. Seit der Wirtschafts- und Währungsunion vom 1. Juli 1990 besaßen die Menschen in den neuen Ländern die DM. Die Folge war verständlicherweise ein Importsog. 28 Jahre hatte man, von einer Mauer getrennt, ganz nahe an den Schaufenstern des Westens gelebt. Nun boomte der Konsum, während die Investitionen anfangs vernachlässigt wurden.[90] Erstmals seit zehn Jahren mußte die Bundesrepublik im April 1991 in ihrem Außenhandel ein Defizit von 1,8 Mrd. DM hinnehmen.

Die obigen Prognosen der US-Unternehmer trafen also bald zu. Bereits im zweiten Halbjahr 1991 gingen nur mehr sechs Prozent der deutschen Exporte in die USA, verglichen mit 10,3 % noch im Jahre 1985. Allerdings war seitdem auch die DM um real 41 % aufgewertet worden. Zumindest Presseberichte machten Ende 1992/Anfang 1993 aber auch die Ausländerfeindlichkeit und den neuen Rechtsradikalismus in Deutschland für die Exportprobleme in die USA mitverantwortlich. „Das Deutschlandbild droht dauerhaften Schaden zu nehmen," mahnte die F.A.Z.. Selbst Freunde und Kenner Deutschlands fragten sich, ob „schwarze Amerikaner, amerikanische Juden oder selbst Amerikaner asiatischer Abstammung in Deutschland unbehelligt leben können." Schließlich stehe kein anderes Land unter einem derart hohen Erwartungs- und Handlungsdruck wie Deutschland."[91] Und der Geschäftsführer der Deutsch-Amerikanischen Handelskammer in New York fügt hinzu, die deutsch-amerikanischen Beziehungen stehen seit 1990 auf einem neuen Prüfstand, und das neue Deutschlandbild treffe die Ausfuhren in die USA.[92]

Im Jahre 1992 betrugen die deutschen Exporte in die Vereinigten Staaten 42,6 Mrd. DM. Dem standen Einfuhren im Wert von 42,4 Mrd. DM gegenüber, so daß sich ein geringer Außenhandelsüberschuß von 200 Mio DM ergab. Dabei führten die Deutschen vor allem elektrotechnische und chemische Erzeugnisse sowie Maschinen und Kraftfahrzeuge aus, während sie vor allem EDV-Geräte, Produkte der Luft- und Raumfahrtechnik sowie ebenfalls elektrotechnische und chemische Erzeugnisse importierten.[93] Häufig betonte Helmut Kohl, daß Amerikaner und Deutsche als weltweit größte Exportnationen ein gemeinsames Interesse an der Sicherung des freien Welthandels und an der eigenen Wettbewerbsfähigkeit hätten. Zudem sei der beiderseitige Handel ausgeglichen und biete keinen Anlaß für Auseinandersetzungen. „Dies ist keine Selbstverständlichkeit."[94]

Doch würde man das amerikanisch-europäische Equilibrium auch nach Inkrafttreten des Vertrags über die Europäische Union aufrechterhalten können, den die zwölf EG-Mitglieder am 7. Februar 1992 in Maastricht abgeschlossen hatten und der am 1. Januar 1993 Gültigkeit erlangte? Würde ein zusammenwachsendes Europa sich von den USA entfremden? Einige Beobachter befürchteten, es könne gar zu einem „Handelskrieg" zwischen den USA und der Europäischen Union kommen. Indizien hierfür gab es. Mal zündeten französische Bauern während des „Soja-Streites" Reifen vor einer amerikanischen Fabrik an, mal stoppten kanadische Kriegsschiffe spanische Fischer vor ihrer Küste. Aber alles in allem konnten die Konflikte in immer härter werdenden Verhandlungen zwischen Brüssel und Washington ausgetragen und bald auch ausgeräumt werden. Dabei trug Deutschland des öfteren wesentlich dazu bei, die zerstrittenen Partner zu einem Konsens oder zumindest einem tragfähigen Kompromiß zu führen.[95] Der härter werdende Wettbewerb erklärt eine im Januar 1994 angelaufene amerikanische Initiative zur Exportförderung. Mit dem sogenannten „Showcase-Germany-Programm" soll der Absatz amerikanischer Produkte sowohl im wiedervereinigten Deutschland als auch in der Europäischen Union gefördert werden. Clintons Konzept lautet, daß die diplomatischen und sonstigen Auslandsvertretungen der USA weit stärker als in der Vergangenheit zur Unterstützung amerikanischer Unternehmen herangezogen werden sollen. So wurde zunächst das 1987 geschlossene Generalkonsulat in Düsseldorf wieder eröffnet. Wie Botschafter Richard C. Holbrooke und Wirtschaftsminister Ronald Brown bei der Vorstellung des „ehrgeizigen Wirtschaftsförderungsprogrammes" erläuterten, konzentriert sich dieses Konsulat mehr als andere Niederlassungen auf Wirtschaftsfragen, gerade in einer Stadt wie Düsseldorf, in der viele japanische Unternehmen ihren Sitz haben. Zudem richtete das Frankfurter Amerikahaus ein „Business Information Center" ein. Die anderen US-Institutionen werden bald folgen.[96] Aus ähnlichen Motiven heraus war in Washington bereits im November 1990 das „German American Business Council" (GABC) gegründet worden.

Andererseits geht in den 1990er Jahren der langfristige Trend weg vom reinen Import-Export-Denken vergangener Jahrzehnte. In immer stärkerem Maße errichten US-Firmen Produktionsstätten im Ausland, um Devisenschwankungen und protektionistischen Strömungen gegenüber unabhängiger zu sein. Heute gibt es in Deutschland bereits über 1.600 Firmen, die mehrheitlich in US-Besitz sind, davon 275 in den neuen Bundesländern. Und allein in den Jahren 1989-1991 haben amerikanische Unternehmen in Deutschland 54 Mrd. DM investiert.

1991/1992 lag die Bundesrepublik nach Angaben des U.S. Department of Commerce bei den Direktinvestitionen der USA im Ausland nach Großbritannien und Kanada immerhin auf dem dritten Platz.

Die TOP TEN der US-Firmen in der Bundesrepublik (nach Umsatz)[97] hießen 1992

Rang	Name	US-Anteilseigner	Umsatz Mrd.DM
1.	Adam Opel AG	General Motors	29,2
2.	Ford-Werke AG	Ford Motor Company	22,0
3.	IBM Deutschland	IBM World Trade	13,8
4.	Esso AG	EXXON	11,6
5.	Philip Morris	Philip Morris	9,1
6.	Mobil Oil AG	Mobil Petroleum	7,5
7.	Coca-Cola GmbH	Coca-Cola Export	6,8
8.	Procter&Gamble	Procter & Gamble	5,4
9.	Hewlett-Packard	Hewlett-Packard	5,4
10.	ITT	Int. Standard Electrical	4,6

Der Anteil von US-Unternehmen an den gesamten ausländischen Investitionen betrug 1992/93 circa 30 % in den alten und ca. 15-20 von hundert in den neuen Bundesländern. Hier investierten über 140 US-Companies mehr als drei Mrd. DM in den Aufbau Ost, und der Präsident der Amerikanischen Handelskammer kündigte eine „Einkaufsoffensive von US-Unternehmen in den neuen Bundesländern“ an.[98]

Investitionen, zumal in dieser Größenordnung, sind eine Angelegenheit des Vertrauens in den Standort Bundesrepublik.[99] Dabei sind sich in den 90er Jahren weder Deutsche noch Amerikaner sicher, welche Rolle die Weltwirtschaftsmacht Bundesrepublik überhaupt einnehmen kann. 1992 fragte der Economist gar, ob es das „Powerhouse Germany“ überhaupt noch gebe. Gleichzeitig trugen Bush und später Clinton an die Bundesrepublik die Forderung heran, massiv bei der Stabilisierung und dem Aufbau der postkommunistischen Staaten zu helfen, ja dabei eine Führungsrolle zu übernehmen. Dahinter stand die Überlegung, daß die Bundesrepublik vierzig Jahre lang von den enormen amerikanischen Anstrengungen auf sicherheitspolitischem Gebiet profitiert habe. Nun sei es an dem wiedervereinigten Deutschland, diese Schuld einzulösen. Keinem Amerikaner ist wohl bei dem

Gedanken, die „späten Sieger" des Kalten Krieges könnten ausgerechnet Deutschland und Japan heißen.[100]

Andererseits wurde die Leistungsfähigkeit der Bundesrepublik durch den Aufbau Ost und den jährlichen Kapitaltransfer von über 150 Mrd. DM von den alten in die neuen Bundesländern vor eine gigantische volkswirtschaftliche Aufgabe gestellt. Während der Rezession von 1992/93 gestand der Kanzler, die Grenzen der finanziellen Belastbarkeit für die Bundesrepublik seien nunmehr erreicht.

Mittelfristig jedoch stehen die Chancen für Deutschland und Europa nicht schlecht. Einige Autoren skizzieren durchaus eine vielversprechende wirtschaftliche Zukunft.[101] Die Mehrzahl setzt auf die kommende Integration Europas.[102] Vieles hängt dabei von der Entwicklung der Weltwirtschaft ab. Hier lauten die entscheidenden Fragen, wie sich die Gewichte innerhalb der Triade verteilen und welche neuen Kraftzentren hinzukommen werden.[103] Bereits heute zeichnet sich das Zusammenwachsen der Europäischen Union, die engere Kooperation innerhalb der NAFTA und das Zusammenspiel der Kräfte in Ostasien unter japanischer Ägide ab. Gleichzeitig entstehen im asiatisch-pazifischen Raum mit den vier „kleinen Tigern" Südkorea, Taiwan, Hongkong und Singapur neue Akteure von beachtlichem Gewicht. Auch ist die Bildung eines „großchinesischen" Wirtschaftsraumes denkbar.

Doch damit relativiert sich die Bedeutung der deutsch-amerikanischen Beziehungen nicht notwendigerweise. Ein prosperierendes, fest in die EU integriertes und nicht-dominantes Deutschland könnte sehr wohl ein idealer europäischer Partner der Vereinigten Staaten sein und bleiben. Die USA indessen könnten künftig innerhalb der Triade als einziger Akteur den asiatisch-pazifischen und den transatlantischen Raum ausbalancieren. Partiell wird es daher zu einer engen japanisch-amerikanischen Allianz kommen,[104] auf anderen Sektoren bleibt eine enge europäisch-amerikanische Kooperation sinnvoll und daher wahrscheinlich. Innerhalb dieses Rahmens wiederum könnten die deutsch-amerikanischen Beziehungen noch an Bedeutung gewinnen.

Denn neben der Ausgestaltung der Europäischen Union und dem Bau einer europäischen sicherheitspolitischen Gesamtarchitektur heißt das dritte langfristige Ziel der Bonner Außen- und Wirtschaftspolitik wieder Verdichtung der transatlantischen Zusammenarbeit. Aufgrund der Regionen- bzw. „Blockbildung" in der Weltwirtschaft hält die Bundesregierung eine „transatlantische Klammer" jetzt für besonders nötig. Fernziel der Kooperation ist dabei die Bildung einer Nordamerika und Europa umfassenden Freihandelszone, der sogenannten „TAFTA". Innerhalb eines solchen Rahmens könne man auch Themen wie den globalen Umweltschutz, den Umgang mit neuen Technologien oder die internationale Verbrechensbekämpfung besser koordinieren. Daher plädiert Außenminister Klaus Kinkel in Anlehnung an die „transatlantische Erklärung" von 1990 nunmehr 1995 für eine „transatlantische Agenda". Damit möchte er unter anderem den drei bereits eingesetzten Arbeitsgruppen eine bessere Grundlage verschaffen.

Kinkels „transatlantische Agenda 2000" soll innerhalb des Westens zu einer „Partnerschaft der Gleichen" führen. Sie greift damit eine Idee John F. Kennedys auf, die der Präsident in seiner Grundsatzrede am Unabhängigkeitstag des Jahres 1962 in Philadelphia vorgetragen hatte. Zugleich heißt das Ziel der Agenda, Demokratie und Marktwirtschaft in die postkommunistischen Staaten zwischen Warschau und Wladiwostok zu exportieren. Damit harmoniert sie mit der Doktrin Bill Clintons, der ebenfalls den Weg vom „Containment" (Eindämmung der Sowjetunion) zum „Enlargement" (Ausbreitung von Demokratie und Marktwirtschaft) sucht. In diesen Kontext fallen demnach nicht nur die GATT-Verhandlungen, sondern auch die Ost-Erweiterung von EU und NATO. Letztlich zielt Kinkels Vision auf einen transatlantischen Sicherheits- und Wirtschaftsraum. In seinem Szenario wird die TAFTA als dritte tragende Säule neben die „Transatlantische Politische Kooperation" (TAPC) und die NATO treten. „Nichts würde die europäisch-amerikanische Schicksalsgemeinschaft so ins nächste Jahrtausend hinein verankern wie dieses Projekt," äußerte sich der deutsche Außenminister im April 1995 vor dem „Rat für außenpolitische Beziehungen" in Chicago. In der transatlantischen Freihandelszone sieht er den Motor der Beziehungen und das beste Mittel gegen kontinentale Blockbildung. Auch die Beziehung zwischen Washington und Bonn würde eher noch intensiviert, denn „für diese Agenda kommt dem deutsch-amerikanischen Verhältnis eine Schlüsselrolle zu."[105]

Das Fundament für die transatlantische Kooperation ist gelegt. Beobachter sprechen bereits von einer „Achse Kohl-Clinton". Der Präsident machte schon im 1992er Wahlkampf keinen Hehl daraus, daß er sich auf deutsche Erfahrungen im Bildungswesen, in der Gesundheitsfürsorge und beim sozialen Netz stützen wolle. Und US-Botschafter Holbrooke führte bereits im Januar 1994 aus: „Mit Clinton im Weißen Haus, der als Bewunderer des deutschen Modells der Sozialen Marktwirtschaft gilt und der einen besonders guten Draht zum Kanzler hat, kann von nennenswerten Spannungen in den deutsch-amerikanischen Beziehungen heutzutage keine Rede sein."[106] Harsche Kritik im Einzelfall schließt dies natürlich nicht aus. So überraschte Kohl Ende April 1995 die Finanzwelt erstmals mit harten Tönen gegenüber den USA. Angesichts der anhaltenden Turbulenzen an den internationalen Devisenmärkten erklärte er, die Finanz- und Währungspolitik Washingtons sei „nicht akzeptabel." An der derzeitigen Dollarschwäche sei die hohe Staatsverschuldung der USA zumindest mit schuld. Der Kanzler forderte die USA energisch auf, endlich das immense Haushaltsdefizit abzubauen. „Egal, wer amerikanischer Präsident ist, die Sache ist einfach überfällig."[107] An der positiven Grundströmung indessen werden die Turbulenzen an der Oberfläche nichts ändern.[108]

Nicht zuletzt die kulturellen Bindungen zwischen dem alten und dem neuen Kontinent können dazu beitragen. Kohl nannte sie vor dem Jahreskongreß der „American Newspaper Publishers Association" in New York sogar ganz bewußt an erster Stelle. Er ist fest davon überzeugt, daß „unsere Gemeinsamkeiten in Literatur, bildender Kunst, in der Musik und im Film an Bedeutung gewinnen werden."[109] Aber gerade in der Alltagskultur, insbesondere beim Kinofilm, besteht nach wie vor ein erdrückendes Ungleichgewicht. Von den Filmen auf der 1994er Hitliste etwa stammten nur „Vier Hochzeiten und ein Todesfall" (Großbritannien) und „Der bewegte Mann" (Deutschland) nicht aus amerikanischer Produktion.

Kino-Hits 1994 und die Besucherzahlen in Deutschland (in Mio)[110]

Der König der Löwen: 7,5
Flintstones: 6,1
Schindlers Liste: 6,0
Mrs. Doubtfire: 5,5
Forrest Gump: 5,3
Vier Hochzeiten und ein Todesfall: 4,3
Der bewegte Mann: 4,0
Free Willy: 3,3
Die nackte Kanone 33 1/2: 3,3
Philadelphia: 3,2
Cool Runnings: 2,9
Speed: 2,8
True Lies: 2,8
Die Akte: 2,5
A Perfect World: 1,9

In der Pop- und Rockmusik dagegen sowie in der (Massen-)Literatur zeichnet sich anstelle einer solchen „Einbahnstraße“ in den 90er Jahren eine kulturelle Vielfalt ab. In der Jugendkultur sowie beim Sport setzen sich vielfach die Trends der 80er Jahre fort. Auch der Tourismus zwischen Deutschland und den USA boomt weiterhin. Insgesamt gaben die Deutschen 1994 genau 66,6 Mrd. DM im Ausland aus. Die USA standen dabei an sechster Stelle der beliebtesten Reiseländer und nahmen unter den außereuropäischen Staaten den Spitzenplatz ein. So gaben die Deutschen für ihre USA-Reisen 1994 immerhin 4,1 Mrd. DM aus.[111]

Mit die wichtigsten Impulse für die bilateralen Kulturbeziehungen gingen nach der Wiedervereinigung von der Bundesregierung aus. So stimmte Bush im März 1992 Kohls Idee zu, eine deutsch-amerikanische Akademie der Wissenschaften zu gründen. Bereits im Juni 1993 konnte der Kanzler die Mitglieder des neu gegründeten Deutsch-Amerikanischen Akademischen Konzils empfangen. Ihm gehören je 15 deutsche und amerikanische Persönlichkeiten an, die herausragende Beiträge im Bereich der Wissenschaft oder Wissenschaftspolitik erbracht haben. Das Konzil soll als Arbeitsakademie jene gesellschaftlichen und politischen Themen behandeln, die für beide Länder von Interesse sind, sowie „neue Impulse“ für eine verstärkte Zusammenarbeit in den Geistes- und Sozialwissenschaften geben. Des weiteren wird die Akademie Forschungsarbeiten über die Grundlagen moderner Industriegesellschaften unterstützen sowie den wissenschaftlichen Nachwuchs fördern.[112]

Ein weiterer Schwerpunkt in der ersten Hälfte der 90er Jahre ist die Einbeziehung der neuen Bundesländer in den deutsch-amerikanischen Kulturaustausch. Vor allem den Jugendlichen aus der ehemaligen DDR boten Bundesregierung und die Administration in Washington eine Fülle von Möglichkeiten an, vom Parlamentarischen Patenschafts-Programm bis zu den Fulbright-Kommissionen. Bereits im Oktober 1990 eröffnete der „German Marshall Fund of the United States“ ein Büro in Ost-Berlin. Kurz darauf liefen dort das „International Visitors Program“ sowie das „New Leadership Program“ der United States Information Agency (USIA) sowie eine Vielzahl weiterer Maßnahmen an.[113]

Bereits im Herbst 1990 startete an den amerikanischen Elite-Universitäten von Georgetown, Berkeley und Harvard eine neue Initiative. Für insgesamt 45 Millionen DM richtete die Bundesregierung hier drei Stiftungen als sog. „Centers of Excellence“ ein. Ihr Ziel lautet, „in der nachfolgenden Generation das Bewußtsein der lebenswichtigen Bedeutung und der Wichtigkeit der engen Freundschaft zwischen den USA und Europa und insbesondere der Bundesrepublik Deutschland zu fördern.“[114]

Auch die amerikanische Seite stand nicht zurück. Neben den oben bereits aufgeführten Initiativen zur Wirtschaftsförderung sei nochmals auf die Arbeit der acht Amerika-Häuser verwiesen. In keinem anderen Land gibt es so viele Institutionen dieser Art wie in der Bundesrepublik Deutschland. Das breite Spektrum ihrer Veranstaltungen umfaßt Jazzkonzerte ebenso wie Lesungen mit Toni Morrison und Susan Sontag.[115]

Doch auch Industrie, Wirtschaft und Handel stehen nicht zurück, sondern fördern im Rahmen ihres „culture sponsoring“ junge Menschen. Die Zukunft des deutsch-amerikanischen Jugendaustausches dürfte in einer gelungenen Kombination staatlich geförderter Programme und privat initiierter Maßnahmen liegen.[116]

Die flotte Formel „Forscher statt Soldaten“ mag im Falle des Deutsch-Amerikanischen Akademischen Konzils[117] nach dem Abzug der amerikanischen Truppen aus Berlin noch zutreffen. Wie aber stellt sich die Lage für ein Bundesland dar, wenn, wie in Rheinland-Pfalz, 20.000 Menschen direkt und weitere 30.000 Arbeitnehmer mittelbar wirtschaftlich abhängig sind von den alliierten Streitkräften?[118] Vernon Walters verwies darauf, daß die US-Army hier der drittgrößte Arbeitgeber war.[119] Nach dem Abzug vieler amerikanischer Einheiten und der drastischen Reduzierung der Bundeswehr hieß die Hauptaufgabe der Landespolitik Konversion. Es galt nun, eine Fläche von 7.800 Hektar mit fünf ehemaligen Militär-Flughäfen, Truppenübungsplätzen, Munitionsdepots, Raketenstationen und Soldatensiedlungen anderweitig zu nutzen.[120]

Doch die Pfälzer gehen hier mutig neue Wege. So schloß Rheinland-Pfalz, das Land mit der ehemals größten US-Bevölkerungsdichte außerhalb der Vereinigten Staaten, im Frühjahr 1995 eine eigene Partnerschaft mit den USA ab, die Ministerpräsident Kurt Beck als „zukunftsweisendes Experiment“ ansieht.[121]

Die deutsch-amerikanische Partnerschaft wird künftig also noch vielfältiger. Sie wird allein auf staatlicher Seite mehrere Ebenen umfassen, von Partnerschaftsprogrammen auf Länderebene über bilaterale Konsultationen der Minister und Regierungschefs bis hin zu Kinkels „Agenda 2000“. Unabhängig davon, ob es zur Jahrtausendwende zu einer „neuen Weltordnung“ kommt oder die Bundesrepublik offiziell Amerikas „Partner in der Führung“ wird: auf jeder Ebene werden die guten deutsch-amerikanischen Beziehungen ein tragender Pfeiler der neuen amerikanisch-europäischen Partnerschaft sein.

ZEITTAFEL

1989

20.1.	Der bisherige Vizepräsident, der Republikaner, George Bush, wird 41.Präsident der USA
24.3.	Der leckgeschlagene Tanker „Exxon Valdez“ löst vor der Küste Alaskas die größte Ölpest in der Geschichte der USA aus
2.5.	Ungarische Grenzsoldaten beginnen an der Grenze zu Österreich mit dem Abbau des „Eisernen Vorhangs“
7.5.	Die manipulierten Kommunalwahlen in der DDR stoßen auf massive Kritik
12.5.	Bush fordert in einer Grundsatzrede zum Ost-West-Verhältnis das Ende der „Breschnew-Doktrin“
23.5.	Bundespräsident von Weizsäcker mit großer Mehrheit wiedergewählt
24.5.	Die Bundesrepublik begeht das 40-jährige Jubiläum des Grundgesetzes mit einem Staatsakt
29./30.5.	Das NATO-Gipfeltreffen in Brüssel endet mit einem Kompromiß um die anstehende Modernisierung der nuklearen Kurzstreckenraketen und dem Vorschlag, die konventionellen Truppen in Europa für USA und UdSSR auf je 275.000 Mann zu begrenzen
31.5.	In Mainz bietet der amerikanische Präsident den Deutschen an, „Partner in der Führung“ zu werden
3.-6.6.	Die chinesische Regierung schlägt die Studentenproteste auf dem „Platz des Himmlischen Friedens“ gewaltsam nieder

Juni	Die bundesdeutsche Bevölkerung bereitet dem sowjetischen Staats- und Parteichef Michail Gorbatschow während seines Staatsbesuches einen begeisterten Empfang
8.8.	Die Bundesrepublik muß ihre Ständige Vertretung in Ost-Berlin wegen der anschwellenden Zahl Ausreisewilliger schließen
10.9.	Ungarn öffnet seine Grenzen offiziell: 50.000 Menschen fliehen
25.9.	In Leipzig demonstrieren Tausende für ihre Grundfreiheiten
18./24.10.	Nach 18jähriger Amtszeit löst Egon Krenz den kranken Erich Honecker als SED-Generalsekretär und Staatsratsvorsitzenden ab
4.11.	Auf dem Alexanderplatz in Ost-Berlin demonstriert eine Million Menschen für ihre Rechte
9.11.	Nach 28 Jahren fällt die „Berliner Mauer“
28.11.	Bundeskanzler Kohl stellt seinen „Zehn-Punkte-Plan“ mit „konföderativen Strukturen“ zwischen beiden deutschen Staaten für eine Übergangsphase vor
2.12.	Die Präsidenten der USA und der UdSSR treffen sich vor Malta
19.12.	In Dresden wird Bundeskanzler Kohl während seines ersten offiziellen DDR-Besuchs von einer jubelnden Menschenmenge begrüßt
20.12.	Die USA beginnen ihre Intervention in Panama
22.12.	Das Brandenburger Tor wird wieder geöffnet

1990

2.2.	Gespräche Genschers mit Baker in Washington über die äußeren Rahmenbedingungen des deutschen Einigungsprozesses („Genscher-Plan“)
12.-14.2.	Am Rande der Außenministerkonferenz von Ottawa zwischen NATO- und Warschauer Pakt-Staaten beginnen die „2+4“-Gespräche
24.-25.2.	Beim Treffen von Kanzler Kohl und Präsident Bush in Camp David herrscht prinzipielle Übereinstimmung über den Kurs der Wiedervereinigung
5.5.	Die Außenminister der „2+4“-Staaten treffen sich erstmals in Bonn

16.-17.5.	Kanzler Kohl, Außenminister Genscher und Verteidigungsminister Stoltenberg führen in Washington Gespräche über die Herstellung der deutschen Einheit
30.5.-3.6.	Bush und Gorbatschow konferieren in den USA u.a. über die deutsche Einheit und die NATO-Mitgliedschaft eines wiedervereinigten Deutschland
Juni	Lothar de Maizière besucht als erster Regierungschef der DDR die USA
5.-8.6.	Erneuter Besuch von Bundeskanzler Kohl in den USA
21.6.	Der alliierte Kontrollpunkt „Checkpoint Charlie" am Grenzübergang Friedrichstraße in Berlin wird geschlossen
1.7.	Die Währungs-, Wirtschafts- und Sozialunion zwischen der Bundesrepublik und der DDR tritt in Kraft
16.7.	Am Kaukasus erreicht Kohl die Zusage Gorbatschows, ein wiedervereinigtes Deutschland könne seine Bündniszugehörigkeit frei wählen
2.8.	Die irakischen Streitkräfte überfallen Kuwait
8.8.	Am Golf beginnt die „Operation Wüstenschild", der Aufmarsch der UNO-Streitmacht unter Ägide der USA
12.9.	In Moskau werden die „2+4"-Gespräche beendet und der „Vertrag über die abschließende Regelung in bezug auf Deutschland" unterzeichnet
15.9.	Kohl und Baker einigen sich auf ein deutsches Soforthilfepaket zur Unterstützung des US-Militäreinsatzes am Golf (17,6 Mrd. DM)
19.9.	Das Pentagon kündigt einen umfassenden Abbau amerikanischer Stützpunkte in der Welt und den Abzug von 60.000 in Deutschland stationierten Soldaten an
22.9.	Der seit 26.7. laufende Abtransport der chemischen Kampfstoffe aus der Bundesrepublik („Aktion Lindwurm") ist beendet
26.9.	Die letzten US-Marschflugkörper (Cruise Missiles) werden aus der Bundesrepublik abgezogen
2.10.	Verabschiedung der westalliierten Stadtkommandanten

3.10.	Tag der Deutschen Einheit. Die DDR tritt der Bundesrepublik bei. Deutschland ist nach 45 Jahren wiedervereinigt
10.10.	Der US-Senat ratifiziert einstimmig den „Zwei-plus-Vier"-Vertrag
5.11.	Der US-$ sinkt auf ein historisches Tief von unter DM 1,50
18.11.	Kurzbesuch Bushs bei Kohl in Oggersheim
19.-21.11.	Die damals 34 KSZE-Staaten verkünden die „Charta von Paris für ein neues Europa". Staats- und Regierungschefs der NATO- und Warschauer Pakt-Staaten schließen den Vertrag über konventionelle Streitkräfte in Europa
23.11.	In ihrer „Transatlantischen Erklärung" verpflichten sich EG und USA zu langfristiger Zusammenarbeit und regelmäßigen Konsultationen
2.12.	Die Koalition aus CDU/CSU und F.D.P. siegt bei der ersten gesamtdeutschen Bundestagswahl

1991

16.1.	Nach Ablauf des UN-Ultimatums starten die Alliierten die „Operation Wüstensturm" zur Befreiung Kuwaits mit heftigen Luftangriffen
29.1.	Bush verkündet eine „Neue Weltordnung"
13.2.	Terroranschlag auf die US-Botschaft in Bonn
23.2.	Die Alliierten starten ihre Bodenoffensive zur Befreiung Kuwaits. 100 Stunden später ist der Irak besiegt
28.2.-2.3.	Außenminister Genscher berät in Washington Pläne zur Friedensordnung in Nahost
1.4.	Nach über 35 Jahren löst sich der Warschauer Pakt auf
6.5.	Die letzte „Pershing II" wird vernichtet
20.6.	Der Deutsche Bundestag beschließt, den Sitz der Bundesregierung von Bonn nach Berlin zu verlegen
27.6.	Nach der Unabhängigkeitserklärung Sloweniens und Kroatiens (25.6.) marschiert die serbisch dominierte Bundesarmee (Rest-)Jugoslawiens in Slowenien ein
31.7.	Die Präsidenten der Supermächte, Bush und Gorbatschow, unterzeichnen den START-Vertrag

	über die 30prozentige Reduzierung strategischer Waffen
18.-22.8.	Ein Putsch gegen Gorbatschow scheitert
16.10.	Kohl und Mitterrand veröffentlichen ihr Konzept des „Eurokorps“
8.12.	Die Sowjetunion zerfällt. In Minsk wird die Gemeinschaft Unabhängiger Staaten (GUS) gegründet
Dezember	Bildung des NATO-Kooperationsrates (NAKR)
25.12.	Michail Gorbatschow tritt zurück. Neuer Präsident wird Boris Jelzin

1992

15.1.	Die Europäische Gemeinschaft erkennt auf Drängen der Bundesregierung die von Jugoslawien abgefallenen Republiken Kroatien und Slowenien an
7.2.	In Maastricht schließen die 12 EG-Mitglieder den „Vertrag über die Europäische Union“
24.3.	Die Außenminister der 16 NATO-Staaten sowie der 8 Staaten des ehemaligen Warschauer Paktes schließen den „Vertrag über den Offenen Himmel“
29.4./2.5.	Schwere Rassenunruhen in Los Angeles
18.5.	Hans Dietrich Genscher tritt nach 18 Jahren als Außenminister zurück. Ihm folgt Klaus Kinkel, ebenfalls F.D.P.
Juni	Konferenz über Umwelt und Entwicklung in Rio
6.-8.7.	In München findet der Weltwirtschaftsgipfel statt
12.8.	Bush gibt den Abschluß des Freihandelsabkommens („NAFTA“) zwischen den USA, Kanada und Mexiko bekannt
17.9.	Ausgehend von Hoyerswerda beginnt in der Bundesrepublik eine Serie rechtsradikaler Gewalttaten gegen Asylbewerber und Ausländer, u.a. gegen einen farbigen US-Sportler
9.12.	Um Bürgerkrieg und Hungersnot in Somalia zu beenden, landet ein amerikanisches Kontingent unter UN-Flagge. Die erste „humanitäre Intervention“ startet

1993

1.1.	Start des Europäischen Binnenmarktes gemäß dem Vertrag von Maastricht: einheitlicher Wirt-

	schaftsraum für Waren, Dienstleistungen, Kapital und die Bürger
3.1.	In Moskau unterzeichnen Bush und Jelzin den zweiten Vertrag über die Verringerung der Atomwaffen (START II)
20.1.	Der Demokrat Bill Clinton wird neuer Präsident der USA, Warren Christopher wird Außenminister, Les Aspin Verteidigungsminister
3./4.4.	Gipfeltreffen Clinton-Jelzin in Vancouver
20.4.	Das Bundeskabinett einigt sich auf die Entsendung deutscher Soldaten („Blauhelme") nach Somalia
Mai	US-Handelssanktionen gegen die EG treten in Kraft
12.10.	Die Verträge von Maastricht werden ratifiziert. Sie treten am 1.11. in Kraft
12.11.	Die letzten an der UNO-Mission in Kambodscha beteiligten Bundeswehrsoldaten kehren zurück

1994

10.1.	Die NATO bietet den Staaten Mittel-, Ost- und Südosteuropas eine engere Kooperation an, die „Partnerschaft für den Frieden" (PfP)
31.3.	Das deutsche UNO-Kontingent kehrt aus Belet Huen in Somalia zurück
12./13.4.	UNO-Generalsekretär Boutos-Boutros-Ghali besucht Bonn
1.7.	Roman Herzog wird Bundespräsident
10.-12.7.	Präsident Bill Clinton fordert die Bundesrepublik während seines Besuches in Bonn und Berlin zur Übernahme größerer politischer Verantwortung auf
12.7.	Das Bundesverfasssungsgericht bestätigt, daß „out-of-area"-'Kampfeinsätze' der Bundeswehr im Bündnisrahmen mit dem Grundgesetz vereinbar sind
13.8.	Der seit 1988 amtierende NATO-Generalsekretär Wörner stirbt
8.9.	Offizielle Feierlichkeiten zur Verabschiedung der Alliierten Truppen aus Berlin
16.10.	Bei der Bundestagswahl siegt wiederum die Koalition aus CDU/CSU und F.D.P.
31.12.	Die Reduzierung der deutschen Streitkräfte auf 370.000 Mann ist termingerecht abgeschlossen

1995	
März	NATO-Generalsekretär Claes gerät zunehmend unter Druck
April	Der Dollar erreicht ein historisches Tief
19.4.	Ein heimtückischer Bombenanschlag in Oklahoma fordert zahlreiche Tote und erschüttert die USA
8.5.	Fünfzigster Jahrestag des Kriegsendes in Europa

Berlin 1994: Mit einer letzten gemeinsamen Parade verabschieden sich die westlichen Alliierten aus Berlin.

Anmerkungen zu den Seiten 9-17

1 Zitelmann, Rainer/Weißmann, Karlheinz/Großheim, Michael (Hrsg.): Westbindung. Chancen und Risiken für Deutschland. Frankfurt am Main 1993

2 Dan Diner: „Feinde des Westens. Zwischen Gesellschaft und Nation" in: Frankfurter Allgemeine Zeitung vom 11. Mai 1994

3 Zahn, Peter von: Verläßt uns Amerika? Berlin 1987; Vahlefeld, Hans Wilhelm: Amerikas langer Abschied von Europa. Düsseldorf 1988

4 Christine M. Totten: Vom 'einig Volk von Brüdern' mit Pathos bis zu den 'Three Bs'" in: Die Welt vom 3. Oktober 1983

5 De Tocqueville, Alexis: Über die Demokratie in Amerika. München 1984

6 Adams, Willi Paul (Hg.): Die Vereinigten Staaten von Amerika. Frankfurt am Main 1977, S. 188

7 Am schlimmsten war davon jedoch nicht Deutschland, sondern Irland in den 1850er Jahren betroffen, vgl. Elvert, Jürgen: Geschichte Irlands. München 1993, S. 349-362

8 Kremp, Werner: In Deutschland liegt unser Amerika. Münster 1993, S. I

9 Weber, Rolf (Hg.): Land ohne Nachtigall. Deutsche Emigranten in Amerika, 1777-1886. Berlin 1981, S. 78

10 Tabellen und Statistiken bei U.S. Bureau of the Census. Historical Statistics of the United States: Colonial Times to 1957. Washington 1960, S. 56-59 und Statistical Abstracts of the United States: 1972. Washington 1972, S. 92

11 The World Almanac And Book Of Facts 1994. Mahwah, New Jersey 1993, S. 361

12 „Fragen aus Amerika: Ob unser Geist noch weht?" in: Die Zeit vom 14. Oktober 1988

13 vgl. Simpson, Colin: Die Lusitania. Amerikas Eintritt in den Ersten Weltkrieg. Frankfurt am Main 1987

14 Bernstorff, Johann-Heinrich Graf von: Deutschland und Amerika. Erinnerungen aus dem fünfjährigen Kriege. Berlin 1920

15 Bracher, Karl-Dietrich/Funke, Manfred/Jacobsen, Hans-Adolf (Hg.): Die Weimarer Republik 1918-1933. Bonn 1987, S. 255-368; Hoover, Herbert: Memoiren. Das Kabinett und die Präsidentschaft, 1920-1933. Mainz 1952

16 Morgenthau, Hans Joachim: Macht und Frieden. Grundlagen einer Theorie der internationalen Politik. Gütersloh 1963; Frei, Christoph: Hans J. Morgenthau. Eine intellektuelle Biographie. Bern 1993, S. 51-94

17 Herz, John H.: Vom Überleben. Wie ein Weltbild entstand. Autobiographie. Düsseldorf 1984

18 Görtemaker, Manfred/Wettig, Gerhard (Hg.): USA - UdSSR. Dokumente zur Sicherheitspolitik. Hannover 1986, S. 51-56; Adams, Willi Paul et al. (Hg.): Länderbericht USA I. Bonn 1990, S. 184 ff.

19 vgl. Bundespräsident Freiherr von Weizsäcker am 8. Mai 1985: „Ansprache zum 40. Jahrestag der Beendigung des Zweiten Weltkrieges" in: Außenpolitik der Bundesrepublik Deutschland. Vom Kalten Krieg zum Frieden in Europa. Dokumente 1949-1989, hrsg. vom Auswärtigen Amt. Bonn 1990, S. 577

20 „Vom Morgenthau- zum Marshall-Plan" in: Frankfurter Allgemeine Zeitung vom 13. April 1995

21 Knapp, Manfred: Sorgen unter Partnern. Zum Verhältnis zwischen den USA und der Bundesrepublik Deutschland. Hannover 1984; ders. Die USA und Deutschland 1918-1975. Deutsch-amerikanische Beziehungen zwischen Rivalität und Partnerschaft. München 1978 sowie Harpprecht, Klaus: Der fremde Freund. Amerika: Eine erlebte Geschichte. Stuttgart 1982

22 Diner, Dan: Verkehrte Welten. Antiamerikanismus in Deutschland. Frankfurt am Main 1993

23 Henke, Klaus-Dietmar: Die amerikanische Besetzung Deutschlands. München 1995; Borsdorf, Ulrich/Niethammer, Lutz (Hg.): Zwischen Befreiung und Besatzung. Weinheim 1995

24 Fraenkel, Ernst: Amerika im Spiegel des deutschen politischen Denkens. Köln 1959; Grabbe, Hans-Jürgen: „Das Amerikabild Konrad Adenauers" in: Amerikastudien 31/1986, S. 315-319

25 „Die Vereinigten Staaten: das Problem der Nummer eins im relativen Abstieg" in: Kennedy, Paul M.: Aufstieg und Fall der großen Mächte. Frankfurt am Main 1989, S. 758-788

26 s. hierzu den Exkurs „Die Vereinigten Staaten und die DDR" in Kapitel V: „Partner in der Führung?"

27 Weston, Charles: Transatlantische Neuorientierung. München 1993

Anmerkungen zu den Seiten 19-72

1 Grundlegend s. Gimbel, John: Amerikanische Besatzungspolitik in Deutschland 1945-1949. Frankfurt am Main 1971; einen Überblick bietet Werner Link: „Die amerikanische Deutschlandpolitik 1945-1949" in: Studien zur Deutschlandfrage, hrsg. vom Göttinger Arbeitskreis, Bd. 7, Berlin 1984, S. 7-23

2 vgl. Werner Link: „Die Außenpolitik und internationale Einordnung der Bundesrepublik Deutschland" in: Weidenfeld, Werner/Zimmer, Hartmut (Hg.): Deutschland-Handbuch. Eine doppelte Bilanz 1949-1989. Bonn 1989; Hans-Peter Schwarz und Roger Morgan in: Schwarz, Hans-Peter (Hg.): Handbuch der Deutschen Außenpolitik. München 1976, S. 23 und S. 241

3 vgl. Bernd Greiner: „Die Morgenthau-Legende" in: Die Zeit vom 14. Oktober 1994

4 vgl. Nitzer, Louis: What to do with Germany? Chicago 1944

5 Weinberg, Gerhard L.: A World at Arms. A Global History of World War II. Boston 1994

6 Pautsch, Ilse Dorothee: Die territoriale Deutschlandplanung des amerikanischen Außenministeriums 1941-1943. Frankfurt am Main 1990, S. 16-28

7 Edmonds, Robin: Die großen Drei. Churchill, Roosevelt und Stalin in Frieden und Krieg. Berlin 1992; Marienfeld, Wolfgang: Konferenzen über Deutschland. Die alliierte Deutschlandplanung und -politik, 1941-1949. Hannover 1962

8 vgl. Empfehlungen des „Advisory Committee on Post War Foreign Policy" zur Behandlung Nachkriegsdeutschlands, 23.9.1943, in: Neubeginn und Restauration. Dokumente zur Vorgeschichte der Bundesrepublik Deutschland 1945-1949, hrsg.

von Klaus-Jörg Ruhl. München (dtv-Dokumente), 3. Aufl. 1989, S. 16 -19 (im folgenden zit. als: Ruhl, Neubeginn)

9 Schwarz, Hans-Peter: Vom Reich zur Bundesrepublik. Deutschland im Widerstreit der außenpolitischen Konzeptionen in den Jahren der Besatzungsherrschaft 1945-1949. Neuwied und Berlin 1966, S. 105 f.

10 vgl. „Amerikanische Pläne und deutsche Wirklichkeit 1945“ in: Gimbel, Amerikanische Besatzungspolitik, S. 16-38; vgl. Kleßmann, Christoph: Die doppelte Staatsgründung. Deutsche Geschichte 1945-1955. Bonn, 4. Aufl. 1986, S. 19

11 vgl. im folgenden: Jost Hermand: „Vom Nazismus zum NATOismus“. Das westdeutsche Wandlungswunder im Spiegel der Luce-Presse“ in: Trommler, Frank (Hg.): Amerika und die Deutschen. Die Beziehungen im 20. Jahrhundert. Opladen 1986, S. 69-83

12 „Der Morgenthau-Plan“ vom 4.9.1944, „Maßnahmen zur Verhinderung eines Dritten Weltkrieges durch Deutschland“ deutsch auszugsweise in: Ruhl, Neubeginn, S. 24-27 oder Steiniger, Rolf: Deutsche Geschichte 1945-1961. Darstellung und Dokumente in zwei Bänden. Frankfurt am Main 1983, S. 43-47; Original in: Morgenthau, Henry: Germany is our Problem. New York 1945, s.a. Blum, John Morton: The Morgenthau Diaries. Years of War 1941-1945. Boston 1967, dt. Deutschland ein Ackerland? Morgenthau und die amerikanische Kriegspolitik 1941-1945. Düsseldorf 1968

13 vgl. Demokratie von außen. Amerikanische Militärregierung in Nürnberg 1945-1949, hrsg. von Dieter Rossmeissl. München 1988, eine weitere exzellente Fallstudie ist: Gimbel, John: Eine Stadt unter amerikanischer Besatzung. Marburg, 1945-1952. Köln 1964

14 vgl. Hermand, Vom Nazismus, S. 69-83

15 JCS=Joint Chiefs of Staff

16 vgl. Ruhl, Neubeginn, S. 58-69, Steiniger, Deutsche Geschichte, S. 47-55

17 Douglas zit. nach Krieger, Wolfgang: General Lucius D. Clay und die amerikanische Deutschlandpolitik 1945-1949, Stuttgart 1987, S. 62; zur heftigen Kontroverse zwischen Clay und Kennan um die unterlassene Anpassung der amerikanischen Deutschlandpolitik vgl. ders. in: Friedrich, Wolfgang-Uwe (Hg.): Die USA und die Deutsche Frage 1945-1990, Frankfurt am Main 1991, S. 95

18 Schäffer, Fritz: Die Zeit der Ministerpräsidentschaft in Bayern nach dem Zusammenbruch im Jahre 1945. München 1964, S. 7 f.

19 „Bericht des Beraters der amerikanischen Militärregierung, James Pollock, über eine Inspektionsreise durch die US-Zone,“ 6.9.1945, in: Ruhl, Neubeginn, S. 138-142, nach: Dorn, Walter L.: Inspektionsreisen in der US-Zone. Notizen, Denkschriften und Erinnerungen aus dem Nachlaß, hrsg. von Lutz Niethammer. Stuttgart 1973, S. 56 ff.

20 vgl. Abelshauser, Werner: Wirtschaft in Westdeutschland 1945-1948. Rekonstruktion und Wachstumsbedingungen in der amerikanischen und britischen Zone. Stuttgart 1975 oder „Amerikanische Zone“ in: ders.: Wirtschaftsgeschichte der Bundesrepublik Deutschland 1945-1980. Frankfurt am Main 1983, S. 33-35

21 Proklamation Nr. 2 der amerikanischen Militärregierung: Bildung von Ländern in der amerikanischen Zone, 19.9.1945, vgl. Baer, Fritz: Die Ministerpräsidenten Bayerns, 1956-1962. Dokumentation und Analyse. München 1971, S. 256 f.

22 Gesetz- und Verordnungsblatt für Bayern. Nr. 10 v. 1.7.1946, S. 145 ff., abgedruckt u.a. in: Steiniger, Deutsche Geschichte, S. 135-140
23 so Lutz Niethammer, Friedrich-Schiller-Universität, Jena; s.a. Ernst von Salomons Bestseller „Der Fragebogen" von 1951
24 Glaser, Hermann: Kleine Kulturgeschichte der Bundesrepublik Deutschland 1945-1989. Bonn 1991, S. 62 f.
25 Dorn, Inspektionsreisen, S. 120 ff.
26 s.a. Horst Eberhard Richter: „Amerikanismus, Antiamerikanismus - oder was sonst?" in: Psyche 40, 1986, S. 582-599
27 Oral History Interview
28 vgl. Bacques, James: Other Losses. Toronto 1989 (deutsch: „Der geplante Tod"); Bischof, Günter/Ambrose, Stephen E. (Hrsg.): Eisenhower and the German POW's. Facts against Falsehood. New Orleans 1992
29 Oral History Interview
30 Gries, Rainer: Die Rationen-Gesellschaft. Versorgungskampf und Vergleichsmentalität. Leipzig et al. 1991, S. 211
31 Glaser, Kleine Kulturgeschichte, S. 60
32 Glaser, Kleine Kulturgeschichte, S. 38; s.a. Hermand, Jost: Kultur im Wiederaufbau: Die Bundesrepublik Deutschland von 1945-1965. München 1986
33 Glaser, Kleine Kulturgeschichte, S. 89
34 Glaser, Kleine Kulturgeschichte, S. 7 ff., insbesondere S. 123 und S. 142 f.; s.a. Die Geschichte der Bundesrepublik Deutschland, hrsg. von Wolfgang Benz. Band 4: Kultur. Frankfurt am Main 1989
35 Aus dem Rechenschaftsbericht von Wilhelm Hoegner vor dem Bayerischen Landtag, 16.12.1946 in: Ruhl, Neubeginn, S. 287-289
36 Stuttgarter „Schuldbekenntnis", Niemöllers Ansprache hierzu sowie Hirtenbrief in: Ruhl, Neubeginn, S. 296-301
37 vgl. Benz, Wolfgang: Potsdam 1945. München 1986 sowie de Zayas, Alfred M.: Nemesis at Potsdam. London 1977
38 vgl. „Terminal": Die Konferenz von Potsdam, in: Steiniger, Deutsche Geschichte, S. 55-86, „Die russische Gefahr" - Telegramm des englischen Premierministers Churchill an Präsident Truman, 12.5.1945, in: Ruhl, Neubeginn, S. 90 f., vgl. Schwarz, Vom Reich, S. 105-146
39 u.a. in: Steiniger, Deutsche Geschichte, S. 37 f.
40 s. Hans Kreikamp: „Die amerikanische Deutschlandpolitik im Herbst 1946 und die Byrnes-Rede in Stuttgart" in: Vierteljahrshefte für Zeitgeschichte, 29 (1981), S. 269 ff.
41 u.a. in: Ruhl, Neubeginn, S. 448-453
42 Rede des amerikanischen Außenministers in Stuttgart, 6.9.1946, Ruhl, Neubeginn, S. 448-453 oder Europa-Archiv (EA) 1946/47, S. 261 ff.
43 vgl. Eschenburg, Theodor: Jahre der Besatzung 1945-1949. Mit einem einleitenden Essay von Eberhard Jäckel (sowie Beiträgen von Hermann Graml und Wolfgang Benz). Stuttgart 1983 (= Geschichte der Bundesrepublik Deutschland in 5 Bd., Bd. 1)
44 Denkschrift des Rüstungsministers Speer über die Lage der deutschen Wirtschaft, 15.3.1945 und Hitlers Zerstörungsbefehl, 19.3.1945 in: Ruhl, Neubeginn, S. 73-77

45 „Für das freie Deutschland von morgen" - Programmatische Richtlinien der Association of Free Germans, Oktober 1942; Kreisauer Dokumente und „Buchenwalder Manifest" in: Ruhl, Neubeginn, S. 164-178
46 alle Dokumente u.a. in: Steiniger, Deutsche Geschichte, S. 71-87
47 vgl. hierzu grundlegend „Die Deutschen und die Sieger" in: Schwarz, Vom Reich, S. 297 ff., auch: Benz, Wolfgang: Von der Besatzungsherrschaft zur Bundesrepublik. Frankfurt am Main 1984
48 korrekt wäre: 1917-1933, vgl. Konrad Adenauer. Oberbürgermeister von Köln, hrsg. von Hugo Stehkämper. Köln 1976
49 Auszug aus der „Weißen Liste" des Alliierten Oberkommandos, Anfang 1945, vgl. Ruhl, Neubeginn, S. 124-126 und Wuermeling, Henric L.: Die weiße Liste. Berlin 1981, S. 283 ff.
50 vgl. „Zehn Jahre Konzentrationslager" in: Scholz, Günther: Kurt Schumacher. Düsseldorf 1988, S. 88-101
51 vgl. Kremp, Werner: In Deutschland liegt unser Amerika. Münster 1993, S. 699-706
52 s. „Das Verhältnis der SPD zu den Vereinigten Staaten" in: Grabbe, Hans-Jürgen: Unionsparteien, Sozialdemokratie und Vereinigte Staaten von Amerika 1945-1966, Düsseldorf 1983, S. 51-76, Zitat S. 57
53 s. „Einladung in die USA" in: Scholz, Schumacher, S. 195 ff.
54 vgl. Conze, Werner: Jacob Kaiser. Politiker zwischen Ost und West 1945-1949. Stuttgart 1969 und Hacke, Christian (Hg.): „Wir haben Brücke zu sein." Reden und Aufsätze von Jakob Kaiser. Köln 1988
55 vgl. Zitelmann, Rainer: Adenauers Gegner. Streiter für die Einheit. Erlangen 1991; Kosthorst, Erich: Jakob Kaiser. Bundesminister für gesamtdeutsche Fragen 1949-1957. Stuttgart 1972
56 Ahlener Wirtschaftsprogramm der CDU für Nordrhein-Westfalen vom 3. Februar 1947 in: Was will die CDU? Köln 1948, S. 7 ff.
57 vgl. „Im Dritten Reich 1933-1945" in: Schwarz, Hans-Peter: Adenauer. Der Aufstieg: 1876-1952. Stuttgart 1986, S. 341-424
58 Adenauer, Konrad: Erinnerungen. 4 Bde. Bd. 1. Die Jahre 1945-1953. Stuttgart 1965, S. 14 f.
59 Adenauer, Erinnerungen 1945-1953, S. 91-93
60 vgl. Grundsatzrede des 1. Vorsitzenden der Christlich-Demokratischen Union für die Britische Zone in der Aula der Kölner Universität" in: Adenauer, Konrad: Reden 1917-1967. Eine Auswahl, hrsg. von Hans-Peter Schwarz. Stuttgart 1975, S. 82-106
61 s. „Der Parteiführer 1945-1949" in: Schwarz, Adenauer: Der Aufstieg, S. 425-616, insbesondere: „Entlassung durch die Befreier" und „'Die Machtergreifung Adenauers'", S. 467-518
62 Baring, Arnulf: Außenpolitik in Adenauers Kanzlerdemokratie. München 1969
63 Bericht General Clays an Generalstabschef Eisenhower über die allgemeine Lage in Deutschland, 26.5.1946, in: Ruhl, Neubeginn, S. 348-352; vgl. Harry S. Truman: „Die Grundlagen amerikanischer Außenpolitik", 27. Oktober 1945, in: Schambeck, Herbert/Widder, Helmut/Bergmann, Marcus (Hg.): Dokumente zur Geschichte der Vereinigten Staaten von Amerika. Berlin 1993, S. 496-498
64 „General Clay und die Weststaatsgründung" in: Krieger, General, S. 428-450

65 vgl. die Memoranda in: U.S. Department of State (Hg.): Documents on Germany, 1944-1985. Washington, D.C. 1986, S. 78-110

66 Erklärung des amerikanischen Militärgouverneurs General McNarney vor dem Alliierten Kontrollrat, 20.7.1946, in: Ruhl, Neubeginn, S. 355 f.

67 „Memorandum of Agreement Between the United States and the United Kingdom on Economic Fusion of Their Respective Zones of Occupation in Germany, Signed in Washington, December 2, 1946“ in: Documents on Germany, S. 110 ff.

68 Aus einer Rundfunkrede des amerikanischen Außenministers Marshall an die amerikanische Nation, 29.4.1947, in: Ruhl, Neubeginn, S. 363-366

69 s. im Anhang zu Kennan, George F.: Memoiren eines Diplomaten. München 1983, S. 358-370

70 „Die Truman Doktrin, 12. März 1947“ in: Schambeck, Dokumente, S. 505-514

71 Präsident Truman weist in seinen Erinnerungen fairerweise darauf hin, daß Unterstaatssekretär Dean Acheson bereits am 8. Mai 1947 in Cleveland, Wisconsin, eine Rede („eine Art Prolog zum Marshall-Plan“) gehalten hat, die bereits alle grundsätzlichen Elemente des ERP enthielt, jedoch nicht die verdiente Beachtung fand, vgl. „Der Marshall-Plan“ in: Truman, Harry S.: Memoiren, Band II: Jahre der Bewährung und des Hoffens, 1946-1953. Bern 1956, S. 119-130

72 Rede des amerikanischen Außenministers Marshall an der Universität Harvard, 5. Juni 1947, in: Schambeck, Dokumente, S. 514-518; auch in: Ruhl, Neubeginn, S. 363-371, vgl. Hogan, Michael: The Marshall Plan. America, Britain and the Reconstruction of Western Europe. Cambridge 1987, Gimbel, John: The Origins of the Marshall Plan. Stanford 1976, Manfred Knapp: „Wiederaufbau und West-Integration. Die Auswirkungen des Marshall-Plans auf Deutschland“ in: Adams, Willi Paul/Krakau, Knud (Hg.): Deutschland und Amerika. Perzeption und historische Realität. Berlin 1985, S. 111-133, insbes. S. 117 und Hans-Jürgen Schröder: „Marshallplan, amerikanische Deutschlandpolitik und europäische Integration 1947-1950“ in: Aus Politik und Zeitgeschichte (=APuZ). Beilage zur Wochenzeitung Das Parlament, B 18/87, S. 3-17

73 Knapp, Manfred (Hg.): Von der Bizonengründung zur ökonomisch-politischen Westintegration. Studien zum Verhältnis zwischen Außenpolitik und Außenwirtschaftsbeziehungen in der Entstehungsphase der Bundesrepublik Deutschland (1947-1952). Frankfurt am Main 1984, S. 5, s.a. S. 10-12 und S. 71-73

74 s. Adenauer, Erinnerungen 1945-1953, S. 67 f. und Truman, Memoiren, Bd. II, S. 291 f.

75 Glaser, Kleine Kulturgeschichte, S. 31

76 s. Wettberg, Gabriela: Das Amerika-Bild und seine negativen Konstanten in der deutschen Nachkriegsliteratur. Heidelberg 1987 und Diner, Dan: Verkehrte Welten. Antiamerikanismus in Deutschland. Frankfurt am Main 1993, S. 120f.

77 vgl. Gries, Rationen-Gesellschaft, S. 210-213; Bundeskanzler Kohl erinnerte noch in den 1980er Jahren dankbar an jene Schulspeisungen durch die Amerikaner

78 vgl. „Kohle tut not“ in: Ruhr-Zeitung vom 5. September 1945 in: Steiniger, Deutsche Geschichte, S. 91

79 s. Wolfgang Benz: „Der Kartoffelkrieg“ in: Eschenburg, Jahre der Besatzung, S. 396-399 sowie die zahlreichen anderen Schriften von Benz zu diesem Thema; sowie Truman, Memoiren, Bd. I, S. 494-504

80 so Hoovers Bericht an Truman und diverse Memoranda, ebd., S. 494-504

81 Auszug aus den Richtlinien (JCS 1779) der amerikanischen Regierung für General Clay, 17.7.1947, in: Ruhl, Neubeginn, S. 375-389
82 Gunther Mai: „Der Alliierte Kontrollrat in Deutschland 1945-1948. Von der geteilten Kontrolle zur kontrollierten Teilung" in: APuZ B 23/88, S. 3-14
83 Der revidierte Industrieplan für die Bizone, 26.8.1947, in: Ruhl, Neubeginn, S. 382-389; der erste Industrieplan des Kontrollrats vom 28.3.1946 hatte Deutschland eine Kapazität gelassen, die der Produktion von 70-75 % des Standes von 1936 entsprach
84 Neue Zürcher Zeitung vom 5. August 1947
85 s. „Arbeiten und nicht verzweifeln" (März 1947) in: Marion Gräfin Dönhoff: Im Wartesaal der Geschichte. Vom Kalten Krieg zur Wiedervereinigung. Beiträge und Kommentare aus fünf Jahrzehnten. Stuttgart 1993, S. 61-65 und S. 18
86 Aus der Rundfunkrede des amerikanischen Außenministers George C. Marshall am 19.12.1947, in: Ruhl, Neubeginn, S. 459 f.
87 Kommuniqué über die Sechs-Mächte-Konferenz in London, 7.6.1948, in: Steiniger, Deutsche Geschichte, S. 304 f.
88 vgl. Müller-Armack, Alfred: Genealogie der Sozialen Marktwirtschaft. Bern 1981 und ders.: Wirtschaftsordnung und Wirtschaftspolitik. Bern 1976; Erhard, Ludwig: Wohlstand für alle. Düsseldorf 1957; ders.: Deutsche Wirtschaftspolitik. Der Weg der Sozialen Marktwirtschaft. Düsseldorf 1962 (Neuausgabe 1992)
89 vgl. „Sozialisierung oder Marktwirtschaft" in: Ruhl, Neubeginn, S. 404-439 und Ambrosius, Gerold: Die Durchsetzung der Sozialen Marktwirtschaft in Westdeutschland 1945-1949. Stuttgart 1977
90 Erhard, Ludwig: Kriegsfinanzierung und Schuldenkonsolidierung. Faksimiledruck der Denkschrift von 1943/44. Frankfurt am Main 1977
91 s. Volkhard Laitenberger: „Auf dem Weg zur Währungs- und Wirtschaftsreform. Ludwig Erhards Wirtschaftspolitik im Frühjahr 1948" in: APuZ B 23/88, S. 29-44; ders.: Ludwig Erhard. Der Nationalökonom als Politiker. Göttingen 1986
92 vgl. „Währungsreform und soziale Marktwirtschaft" in: Eschenburg, Jahre der Besatzung, S. 421-446; Andere vertreten die Meinung, der Aufschwung habe bereits vor dem Marshallplan eingesetzt, vgl. Abelshauser, Wirtschaftsgeschichte, S. 10: „Der Wiederaufbau setzte früher ein, als es die Gründungslegende der Bundesrepublik zu wissen behauptet. Nicht 1948, das Jahr der Währungsreform, der Liberalisierung des inneren Marktes und des Marshallplans, sondern 1947, das Jahr der 'Lähmungskrise' und der 'Tausend Kalorien', aber auch der Ankurbelung der Kohleförderung und der Care-Pakete, das Jahr, in dem sich die Lücken der geschwächten Infrastruktur wieder schlossen und die Hortungslager füllten, ist das wirtschaftliche Gründungsjahr der Bundesrepublik Deutschland."
93 Kleßmann, Doppelte Staatsgründung, S. 185-193
94 Gesetz über Leitsätze für die Bewirtschaftung und Preispolitik nach der Geldreform, 24.6.1948, sowie Düsseldorfer Leitsätze der CDU vom 15.7.1949 in: Ruhl, Neubeginn, S. 430-433, S. 438 f.
95 Möller, Hans: Zur Vorgeschichte der DM. Die Währungsreformpläne 1945-1948. Tübingen 1961
96 Hierbei handelt es sich um den Ende 1945 von den vier Alliierten unterzeichneten Bericht über die Schaffung eines Systems von Luftkorridoren, welcher den Westmächten die uneingeschränkte Nutzung dreier Korridore zusicherte, vgl. Ruge, Hans-Gerd: Das Zugangsrecht der Westmächte von und nach Berlin. Berlin 1968 sowie

Deutsche Gesellschaft für Auswärtige Politik/Senat von Berlin (Hg.): Dokumente zur Berlin-Frage 1944-1962. München 1962
97 „Die dunkle Hauptstadt" in: Dönhoff, Im Wartesaal, S. 25
98 s. Gerhard, Gunther: Das Krisenmanagement der Vereinigten Staaten während der Berliner Blockade (1948/49). Berlin 1982
99 zit. nach: Uwe Prell/Cyril Buffet: „Die Berlin-Krise von 1948/49. Zu den Ursprüngen des Ost-West-Konflikts" in: APuZ B 23/88, S. 21 f.; vgl. Clay, Lucius D.: Entscheidung in Deutschland. Frankfurt am Main 1950
100 Zahlenangaben nach: Prell/Buffet in APuZ B 23/88, S. 15-28
101 zit. nach Prell/Buffet, ebd., S. 25; vgl. Reuter, Ernst: Reden, hrsg. von Erich Hirschfeld/Hans Reichardt. Berlin 1976
102 „Der Abschied von Freunden" und Rede von Berlins Regierendem Bürgermeister Eberhard Diepgen in: Hamburger Abendblatt vom 9. September 1994, vgl. Als aus Siegern Freunde wurden. 40 Jahre Berliner Luftbrücke. Wiesbaden 1988
103 Schwarz, Vom Reich, S. 139-145 und S. 688-695

Anmerkungen zu den Seiten 73-182

1 vgl. „Die Nordatlantische Verteidigungsgemeinschaft" in: Truman, Harry S.: Memoiren. Bern 1955, Band II, S. 268-292
2 Dokumente in Schambeck, Herbert/Widder, Helmut/Bergmann, Marcus (Hg.): Dokumente zur Geschichte der Vereinigten Staaten von Amerika. Berlin 1993, S. 518-525
3 grundlegend hierzu: Rupieper, Hermann J.: Der besetzte Verbündete. Die amerikanische Deutschlandpolitik 1949-1955. Opladen 1991
4 Truman, Memoiren II, S. 513-519
5 s. „Deutschland - ein zweites Korea?" und „Ohne mich" in: Schwarz, Hans-Peter: Die Ära Adenauer 1949-1957. Stuttgart 1981, S. 104-118 und S. 119-126
6 s. Besson, Waldemar: Die Außenpolitik der Bundesrepublik. Erfahrungen und Maßstäbe. München 1970 , S. 97
7 vgl. Lothar Ruehl: „Adenauers Politik und das Atlantische Bündnis - eine schwierige Balance zwischen Paris und Washington" in: Konrad Adenauer und seine Zeit. Stuttgart 1976, Bd. II, S. 53-91
8 vgl. Mai, Gunther: Westliche Sicherheitspolitik und die deutsche Wiederbewaffnung. Boppard 1977
9 Steiniger, Rolf: Deutsche Geschichte 1945-1961. Darstellung und Dokumente in zwei Bänden. Frankfurt am Main 1983, S. 387 und S. 393, Dokumente S. 399-405
10 vgl. Klaus von Schubert: „Sicherheitspolitik und Bundeswehr" in: Die Geschichte der Bundesrepublik Deutschland, Band 1, S. 279-323
11 In der französischen Nationalversammlung wurde der EVG-Vertrag am 30.8.1954 von der Tagesordnung abgesetzt und damit indirekt - über die Geschäftsordnung - abgelehnt. Text des Vertrages in: Auswärtiges Amt (Hg.): Die Auswärtige Politik der Bundesrepublik Deutschland. Köln 1972, S. 213-219
12 vgl. Klaus Schwabe: „Konrad Adenauer und die Aufrüstung der Bundesrepublik (1949-1955)" in: Konrad Adenauer und seine Zeit, Band II, S. 15-36

13 vgl. Die Geschichte der Bundesrepublik Deutschland, hrsg. von Wolfgang Benz, 4 Bde., (Bd. 1: Politik, Bd. 2: Wirtschaft, Bd. 3: Gesellschaft, Bd. 4: Kultur). Frankfurt am Main 1989

14 Walters, Vernon A.: Die Wiedervereinigung war voraussehbar. Hinter den Kulissen eines entscheidenden Jahres. Die Aufzeichnungen des amerikanischen Botschafters. Berlin 1994, S. 10 f.

15 Kleßmann, Christoph: Die doppelte Staatsgründung. Deutsche Geschichte 1945-1955. Bonn ^{4}1986, S. 193-202; Schwarz, Ära Adenauer, S. 27-118

16 vgl. Neubeginn und Restauration. Dokumente zur Vorgeschichte der Bundesrepublik Deutschland 1945-1949, hrsg. von Klaus-Jörg Ruhl. München (dtv-Dokumente) ^{3}1989, (im folgenden zit. als: Ruhl, Neubeginn), S. 469-471

17 Hans-Jürgen Grabbe: „Die deutsch-alliierte Kontroverse um den Grundgesetzentwurf“ in: Vierteljahrshefte für Zeitgeschichte, 26 (1978), S. 417 und Wehner, Gerd: Die Westalliierten und das Grundgesetz, 1948-1949. Freiburg 1994

18 Besatzungsstatut für die Bundesrepublik Deutschland, 10.4. bzw. 21.9.1949 in: Ruhl, Neubeginn, S. 479-481, Petersberger Abkommen in: Auswärtige Politik, S. 158-161

19 so der französische Hohe Kommissar Francois-Poncet, zit. nach Besson, Außenpolitik, S. 85

20 s. hierzu Schwarz, Hans-Peter: Adenauer. Der Aufstieg: 1976-1952. Stuttgart 1986, S. 478-518; Morsey, Rudolf: „Der politische Aufstieg Konrad Adenauers, 1945-1949“ in: Gotto, Klaus/Maier, Hans et al. (Hg.): Konrad Adenauer. Seine Deutschland- und Außenpolitik, 1945-1963. München 1975, S. 38-97

21 vgl. Ernest R. May: „The American Commitment to Germany, 1949-1955“ in: Diplomatic History 13 (1989), S. 431-460 sowie Manfred Görtemaker: „Von der Besatzungsmacht zum Alliierten. Deutsch-amerikanische Beziehungen 1949-1955“ in: Junker, Detlef (Hg.): Deutschland und die USA 1890-1985. Heidelberg 1985, S. 70-85

22 Wie Baring weiter ausführt, durfte er nicht nur zwischen Gott und den Menschen vermitteln und die Weisungen des Höchsten seinem Volke mitteilen, sondern auch allein das Allerheiligste des Tempels betreten. vgl. Baring, Arnulf: Im Anfang war Adenauer. Die Entstehung der Kanzlerdemokratie. München, 3. Aufl. 1984, S. 33

23 John J. McCloy, Oral History Interview, Dwight D. Eisenhower Library, Abilene, Kansas, S. 52

24 Dulles zu Eisenhower am 10. April 1954, nach: Dwight D. Eisenhower Library, Abilene, Kansas, Telephone Calls Eisenhower-Dulles

25 vgl. Regierungserklärung zum Petersberger Abkommen in: Adenauer, Konrad: Reden 1917-1967. Eine Auswahl, hrsg. von Hans-Peter Schwarz. Stuttgart 1975, S. 173-175

26 Post, Oswald: Zwischen Sicherheit und Wiederaufbau. Die Ruhrfrage in der alliierten Diskussion 1945-1949. Gießen 1986; Rolf Steiniger: „Ruhrfrage und Sozialisierung in der anglo-amerikanischen Deutschlandpolitik 1947/48“ in: Vierteljahrshefte für Zeitgeschichte, 27 (1979), S. 183 ff.

27 Murphy und Clay zit. nach: Steiniger, Deutsche Geschichte, S. 358

28 ebd., S. 365 f.

29 vgl. Besson, Außenpolitik, S. 82

30 Adenauer, Konrad: Adenauer, Konrad: Erinnerungen. 4 Bde. Bd. 1. Die Jahre 1945-1953. Stuttgart 1965 ff., S. 248

31 vgl. Acheson, Dean: Present at the Creation. New York 1969
32 „Unsere teuren Alliierten. Besatzungskosten und Wehrbeitrag" in: Dönhoff, Marion Gräfin: Im Wartesaal der Geschichte. Vom Kalten Krieg zur Wiedervereinigung. Stuttgart 1993, S. 61-65
33 Schwartz, Thomas A.: From Occupation to Alliance: John J. McCloy and the Allied High Commission in the Federal Republic of Germany, 1949-1952. Boston 1985; ders.: America's Germany. John J. McCloy and the Federal Republic of Germany. Cambridge, Mass. 1991; Guldin, Harald: Die Bundesrepublik Deutschland auf dem Weg zur souveränen Gleichberechtigung: Die politisch-ökonomische Westintegration Westdeutschlands als Verhandlungsgegenstand zwischen der Alliierten Hohen Kommission und der Bundesrepublik in den Jahren 1949 bis 1952. Frankfurt am Main 1990 sowie Akten zur Auswärtigen Politik der Bundesrepublik Deutschland, hrsg. im Auftrag des Auswärtigen Amtes von Hans-Peter Schwarz, Bd. 2: Adenauer und die Hohen Kommissare 1952. München 1990
34 „Das revidierte Besatzungsstatut, 6.3.1951" in: „Mein Gott, was soll aus Deutschland werden?" Die Adenauer-Ära 1949-1963, hrsg. von Klaus-Jörg Ruhl. München 1985, S. 105-108
35 Carsten Lüders: „Die Bedeutung des Ruhrstatuts und seiner Aufhebung für die außenpolitische und außenwirtschaftliche Emanzipation Westdeutschlands (1948-1952)" in: Knapp, Manfred (Hg.): Von der Bizonengründung zur ökonomisch-politischen Westintegration. Studien zum Verhältnis zwischen Außenpolitik und Außenwirtschaftsbeziehungen in der Entstehungsphase der Bundesrepublik Deutschland (1947-1952). Frankfurt am Main 1984, S. 95-195
36 Vertrag über die Beziehungen zwischen der Bundesrepublik Deutschland und den drei Westmächten vom 26. Mai 1995 (in der Fassung vom 23. Oktober 1954) in: Steiniger, Deutsche Geschichte, S. 403 f.
37 Schubert, Klaus von (Hg.): Sicherheitspolitik der Bundesrepublik Deutschland. Dokumente 1945-1977. Köln 1978
38 Schmid, Carlo: Erinnerungen, München 1979, S. 524 ff.
39 Volkmann, Hans-Erich et al. (Hg.): Die Europäische Verteidigungsgemeinschaft. Boppard 1985
40 Thiel, Elke: „Weltwirtschaftlicher Wandel und internationale Wirtschaftsordnung" in: Wirtschaftspolitik. Bonn 1990, S. 459-461
41 Abkommen über wirtschaftliche Zusammenarbeit zwischen den Vereinigten Staaten und der Bundesrepublik Deutschland, 15.12.1949 in: Ruhl, Neubeginn, S. 488-492
42 Das Londoner Schuldenabkommen in: Auswärtige Politik, S. 226-229
43 Klaus Schwabe: „Ein Akt konstruktiver Staatskunst" - die USA und die Anfänge des Schuman-Plans" in: ders. (Hg.): Die Anfänge des Schuman-Plans 1950/51. Baden-Baden 1988, S. 235 ff.
44 Zum „Korea-Boom" vgl. Tabelle „Daten zur wirtschaftlichen Entwicklung 1948-1953" in: Abelshauser, Wirtschaftsgeschichte der Bundesrepublik Deutschland 1945-1980. Frankfurt am Main 1983, S. 64
45 ein neues Bild der französischen Besatzungszeit zeichnet Martens, Stefan (Hg.): Vom „Erbfeind" zum „Erneuerer". Aspekte und Motive der französischen Deutschlandpolitik nach dem Zweiten Weltkrieg. Sigmaringen 1993, s. hierin insbes. Martens, S. 9-17 und Wolfrum, S. 87-113

46 vgl. Auswärtige Politik, S. 165-176 und S. 219 f.
47 Staatssekretär Walter Hallstein vor dem Deutschen Bundestag über den EWG- und den EURATOM-Vertrag in: Verhandlungen des Deutschen Bundestages, 2. Wahlperiode 1953, Bd. 31, 200. Sitzung, 21. März 1957, S. 11327ff.; Vertrag zur Gründung der Europäischen Wirtschaftsgemeinschaft, 25.3.1957 in: Auswärtige Politik, S. 355 ff.
48 Herbst, Ludolf et al. (Hg.): Vom Marshallplan zur EWG. Die Eingliederung der Bundesrepublik Deutschland in die westliche Welt. München 1990 sowie ders.: Optionen für den Westen. Vom Marshallplan bis zum deutsch-französischen Vertrag. München 1989
49 vgl. Buchheim, Christoph: Die Wiedereingliederung Westdeutschlands in die Weltwirtschaft 1945-1958. München 1990 und Christoph Buchheim: „Die Bundesrepublik in der Weltwirtschaft" in: Die Geschichte der Bundesrepublik Deutschland, Band 3, S. 169-209
50 Hanrieder, Wolfram: Fragmente der Macht. Außenpolitik der Bundesrepublik. München 1981, S. 22
51 Jäckel, Ernst (Hg.): Die deutsche Frage 1952-1956. Notenwechsel und Konferenzdokumente der vier Mächte. Frankfurt 1957, S. 23 f. und „Eine Chance zur Wiedervereinigung! Stalin-Note, die Westmächte und Adenauer" in: Steiniger, Deutsche Geschichte, S. 409-452
52 siehe Paul Sethe: „Stalins jähe Wende" in: Frankfurter Allgemeine Zeitung vom 12. März 1952
53 Andreas Hillgruber: „Adenauer und die Stalin-Note vom 10. März 1952" in: Konrad Adenauer und seine Zeit, Band II, S. 111-130
54 vgl. „Russische Notenoffensive" in: Adenauer, Erinnerungen 1945-1953, S. 63-131
55 Adenauer zit. nach Frankfurter Allgemeine Zeitung vom 17. März 1952
56 s. Dokument Nr. 70 in: Steininger, Deutsche Geschichte, S. 429
57 Truman, Memoiren, Band II, S. 282 f.
58 John J. McCloy zit nach: Steiniger, Deutsche Geschichte, S. 414
59 vgl. „Die Flammenzeichen rauchen" in: Dönhoff, Im Wartesaal, S. 79-82
60 vgl. „Arbeiteraufstand in der DDR. Der 17. Juni 1953" in: ebd., S. 453-466
61 Der 17. Juni 1953 in: Auswärtige Politik, S. 240 f.
62 Ernst-Otto Czempiel: „Die Bundesrepublik und Amerika: Von der Okkupation zur Kooperation" in: Knapp, Manfred (Hg.): Die deutsch-amerikanischen Beziehungen nach 1945. Frankfurt am Main 1975, S. 132-169
63 zu Eisenhower und Dulles vgl. Arenth, Joachim: Der Westen tut nichts! Frankfurt am Main 1993, S. 47-71, Manfred Görtemaker: „John Foster Dulles und die 'Neuorientierung' der amerikanischen Deutschland- und Europapolitik 1952/53" in: Amerikastudien, 39/1994, S. 111-136
64 s. den erstmals 1950 veröffentlichten Text in der Sammlung: Dulles, John Foster: War Or Peace. New York 1955, S. 157
65 vgl. „Westintegration und deutsche Frage. Die CDU/CSU und die amerikanische Bündnispolitik. Die Übereinstimmung mit der Eisenhower-Administration" in: Grabbe, Hans-Jürgen: Unionsparteien, Sozialdemokratie und Vereinigte Staaten von Amerika 1945-1966, Düsseldorf 1983, S. 189-196
66 Peter H. Merkl: „Das Adenauer-Bild in der öffentlichen Meinung der USA (1949-1955) in: Adenauer und seine Zeit, Bd. II, S. 220-229

67 Eisenhower, Dwight D.: Mandate for Change, 1953-1956. Garden City, New York 1965, S. 396

68 Nixon, Richard M.: Memoirs. New York 1978, S. 49; s.a. „Konrad Adenauer. Der 'eiserne Vorhang' des Westens" in: Nixon, Richard: Staatsmänner unserer Zeit. Stuttgart 1987, S. 133-186

69 vgl. Eisenhower, Dwight D.: Crusade In Europe. New York 1948 und Eisenhower, Mandate, S. 396

70 (West-)Deutschland erhielt von 1945-1955 ca. 3,5 Mrd. $ Wirtschaftshilfe

71 während seines ersten Gespräches mit Adenauer am 22. Januar 1951 in Anwesenheit Speidels und Heusingers, vgl. Kölner Stadt-Anzeiger vom 29. August 1959

72 er benutzt mit „abnormal" also einen Terminus Chruschtschows, der sein Vorgehen seit November 1958 mit der „abnormalen" Position (West-)Berlins begründete

73 aufgehoben durch die am 19. Oktober 1951 vom Kongreß verabschiedete „Joint Resolution To Terminate The State Of War Between The United States And The Government Of Germany: Public Law 181, 82nd Congress" in: U.S. Department of State (Hg.): Documents on Germany, 1944-1985. Washington, D.C. 1986, S. 356; Präsident Truman stimmte am 24.10.1951 zu

74 Eisenhower, Mandate, S. 397

75 Dulles zu Eisenhower am 10. April 1954 DDE L Telephone Calls Eisenhower-Dulles; laut der Gallup-Umfrage vom 15. Januar 1960 nach dem „Man of the Decade" rangierte Adenauer hinter Eisenhower, Chruschtschow, Churchill, de Gaulle und Albert Schweitzer als berühmtester deutscher Politiker und noch vor Papst Pius XII und Papst Johannes XXIII. auf Rang sechs, vgl. Gallup, vol. ii, S. 1650

76 Eisenhower, Dwight D.: Wagnis für den Frieden. Düsseldorf 1966, S. 508

77 Ekkehart Krippendorf merkt in „Die westdeutsche Linke und ihr Bild von den USA" in: Adams, Willi Paul/Krakau, Knud (Hg.): Deutschland und Amerika. Perzeption und historische Realität. Berlin 1985, S. 40, an, das westdeutsche Weltbild der fünfziger Jahre habe zu dem Glauben geführt, die USA beschäftigten sich primär mit der Deutschland- und Berlin-Politik. „Korea schien ja nur ein Nebenkriegsschauplatz zu sein, wo ohnehin für unsere Freiheit gekämpft wurde."

78 Konrad Adenauer gegenüber Präsident Eisenhower, Vizepräsident Nixon, Außenminister Dulles, vor den Studenten der Georgetown-Universität, vor dem National Press Club und dem außenpolitischen Ausschuß des Senats, vgl. Adenauer, Erinnerungen, 1945-1953, S. 575-600, Zitat S. 598; vgl. Klaus Dohrn: „Das Amerikabild Adenauers" in: Adenauer und seine Zeit, Bd. I, S. 510-523, „Zwei-Ozeanen-Theorie" S. 517

79 Bei einem ihrer häufigen Treffen bemerkte Dulles offen, im Gegensatz zu einigen früheren Außenministern bestehe er auf seiner Rolle als wahrer Gestalter der amerikanischen Außenpolitik. vgl. Adenauer, Erinnerungen, 1953-1955, S. 456

80 Theodor Heuss über die deutschen Vertretungen in den USA „Mir scheint, alle drei deutschen Missionen, Botschaft, UNO-Vertretung, Generalkonsulat, stehen untereinander schlecht ..." in: Heuss, Theodor: Tagebuchbriefe, 1955-1963. Stuttgart 1970, S. 324

81 Grewe, Wilhelm G.: Rückblenden 1976-1951. Frankfurt am Main 1979, S. 442

82 Grewe, Rückblenden, S. 358, 443

83 Brandt wurde von Eisenhower zweimal im Weißen Haus empfangen: im Februar 1958 und 1959

84 Brandt, Begegnungen, S. 82
85 Brandt, Begegnungen, S. 84
86 Brandt, Erinnerungen, S. 78
87 Brandt, Begegnungen, S. 84 f.
88 Heuss, Tagebuchbriefe, 21. April 1958, S. 324
89 Dieter Oberndörfer: „John Foster Dulles und Konrad Adenauer" in: Konrad Adenauer und seine Zeit, Band II, S. 229-248; vgl. auch: Adenauer, Erinnerungen 1945-1953, S. 561-569 und Adenauer, Erinnerungen 1955-1959, S. 161 f.
90 Peter H. Merkl: „Das Adenauer-Bild in der öffentlichen Meinung der USA" in: Konrad Adenauer und seine Zeit, Band II, S. 220-228
91 Strauß, Franz-Josef: Die Erinnerungen. Berlin 1989, S. 203
92 Nixon, Wiley und Dulles zit. nach Adenauer, Erinnerungen 1945-1953, S. 578, S. 596 f. und S. 579
93 Gerd Bucerius über das Lastenausgleichsgesetz in: Die Zeit vom 13. April 1979
94 Conant, James B.: The Federal Republic Of Germany: Our New Ally. Minneapolis 1957
95 vgl. Ansprache vor dem American Committee on United Europe in New York in: Adenauer, Reden 1917-1967, S. 291-298 und Adenauer, Erinnerungen 1945-1953, S. 575-601; zu Adenauers Paris-Besuch vgl. Schwarz, Hans-Peter: Begegnun gen an der Seine. Deutsche Kanzler in Paris. Zürich 1993
96 Abschlußkommuniqué zu den deutsch-amerikanischen Besprechungen in: Bulle tin Nr. 68 vom 11. April 1953, S. 581 f.
97 vgl. Branyan, Robert/Larson, Lawrence (Hg.): The Eisenhower Administration. A Documentary History. New York 1971
98 Schlußakte der Londoner Neunmächtekonferenz über die Aufnahme der Bun desrepublik in das westliche Verteidigungssystem, 3.10.1954 in: Ruhl, Mein Gott, S. 181 f.; Politik atlantischer Solidarität (Adenauer) in: Auswärtige Politik, S. 260f
99 vgl. Adenauer, Erinnerungen 1953-1955, S. 270-383
100 über jeden Aspekt des Entscheidungsjahres 1954/55 informiert Anfänge west deutscher Sicherheitspolitik 1945-1956, Band 3: Die NATO-Option, von Hans Ehlert, Christian Greiner, Georg Meyer und Bruno Thoß. München 1993; Das Nordatlantische Bündnis 1949-1956, hrsg. von Klaus A. Maier und Norbert Wiggershaus. München 1993; Das Atlantische Bündnis. Tatsachen und Doku mente. Brüssel 1990
101 Hoopes, Townsend: The Devil and John Foster Dulles. Boston 1973, S. 246-248
102 Eisenhower, Mandate, S. 404
103 Vernon Walters: Oral History Interview, Dwight D. Eisenhower Library, Abi lene, Kansas, Oral History Section, S. 27, 46
104 Memorandum in Ruhl, Mein Gott, S. 166 f.
105 vgl. „Adenauers Handlungsspielraum zwischen amerikanischen und deutschen Interessen" in: von Gersdorff, Gero: Adenauers Außenpolitik gegenüber den Sie germächten. München 1994, S. 132-184
106 Texte beider Fassungen in: Ruhl, Mein Gott, S. 110-121; Rechte und Pflichten der US-Streitkräfte wurden später in einem deutsch-amerikanischen Notenwechsel festgelegt, vgl. Auswärtige Politik, S. 360-362
107 vgl. „Als Freie unter Freien"; Die Bundesrepublik in der NATO und Neutralisie rung ... in: Auswärtige Politik, S. 290-293

108 Auszüge aus dem Protokoll Nr. III vom 23. Oktober 1954 über die Rüstungskontrolle in: Auswärtige Politik, S. 271-274

109 vgl. Sehr verehrter Herr Bundeskanzler! Heinrich von Brentano im Briefwechsel mit Konrad Adenauer, hrsg. von Arnulf Baring. Hamburg 1974; neuester Forschungsstand: Kosthorst, Daniel: Brentano und die deutsche Einheit. Düsseldorf 1993

110 siehe „Nach dem Scheitern der EVG: Der Deutschlandvertrag und der Beitritt der Bundesrepublik zur NATO“ sowie „Die Zukunft der Atlantischen Gemeinschaft“ in: Brentano, Heinrich von: Deutschland, Europa und die Welt. Bonn 1962, S. 108-121 und S. 364-376

111 Adenauer in seinem Einschreiben an von Brentano vom 23. Mai 1955, zit. nach Baring, Sehr Verehrter, S. 151

112 s. Auswärtige Politik, S. 294-296

113 Bundespräsident Lübke gab in seiner Eröffnungsrede der deutsch-amerikanischen Gespräche die Ergebnisse mehrerer Meinungsumfragen bekannt, zit. nach General-Anzeiger und Kölnische Rundschau vom 2. Oktober 1959

114 Adenauer, Erinnerungen 1955-1959, S. 93, siehe auch: Briefwechsel mit Dulles, ebd., S. 92-103

115 Adenauer, Konrad: Teegespräche 1959-1961. Bearbeitet von Hans Jürgen Küsters. München 1988, Nr. 2, Walter Lippmann, 19. März 1959, S. 26-37

116 vgl. Adenauers Rede vor dem Council on Foreign Relations in New York am 14. Juni 1956 in: Adenauer, Reden 1917-1967, S. 316-324; hierzu siehe auch Wala, Michael: Winning the Peace. Amerikanische Außenpolitik und das Council on Foreign Relations, 1945-1950. Stuttgart 1990

117 Zitate nach Adenauer, Erinnerungen 1955-1959, S. 156-159

118 siehe New York Times vom 13. Juli 1956

119 vgl. Köhler, Henning: Adenauer. Berlin 1994 und darüber Rudolf Augstein in: der Spiegel 41/1994. Augstein meint, Adenauer sei mitunter von „Hybris in die Panik“ gefallen

120 vgl. Der Radford-Plan“ in: Adenauer, Erinnerungen 1955-1959, S. 197-214

121 vgl. Der Raford-Plan in: Besson, Außenpolitik, S. 174 f. und Grosser, Alfred: Das Bündnis. Die westeuropäischen Länder und die USA seit dem Krieg. München 1978, S. 236-238

122 vgl. Küntzel, Matthias: Bonn und die Bombe. Deutsche Atomwaffenpolitik von Adenauer bis Brandt. Frankfurt am Main 1992; Steinhoff, Johannes/Pommerin, Reiner: Strategiewechsel: Bundesrepublik und Nuklearstrategie in der Ära Adenauer-Kennedy. Baden-Baden 1992 sowie Hoppe, Christoph: Zwischen Teilhabe und Mitsprache: Die Nuklearfrage in der Allianzpolitik Deutschlands 1959-1966. Baden-Baden 1993, weiterhin unübertroffen bleibt Mahncke, Dieter: Nukleare Mitwirkung. Die Bundesrepublik Deutschland in der Atlantischen Allianz 1954-1970. Berlin 1972

123 Eisenhower, Wagnis, S. 339

124 Brief Dulles an Adenauer in: Adenauer, Erinnerungen 1955-1959, S. 207-211

125 vgl. Hans-Jürgen Schröder: „Amerikanische Deutschlandpolitik im Kalten Krieg 1954-1961“ in: Friedrich, Wolfgang-Uwe (Hg.): Die USA und die Deutsche Frage, 1945-1990. Frankfurt am Main 1991, S. 129-165, insbes. S. 132

126 vgl. Brandstetter, Karl J.: Allianz des Mißtrauens. Köln 1989

127 Grewe, Rückblenden, S. 356 f.
128 Gallup, vol. ii, S. 1809, 1713
129 Walter Lippmann: „The Two Germanies And Berlin“ in: New York Herald Tribune vom 6., 7., 8. und 9. April 1959
130 zit. nach Der Juniorpartner Washingtons in: Besson, Außenpolitik, S. 173
131 Strauß, Erinnerungen, S. 380
132 zum deutsch-amerikanischen Krisenmanagement der Jahre 1958-1962 siehe: Beschloss, Michael: JFK. Düsseldorf 1991; Catudal, Honoré M. de: Kennedy And The Berlin Wall Crisis. Berlin 1980; Dulles, Eleanor L.: Berlin und die Amerikaner. Köln 1967; dies.: The Wall. Chapell Hill, North Carolina 1969 sowie dies.: Berlin: The Wall Is Not Forever. Chapel Hill, North Carolina 1967; Gelb, Norman: The Berlin Wall: Kennedy, Khrushchev. A Showdown In The Heart Of Europe. New York 1986; Keller, John W.: Germany, The Wall And Berlin. New York 1964; Schick, Jack M.: The Berlin Crisis, 1958-1962. Philadelphia 1971; Slusser, Robert M.: The Berlin Crisis Of 1961. Washington 1974; Smith, Jean E.: The Defense Of Berlin. Baltimore, Md. 1963
133 Arenth, Joachim: Der Westen tut nichts! Frankfurt am Main 1993; Gerlach, Heribert: Die Berlin-Politik der Kennedy-Administration. Frankfurt am Main 1977; Lenze, Fritz: U.S.-West German Relations During The Berlin-Crisis, 1958-1960. Ann Arbor 1984; Schwarz, Hans-Peter (Hg.): Berlin-Krise und Mauerbau. Bonn 1985; Shell, Kurt Leo: Bedrohung und Bewährung. Köln 1965; Speier, Hans: Die Bedrohung Berlins. Berlin 1961; Stützle, Walter: Kennedy und Adenauer in der Berlin-Krise, 1961/62. Bonn 1973
134 Adenauer zit. nach de Gaulle, Charles: Memoiren der Hoffnung. Die Wiedergeburt 1958-1962. Wien 1971, S. 270; das Zitat des Kanzlers soll demzufolge auf dem Treffen der vier westlichen Regierungschefs von Mitte Dezember 1959 in Paris während einer Sitzung in Anwesenheit Eisenhowers, Macmillans, und de Gaulles gefallen sein
135 de Gaulle, Memoiren, S. 308
136 Adenauer, Konrad: Erinnerungen. Stuttgart 1965 ff., Bd. 4: 1959-1963, S. 91
137 Brandt, Willy: Begegnungen und Einsichten. Die Jahre 1960-1975. Hamburg 1976, S. 89
138 Dwight D. Eisenhower Library in Abilene, Kansas (=DDE), Whitman Files (=WF), Dulles-Herter-Series (=DHS), Box Nr. (=#) 8, Dulles to Eisenhower, Telegram No. 4076, February 6, 1959, S. 3, EYES ONLY
139 DDE, WF, National Security Council Series (=NSC Ser.), # 11, 399th NSC-Meeting: „Draft Statement Of U.S. Policy In The Event Of War,“ March 12, 1959, TOP SECRET
140 Newhouse vertritt in Newhouse, John: De Gaulle And The Anglo-Saxons. New York 1970, S. 90 f. diese These; ein amerikanischer Bericht schließt, de Gaulle habe nach dem Scheitern des Pariser Gipfels nicht länger geglaubt, daß Chruschtschow in Berlin bluffe, vgl. DDE, White House Office (=WHO), Office of the Special Assistant for National Security Affairs, Records 1952-1961, NSC 5910/1, NSC Series, Policy Paper Subseries, „Report On France,“ November 9, 1960
141 Bereits während der ersten hundert Tagen Kennedys riet ihm Henry Kissinger, erstens angesichts der Krise „relaxed“ zu bleiben und zweitens eventuell nach Berlin zu fahren, um sein Prestige in die Waagschale zu werfen

142 „Germany as a whole“ in: DDE, WHO, Office of the Special Assistant for National Security, # 23, Records 1952-1961, NSC Series, Policy Papers Subseries, NSC 5303, „Operations Coordinating Board: Report On Germany (The Federal Republic, Berlin, East Germany),“ November 2, 1960, S. 1

143 Dulles berichtete von seiner letzten Europareise im Februar 1959, auch hier habe niemand „neue oder brillante Ideen“ zu Berlin, vgl. DDE, WF, DHS, # 8, Dulles to Eisenhower, Telegram No. 4076, February 6, 1959, S. 3, EYES ONLY

144 John F. Kennedy Library in Boston, MA (=JFK), National Security Files (=NSF), # 313, Folder (=F) Meetings and Memoranda, Document (=D) „Memorandum for the Record: discussion at NSC Meeting,“ June 29, 1961

145 JFK, NSF, # 81, F Germany, General, Berlin, 4/61, D Dean Acheson via McGeorge Bundy, „Memorandum for the President, Subject: Berlin,“ April 4, 1961 TOP SECRET

146 Willy Brandt formuliert am 7. Januar 1960 Grundsätze für Berlin-Politik, Dok. 416, in: Siegler, Heinrich von (Hg.): Dokumentation zur Deutschlandfrage. Von der Atlantik-Charta 141 bis zur Berlin-Sperre 1961. Hauptband II: Von der Aufkündigung des Berlin-Statuts durch die UdSSR 1958 bis zur Berlin-Sperre 1961. Bonn 1961, S. 354-356

147 Wer diese Interpretation anerkennt, muß jedoch nach heutiger Dokumentenlage den inneramerikanischen Entscheidungsfindungsprozeß nicht auf Juli/August 1961, sondern auf März und April dieses Jahres datieren, in die Phase des Brandt-Besuchs, des ersten Acheson-Reports sowie der Vorbereitung des Adenauer-Besuchs

148 Andererseits hatte sich auch von 1958 bis 1960 niemand im Westen gefunden, der explizit für die Verteidigung Ost-Berlins eingestanden wäre. Häufig hatte auch Eisenhower vom Schutz für „zwei Millionen Berliner“ geredet, also einen Euphemismus für „West-Berlin“ gebraucht. Denn die Einwohnerzahl Gesamt-Berlins betrug damals dreieinhalb, die West-Berlins rund zweieinviertel Millionen Menschen

149 JFK, NSF, # 81, Germany, General, Berlin, F Kissinger Report, D 5 Henry Kissinger: „Soviet Handling of the Berlin Problem,“ 6/29-30, 1961, S. 11-15

150 JFK, NSF, # 81, F Germany, General, Berlin, 6/17/61, D „Memorandum for the Joint Chiefs of Staff, Subject: Berlin, 19 June 1961 und JFK, POF, # 81, Germany, General, Berlin, Walt W. Rostow, „Memorandum to the President,“ June 26, 1961

151 JFK, NSF, # 330, F Meetings and Memoranda, D McGeorge Bundy, „Memorandum for the President, Subject: This afternoon's meeting,“ July 19, 1961

152 vgl. Eisenhowers Grundsatzrede zu diesem Thema von März 1959 sowie Ambrose, Stephen E.: Eisenhower and Berlin. New York 1967

153 der Kanzler wies in seiner Rede anläßlich der Gedenkstunde zum „Tag der Deutschen Einheit“ im Plenarsaal des Bundeshauses am 17. Juni 1961 darauf hin: „Die Zahl der Deutschen, die aus der Zone zu uns fliehen, steigt fast von Woche zu Woche.“ in: Auswärtiges Amt (Hg.): Die Auswärtige Politik der Bundesrepublik Deutschland. Köln 1972, S. 448

154 Zahlen nach: Bundesministerium für Gesamtdeutsche Fragen (Hg.): Die Flucht aus der Sowjetzone und die Sperrmaßnahmen des kommunistischen Regimes vom 13. August 1961, Berlin (September) 1961, S. 15; vgl. Gesamtdeutsches Institut

(Hg.): Dreizehnter August 1961. Dokumente und Texte aus Wissenschaft, Publizistik und Politik. Bonn 1988

155 hierbei muß beachtet werden, daß für den Zeitraum von 1945 bis 1949 kein genaues Zahlenmaterial vorliegt, da die Registrierung der Flüchtlinge aus der SBZ/DDR erst im September 1949 begann

156 der 6. August 1961 war ein Sonntag, der 12. ein Samstag. Auffallend ist, daß die größten Flüchtlingszahlen jeweils an Wochenenden und im Urlaub zu verzeichnen waren, so daß sich deutliche Parallelen zur Situation des Sommers 1989 ergeben

157 Zahlen nach: Bundesministerium für Gesamtdeutsche Fragen (Hg.): Flucht, S. 15

158 Rostow, Walt W.: The Diffusion of Power. An Essay in Recent History. New York 1972, S. 231

159 Erklärung Brandts vom 13. August 1961, Dok. 600/2, in: von Siegler, Dokumentation II, S. 687 f., Zitate ebd., auch: Dokumente zur Deutschlandpolitik, Bd. 7, I. Halbband, S. 13-18, Zitat S. 13

160 Brandt, Willy: Erinnerungen. Frankfurt am Main 1989, S. 9

161 Brandt, Begegnungen, S. 11

162 Brandt, Erinnerungen, S. 10

163 Bild-Schlagzeile vom 16. August 1961; In der Tat blieb Kennedy in Port Hyannis, de Gaulle in Colombey-les-deux-Églises, Macmillan in Schottland und Adenauer verweigerte anfangs einen Flug nach Berlin. Interessant ist in diesem Zusammenhang, daß Adenauer sich bei Springer über diese Schlagzeile aufs Schärfste beschwerte, gegenüber Birrenbach später jedoch seinen Wunsch um einen „objektiven" Bericht über die Stellungnahme der USA u.a. mit dem „Desinteresse" der Vereinigten Staaten begründete, vgl. Birrenbach, Kurt: Meine Sondermissionen. Düsseldorf 1984, S. 15

164 LBJ NSF Files of McGeorge Bundy # 15,16 F Henry Kissinger, Letter to McGeorge Bundy: Conversation with former Chancellor Adenauer, June 22, 1965

165 Geoffrey McDermott, der britische diplomatische Offizier in Berlin, bemerkte über den amerikanischen Stadtkommandanten: „(he) was breathing fire and slaughter and said we should knock the thing down." Auch Lucius D. Clay sei solch ein „fire eater" gewesen. Die USA hätten in der zweiten Augusthälfte 1961 „brinkmanship" praktiziert. vgl. McDermott, Geoffrey: Berlin: Success Of A Mission? London 1963 sowie JFK, Geoffrey McDermott, Oral History Interview, S. 7-11

166 Nach der Krise sprach sich Macmillan in einem Telegramm an Kennedy für die Anerkennung der Oder-Neiße-Linie aus, für eine de facto Anerkennung der DDR sowie für die Aufgabe der politischen Beziehungen zwischen dem Bund und Berlin bei gleichzeitiger Stärkung des wirtschaftlichen Verhältnisses, vgl. Macmillan, Harold: Erinnerungen. Frankfurt am Main 1972, S. 410 f.

167 Eisenhower in einem Brief an Macmillan, Dwight D. Eisenhower Library, Abilene, Kansas (=DDE), DDE Diaries, # 44, DDE Dictation August 7, 1959

168 DDE, Whitman Files (=WF), DDE Diary Series, Box Nr. (=#) 44, DDE Dictation, August 1959, Letter Eisenhower to Macmillan, 8/7/59; Eisenhowers Gesundheitszustand und sein Alter zwangen ihn jedoch nach dem Transatlantikflug zu einer Übernachtung in Bad Godesberg

169 „Message to Mayor Willy Brandt of West Berlin, August 28, 959“ in: DDE, Public Papers of the President (=PPP) 1959, S. 620
170 Der Tag (CDU) vom 11. August 1959
171 Neue Zürcher Zeitung vom 13. August 1959
172 Allgemeine Zeitung-Neuer Mainzer Anzeiger vom 26. August 1959
173 Der Bund vom 31. August 1959
174 „The President's News Conference at Bonn, August 27, 1959" in: DDE PPP 1959, S. 609 f. und 613
175 Der Mittag vom 28. August 1959
176 vgl. John F. Kennedy Library, Boston, MA, (=JFK), POF, # 117, Folder (=F) 5, Dokument Nr. (=D oder Doc) 15, Henry Kissinger to JFK: „Memorandum for the President, Subject: A Possible Visit to Berlin,“ April 5, 1961
177 Seine Zustimmungsquoten übertrafen laut Gallup mit häufig um die 70% sogar die um die 60% pendelnden Eisenhowers
178 „Duell auf deutschem Boden“ in: Die Welt vom 28. Juni 1963
179 Jene Politiker, die sich für eine enge deutsch-amerikanische Partnerschaft aussprachen, wurden in den späten 50er und 60er Jahren als „Atlantiker“ bezeichnet; jene, die ein deutsch-französisches Tandem favorisierten und eher auf Europa fixiert waren, als „Gaullisten“, da dem charismatischen französischen Präsidenten Charles de Gaulle (1958-1969) dann wohl die Führungsrolle zugefallen wäre. Die Grenze zwischen beiden Gruppen verlief quer durch die Parteien und Bundestagsfraktionen, wobei die SPD eher amerika- und Teile der Union eher frankreichfreundlich eingestellt waren. Tatsächlich jedoch setzte sich eher der atlantische Kurs durch.
180 Der Spiegel nach: JFK, POF, # 108, Subjects, Trips, Germany, 6/22/63-6/26/63, Daily Press Review, No. 252, June 24, 1963, More on Kennedy Visit, S. 1-4
181 Von ca. 1958 an bis etwa 1964 verfolgten diverse amerikanische und bundesdeutsche Politiker den Plan, eine multilaterale maritime Atomstreitmacht aufzustellen, sei es auf U-Booten, sei es auf Überwasserschiffen. Doch diese Vorstellung war nur sehr schwer zu verwirklichen. Erstens opponnierten nicht nur die Sowjetunion und die östlichen Nachbarn der Bundesrepublik dagegen, sondern auch Briten und Franzosen. Weiterhin ließ auch der Rückhalt in Bonn und Washington zu wünschen übrig. Alles in allem schuf die „Geisterflotte“ MLF weit mehr Probleme, als sie zu lösen imstande gewesen wäre und war 1960-1964 mehrfach der Grund für ernste deutsch-amerikanische Irritationen, vgl. Mahncke, Dieter: Nukleare Mitwirkung. Berlin 1972 sowie Küntzel, Matthias: Bonn und die Bombe. Frankfurt am Main 1992
182 Kennedy nach der Landung am Flughafen Köln-Bonn, 23. Juni 1963, in: Kennedy, John F.: Glanz und Bürde. Mit allen von Präsident Kennedy in Deutschland gehaltenen Reden, hrsg. von Allan Nevins. Düsseldorf 1964, S. 167-169; „Kennedy beim Essen im Palais Schaumburg, Bonn, 24. Juni 1963“ in: Kennedy, Glanz, S. 174
183 Kennedy vor dem Bonner Rathaus, 24. Juni 1963, in: Kennedy, Glanz, S. 172 f.
184 Joachim Besser: „Der erste Tag“ in: Kölner Stadt-Anzeiger vom 24. Juni 1963; derselbe Autor bemerkt 24 Stunden später, Kennedy spreche mit „fast unbarmherziger Kühle“ über die Wiedervereinigung und schreibt: „Der zweite Tag hat uns mit dieser Sprache vertraut gemacht, die fern ist von den Visionen de Gaulles,

fern aller Beschwörungen und allem Pathos." Daß Besser Kennedy am dritten Tag bereits zubilligt, selbst ein „kühles Pathos" auszustrahlen, mag beweisen, wie der Funke selbst auf Journalisten übersprang; in: „Der letzte Tag" hieß es schon: „Der Felsblock de Gaulle blieb abweisend liegen" und „Kennedy ist europäischer als die Europäer" vgl. Kölner Stadt-Anzeiger vom 24., 25., 26. und 27. Juni 1963

185 Kennedy, Glanz, S. 175 f., „Westeuropa und die Vereinigten Staaten sind auch in der Tat Inseln der Prosperität in einem Meer der Armut."

186 Kennedy auf der Pressekonferenz im Auswärtigen Amt, 24. Juni 1963, in: Kennedy, Glanz, S. 181; auffällig ist, daß Kennedy „West-Berlin" und „Berlin" als Synonyme benutzt

187 Kennedy auf der Pressekonferenz am 24. Juni 1963 zit. nach: JFK, PPP, S. 516

188 Kennedy hatte Frankfurt bereits 1948 besucht

189 Kennedys Rede in der Frankfurter Paulskirche, 25. Juni 1963, in: Kennedy, Glanz, S. 196-209, Zitat S. 198

190 vgl. „A Great Day In The History Of Berlin, June 26, 1963: John F. Kennedy in Berlin," Broschüre des Amerika-Institutes der Freien Universität Berlin

191 Joseph Alsop: „Bonn And Washington" am 26. Juni 1963; vgl. Brandt, Willy: Begegnungen mit Kennedy. München 1964

192 alle vollständigen Texte in: Kennedy, Glanz, S. 210-226

193 mit dem Karnevalsruf hatte Kennedy auf Anraten eines Diplomaten seine Rede vor dem Kölner Rathaus vom 23. Juni 1963 beschlossen - sehr zur Verwunderung der Bevölkerung, vgl. Kennedy, Glanz, S. 171

194 Kennedy vor dem Schöneberger Rathaus, 26. Juni 1963, S. 213-215

195 vgl. Frankfurter Allgemeine Zeitung, Kölner Stadt-Anzeiger, Frankfurter Neue Presse und Die Rheinpfalz vom 27. Juni 1963; die Stuttgarter Nachrichten sprechen von „zwei Millionen"

196 „John F. Kennedy: Ich bin stolz, ein Berliner zu sein!" in: Berliner Morgenpost vom 27. Juni 1963

197 zit. nach: Kennedy vor dem Schöneberger Rathaus, 26. Juni 1963, Kennedy, Glanz, S. 214 f.

198 JFK, POF, # 108, Subjects, Trips, Germany, 6/22/63-6/26/63, Daily Press Review, No. 252, June 24, 1963, S. II A 12 f.

199 JFK, Oral History Interview, William Tyler, S. 16-25, zu Kennedy als Person und zu seinem Berlin-Besuch s. außerdem: Harpprecht, Klaus: Die Kennedy-Jahre. (Interviews. masch.geschr.) Berlin (JFK Bibl.) 1973; Parmet, Herbert: JFK: The Presidency Of John F. Kennedy. New York 1983; Salinger, Pierre. With Kennedy. New York 1966; Schlesinger, Arthur M., Jr.: A Thousand Days. John F. Kennedy In The White House. Boston 1965; Sorensen, Theodore C.: Kennedy. New York 1965; Taber, George M.: John F. Kennedy And A Uniting Europe. The Politics Of Partnership. New York 1969

200 zu Kennedys Deutschland- und Europabild s. Arenth, Joachim: Der Westen tut nichts! Frankfurt am Main 1993, S. 143-149

201 JFK, POF, # 116a, Letter President to His Excellency Dr. Konrad Adenauer, Chancellor of the Federal Republic of Germany, June 8, 1962; Brief des Bundeskanzlers an Präsident Kennedy vom 18. Juni 1962, ebenda

202 „Weltweite Integration" in: Schildt, Axel/Sywottek, Arnold (Hg.): Modernisierung und Wiederaufbau. Bonn 1993, S. 97 f.

203 „Devisenkurse an der Frankfurter Börse", nach: Deutsche Bundesbank Devisenkursstatistik, November 1994
204 vgl. Knapp, Manfred et al. (Hg.): Die USA und Deutschland 1918-1975. Deutsch-amerikanische Beziehungen zwischen Rivalität und Partnerschaft. München 1978, S. 183
205 Dresdner Bank (HG.): Historische statistische Reihen, Mai 1994
206 Knapp, Die USA, S. 182
207 vgl. Fischer Weltalmanach der Jahre 1950-1970 sowie U.S. Bureau of the Census (Hg.): Historical Statistics of the United States, Colonial Times to 1970. Washington, D.C. 1975, S. 903-905
208 Fischer Weltalmanach 1966. Frankfurt am Main 1965, S. 352; s.a. Dresdner Bank (Hg): Die Wirtschaftsentwicklung der Bundesrepubik Deutschland 1950 bis 1993 sowie Hugo M. Kaufmann: „Aspekte zur politischen Ökonomie der deutsch-amerikanischen Beziehungen (insbesondere monetäre Aspekte)" in: Knapp, Manfred (Hg.): Die deutsch-amerikanischen Beziehungen nach 1945. Frankfurt am Main 1975, S. 228-254
209 Servan-Schreiber, Jean-Jacques: Die amerikanische Herausforderung. Hamburg 1968
210 vgl. Tabelle in: Hellmann, Rainer: Weltunternehmen nur amerikanisch? Baden-Baden 1970, S. 277
211 Cartier, Raymond. Nach dem Zweiten Weltkrieg. Mächte und Männer 1945-1965. München 1976, S. 1045
212 Bikini - Die Fünfziger Jahre. Kalter Krieg und Capri-Sonne. Berlin 1981, S. 170-181
213 Hans J. Kleinsteuber: „Hörfunk und Populärkultur in den USA der fünfziger Jahre. VI: Die Rock Revolution" in: Schildt/Sywottek (Hg.): Modernisierung, S. 522; s.a. Shaw, Arnold: Rock'n'Roll. Reinbek 1978
214 Maase, Kaspar: Bravo Amerika. Erkundungen zur Jugendkultur der Bundesrepublik in den fünfziger Jahren. Hamburg 1992
215 Kleinsteuber, Hörfunk, S. 529
216 „Rock'n'Roll in der Bundesrepublik: die negative Gegenwelt" in: Benz, Wolfgang (Hg.): Die Geschichte der Bundesrepublik Deutschland. Band 4: Kultur. Frankfurt am Main 1989, S. 181
217 Dieser avancierte in den 80er Jahren übrigens zum Kultfilm in New York
218 In der Literatur beschrieb Jack Kerouac in seinem Roman „On the Road" die Revolte der Beat-Generation gegen die moderne Gesellschaft
219 Axel Schildt: „Von der Not der Jugend zur Teenager-Kultur: Aufwachsen in den 50er Jahren" in: Schildt/Sywottek (Hg.): Modernisierung, S. 347
220 vgl. Halberstam, David: The Fifties. New York 1993, S. 563-570
221 Kleinsteuber weist jedoch eindringlich darauf hin, daß die Zahl der Radiostationen in den USA 1948-1968 von 2.000 auf 6.000 anwuchs, und daß in den 1950er Jahren ca. 35 Millionen Radios produziert wurden. Damit ist das Radio in jedem Fall ein bedeutendes Massenmedium geblieben, wennauch als „Nebenbei—Medium".
222 vgl. Dane, Barbara/Silber, Irwin (Hg..): The Vietnam Songbook. New York 1969
223 Glaser, Hermann: Kleine Kulturgeschichte der Bundesrepublik Deutschland, 1945-1989. Bonn 1991, S. 300

224 Caro, Robert A.: The Years Of Lyndon Johnson, vol. 1: The Path To Power. New York 1983; ders.: The Years Of Lyndon Johnson, vol. 2: Means Of Ascent. New York 1990; Divine, Robert A. (Hg.): Exploring The Johnson Years. Austin, Texas 1981; ders. (Hg.): The Johnson Years. vol. ii: Vietnam, The Environment, And Science. Lawrence, Kansas 1987

225 vgl. Joesten, Joachim: Präsident Johnson. Stuttgart 1964

226 Dugger, Ronnie: The Politician. The Life And Times Of Lyndon Johnson. The Drive For Power, From The Frontier To Master Of The Senate. New York 1982

227 Haley, J. Evetts: A Texan Looks At Lyndon. A Study In Illegitimate Power. Canyon, Texas 1964 spricht sogar von einer „Besessenheit“ nach Macht und Wohlstand; White, William S.: The Professional: Lyndon B. Johnson. Boston 1964

228 Bornet, Vaughn Davis: The Presidency Of Lyndon B. Johnson. Lawrence, Kansas 1983; Geyelin, Philip: Lyndon B. Johnson And The World. New York 1966; Lichtenstein, Nelson (Hg.): The Johnson-Years. New York 1976

229 s. etwa Servan-Schreiber, Jean-Jacques: Die amerikanische Herausforderung. Hamburg 1968; rückblickend eine gegenteilige Meinung vertritt: Heath, Jim F.: Decade Of Disillusionment: The Kennedy-Johnson-Years. Bloomington, Ind. 1975; vgl. auch Wicker, Tom: JFK And LBJ. The Influence Of Personality Upon Politics. New York 1968

230 Erhard, Ludwig: Wohlstand für alle. Gütersloh 1962

231 Schönbohm, Wulf: Die CDU wrd moderne Volkspartei. Selbstverständnis, Mitglieder, Organisation und Apparat, 1950-1980. Stuttgart 1985, S. 61-65 und S. 71 f.

232 Strauß, Franz Josef: Die Erinnerungen. Frankfurt am Main 1989, S. 409, 414

233 Die Welt vom 29. November 1963

234 vgl. Arenth, Joachim: Johnson, Vietnam und der Westen. Transatlantische Belastungen 1963-1969. München 1993, S. 163-165; s.a. Osterheld, Horst: Außenpolitik unter Bundeskanzler Ludwig Erhard, 1963-1966. Ein dokumentarischer Bericht aus dem Kanzleramt. Düsseldorf 1993

235 Kissinger, Henry: Memoiren 1968-73. München 1979, S. 109

236 Kissinger, Memoiren 1968-73, S. 108

237 Bayern Kurier vom 23. Januar 1965

238 Der Spiegel vom 1. Mai 1967 rückblickend über Erhards Besuch auf der LBJ Ranch 1963

239 Kiesinger, Kurt Georg: Die Große Koalition 1966-1969. Reden und Erklärungen des Bundeskanzlers, hrsg. und mit einem Nachwort von Dieter Oberndörfer. Stuttgart 1979, S. 108

240 Neue Zürcher Zeitung vom 27. November 1963

241 In der Tat hatte Johnson mehrfach vergeblich versucht, Texas beim demokratischen Konvent als „westlichen“ Staat anerkennen zu lassen. vgl. Der Spiegel vom 4. Dezember 1963, S. 57, 63 f. und 65, des weiteren Titelbild, Hausmitteilung, Briefe, Bonn, USA und Titelgeschichte

242 „Erhard reist Anfang Januar zu Arbeitsbesuch nach Washington“ in: Die Welt vom 27. November 1963 und „Erhard in der ersten Januarhälfte wieder nach Amerika“ in: Frankfurter Allgemeine vom 28. November 1963

243 „Der Bundeskanzler fliegt nicht mit leeren Händen nach Texas“ in: Die Welt vom 24. Dezember 1963; „Ranch House Diplomacy Awaits Erhard In Texas This Weekend“ in: New York Times und „Erhard Leaves Today To See Johnson At

His Ranch" in: New York Herald Tribune vom 27. Dezember 1963; „Ausbau der Beziehungen Washingtons mit Bonn" in: Neue Zürcher Zeitung sowie „Johnson sieht Erhard mit großen Erwartungen entgegen" in: Frankfurter Allgemeine vom 27. Dezember 1963; „Erhard auf Amerika-Reise" in: Süddeutsche Zeitung vom 28. Dezember 1963; eine Übersicht der internationalen Presse findet sich unter „Eine neue Brücke von Bonn nach Washington" in: Die Welt vom 31. Dezember 1963

244 Rheinische Post vom 28. Dezember 1963

245 Neue Zürcher Zeitung vom 27. November 1963

246 Stuttgarter Zeitung vom 31. Dezember 1963; U.S. News and World Report vom 6. Januar 1964 und Deutsche National Zeitung und Soldaten-Zeitung vom 7. Februar 1964

247 Es lag an Ball, dem Präsidenten diesen Fehleindruck der deutschen Publizisten zu übermitteln, vgl. Ball, George W.: The Past Has Another Patterm. Memoirs. New York 1982, S. 335; Andererseits unterlief Erhard der Fehler, Johnson zwei Jahre nach der Ermordung Kennedys zu Weihnachten 1965 ausgerechnet ein Jagdgewehr mit Zielfernrohr als Gastgeschenk zu überbringen, was eine gewisse diplomatische Verwirrung auslöste, vgl. „Gewehr mit Zielfernrohr" in: Die Rheinpfalz vom 23. Dezember 1965

248 Text u.a. in: Süddeutsche Zeitung und Frankfurter Allgemeine vom 31. Dezember 1963; weitere Kommentare dazu: „Johnson, Erhard Vow to Explore All Opportunities to Ease Tensions" in: New York Herald Tribune und „Die Beziehungen zum Osten" in: Neue Zürcher Zeitung sowie „Das Kommuniqué von Johnson City" in: General-Anzeiger, alle vom 30. Dezember 1963

249 Joint Communiqué Issued at the Conclusion of Talks Between President Johnson and Chancellor Erhard, Johnson City, Texas, December 29, 1963 in: U.S. Department of State (Hg.): Documents on Germany, 1944-1985. Washington, D.C. 1986, S. 860-862

250 „Der Präsident und die Deutschen" in Quick Nr. 18, 17. Jg. vom 3. Mai 1964, S. 8-13 und S. 138-142

251 ebd., S. 140; generell s. Hildebrand, Klaus: Von Erhard zur Großen Koalition, 1963-1969. Stuttgart 1984

252 In seinen Memoiren bestreitet Johnson, Lyndon B.: The Vantage Point. Perspectives of the Presidency, 1963-1969. New York 1971, S. 308 dies nachhaltig. Bemerkenswert ist aber, daß er darin dem Vietnam-Krieg etwa ein Drittel Raum einräumt und Erhard nur einmal kurz erwähnt - als er stürzt.

253 „No, Sir!" in: Bild vom 10. März 1965

254 Die Zeit vom 9. Oktober 1964; s. Erhards Rede vom 7. März 1966 in: Berresheim, Volker: 35 Jahre Indochinapolitik der Bundesrepublik Deutschland. Hamburg 1986, S. 194

255 LBJ NSF Head of State Correspondence # 3 F Germany, vol. 2 Chancellor Erhard's Letter to President Johnson, May 24, 1965, S. 2

256 Brandts Brief an Franklin in: Der Tagesspiegel, Berlin, vom 8. Februar 1966

257 Brandts Brief an Franklin in: Der Tagesspiegel, Berlin, vom 8. Februar 1966

258 und dies, obwohl der FU-Rektor in einem Brief die Vorgänge „auf das schärfste" verurteilte und Franklin sein „tiefstes Bedauern" ausdrückte, ganz so, als sei die

deutsch-amerikanische Freundschaft für immer von den Demonstranten zu Grabe getragen worden, vgl. Der Tagesspiegel, Berlin, vom 8. Februar 1966

259 New York Herald Tribune vom 7. Februar 1966

260 Presse- und Informationsamt der Bundesregierung (Hg.): Die Formierte Gesellschaft. Ludwig Erhards Ordnungsbild der demokratischen Gesellschaft - Echo und Kritik. Bonn 1966

261 Paul Noack: „Amis raus“ in: Münchner Merkur vom 8. Februar 1966 und „Unpopuläre Vietnam-Politik“ in: Welt der Arbeit, Köln vom 22. Juli 1966; zu ähnlichen Ergebnissen kommen Noelle, Elisabeth/Neumann, Erich: Jahrbuch der öffentlichen Meinung, 4 Bde. Allensbach 1956-1967

262 Bild vom 15. März 1966

263 Stuttgarter Zeitung vom 31. August 1966; „Der Wundermacher kommt mit leeren Taschen“ in: Süddeutsche Zeitung vom 26. September 1966

264 George Ball: „America's Appraisal Of Ludwig Erhard - A Man Of Wisdom And Courage“ in: Schröder, Gerhard: Ludwig Erhard. Frankfurt 1972, S. 359-362

265 Bayern Kurier vom 1. Oktober 1966

266 so die Frankfurter Rundschau vom 29. September 1966

267 Herring, George C.: America's Longest War. The United States And Vietnam, 1950-1975. New York 1979; Karnow, Stanley. Vietnam. A History. New York 1983

268 Dumbrell, John: Vietnam And The Antiwar Movement. An International Perspective. Aldershot 1989

269 vgl. Powers, Thomas: The War At Home. Vietnam And The American People, 1964-1968. New York 1973 und Zaroulis, Nancy/Sullivan, Gerald: Who Spoke Up? American Protest Against The War In Vietnam, 1963-1975. New York 1984

270 zu allen Aspekten auf Seiten der Opposition informiert: Dietz, Terry: Republicans And Vietnam, 1961-1968. New York 1986; zu Goldwater s. Goldwater, Barry M.: Where I Stand. New York 1964 und ders.: With No Apologies. The Personal And Political Memoirs Of United States Senator Barry M. Goldwater. New York 1970

271 Evans, Rowland/Novak, Robert: Lyndon B. Johnson: The Exercise Of Power. New York 1966; Schlesinger, Arthur M.: The Imperial Presidency. Boston 1973

272 Deakin, James: Lyndon Johnson's Credibility Gap. Washington, D.C. 1968

273 vgl. Arenth, Joachim: Johnson, Vietnam und der Westen. Transatlantische Belastungen. München 1993, S. 155 ff.

274 „Die Regierungserklärung der Großen Koalition“ in: Kiesinger, Kurt Georg: Die Große Koalition 1966-1969. Reden und Erklärungen des Bundeskanzlers, hrsg. und mit einem Nachwort von Dieter Oberndörfer. Stuttgart 1979, S. 21, vgl. Kiesingers äußerst kritische Rede vor dem Verein der Union-Presse, Bonn vom 27. Februar 1967: „Das Verhältnis zu den Vereinigten Staaten“ in: ebd., S. 36-38

275 Kiesinger am 11. Mai 1968 in einem Interview mit Paris Match

276 Strauß-Zitate nach: Rheinischer Merkur vom 10. November 1967; vgl. Hans Matthöfer, SPD: „Die bedenklichen Absichten des Franz Josef Strauß“ in: Frankfurter Rundschau vom 28. November 1967

277 Strauß, Franz Josef: Entwurf für Europa. Stuttgart 1966, S. 13-19

278 vgl. Krippendorff, Ekkehardt: „Die westdeutsche Linke und ihr Bild von den USA" in: Adams, Willi Paul/Krakau, Knud (Hg.): Deutschland und Amerika. Perzeption und historische Realität. Berlin 1985, S. 41

279 Michael Stürmer: „The US Role In German Political Culture" in: Weigelt, Klaus: Das Deutschland- und Amerikabild. St. Augustin 1986, S. 35

280 Leisler Kiep, Walter: Good-bye, Amerika - was dann? Der deutsche Standpunkt im Wandel der Weltpolitik. Stuttgart 1972, S. 113

281 vgl. Werkmeister, Frank: Die Protestbewegung gegen den Vietnamkrieg in der Bundesrepublik Deutschland, 1965-1973. Marburg 1975 sowie Rudi Dutschke: „'... und Kuba und Hochschule und Vietnam und SDS.' Über uns ist die Bewegung hereingebrochen" in: Dutschke, Rudi: Mein langer Marsch. Reden, Schriften und Tagebücher aus zwanzig Jahren, hrsg. von Gretchen Dutschke-Klotz, Helmut Gollwitzer und Jürgen Miermeister. Reinbek bei Hamburg 41981, S. 59-77

282 Raeithel, Gerd: „Antiamerikanismus als Funktion unterschiedlicher Objektbeziehungen" in: Englisch-Amerikanische Studien, H. 1/84, März 1984, S. 8-20; Müller, Emil-Peter: Antiamerikanismus in Deutschland. Zwischen Care-Paket und Cruise Missile. Köln 1986, S. 111

283 vgl. Goldman, Eric F.: The Tragedy Of Lyndon Johnson. New York 1969 und Heren, Louis: No Hail, No Farewell. New York 1970

284 s. Sidey, Hugh: A Very Human Presidency: Lyndon B. Johnson In The White House. New York 1968 und Kearns, Doris: Lyndon Johnson And The American Dream. New York 1976

285 Schandler, Herbert Y.: The Unmaking Of A President. Lyndon B. Johnson And Vietnam. Princeton 1977

286 Kiesinger am 27. Februar 1967: „Das Verhältnis zu den Vereinigten Staaten" in: Kiesinger, Große Koalition, S. 36

287 Kiesinger: „Rechenschaft vor dem Bundestag, 14.6.1967" in: Kiesinger, Große Koalition, S. 72

288 dieser Terminus ging als „atomic complicity" in das Vokabular der amerikanischen Führungsspitze ein, vgl. u.a.: Lyndon B. Johnson Library, Austin, Texas (=LBJ), National Security Files (=NSF), National Security Council (=NSC) Meeting File, Box Nr. (=#) 2, Folder (=F) Band (=vol.) 5, Dokument (=D) Tabelle (=Tab.) 72, Summary Notes Of 590th NSC Meeting: „U.S., Europe and the Czechoslovakian Crisis," September 4, 1968, SECRET/SENSITIVE/FOR THE PRESIDENT ONLY, deklassifiziert am 5. August 1985

289 New York Times vom 13. Februar 1967

290 BPA-Nachrichtenabteilung, Washington 12. Mai 1967, USIS-EUF 130, S. 4

291 Kiesinger zitiert den amerikanischen Präsidenten in seiner Rede vom 25.9.1968 in der außenpolitischen Debatte des Bundestages „Nach der Besetzung der Tschechoslowakei" in: Kiesinger, Große Koalition, S. 220

292 Brandt, Willy: Begegnungen und Einsichten. Die Jahre 1960-1975. Hamburg 1976, S. 422

293 Brandt, Begegnungen, S. 89 f. und S. 422-427

294 vgl. LBJ NSF NSC Meeting File # 2 F vol. 4 D Tab. 51, Summary Notes Of 569th NSC Meeting: „Problems ahead in Europe," May 3, 1967, SECRET/SENSITIVE/FOR THE PRESIDENT ONLY, deklassifiziert am 23. Mai 1986

295 Bunte vom 15. Februar 1967

296 vgl. Paul Pucher: „Sorgen der Schutzmacht" in: Stuttgarter Zeitung vom 26. April 1967

297 New York Times und Neue Zürcher Zeitung vom 27. April 1967; vgl. Schmoekel, Reinhard/Kaiser, Bruno: Die vergessene Regierung. Die Große Koalition 1966 bis 1969 und ihre langfristigen Wirkungen. Bonn 1991 und Hildebrand, Klaus: Von Erhard zur Großen Koalition, 1963-1969. Stuttgart 1984

298 vgl. Schonauer, Karlheinz: Die ungeliebten Kinder der Mutter SPD: Die Geschichte der Jusos von der braven Parteijugend zur innerparteilichen Opposition. Bonn 1982, S. 118 und Hager, Jens: Die Rebellen von Berlin. Köln 1967, S. 102

299 Johnson über Kiesinger zit. nach: LBJ Diary Backup, F April 23-36, 1967, Germany (Adenauer Funeral), Walt Rostow, Memo of Conversation with President, April 27, 1967

300 LBJ Diary Backup # 62 F „Adenauer Funeral" D Walt W. Rostow, Memo to the President, April 25, 1967

301 Cohn-Bendit, Daniel: Linksradikalismus - Gewaltkur gegen die Alterskrankheit des Kommunismus. Hamburg 1968; Bauß, Gerhard: Die Studentenbewegung der sechziger Jahre. Köln 1977, S. 200: vgl. Gottfried Freiherr von der Heydte: Geschichte der Auseinandersetzung der SPD mit ihrer Parteijugend. Erlangen 1978, S. 181-209

302 Dutschke, Rudi: „Die Widersprüche des Spätkapitalismus, die antiautoritären Studenten und ihr Verhältnis zur Dritten Welt" in: Bergmann, Uwe/Dutschke, Rudi et al. (Hg.): Rebellion der Studenten oder die neue Opposition. Hamburg 1968, S. 69 f.

303 „Bonn begrüßt Einstellung des Luftkrieges" in: Stuttgarter Zeitung vom 2. April 1968

304 Interview von Paris Match mit dem Bundeskanzler, 11. Mai 1968

305 vgl. New York Times und Frankfurter Rundschau vom 8. Mai 1967 und Langguth, Gerd: Die Protestbewegung in der Bundesrepublik Deutschland 1968-1976. Bonn 1976, S. 33 f.; Typisch für die damalige Stimmung ist folgende Art der Berichterstattung in einer Kölner Tageszeitung. Am 10. Mai 1967 demonstrierten „über eintausend, vorwiegend jüngere Leute, ... darunter auch einige Gammler, ... mit Vietkong-Fahnen, Mao- und mit Marx-Bildern, und Rufen wie 'Ho-Ho-Ho-Tschi-Minh' und 'Ami raus'" gegen den Vietnam-Krieg. Nur zwei Tage später berichtete das Blatt unter Berufung auf das Allensbacher Meinungsforschungsinstitut, jeder zweite Deutsche stehe der US-Politik angesichts Vietnam ablehnend gegenüber, darunter einundneunzig Prozent der Arbeiter. „Die Niemöllers und Ostermarschierer sind also gar nicht so eindeutig isolierte Ultras in linksabtrünniger Quarantäne." vgl. „Mit Marx-Bildern, Mehl und Eier gegen den Vietnam-Krieg" und „Vietnam-Zweifel" in: Kölner Stadt-Anzeiger vom 10. und 12. Mai 1967; Allensbach negiert eine Anti-Vietnam-Allianz aus Intellektuellen und Arbeiter und führt die ablehnende Haltung „unterpriviligierter" Gruppen wie auch der Frauen auf ein Informationsdefizit zurück.

Anmerkungen zu den Seiten 183-222

1 s. „Regierungserklärung vor dem Deutschen Bundestag“ vom 28. Oktober 1969, u.a. in: Bundeskanzler Brandt. Reden und Interviews, hrsg. vom Presse- und Informationsamt der Bundesregierung. Bonn 1971, S. 13-30, generell siehe auch: Willy Brandt. Die Spiegel-Gespräche 1959-1992, hrsg. von Erich Böhme und Klaus Wirtgen. Stuttgart 1993

2 Brandt, Willy: Begegnungen und Einsichten. Die Jahre 1960-1975. Hamburg 1976; ders.: Erinnerungen. Berlin 1989; ders.: Über den Tag hinaus. Eine Zwischenbilanz. Hamburg 1974

3 Schröder, Karsten: Egon Bahr. Rastatt 1988

4 Baring, Arnulf: Machtwechsel. Die Ära Brandt-Scheel. Stuttgart 1982

5 Nixon, Richard: Memoiren. Köln 1978

6 Kissinger, Henry: Memoiren. 1968-1973. München 1979; ders.: Memoiren. 1973-1974. München 1982

7 s. u.a. Evans, Rowland/Novak, Robert: Nixon In The White House. New York 1972; Haldeman, H.R.: The Ends Of Power. New York 1978; Safire, William: Before The Fall. New York 1975 sowie Graubard, Stephen: Kissinger. Zwischenbilanz einer Karriere. Hamburg 1974; Kalb, Marvin und Bernhard: Kissinger. Die definitive Biographie. Frankfurt 1974

8 Harpprecht, Klaus: Willy Brandt. Porträt und Selbstporträt. München 1970; Prittie, Terence: Willy Brandt. Biographie. Frankfurt am Main 1973; Koch, Peter: Willy Brandt. Eine politische Biographie. Berlin 1988

9 grundlegend Morgan, Roger: Washington und Bonn. Deutsch-amerikanische Beziehungen seit dem Zweiten Weltkrieg. München 1975, S. 179-228; Knapp, Manfred: „Die Ostpolitik der Bundesrepublik Deutschland und die deutsch-amerikanischen Beziehungen“ in: Jahn, Egbert/Rittberger, Volker (Hg.): Die Ostpolitik der Bundesregierung. Opladen 1974; Hacke, Christian: Die Ära Nixon-Kissinger 1969-1974. Konservative Reform der Weltpolitik. Stuttgart 1983, hier insbes. S. 131-210

10 Brandt, Begegnungen, S. 395

11 vgl. Die Auswärtige Politik der Bundesrepublik Deutschland, hrsg. vom Auswärtigen Amt. Köln 1972, S. 711-716

12 vgl. LaFeber, Walter: America, Russia, And The Cold War 1945-1975. New York 1976

13 Kissinger, Memoiren 1968-1973, S. 1023

14 Frank, Paul: Entschlüsselte Botschaft. Ein Diplomat macht Inventur. Stuttgart 1982, S. 287

15 Nixon, Memoiren, S. 245-248

16 vgl. Wilhelm Grewe: „Westeuropa, Nordamerika und Japan: Strukturfragen eines weltpolitischen Dreiecks“ und Martin J. Hillenbrand: „Die USA und die EG: Spannungen und Möglichkeiten“ in: Kaiser, Karl/Schwarz, Hans Peter (Hg.): Amerika und Westeuropa. Gegenwarts- und Zukunftsprobleme. Stuttgart 1977, S. 247-262 und S. 288-301

17 einführend s. „"Die deutsche Ostpolitik und die westlichen Verbündeten“ sowie „Die deutsche Westpolitik zwischen Europa und den USA“ in: Bracher, Karl Dietrich/Jäger, Wolfgang/Link, Werner: Republik im Wandel, 1969-1974. Die Ära Brandt. Stuttgart 1986, S. 233-252

18 Nixon, Memoiren, S. 190

19 vgl. „President Nixon's pledge to consult his allies in Europe before any negotiations" in: The Times vom 25. Februar 1969

20 Richard Nixon: „Asia After Vietnam" in: Foreign Affairs vom Oktober 1967, Bd. 46, Nr. 1; Henry Kissinger: „The Vietnam Negotiations" in: Foreign Affairs vom Januar 1969, Bd. 47, Nr. 2

21 The Times vom 4. Juni 1966, zit. nach Morgan, Washington, S. 168

22 Kiesinger: „Ansprache vor dem 'National Press Club', 8. August 1969" in: Kiesinger, Große Koalition, S. 314; zu seinen deutschlandpolitischen Vorstellungen s. u. a. Kiesinger, Kurt Georg: Stationen 1949-1969. Tübingen 1969, S. 177 ff. und 187 ff.

23 Baring, Machtwechsel, S. 27-197

24 Initiativantrag Nr. 112 des Bezirks Südhessen, zit. nach Arend, Peter: Die innerparteiliche Entwicklung der SPD 1969-1975. Bonn 1975, S. 101

25 vgl. hierzu u.a. „Studenten wollen Nixons Besuch stören" in: Süddeutsche Zeitung vom 12. Februar 1969 und „Gegen Nixon hat die APO keine Chance" in: Frankfurter Neue Presse vom 25. Februar 1969

26 Initiativantrag Nr. 687 des Bezirks Südhessen, zit. nach Arend, Entwicklung, S. 102

27 Brief zit. nach Brandt, Begegnungen, S. 425

28 Brandt in: Bundeskanzler Brandt, Reden, S. 179; Gleich zu Beginn seiner Amtszeit gab Richard Nixon Garantien für Berlin ab, s. „Nixon gibt Bonn volle Rückendekkung" in: Stuttgarter Nachrichten vom 27. Februar 1969 und „Nixon bekräftigt Garantien für Berlin" in: Süddeutsche Zeitung vom 28. Februar 1969, die er regelmäßig und eindringlich wiederholte

29 Brandt, Begegnungen, S. 426

30 Anfangs war der Terminus „Ostpolitik" noch negativ belastet, lange Zeit umstritten, vgl. Bender, Peter: Die Ostpolitik Willy Brandts oder Die Kunst des Selbstverständlichen. Reinbek bei Hamburg 1972

31 Kissinger, Memoiren 1968-1973, S. 411

32 Brandt, Begegnungen, S. 392f.

33 Zwischen 1966 und 1968 waren die in Europa stationierten US-Truppen, wie oben gesehen, von ca. 366.000 auf rund 300.000 Mann reduziert worden.

34 zu MBFR („mutual balance force reduction") s. u.a. Erklärung vor dem Deutschen Bundestag am 15. April 1970 in: Bundeskanzler Brandt, Reden, S. 182

35 Kissinger, Memoiren 1968-1973, S. 425

36 vgl. Walter F. Hahn: „West Germany's Ostpolitik. The Grand Design of Egon Bahr" in: Orbis, Nr. 4, Winter 1973, S. 859-880

37 Strategiepapier des am. Außenministeriums, zitiert nach Kissinger, Memoiren 1968-1973, S. 440

38 Brandt, Erinnerungen, S. 187 f.

39 Ansprache vor den Teilnehmern der VI. Deutsch-Amerikanischen Konferenz am 24. Januar 1970 in Bonn in: Bundeskanzler Brandt, Reden, S. 115 f., Zitat S. 116

40 Ansprache vor der Weißen Haus am 10. April 1970 in Washington in: Bundeskanzler Brandt, Reden, S. 175

41 „Deutsch-sowjetischer Vertrag vom 12. August 1970" in: Außenpolitik der Bundesrepublik Deutschland. Vom Kalten Krieg zum Frieden in Europa. Dokumente von 1949-1989, hrsg. vom Auswärtigen Amt. München 1990, S. 331-334; „Deutsch-polnischer Vertrag vom 7. Dezember 1970" in: ebd., S. 334-336; generell s. Zündorf,

Benno: Die Ostverträge. Die Verträge von Moskau, Prag, das Berlin-Abkommen und die Verträge mit der DDR. München 1979 sowie Schmid, Guenther: Politik des Ausverkaufs? Die Deutschlandpolitik der Regierung Brandt/Scheel. München 1979

42 „Viermächte-Abkommen" über Berlin vom 3. September 1971 in: Außenpolitik, S. 350 f. und „Grundlagenvertrag" vom 21. Dezember 1972 in: ebd., S. 371-375

43 Brandt, Begegnungen, S. 436, 456, 468; vgl. hierzu: Josef Joffe: „Westverträge, Ostverträge und die Kontinuität der deutschen Außenpolitik", in: Europa-Archiv (=EA) 4/1973, S. 111-124

44 Baring, Machtwechsel, S. 260 f.

45 „Er (Kissinger) hätte uns gern an kürzerer Leine gehalten." vgl. Brandt, Erinnerungen, S. 192

46 Brandt, Erinnerungen, S. 189 f.

47 Nixon zit. nach Brandt, Erinnerungen, S. 193

48 Nixon zit. nach Kissinger, Memoiren 1968-1973, S. 451

49 vgl. EA 7/70, D. 158; EA 8/71, D. 177, EA 18/71, D. 425-427 und DOB vom 6.9.1971, S. 253-256

50 Richard Nixon zit. nach Brandt, Begegnungen, S. 389

51 Brandt, Begegnungen, S. 410

52 Henry Kissinger am 23. April 1973: „The Year of Europe" in: DOB vom 14.5.1973, S. 593-598; deutsch in: EA 10/1973, D. 219-225, vgl. Hacke, Ära, S. 181-185; Kissinger, Memoiren 1973-1974, S. 181-192

53 vgl. Kissinger, Memoiren 1973-1974, S. 181-185

54 vgl. sog. „Energiekonferenz von Washington" in: Außenpolitik, S. 404 f.

55 Clay Clemens: „Amerikanische Entspannungs- und deutsche Ostpolitik 1969-1975" in: Friedrich, Wolfgang-Uwe (Hg.): Die USA und die Deutsche Frage 1945-1990. Frankfurt am Main 1991, S. 195-230, hier S. 222

56 vgl. Bracher/Jäger/Link, Republik, S. 418

57 vgl Carr, Jonathan: Helmut Schmidt. Düsseldorf 1985; Blank, Ulrich: Helmut Schmidt, Bundeskanzler. Hamburg 1976

58 Nach Vietnam und Watergate nannte Ford seine Memoiren sinnig: Ford, Gerald: A Time To Heal. New York 1979

59 Schmidt, Helmut: Menschen und Mächte. Berlin 1987, S. 215

60 zu den Weltwirtschaftsgipfeln s. Hacke, Christian: Weltmacht wider Willen. Frankfurt 1993, S. 237-255; zu Rambouillet vgl. „Erster Weltwirtschaftsgipfel in Rambouillet" in: Außenpolitik der Bundesrepublik Deutschland. Vom Kalten Krieg zum Frieden in Europa. Dokumente von 1949-1989, hrsg. vom Auswärtigen Amt. München 1990, S. 430-433 (fortan zit. als „Außenpolitik")

61 „Ford macht Station in Bonn" in: Süddeutsche Zeitung vom 17. Juli 1975; vgl. Die Welt vom 21. Juli 1975; „Ford - die graue Maus bekommt Farbe" in: Express vom 25. Juli 1975 und „Mit Bier und Wein und Sauerkraut" in: Frankfurter Allgemeine Zeitung vom 29. Juli 1975

62 zit. nach Schmidt, Menschen und Mächte, S. 217

63 Die Laufzeit eines „Off-set"-Abkommens reichte jeweils vom 1. Juli bis zum 30. Juni eines Jahres

64 Tabelle nach: Thiel, Elke: Dollar-Dominanz. Lastenteilung und amerikanische Truppenpräsenz in Europa. Baden-Baden 1979, S. 67; Monika Medick: „'Burden-

Sharing' als Problem der deutsch-amerikanischen Beziehungen nach 1945" in: Knapp, Manfred (Hg.): Die deutsch-amerikanischen Beziehungen nach 1945. Frankfurt 1975, S. 204 f.; Heep, Barbara D.: Helmut Schmidt und Amerika. Eine schwierige Partnerschaft. Bonn 1990, S. 47 f.

65 Schmidt, Menschen und Mächte, S. 202-221, Zitate 213 und S. 219

66 Ford, Time To Heal, S. 221

67 Brief Schmidts an Ford, zit. nach Schmidt, Menschen und Mächte, S. 219

68 zit. nach: „Ansprache des Bundeskanzlers am 15. Juli 1976 anläßlich eines Abendessens im Weißen Haus“ in: Bulletin Nr. 89/1976, S. 840

69 vgl. Jimmy Carter: „Rede des Präsidenten der Vereinigten Staaten vor der Universität Notre Dame“ vom 22. Mai 1977 in: EA 15/1977, S. 405-410

70 vgl. Pflüger, Friedbert: Die Menschenrechtspolitik der USA. Amerikanische Außenpolitik zwischen Idealismus und Realismus 1972-1982. München 1983, S. 32-42, bei Carter s. S. 91-125; Arthur M. Schlesinger, Jr.: „Humann Rights And The American Tradition“ in: Foreign Affairs 57/1979, H. 3, S. 503-526

71 Pflüger, Menschenrechtspolitik, S: 224-227; 284-287; 445-339 und S. 364-372

72 vgl. Brzezinski, Zbigniew: Power And Principle. Memoirs of the National Security Advisor, 1977-1981. New York 1983

73 vgl. Schäfer, Margit: Die Außenpolitik der Administration James Earl Carter: Kontinuität und Wandel. Frankfurt am Main 1992, S. 47-57

74 Schmidt, Menschen und Mächte, S. 222-229

75 vgl. „Nukleare Rüstung und Rüstungskontrolle“ in: Woyke, Wichard (Hg.): Handwörterbuch Internationale Politik. Bonn 1994, S. 352-355

76 Mutual and Balanced Force Reductions (= Verhandlungen über beiderseitige, ausgewogene Truppenreduzierungen in Mitteleuropa), vgl. Woyke, Handwörterbuch, S. 231f.

77 „Aspekte der westlichen Sicherheit. Vortrag von Bundeskanzler Schmidt vor dem International Institute for Strategic Studies in London am 28. Oktober 1977“ in: Außenpolitik, S. 462-469

78 siehe u.a. Schmidt, Helmut: Die Strategie des Gleichgewichts. Unser Beitrag zum Frieden. Hamburg 1969

79 Schmidt, Mächte und Menschen, S. 231

80 Karl Kaiser: „Auf der Suche nach einer Welt-Nuklearordnung. Zum Hintergrund deutsch-amerikanischer Divergenzen“ in: EA 6/1978, S. 153-172

81 Bulletin Nr. 34 vom 14. April 1978, S. 321-326

82 Lothar Rühl: „Das Ringen um die Neutronenwaffe“ in: Wagner, Wolfgang et al. (Hg.): Die Internationale Politik 1977-1978. München 1982, S. 142-149 und ders.: „Die Nichtentscheidung über die ‘Neutronenwaffe’. Ein Beispiel verfehlter Bündnispolitik“ in EA 5/1979, S. 137-150

83 vgl. den Artikel von Walter Pincus „Neutron Killer Warhead Buried in ERDA Budget“ in: The Washington Post vom 6. Juni 1977

84 Egon Bahr: „Ist der Mensch dabei, verrückt zu werden?“ und ders.: „Es geht um die Skala unserer Werte“ in: Vorwärts vom 21. und 28. Juli 1977

85 vgl. Jimmy Carters „Inaugural Adress“ vom 20. Januar 1977 u.a. in: Adam, Elaine P./Stebbins, Richard P. (Hg.): American Foreign Relations 1977. A Documentary Record. New York 1979, S. 154-156 sowie Brzezinski, Power And Principle, S. 302

86 Kommuniqué der Außen- und Verteidigungsminister der NATO über den Beschluß zur Stationierung von Mittelstreckenwaffen, Brüssel, 12. Dezember 1979 in: Bulletin Nr. 154 vom 18. Dezember 1979, S. 1409 f.

87 vgl. Hoffmann, Hubertus: Schwachstellen der NATO in der Verwirklichung des Doppelbeschlusses. Washington 1983 und ders.: Die Atompartner Washington-Bonn und die Modernisierung der taktischen Kernwaffen. Koblenz 1986

88 Dittgen, Herbert: Deutsch-amerikanische Sicherheitsbestimmungen in der Ära Helmut Schmidt. Vorgeschichte und Folgen des NATO-Doppelbeschlusses. München 1991

89 Jordan, Hamilton: Crisis. The Last Year Of The Carter Presidency. New York 1986

90 Schmidt, Menschen und Mächte, S. 243

91 „Amerikanische Maßnahmen gegen Moskau" in: Neue Zürcher Zeitung vom 8. Januar 1980

92 Heep, Schmidt, S. 174

93 Carter, Jimmy: Keeping Faith. Memoirs Of A President. Toronto 1982, S. 537 f; zum Vorwurf, Schmidt sei „anti-amerikanisch", vgl. u.a. „Solides Fundament der Freundschaft mit den Vereinigten Staaten" in: Schmidt, Helmut: Der Kurs heißt Frieden. Düsseldorf 1979, S. 103-115

94 Brzezinski zit. nach Heep, Schmidt, S. 166

95 Schmidt, Menschen und Mächte, S. 254-256

96 Schmidt hatte Carter und sein Team mehrfach öffentlich als „unberechenbar", „naiv" und „erbärmlich" bezeichnet, vgl. Heep, Schmidt, S. 170

97 Tagebucheintragungen Carters vom 13. April 1978 und vom 28. Juni 1979, zit nach Carter, Keeping Faith, S. 112 f. S. 228 f.; auch sein Sicherheitsberater vertritt u.a. in der Debatte um die Neutronenwaffe vehement diese Meinung, vgl. Brzezinski, Power and Principle, S. 302; zur öffentlichen Kritik Schmidts an den tragenden Säulen der Politik Carters siehe „Der Kanzler und der Präsident" in: Die Zeit vom 31. März 1978

98 Carter, Keeping Faith, S. 535-538

99 vgl. die Schilderung des Gespräches bei Schmidt, Menschen und Mächte, S. 256-263

100 siehe Lothar Wilker: „Das Brasilien-Geschäft - ein 'diplomatischer Betriebsunfall'?" in: Haftendorn, Helga (Hrsg.): Verwaltete Außenpolitik. Sicherheits- und entspannungspolitische Entscheidungsprozesse in Bonn. Köln 1978, S. 191-208

101 Heep, Schmidt, S. 71-86

102 vgl. Heep, Schmidt, S. 113-151

103 Schmidt, Menschen und Mächte, S. 264 f., vgl. hierzu: Schweigler, Gebhard: Von Kissinger zu Carter. Entspannung im Widerstreit von Innen- und Außenpolitik 1969-1981. München 1982

104 vgl. Stockman, David: Der Triumph der Politik. Die Krise der Reagan-Regierung und ihre Auswirkung auf die Weltwirtschaft. München 1986, S. 97-161 und Ahrens, Helmut: Reagans Amerika. Vorwärts nach gestern. Augsburg 1982, S. 173-190

105 Reagan, Ronald: Erinnerungen. Ein amerikanisches Leben. Berlin 1990, S. 356

106 vgl. „Die verschiedenen Schattierungen der Null-Lösung" in: Talbott, Strobe: Raketenschach. München 1984, S. 101-125

107 Haig, Alexander: Geisterschiff USA. Wer macht Reagans Außenpolitik? Stuttgart 1984, S. 265 f.

108 Heep, Schmidt, S. 239

109 „Zur Sicherheitspolitik der Bundesrepublik" in: Außenpolitik, S. 528-530

110 „Unterstützung durch den Aufnahmestaat in Krise oder Krieg" nach: Bulletin Nr. 34 vom 20. April 1982, S. 278 f.

111 vgl. Linda P. Brady und Dieter Fleck: „Transatlantische militärische Zusammenarbeit in Krisenzeiten. Das deutsch-amerikanische Abkommen über die Unterstützung von US-Streitkräften in der Bundesrepubik Deutschland" in: Europa-Archiv, a.a.O.

112 Helga Haftendorn: „Die Zukunft der amerikanischen militärischen Präsenz in Europa" in: Europa-Archiv, a.a.O.

113 „Unterstützung durch den Aufnahmestaat in Krise oder Krieg" nach: Bulletin Nr. 34 vom 20. April 1982, S. 279

114 vgl. Bölling, Klaus: Die letzten 30 Tage des Kanzlers Helmut Schmidt. Hamburg 1982 und Thies, Jochen: Helmut Schmidts Rückzug von der Macht. Das Ende der Ära Schmidt aus nächster Nähe. Bonn 1988

115 vgl. „Koordinierungsschwierigkeiten mit den USA" in: Jäger, Wolfgang/Link, Werner: Republik im Wandel, 1974-1982. Die Ära Schmidt. Stuttgart 1987, S. 310-321

Anmerkungen zu den Seiten 223-258

1 „Koalition der Mitte. Regierungserklärung von Bundeskanzler Kohl vor dem Bundestag am 13. Oktober 1982" in: Außenpolitik der Bundesrepublik Deutschland. Vom Kalten Krieg zum Frieden in Europa. Dokumente 1949-1989, hrsg. vom Auswärtigen Amt. Bonn 1990, S. 540-545, Zitate S. 541

2 Wolfgang Wagner: „Der Regierungswechsel in Bonn. Außenpolitische Kontinuität nach Kanzlersturz und vorzeitigen Neuwahlen" in: Europa-Archiv (1983)

3 1683 waren dreizehn Familien aus Krefeld nach Nordamerika ausgewandert

4 Gemeinsame deutsch-amerikanische Erklärung vom 16. November 1982 in: Bulletin, Presse- und Informationsamt der Bundesregierung, Nr. 113 vom 19. November 1982

5 vgl. hierzu auch den Vortrag „Leitlinien und Grundüberzeugungen deutscher Außenpolitik" von Bundeskanzler Kohl vor der Mitgliederversammlung der DGAP (1986)

6 vgl.: Innere Gründe außenpolitischer Diskontinuität" in: Schmidt, Menschen und Mächte, S. 264-281

7 vgl. Arenth, Johnson, S. 89-93

8 Eine noch höhere Aussagekraft hätten diese Daten allerdings, wären die angeführten Gruppen miteinander vergleichbar.

9 so Stephen S. Szabo in der Kurzfassung seines Buches The Successor Generation: International Perspectives of Postwar Europeans. London 1983

10 Bulletin, Presse- und Informationsamt der Bundesregierung, Nr. 34 vom 6. April 1983

11 Der Bundesminister des Auswärtigen, Mitteilung an die Presse Nr. 1100 B/83 vom 2. Dezember 1983
12 Johan Jörgen Holst: „Europäische Aspekte der amerikanischen Diskussion über ein 'Einfrieren' von Kernwaffen" in: Europa-Archiv (1983)
13 Polit-Barometer, ZDF, Juli 1983
14 „Kommuniqué der Nuklearen Planungsgruppe der NATO. 34. Ministertagung in Montebello am 27./28. Oktober 1983" in: Außenpolitik, S. 556 f.
15 „Doppelbeschluß und INF-Verhandlungen. Erklärung von Bundeskanzler Kohl vor dem Deutschen Bundestag am 21. November 1983" in: Außenpolitik, S. 557-561, Zitat S. 558
16 vgl. Schell, Peter: Bündnis im Schatten. Die WEU in den 80er Jahren. Bonn 1991, S. 408-427
17 „Wiederbelebung der WEU. Bundesminister des Auswärtigen, Genscher, als Berichterstatter des WEU-Rates, vor der WEU-Versammlung in Paris am 20. Juni 1984" in: Außenpolitik, S. 561-563
18 vgl. Forndran, Erhard: Die Vereinigten Staaten von Amerika und Europa. Erfahrungen und Perspektiven transatlantischer Beziehungen seit dem Ersten Weltkrieg. Baden-Baden 1991, S. 217-267
19 Die NATO begann 1980 wie angekündigt mit dem Abbau von 2.400 nuklearen Gefechtsköpfen
20 Bulletin, Presse- und Informationsamt der Bundesregierung, Nr. 149 vom 4. Dezember 1984
21 vgl. „Nukleare Rüstung und Rüstungskontrolle" in: Woyke, Wichard (Hrsg.): Handwörterbuch Internationale Politik. Bonn 1994, S. 356
22 Hacke, Christian: Weltmacht wider Willen. Frankfurt 1993, S. 345 Andererseits heißt es ebd., S. 346: „Kohl respektierte den philosophisch-moralischen Ansatz und das persönliche Engagement von Präsident Reagan bei SDI."
23 Wireless Bulletin from Washington (USIS Bonn) Nr. 29 vom 13. Februar 1985 (übersetzt durch das Europa-Archiv)
24 Regierungserklärung von Bundeskanzler Kohl zu SDI vom 18. April 1985
25 „Abschluß der SDI-Vereinbarungen. Pressemitteilung von Regierungssprecher Ost am 28. März 1986" in: Außenpolitik, S. 584
26 Präsident Dwight D. Eisenhower machte diesen Ausdruck während seiner Abschiedsrede im Januar 1961 berühmt
27 Stattdessen sprach Reagan vor dem Europäischen Parlament in Straßburg
28 Ursprünglich war das KZ in Dachau vorgesehen, doch Reagans Stab entschied sich für Bergen-Belsen
29 Elie Wiesel zit. nach: Smith, Hedrick: Der Machtkampf in Washington. Reagans Erbe: Washingtons neue Elite. Reinbek bei Hamburg 1988, S. 422
30 Smith, Machtkampf, S. 416-427
31 Wireless Bulletin from Washinton (USIS Bonn) Nr. 86/A vom 9. Mai 1985 (übersetzt durch das Europa-Archiv); dagegen bemerkt Alfred Herrhausen: „In der Bundesrepublik gibt es noch immer viel Zukunftspessimismus und Fortschrittsfeindlichkeit." in: Burt, Richard: Deutschland und Amerika. Partner für eine Welt im Wandel. Herford 1988, S. 12

32 „Vergeltungsschlag der USA gegen Libyen. Erklärung von Bundeskanzler Kohl vor dem Deutschen Bundestag zum internationalen Terrorismus“ in: Außenpolitik, S. 584-587, Zitat S. 586

33 Reagan, Ronald: Erinnerungen. Ein amerikanisches Leben. Berlin 1990, S. 9

34 vgl. Haftendorn, Helga/Schissler, J. (Hg.): Rekonstruktion amerikanischer Stärke. Sicherheits- und Rüstungskontrollpolitik der USA während der Reagan-Administration. Berllin 1988

35 Reagan, Erinnerungen, S. 11; vgl auch: „Präsident Reagan über sein Treffen mit Generalsekretär Gorbatschow in Genf“ in: Amerika-Dienst Nr. 47 vom 27. November 1985

36 „Vom Irrsinn des Wettrüstens. Wenn die Abrüstung selbst zum Schrecken wird“ in: Die Zeit vom August 1982, nachgedruckt in: Dönhoff, Marion Gräfin: Im Wartesaal der Geschichte. Stuttgart 1993, S. 258

37 Quelle: Congressional Budget Office, Washington, D.C. und Weinberger, Caspar C: Annual Report to the Congress. Fiscal Year 1988, S. 237, zit. nach: Kurt R. Spillmann: „Stärke, Abschreckung und Abrüstung. Amerikanische Sicherheitspolitik in der Ära Reagan“ in: Die Ära Reagan. Eine erste Bilanz, hrsg. von Hartmut Wasser. Stuttgart 1988, S. 161

38 vgl. Czempiel, Ernst-Otto: Die USA und die Sowjetunion in den achtziger Jahren. München 1989 und Görtemaker, Manfred/Wettig, Gerhard (Hg.): USA-UdSSR. Dokumente zur Sicherheitspolitik. Hannover 1986, S. 137-157 und S. 255-257

39 vgl. Hacke, Christian: Von Kennedy bis Reagan. Stuttgart 1984, S. 206

40 Burt, Deutschland, S. 79

41 Woyke, Handwörterbuch, S. 356 f.

42 vgl. Risse-Kappen, Thomas: Null-Lösung. Entscheidungsprozesse zu den Mittelstreckenwaffen 1970-1987. Frankfurt am Main 1988; s. „Washingtoner Abkommen vom 8. Dezember 1987 über die Beseitigung der Mittelstreckenwaffen längerer und kürzerer Reichweite (INF)“ in: Europa-Archiv 1/1988, D 18-D30

43 „Abschluß des Washingtoner INF-Vertrages. Kommuniqué der Ministertagung des Nordatlantikrats vom 11. Dezember 1987“ in: Außenpolitik, S. 614-617

44 Außenpolitik, S. 90 und „Grünes Licht für die Null-Lösung. Bundesminister des Auswärtigen, Genscher, zum Ergebnis der Frühjahrstagung des NATO-Ministerrates in Reykjavik am 12. Juni 1987“ in: ebd., S. 601; vgl. auch Bulletin, Presse- und Informationsamt der Bundesregierung, Nr. 59 vom 16. Juni 1987

45 Der Deutsche Bundestag hatte sich am 4. Juni 1987 noch für die sog. „doppelte Nullösung“ ausgesprochen.

46 Burt, Deutschland, S. 18

47 Regierungserklärung von Bundeskanzler Kohl vom 18. März 1987 in: Bulletin, Presse- und Informationsamt der Bundesregierung, Nr. 27 vom 19. März 1987

48 zit. nach Amerika-Dienst vom 15. Juni 1987

49 Bundespräsidialamt, Ansprache von Bundespräsident von Weizsäcker in Harvard, 11 Juni 1987

50 vgl. „Transatlantische Tonstörung - am Anfang stand Bitburg“ in: Die Welt vom 12. Januar 1989

51 „Bonn befürchtet Schaden für Beziehung zu den USA" in: Süddeutsche Zeitung und „Mißstimmung zwischen Bonn und Washington" in Frankfurter Allgemeine Zeitung vom 7. Januar 1989
52 William R. Smyser: „Partner im Widerstreit. Die Bundesrepublik und die Vereinigten Staaten vor dem Beginn einer neuen Ära" in: Europa-Archiv (1989)
53 Burt, Deutsche, S. 25, S. 43
54 Dresdner Bank (Hrsg.): Statistische Reihen. Die Wirtschaftsentwicklung der Bundesrepublik Deutschland 1950 bis 1933. Mai 1994
55 ebd.
56 s.a. P. Schaal: „Die Wirtschaftsbeziehungen zwischen den USA und der Bundesrepublik Deutschland" in: Aus Politik und Zeitgeschichte. Beilage zur Wochenzeitung Das Parlament, B 13 (1983), S. 22 ff.
57 Ohmae, Kenichi: Die Macht der Triade. Wiesbaden 1985
58 P. Hellmann: „Die Weltwirtshaft auf der Dollarschaukel. Wandlungen der amerikanischen Währungspolitik" in: Europa-Archiv 4 (1987), S. 107 ff.
59 vgl. Joachim Arenth: „'Vom Containment' zum 'Enlargement' oder: Sind die USA heute noch Führungsmacht?" in: Rissener Jahrbuch 1994/95. Beiträge zu Politik, Wirtschaft und Sicherheit. Hamburg 1994, S. 293-306
60 Herbert von Borch: Reagans Amerika: Die konservative Welle" in: Fischer Weltalmanach 1984. Frankfurt 1983, Sp. 98-104
61 s. „Das Haushalts-Desaster in Zahlen „ in: Stockman, David: Der Triumph der Politik. Die Krise der Reagan-Regierung und ihre Auswirkung auf die Weltwirtschaft. München 1986, S. 426-445
62 M Dubois: „Aspekte der amerikanischen Staatsverschuldung" in: Neue Zürcher Zeitung vom 5. Juli 1989
63 vgl. Joachim Arenth/Siegrid Westphal: „Supermacht vor inneren Grenzen" in: ifdt H. 6/93, S. 96-103
64 vgl. Joachim Arenth: „Abschied von der Supermacht? - Die USA vor den Herausforderungen innerer Konsolidierung" in: Rissener Rundbrief 2/1993, S. 25-32
65 Hellmann, Weltwirtshaft auf der Dollarschaukel, S. 107ff.
66 „Der Film in den 70er Jahren" in: Unser Jahrhundert in Wort, Bild und Ton. Die 70er Jahre. Gütersloh 1987, S. 232-237 sowie „Film" in: ebd., Die 80er Jahre. Gütersloh 1990, S. 237-242
67 „Ob unser Geist noch weht? in: Die Zeit vom 14. Oktober 1988
68 vgl. Bredella, Lothar/Gast, Wolfgang/Quandt, Siegfried (Hrsg.): Deutschlandbilder im amerikanischen Fernsehen. Inhalte - Formen - Funktionen. Tübingen 1995
69 „Sport" in: Unser Jahrhundert in Wort, Bild und Ton. Die 80er Jahre. Gütersloh 1990, S. 245f.
70 Kurt Kister: Sein Name steht für ein Programm. Zum Tode von William Fulbright" in: Süddeutsche Zeitung vom 11./12. Februar 1995. Der Senator starb im Alter von 89 Jahren
71 Crailsheim in Baden-Württemberg mit Worthington, Minnesota; 1990 gab es ca. 100 Städteparnerschaften, etwa zwischen München und Cincinnatti
72 1983 waren es bereits 17.681 deutsche und amerikanische Schüler sowie junge Berufstätige, die im Rahmen solcher Programme das andere Land besuchten
73 1982 hatte es bereits eine sog. „Reagan Initiative" auf diesem Gebiet gegeben
74 Arthur F. Burns: „Akademikeraustausch" in: Das Parlament vom 2. April 1983

75 vgl. „Mehr Verständnis durch Jugendaustausch“ in: Das Parlament vom 8. Oktober 1983

76 „Während es an der Uni normal geworden war, irgendwie links zu sein, verlor Amerika an Bedeutung,“ schreibt Reino Schönberger rückblickend treffend über diese Stimmung, vgl. „Kleine Geschichte des Anti-Amerikanismus“ in: Frankfurter Rundschau vom 20. April 1991

77 vgl. „USA-Bundesrepublik: Die bilateralen Beziehungen werden durch neue Institutionen aufgemöbelt“ in: Handelsblatt vom 11. Oktober 1983

78 „Immer auf der richtigen Seite“. Mettke über deutsch-amerikanische Clubs und organisierte Völkerfreundschaft“ in: Der Spiegel vom 24. Juni 1985

79 zu seinen Aufgaben s. „Deutsches Historisches Institut in Washington“ in: Das Parlament vom 15. Juli 1988

80 „Das Interesse der Amerikaner an Germany schwindet“ in: Die Welt vom 8. August 1987

81 vgl. „Deutsch-amerikanischer Koordinator Weidenfeld informiert Kohl“ in: Frankfurter Allgemeine Zeitung vom 30. Oktober 1987

82 „Initiativen zur Verstärkung der wissenschaftlichen Kooperation mit den USA“ in: Bulletin, Presse- und Informationsamt der Bundesregierung, vom 9. Juli 1988

83 dazu gehörten nun u.a. das Parlamentarische Patenschafts-Programm des Deutschen Bundestages, das German-American Partnership Program der Kultusminister der Länder (GAPP), die diversen Programme des Bundesministeriums für Jugend, Familie, Frauen und Gesundheit, der deutsch-amerikanische Rat für den Jugendaustausch sowie eine Vielzahl weiterer privater Institutionen und Aktionen von der Carl-Duisberg-Gesellschaft bis zum „German-American Day“, dem 6. Oktober, vgl. „Deutsch-amerikanischer Jugendaustausch. Zukunftsinvestitionen für die transatlantische Partnerschaft“ in: Das Parlament vom 21. September 1990

Anmerkungen zu den Seiten 259-304

1 Wolfgang Schäuble: „Unterrichtung des Deutschen Bundestages ‘über Erkenntnisse einer eventuellen Beteiligung Deutscher am Bau einer Chemiewaffenfabrik in Libyen“ in: Bulletin, Presse- und Informationsamt der Bundesregierung, Nr. 5 vom 19. Januar 1989

2 „Eine Freundschaft auf dem Prüfstand“ in: Die Zeit vom 10. Februar 1989

3 Vernon Walters: „Amerikanische Präsenz in Europa im Zeitalter von Glasnost und Perestrojka“, Rede des amerikanischen Botschafters vor der Gesellschaft für Auslandskunde, Amerika-Haus München, 30. Oktober 1989, S. 5-9

4 „‘Die neue Generation der Westdeutschen ist selbstbewußter’. Der scheidende US-Botschafter Richard Burt zieht Bilanz“ in: Süddeutsche Zeitung vom 12. Januar 1989

5 siehe hierzu seine 1982 erschienene Monographie „Silent Missions“ sowie seine in den Presidential Libraries gesammelten Oral History Interviews

6 Walters, Vernon: Die Vereinigung war voraussehbar. Hinter den Kulissen eines entscheidenden Jahres. Die Aufzeichnungen des amerikanischen Botschafters. Berlin 1994, S. 19

7 „Ein Mann für alle Fälle. Das Porträt: Vernon Walters" in: Frankfurter Rundschau vom 9. Januar 1989
8 Walters, Vereinigung, S. 24
9 Die Breschnew-Doktrin wurde am 7. Juli 1989 durch das Schlußkommuniqué des Warschauer Paktes widerrufen
10 „Bericht der Staats- und Regierungschefs auf der Tagung des Nordatlantikrates in Brüssel am 29. und 30. Mai 1989" in: Außenpolitik der Bundesrepublik Deutschland. Vom Kalten Krieg zum Frieden in Europa. Dokumente 1949-1989, hrsg. vom Auswärtigen Amt. München 1990, S. 676-692
11 „Rede des Präsidenten der Vereinigten Staaten von Amerika, George H. W. Bush, in der Rheingoldhalle in Mainz am 31. Mai 1989" in: ebd., S. 694-697
12 Weekly Bulletin, USIS United States Embassy in Berlin, August 14, 1989, S. 2
13 Baker zit. nach Gerald R. Kleinfeld: „Die Verwirklichung des Unwahrscheinlichen: Amerikanische Außenpolitik und deutsche Wiedervereinigung" in: Friedrich, Wolfgang-Uwe (Hg.): Die USA und die Deutsche Frage 1945-1990. Frankfurt am Main 1991, S. 369-390, Zitat S. 372
14 „Die DDR bricht die Mauer auf" und „Reaktionen der ehemaligen Besatzungsmächte" in: Süddeutsche Zeitung vom 11./12. November 1989
15 vgl. Kleinfeld, Verwirklichung, S. 372f.
16 Walters Interview mit USIS United States Embassy in Berlin, 15. November 1989, S. 22
17 Teltschik, Horst: 329 Tage. Innenansichten der Einigung. Berlin 1991, S. 16f., 23
18 Teltschik, 329 Tage, S. 48
19 „'Bereit, noch einen entscheidenden Schritt weiterzugehen'. 10-Punkte-Plan: Vom Staatenbund zum Bundesstaat" in: Chronik '89. Die Wende in der DDR. Dortmund 1989, S. 104
20 Für den Gipfel von Malta gab es keine feste Agenda. Auch spielte das stürmische Wetter den beiden Präsidenten einen üblen Streich. Ursprünglich sollte der „Kennenlern-Gipfel" auf zwei Kriegsschiffen vor der Küste der Mittelmeerinsel stattfinden. Stattdessen mußten Bush und Gorbatschow sich wegen eines heftigen Sturms an Bord des am Ufer vertäuten sowjetischen Passagierschiffes „Maxim Gorki" treffen
21 Chronik '89, S. 116
22 Teltschik, 329 Tage, S. 62-67
23 USIS United States Embassy in Berlin, 6. Dezember 1989, Abschrift der Bush-Pressekonferenz in Brüssel vom 5. Dezember 1989, S. 23-25
24 Richard C. Holbrooke: „Amerika bleibt eine europäische Macht" in: Die Zeit vom 31. März 1995
25 Kleinfeld, Verwirklichung, S. 369 und S. 379; vgl. Bortfeld, Heinrich: Washington - Bonn - Berlin. Die USA und die deutsche Einheit. Bonn 1993
26 Marlies Menge: „Der Reiz des Verbotenen. Warum Amerikaner DDR-Forscher werden" in: Die Zeit vom 2. August 1985
27 Daniel Hamilton: „Ferne Sterne: Die Beziehungen der USA zur DDR 1974-1990" in: Friedrich, USA und Deutsche Frage, S. 369
28 Robert Gerald Livingston: „Ganz im Schatten der Bundesrepublik. Das Verhältnis Ost-Berlin und Washington" in: Die Zeit vom 23. September 1988

29 vgl. Arthur Hanhardts Beitrag „Die DDR-Politik der USA: Möglichkeiten und Grenzen“ in: Cooney, James A./Friedrich, Wolfgang-Uwe/Kleinfeld, Gerald R. (Hg.): Deutsch-amerikanische Beziehungen - Jahrbuch I. Frankfurt am Main

30 Wilhelm Bruns: „Die Außenpolitik der DDR“ in: Woyke, Wichard (Hg.): Netzwerk Weltpolitik. Opladen 1989, S. 249-272; Zimmer, Matthias: Nationales Interesse und Staatsräson. Zur Deutschlandpolitik der Regierung Kohl 1982-1989. Paderborn 1992

31 „Whitehead bei Kohl und Genscher. Vize-US-Außenminister informiert sich vor Weiterreise nach Ostberlin und Moskau“ in: Süddeutsche Zeitung vom 11. November 1987

32 „Amerikanischer Außenminister in Ostberlin“ in: Süddeutsche Zeitung vom 12. November 1987

33 Zahlen nach Hamilton, Ferne Sterne, S. 268

34 vgl. Margarita Mathiopoulos: „US-Präsidentschaft und die deutsche Frage in der Kanzlerschaft von Adenauer bis Kohl“ in: Außenpolitik IV (1988), S. 353-370

35 „Amerika und die neuen Bundesländer: Die neuen Freunde kennen sich noch kaum“ in: Das Parlament vom 10. Apri 1992

36 Weidenfeld, Werner: Brücken über den Atlantik. Bonn 1989

37 Kissinger zit. nach: Beschloss, Michael/Talbot, Strobe: Auf höchster Ebene. Das Ende des Kalten Krieges und die Geheimdiplomatie der Supermächte 1989-1991. Düsseldorf 1993, S. 181

38 ebd., S. 247f.

39 vgl. Europa-Archiv 8 (1990), S. D 189ff.

40 Elizabeth Pond: „Die Entstehung von ‘Zwei-plus-Vier’“ in: Europa-Archiv 21 (1992), S. 619-630

41 vgl. Kaiser, Karl: Deutschlands Vereinigung: die internationalen Aspekte. Bergisch Gladbach 1991

42 „Erklärung des sowjetischen Außenministeriums zum Beginn der Zwei-plus-Vier-Verhandlungen, abgegeben in Moskau am 14. März 1990“ in: Europa-Archiv 19 (1990), D. 492f.

43 Bulletin, Presse- und Informationsamt der Bundesregierung, Nr. 54 vom 8. Mai 1990

44 USIS Bonn, U.S. Policy Informations and Texts, Nr. 60, vom 7. Mai 1990; deutsch: Amerika-Dienst, Nr. 18, vom 9. Mai 1990

45 Ministerpräsident Lothar de Maizière hat dies tags zuvor in einem Kommentar deutlich gemacht

46 „Presseerklärung von Bundeskanzler Kohl in Bonn, 17.7.1990“ in: Europa-Archiv 18 (1990), D 488f.

47 „Vertrag zwischen der Bundesrepublik Deutschland, der Deutschen Demokratischen Republik, Frankreich, Großbritannien, der Sowjetunion und den Vereinigten Staaten über die abschließende Regelung der Deutschland-Frage, unterzeichnet in Moskau am 12. September 1990“ in: Europa-Archiv 19 (1990), D. 509-514

48 „Erklärung des französischen Außenministers, Roland Dumas, abgegeben bei der vierten Runde der Zwei-plus-Vier-Verhandlungen in Moskau am 12. September 1990“ in Europa-Archiv 19 (1990), D. 505

49 vgl. Kleinfeld, Verwirklichung, S. 388f.

50 Kohl zit. nach: Friedrich, USA und Deutsche Frage, S. 1
51 Manfred Knapp: „Die Vereinten Nationen als Institution internationaler Friedenssicherung“ in: Reader Sicherheitspolitik 11/12 (1994), S. 15-38
52 vgl. James A. Cooney: „Die Zukunft der NATO und die deutsch-amerikanischen Beziehungen“ in: Friedrich, USA, S. 502
53 „Bemühungen der Bundesregierung zur friedlichen Lösung der Golf-Krise“ in: Bulletin, Presse- und Informationsamt der Bundesregierung, Nr. 2 vom 10. Januar 1991
54 Walters, Vereinigung, S. 72
55 Inacker, Michael: Unter Ausschluß der Öffentlichkeit? Die Deutschen in der Golfallianz. Bonn 1991
56 Robert Gerald Livingston: „Enttäuschte Liebe“ in: Manager Magazin 4 (1991),
57 „Weizsäcker und Bush bekräftigen die neue Partnerschaft zwischen Amerika und Deutschland“ in: Frankfurt Allgemeine Zeitung vom 2. Mai 1992
58 Frederick Kempe: „Die deutsch-amerikanischen Beziehungen und der Golfkrieg“ in: Mathiopoulos, Margarita (Hg.): Das neue Europa. Ein europäisch-amerikanischer Dialog. Bonn 1992, S. 65-78
59 vgl. hierzu George Bushs Botschaft zur Lage der Nation vom 29. Januar 1991 in: Europa-Archiv 5 (1991), D. 119ff. sowie Bushs Rede vor der Generalversammlung dder Vereinten Nationen in: Europa-Archiv 9 (1992), D. 333ff.
60 Allen, Charles F.: Portis, Jonathan: Bill Clinton. Eine Biographie. Berlin 1993
61 „Außenpolitik - Reise durch ein Minenfeld“ in: Frey, Erich: Clintons Amerika. Präsident einer neuen Generation. Frankfurt am Main 1993
62 „Bill Clintons Inaugurationsrede“ vom 20. Januar 1993 in: Schambeck, Herbert et al. (Hg.): Dokumente zur Geschichte der Vereinigten Staaten von Amerika. Berlin 1993, S.689-695
63 Joachim Arenth: „Vom ‘Containment’ zum ‘Enlargement’ oder: Sind die USA heute noch Führungsmacht? in: Rissener Jahrbuch 1994/94. Beiträge zu Politik, Wirtschaft und Sicherheit. Hamburg 1994, S. 293-306
64 „Euro-atlantische Gemeinschaft von Vancouver bis Wladiwostok. SZ-Interview mit dem Bonner US-Botschafter Robert M. Kimmitt“ in: Süddeutsche Zeitung vom 11. Oktober 1991
65 Margarita Mathipoulos: „Bonn und Washington: Vom Musterschüler zum Führungspartner, vom Zauberlehrling zum Sorgenkind?“ Vortrag anläßlich der Veranstaltung des Deutsch-Amerikanischen Instituts Saarbrücken und der Deutschen Atlantischen Gesellschaft, Saarbrücken, 23.2.1994, S. 22, S. 41-55
66 Kaiser, Karl/Maull, Hanns (Hg.): Deutschlands neue Außenpolitik. München 1994
67 Gessenharter, Wolfgang: Kippt die Republik? München 1994; Pflüger, Friedbert: Deutschland driftet. Düsseldorf 1994
68 Schöllgen, Gregor: Die Macht in der Mitte Europas. München 1992
69 Hacke, Christian: Weltmacht wider Willen? Frankfurt am Main 1993
70 „Holbrooke: Clinton kennt und liebt Deutschland“ in: Frankfurter Allgemeine Zeitung vom 20. September 1993; Cord Jakobeit: „Führungspartnerschaft - Herausforderungen für die deutsch-amerikanischen Beziehungen in der ‘Neuen Weltordnung’“ in: Jakobeit, Cord/Sacksosky, Ute/Welzel, Peter (Hg.): Die USA am Beginn der neunziger Jahre. Politikk - Wirtschaft - Recht. Opladen 1993, S. 61-76

71 Josef Joffe: „Geradezu beunruhigende Harmonie. Gemeinsame Verwirrung bei deutsch-amerikanischer Bilanz 100 Tage nach Clintons Start“ in: Süddeutsche Zeitung vom 5. Mai 1993

72 Robert D. Blackwill: „Warum Europa und Amerika zusammenstehen müssen“ in: Frankfurter Allgemeine Zeitung vom 20. Februar 1995

73 Smyser, William R.: Deutschland gegen Amerika? Eine Bestandsaufnahme für die Zukunft. Freiburg i. Br. 1992, S. 16

74 vgl. Borkenhagen, Franz H. U.: Europa braucht GASP. Bonn 1993

75 Süddeutsche Zeitung vom 11. Oktober 1991

76 „Tragende Säule gerät ins Wanken“ in: Frankfurter Allgemeine Zeitung vom 29. Mai 1992

77 Süddeutsche Zeitung vom 19. Mai 1992

78 „Ami, don't go home“ und „Die neue Achse Kohl-Clinton“ in: Süddeutsche Zeitung vom 26. und 29. März 1993

79 Hamilton, Daniel: Jenseits von Bonn. Amerika und die „Berliner Republik“. Frankfurt am Main 1994, S. 12

80 Wolfram F. Hanrieder spricht bereits 1989 von der anstehenden „Renovierung“ der NATO in: „Deutschland und Amerika: Perspektiven eines Bündnisses“ in: Bleek, Wilhelm/Maull, Hanns (Hg.): Ein ganz normaler Staat? Perspektiven nach 40 Jahren Bundesrepublik. München 1989, S. 237; dagegen Arnold, Hans: Europa am Ende? Die Auflösung von EG und NATO. München 1993

81 Cooney, Zukunft, S. 497f.

82 „Erklärung der Bundesregierung zum NATO-Gipfel in Brüssel“ in: Bulletin, Presse- und Informationsamt der Bundesregierung, Nr. 3 vom 17. Januar 1994

83 Reinhard Hermes: „Deutschland und der Golfkrieg - verfassungsrechtliche und verfassungspolitische Anmerkungen“ in: Jakobeit, USA, S. 277-292

84 „Das Ende einer Sonderrolle. Karlsruher Richterspruch beendet Streit über Auslandseinsätze der Bundeswehr“ in: Reader Sicherheitspolitik 10 (1994), S. 1-16

85 Hellmann, Gunther (Hg.): Alliierte Präsenz und deutsche Einheit. Die politischen Fragen militärischer Macht. Baden-Baden 1994

86 „Deutsch-amerikanische Wertegemeinschaft für Freiheit und Menschenwürde. Grußbotschaften des Bundeskanzlers zum German-American Day 1989“ in: Bulletin, Presse- und Informationsamt der Bundesregierung, Nr. 103 vom 10. Oktober 1989

87 „Der Abschied von Freunden“ in: Hamburger Abendblatt vom 9. September 1994 sowie ifdt Nr. 9/1994

88 „Deutsch-amerikanische Partnerschaft für Frieden, Freiheit und Wohlstand“. Rede des Bundeskanzlers in Berlin in: Bulletin, Presse- und Informationsamt der Bundesregierung, Nr. 84 vom 16. September 1994

89 „Mißverständnisse über 1992 abbauen“ in: Nachrichten für Außenhandel vom 8. Februar 1989

90 „Die Deutsche Mark ist den Amerikanern lieber als ein im Export verdienter Rubel“: in: Handelsblatt vom 18. Oktober 1990; s.a. Schmidt, Helmut: Handeln für Deutschland. Berlin 1993, S. 25

91 „Das Deutschlandbild droht in den Staaten Schaden zu nehmen“ in: Frankfurter Allgemeine Zeitung vom 8. Dezember 1992

92 „Das Deutschlandbild trifft den Export“ in: Frankfurter Allgemeine Zeitung vom 29. März 1993
93 „Außenhandel 1992 - Deutschland-USA“ nach: Statistisches Bundesamt, Deutsche Bundesbank, in: Das Parlament vom 10. September 1993
94 „Deutsch-amerikanische Partnerschaft für Frieden, Freiheit und Wohlstand“. Rede des Bundeskanzlers in Berlin in: Bulletin, Presse- und Informationsamt der Bundesregierung, Nr. 84 vom 16. September 1994
95 vgl. „Europäische Union“ in: Fischer Weltalmanach 1995. Frankfurt am Main 1994, Sp. 843-860
96 „Amerikas Diplomaten sollen die Wirtschaft stark machen“ in: Frankfurter Allgemeine Zeitung vom 28. Januar 1994; Handelsblatt vom 18. Mai 1994
97 Erfolgreich arbeiten bei US-Gesellschaften in Europa. Frankfurt 1993, S. 41
98 Handelsblatt vom 19.. März 1993
99 Dichtl, Erwin (Hg.): Standort Bundesrepublik Deutschland. Frankfurt am Main 1994
100 Büscher, Reinhard/Homann, Joachen: Japan und Deutschland. Die späten Sieger. Zürich 1990, S. 117-152
101 Möller, Klaus-Peter: Vor uns die guten Jahre. Europa vor einem neuen wirtschaftlichen Aufschwung. München 1992
102 Weidenfeld, Werner/Wessels, Wolfgang (Hg.): Europa von A-Z. Bonn 1992
103 Ohmae, Kenichi: Macht der Triade. Die neue Form weltweiten Wettbewerbs. Wiesbaden 1985
104 Seitz, Konrad: Die japanisch-amerikanische Herausforderung. Deutschlands Hochtechnologie-Industrien kämpfen ums Überleben. München 1994
105 „Bonn will transatlantische Zusammenarbeit stärken“ in: Frankfurter Allegmeine Zeitung vom 20. April 1995
106 „Amerikaner stellen bange Fragen über Deutschlands wirtschaftliche Zukunft“ in: Handelsblatt vom 25. Januar 1994
107 „Harsche Kritik Kohls an US-Finanzpolitik“ in: Süddeutsche Zeitung vom 22./23. April 1995
108 Wie Botschafter Charles E. Redman bei seinem Amtsantritt in Bonn betonte, sei auf die Partnerschaft Deutschlands und der USA Verlaß. Er freue sich, „bei einem der wichtigsten Freunde und Verbündeten Amerikas zu sein.“ vgl. „Arbeit bei einem ‘wertvollen Partner’“ in: Frankfurter Allgemeine Zeitung vom 21. Oktober 1994
109 „Deutsch-amerikanische Partnerschaft in Verantwortung für Europa und die Welt“ in: Bulletin, Presse- und Informationsamt der Bundesregierung, Nr. 47 vom 6. Mai 1992
110 Kino-Hits 1994 nach Globus (VdF), zit. nach: Süddeutsche Zeitung vom 17. Februar 1995
111 „Reiselust“ in: Süddeutsche Zeitung vom 27. März 1995
112 „Mitglieder des Deutsch-Amerikanischen Akademischen Konzils beim Bundeskanzler“ in: Bulletin, Presse- und Informationsamt der Bundesregierung, Nr. 58 vom 2. Juli 1993
113 „Amerika und die neuen Bundesländer“ in: Das Parlament vom 10. April 1992; s.a. „Die ‘Atlantik-Brücke’ feiert ihr vierzigjähriges Bestehen mit der Ehrung von Henry Kissinger“ in: Süddeutsche Zeitung vom 27. Mai 1992

114 „Eine teure Freundschaft" in: Die Zeit vom 26. März 1993
115 „Amerika-Häuser in Deutschland" in: das Parlament vom 10. Dezember 1993
116 Michael Krekel: „Deutsch-amerikanischer Jugendaustausch" in: Das Parlament vom 21. September 1990
117 „Forscher statt Soldaten" in: Frankfurter Allgemeine Zeitung vom 7. Oktober 1994
118 „Rheinland-Pfalz und der Abzug amerikanischer Truppen" in: Frankfurter Allgemeine Zeitung vom 4. September 1992
119 Walters, Vereinigung, S. 107
120 „Nach dem Abzug der alliierten Streitkräfte setzt man in Rheinland-Pfalz auf 'Konversion'" in: Süddeutsche Zeitung vom 1./2. April 1995
121 „Rheinland-Pfalz schließt Partnerschaft mit den USA" in: Süddeutsche Zeitung vom 6. März 1995

VII. Personenregister

Acheson, Dean 25, 48, 80ff., 113, 121
Adenauer, Konrad 15, 45ff., 49ff., 73ff., 78, 80f., 84, 86ff., 90, 92ff., 110, 112ff., 116, 119, 121, 123f., 126ff., 140f., 144, 155ff., 165, 167, 169, 171, 175f., 178, 181, 191, 195, 231, 270
Albers, Hans 36
Aldrin, Edwin 197
Allen, Woody 249
Alsop, Joe 138
Armstrong, Louis 151
Armstrong, Neil 197
Aspin, Les 303
Attlee, Clement R. 38
Augstein, Rudolf 34

Bahr, Egon 122, 183, 208
Baker, James Addison 262, 264, 266, 278f., 284, 299f.
Ball, George 169
Bangemann, Martin 257
Baring, Arnulf 78, 192
Barkley, George 262
Baruch, Bernard 23
Beatles 154
Beck, Kurt 297
Bee Gees 250
Berry, Chuck 151
Bindenagel, J.D. 262
Bismarck, Otto von 49
Blank, Theodor 106
Bogdanovich, Peter 248
Boutos-Boutros-Ghali 303
Brandt, Willy 15, 93, 105, 111f., 116, 119, 122, 126f., 131, 134, 144, 158, 163, 165, 170, 172ff., 183ff., 188f., 191f., 194, 196ff., 219, 251
Brentano, Heinrich von 100, 106, 157
Brown, Ronald 291
Brzezinski, Zbigniew 205, 212
Bundy, McGeorge 122, 156, 170
Burns, Arthur F. 234, 252
Burt, Richard 240, 242, 260
Bush, George 215, 246, 255, 259, 261ff., 268f., 278, 280f., 283f., 292, 296, 298ff. 303
Byrnes, James F. 14, 23, 25, 39, 40, 42, 46

Carstens, Carl 256
Carter, Jimmy 205, 207f., 210f., 213ff., 220f.
Cartier, Raymond 149
Christopher, Warren 283, 303
Chruschtschow, Nikita 107f., 112f., 114f., 118, 121, 124, 130ff., 135f.
Churchill, Winston S., 20, 22, 24, 38, 41, 50, 57
Claes, Willy 304
Clay, Lucius D. 30, 42, 53f., 64, 70, 79, 127
Clinton, Bill 281f., 285f., 290, 294, 303
Conant, James B. 95f.
Coppola, Francis Ford 248

Day, Doris 151
De Gaulle, Charles 98, 106, 109f., 112f., 117f., 129ff., 135ff., 139, 172, 206
De Maizière, Lothar 300
Dean, James 153
Dewey, John 25
Dönhoff, Gräfin Marion 65, 66, 80f., 127, 237

Dönitz, Karl 41, 46
Dorn, Walter 30
Douglas, Lewis 27
Dukakis, Michael 246
Dulles, John Foster 25, 81, 89f., 92f., 97f., 81, 100, 104f., 108, 110, 113, 118f., 130f., 184, 236
Dumas, Roland 277
Dutschke, Rudi 171, 177
Dylan, Bob 155

Eagleburger, Lawrence 262
Earl, James 220
Eckardt, Felix von, 121
Ehard, Hans 29, 175
Einstein, Albert 13
Eisenhower, Dwight D. 22, 26, 33, 42, 53, 70, 75, 85, 88ff., 93, 95, 97f.,102, 105ff., 110f., 113f., 118f., 121, 130f., 133ff., 187, 201, 231, 245, 261
Ellington, Duke 151
Erhard, Ludwig 15, 43, 66ff., 83, 112, 144, 155ff., 162f., 166ff., 170ff., 191, 270

Fonda, Jane 250
Ford, Gerald 199ff., 204, 214f., 219f.
Frank, Paul 185
Franklin, John 164
Fulbright, Wiliam 251

Galbraith, John Kenneth 246
Genscher, Hans-Dietrich 201, 210, 216, 219, 222, 227, 230f., 240, 242, 255, 257, 274ff., 278f., 284, 299ff.
Gerstenmaier, Eugen 123
Glaser, Hermann 31, 36, 154
Goethe, Johann Wolfgang von 12
Goldwater, Barry 169, 179
Goodman, Benny 31, 151
Gorbatschow, Michail 129, 236, 239, 241, 257f., 267f., 274, 276, 299ff.
Gottschalk, Thomas 260
Graml, Hermann 87
Grass, Günter 226
Grewe, Wilhelm 93, 104, 113, 167
Gries, Rainer 34
Grosser, Alfred 96
Grotewohl, Otto 48
Guillaume, Günter 199
Guttenberg von 165,173

Haig, Alexander 216, 222
Haley, Bill 151, 152
Hamilton, Daniel 272, 285
Hammermayer, Ludwig 17
Heep, Barbara 215
Hegel, Georg Friedrich Wilhelm 12
Hemingway, Ernest 154
Hendrix, Jimi 155
Hermand, Jost 23
Herter, Christian 110
Herz, John H. 13
Herzog, Roman 303
Heuss, Theodor 47, 77, 84, 94, 101
Hitler, Adolf 14, 45, 47, 91, 145
Hoegner, Wilhelm 28, 37
Hoffmann, Dustin 249
Holbrooke, Richard C. 291, 295
Home, Alexander Lord of 117
Honecker, Erich 45, 125, 258, 264, 271f., 299
Hoover, Herbert 13, 62ff., 95
Hopkins, John 12
Hull, Cordell 25
Humphrey, Hubert H. 175f., 179, 181
Hussein, Saddam 279

Jackson, Michael 250
Janes, Jackson 253
Jelzin, Boris 302, 303

Joffe, Josef 284
Johnson, Lyndon Baines 111, 127, 155, 157ff., 163, 165f., 167f., 171, 173, 175ff., 181f., 184, 187, 195
Joplin, Janis 155

Kaiser, Jakob 46, 48ff.
Kant, Immanuel 12
Kelpius, Johannes 10
Kennan, George F. 56
Kennedy, John F. 93, 110f., 113, 115f., 118, 122f., 125ff., 132f., 135ff., 155, 157, 159f., 165, 167, 169, 176, 180, 201, 230, 294
Kennedy, Robert 156, 179
Kiesinger, Kurt Georg 15, 144, 158, 170, 172f., 175f., 178, 181, 187f.,191, 197, 270
Kimmitt, Robert 284
King, Martin Luther 169
Kinkel, Klaus 284, 294, 298, 302
Kissinger, Henry 122, 129, 135, 157, 183, 185ff., 189ff., 192, 194f., 198ff., 215, 219, 268, 273
Knapp, Manfred 59
Koch, Thilo 139
Kohl, Helmut 16, 222, 223, 225, 227ff., 234ff., 238, 240ff., 251ff., 257f., 263, 265ff., 271, 273ff., 278f., 282f., 285, 288, 290, 295f., 299ff.
Kraus, Peter 153
Krenz, Egon 264, 266, 269, 299
Kunert, Günter 272

Leber, Georg 218
Leisler Kiep, Walter 171
Liebknecht, Johann 11
Lippmann, Walter 102, 105
Little Richard 151
Lodge, Henry Cabot 178
Lucas, George 248
Luther King, Martin 179

Macmillan, Harold 107, 109, 112, 118, 126, 130f.
Madonna 250
Mai, Gunther 54, 64
Mailer, Norman 154
Mann, Golo 47
Mann, Thomas 13
Mansfield, Mike 96, 123, 164, 190, 197
Mao Zedong 73
Marshall, George 25, 52, 56ff., 66
McArthur, Douglas 26
McCarthy, Joseph 26
McCloy, John J. 25, 44, 78f., 87
McGhee, George 175
McGovern, George 195, 245
McNamara, Robert S. 156, 165
McNarney, Joseph 42, 54
Merkl, Peter 90
Miller, Arthur 154
Miller, Glenn 31, 151
Miller, Henry 154
Mitterrand, Francois 234, 284, 302
Modrow, Hans 267
Moltke, Helmuth Graf von 45
Momper, Walter 265
Mondale, Walter 220, 246
Monnet, Jean 180
Monroe, Marilyn 128, 154
Morgenthau, Henry Jr. 23,26, 39
Morgenthau, Hans Joachim 13
Morrison, Toni 297
Müller-Armack, Alfred 66
Muskie, Edmund 221

Newman, Paul 154
Niemöller, Martin 37
Nietzsche, Friedrich 15

Nixon, Richard Milhous 26, 91, 94, 113, 144, 172, 182ff., 191ff., 215, 219
Noelle-Neumann, Elisabeth 227
Nunn, Sam 267

Ohmae, Kenichi 245
Ollenhauer, Erich 89, 92

Patton, George Smith 26
Philips, Sam 151
Pollock, James 28
Powell, Colin 262
Presley, Elvis 151, 152
Prince 250

Quinn, Freddy 153

Radford, Arthur 102
Reagan, Ronald 215f., 221, 223ff., 227f., 231, 233ff., 238f., 241f., 245f., 252, 255, 257ff., 262
Reich, Jens 272
Reuter, Ernst 71
Ridgway, Rozanne 271
Rittelmeyer, Hilde 252
Rockefeller, Nelson A. 219
Rolling Stones 154
Roosevelt, Franklin Delano 20, 22, 23f., 25, 41, 155
Rostow, Walt 156, 170, 176
Rusk, Dean 125, 156, 163

Sadat, Anwar es- 204
Salinger, Jerome David 154
Schäffer, Fritz 28
Scheel, Walter 183, 220
Schiller, Friedrich von12
Schlesinger, Arthur 111
Schmidt, Helmut 15, 165, 199ff., 204ff., 210ff., 219ff., 225
Schröder, Gerhard 158, 166
Schumacher, Kurt 45ff., 50f., 89
Schuman, Robert 83
Schwarz, Hans-Peter 72
Schwarzenegger, Arnold 249
Scorsese, Martin 248
Scowcraft, Brent 268
Servan-Schreiber, Jean-Jacques 148
Sethe, Paul 134
Sinatra, Frank 151
Smith, Hedrick 234, 235
Smyser, William R. 242, 284
Sontag, Susan 297
Sorensen, Ted 111, 128, 156
Speer, Albert 44
Speidel, Hans 106
Spielberg, Steven 249
Stalin, Jossif 20, 38, 86
Stallone, Sylvester 249
Stauffenberg, Claus Graf Schenk von 45
Steinbeck, John 154
Stettinius, Edward R. 25
Steuben, Friedrich Wilhelm von 10
Stevenson, Adlai E. 89
Stimson, Henry 25
Stoltenberg, Gerhard 300
Strauß, Franz Josef 94, 103, 105, 112, 117, 126, 157, 165, 171
Stresemann, Gustav 49
Sulzberger, Cyrus 102
Sununu, John 268
Szabo, Stephan F. 226

Teltschik, Horst 265
Tocqueville, Alexis 11
Travolta, John 250
Truman, Harry S. 25, 38, 41, 54, 56, 62f., 70, 87, 92, 101, 261

Ulbricht, Walter 45, 123, 125, 132, 135

Vance, Cyrus 205, 221
Vandenberg, Arthur Hendrik 25, 54

Waigel, Theo 276
Wallace, Henry A. 23
Walters, Vernon 98, 261, 265, 280, 297
Warbourg, James P. 25
Washington, George 10, 73
Weber, Max 173
Wehner, Herbert 93, 112, 116, 132, 199
Weidenfeld, Werner 253, 254
Weinberger, Caspar 232, 257
Weizsäcker, Richard von 14, 241, 256, 257, 280, 298
Who 154f.
Wiesel, Elie 234
Wilhelm, Kaiser 76
Woods, Bretton 245
Wörner, Manfred 258, 303

Zuckmayer, Carl 35

Die Autoren:

Joachim Arenth, M.A., Dr. phil., geb. 1963
Studium der Amerikanischen Kulturgeschichte, Politik und Neueren Geschichte in München; 1991 Promotion in Internationaler Politik über westeuropäisch-amerikanische Beziehungen; mehrere Forschungsaufenthalte in den USA. Zahlreiche Veröffentlichungen in Tageszeitungen und Fachzeitschriften; Monographie: "'Der Westen tut nichts!' Transatlantische Kooperation während der zweiten Berlin-Krise (1958-1962) im Spiegel neuer amerikanischer Quellen".
1991-1994: Wissenschaftlicher Assistent am Institut für Internationale Politik der Universität der Bundeswehr, Hamburg. Seit Januar 1995 Consultant bei einer internationalen Unternehmensberatung.

Siegrid Westphal, M.A., Dr. phil., geb. 1963
Studium der Neueren Geschichte und Kunstgeschichte in Mainz und München; Promotion in Neuerer Geschichte über "Frau und Konfessionalisierung"; mehrere Forschungsaufenthalte in den USA.
Mitarbeiterin am Institut für Internationale Politik der Universität der Bundeswehr, Hamburg. Seit Januar 1995 wissenschaftliche Assistentin am Historischen Institut der Friedrich-Schiller-Universität, Jena.